本書得到全國高校古籍整理工作委員會項目資助

中國思想史資料叢刊

翼教叢編

覺迷要録

吴仰湘 點校

中華書局

圖書在版編目(CIP)數據

翼教叢編/(清)王先謙等編;吴仰湘點校. 覺迷要録/(清)葉德輝編;吴仰湘點校. —北京 : 中華書局, 2023.7
(中國思想史資料叢刊)
ISBN 978-7-101-16129-8

Ⅰ.①翼…②覺… Ⅱ.①王…②葉…③吴… Ⅲ.戊戌變法-史料 Ⅳ.K256.506

中國國家版本館 CIP 數據核字(2023)第 031242 號

全國高校古委會資助項目

責任編輯:劉 明 孟念慈
責任印製:管 斌

中國思想史資料叢刊
翼教叢編
〔清〕王先謙 葉德輝 等編
吴仰湘 點校
覺迷要録
葉德輝 編
吴仰湘 點校
*
中華書局出版發行
(北京市豐臺區太平橋西里 38 號 100073)
http://www.zhbc.com.cn
E-mail:zhbc@zhbc.com.cn
北京盛通印刷股份有限公司印刷
*
850×1168 毫米 1/32 · 19⅛印張 · 2 插頁 · 300 千字
2023 年 7 月第 1 版 2023 年 7 月第 1 次印刷
印數:1-1500 册 定價:98.00 元

ISBN 978-7-101-16129-8

總目

點校説明

《翼教叢編》《覺迷要録》兩書，是晚清力闢「康學」的重要著作，迄今仍是研究中國近代政治史、思想史、文化史的基本文獻。

晚清時期，中國遭遇「數千年未有之巨劫奇變」（陳寅恪《王觀堂先生挽詞並序》），來自不同政治立場或社會階層的有識之士，紛紛提出救亡圖存的主張、方案。其中在思想界颾起「大颾風」的康有爲，從一踏進歷史舞臺，就充滿争議。光緒戊子年（一八八八），他以布衣上書皇帝而不達，從中痛悟「世變大，則教亦異，不復能拘常守舊」（《與沈刑部子培書》），於是雜糅中西思想文化，闡發「新學僞經」「素王改制」「孔子紀年」「大同三世」等學説，並率領門徒，接連發起變法宣傳，至戊戌年（一八九八）光緒帝推行「百日維新」而達到高潮。與此近乎同步的是，一批論政、論學有異的官僚、士紳，相繼通過上奏、編書、辦報等方式，對「康學」大作批駁，釀成空前激烈的「新舊」之争。清廷發生政變後，早已在長沙攻訐康有爲、梁啟超「邪説誣民」的王先謙、葉德輝等人，迅速搜集「諸公論説及朝臣奏牘有關教學者」，編成《翼教叢編》。書中卷一爲朱一新、洪良品答復康、梁批評《新學僞經考》的書札，卷二收安維峻、許應騤、文悌、孫家鼐揭批康有爲學術乖謬、心術險惡的奏摺，卷三收張之洞、王仁俊、屠仁守等批駁民主、平等思想的文章，卷四爲葉德輝五種著述，批駁梁啓超宣揚「康學」的《中西學門徑書七種》，卷五爲湖南士紳、嶽麓書院生徒公開反對時務學堂及湘省新學的呈文、學約等，卷六爲兩湖守舊人士痛批「康學」的信函，聲勢奪人，蔚爲大觀。及至庚子年（一九〇〇）八月兩湖發生「自立軍事件」，葉德輝爲肅清「康學」影響，特向湘撫俞廉三進言，「將康逆亂政始末及康黨謀逆情形編纂成書」。他隨即奉命編書，於翌年孟冬完成《覺迷要録》四卷，將戊戌變法至自立軍失敗以後各種材料，釐析爲諭旨、奏牘、公論、逆蹟（包括京師、廣東、湖南、海外、湖北），「各據原文，可資覆按」，用以揭斥「康、梁逆黨」假托維新、藉口保皇而實是叛逆，「爲康、梁逆案之定讞」。可見，《覺迷要録》正是《翼教叢編》之續編。兩書彙集多種原始資料，對《新學僞經考》成書後十餘年内，全國各地、朝野各方對待「康學」「康黨」的基本立場與主要反應，作了真實、完整的記録，具有重要的歷史文獻價值和思想文化價值。

《翼教叢編》初刊時無人署名，卷首序文稱「采獲、叙次，悉出同人」，聲明爲集體纂輯，但戊戌年冬《申報》主筆黄協塤在上海翻印《翼教叢編》，徑指蘇輿爲編者，民國初年又出現葉德輝撰、刊《翼教叢編》的説法。其實，《翼教叢編》出自王先謙、葉德輝等「同人」之手，不應歸於某一人名下。

據現有資料，《翼教叢編》長沙初刻本、武昌重刻本各有至少三個印本，另有上海點石齋石印本、上海書局石印本、匯源堂重刻本、廣東嶺海報館排印本、雲南官書局重刻本、長沙葉氏觀古堂重刻本，分别翻印自長沙、武昌刻本，篇目、文句、附録等各有小異（詳見拙文《〈翼教叢編〉版本考略》，《清史研究》二〇二〇年第二期）。《覺迷要録》則在編成後遲未付刻，直到光緒乙巳年（一九〇五）仲夏，始由湖南思賢書局刊行，流傳不廣。

《翼教叢編》《覺迷要録》曾被視作批判晚清守舊、頑固派的典型材料，一九四九年以來頗受重視，如中國史學會編大型史料集《戊戌變法》（神州國光社一九五三—一九五七年）、杜邁之等輯《自立會史料集》（嶽麓書社一九八三年），對兩書多所選録。臺聯國風出版社（一九七〇年）、臺灣文海出版社《近代中國史料叢刊》（一九七一、一九八七年）、北京出版社《四庫未收書輯刊》（一九九八、二〇〇〇年），先後將兩書影印出版（文海出版社影印本《覺迷要録》僅前兩卷）。上海書店出版社二〇〇二年推出《翼教叢編》第一個整理本，但底本選擇欠佳，未作任何校注，斷句、標點尤多誤處，校對也很粗疏。臺灣「中央」研究院中國文哲研究所二〇〇五年出版楊菁點校的《翼教叢編》，整理質量後來居上，不過仍有缺失，如因條件所限，版本調查與搜集不够；將長沙初刻本、武昌重刻本和上海書局石印本拼合爲一，泯滅底本原貌；斷句、標點、分段、引文起止等也時有訛誤。至於《覺迷要録》，僅見楊柳青整理過第一卷（見上海人民出版社二〇一二年《思想史研究》第九輯），同樣有斷句、標點等錯誤。

本次新校，經比對《翼教叢編》不同刻本、印本，擇用長沙初刻三印本爲底本，以武昌重刻三印本作參校本，個別文句參考上海書局石印本、嶺海報館排印本。武昌重刻本、嶺海報館排印本、匯源堂翻刻本所見兩篇文字、數段案語，作爲附録插入底本相應各篇後。上海書局石印本附刻來書三篇（即康有爲答朱一新三通書札，新版《康有爲全集》失收其中兩通），置於底本附卷後。《覺迷要録》則以思賢書局刻本作底本。凡兩書輯録的各種文獻均作回溯，找到初始文本（個別無法尋獲者，利用同一時期的檔案、報刊或相近版本），細加勘校，對底本中訛、脱、衍、倒文字予以糾正，出校説明。書中引文均作覆檢，遇有訛舛或文意歧異者，相應校改或作説明。另外，《翼教叢編》翻刻本各種序跋，《申報》《知新報》等所刊各種評論，《續修四庫全書總目提要》所見兩書提要，一並收作附録，方便讀者參考。

筆者曾在湖南大學嶽麓書院面向碩士生開設「晚清湖南學者個案研究」課程，以《翼教叢編》作爲研讀材料，有意重作點校，十餘年間陸續查閲到各種版本。本次點校承蒙全國高等院校古籍整理研究工作委員會支持，入選二〇一九年度直接資助項目，特此鳴謝。

二〇一八級碩士生任聰校對了《翼教叢編》點校初稿，二〇一九級碩士生楊雨晨提供了《覺迷要録》點校初稿，並致謝意。

吴仰湘謹識

二〇二二年三月三日

翼教叢編

目録

翼教叢編序

洪惟我朝，主德清明，昇平日久，率土之士，咸懷忠良，履蹈蕩平，罔有横議。乾隆朝若劉震宇所箸書有更易衣服、制度諸條，蔡顯等書詞怨誹，並正刑章。皇靈赫濯，遐邇震讋，邪慝不作，聖學彌昌。

甲午以來，外患日逼。皇上慮下情之壅閼，愍時艱之弗拯，博求通達時務之士，言禁稍弛，英奇奮興，而傾險淫詖之徒，雜附其間，邪説横溢，人心浮動，其禍實肇於南海康有爲。康爲人不足道，其學則足以惑世，招納門徒，潛相煽誘。自黄公度爲湖南鹽法道，言於大吏，聘康之弟子梁啓超主講時務學堂，熊希齡《上陳中丞書》云：「延聘梁卓如爲教習，發端於公度觀察，鄒沅帆及齡與伯嚴皆贊成之。」見本年五月《湘報》、六月《申報》。張其師説，一時衣冠之倫，罔顧名義，奉爲教宗。其言以康之《新學僞經攷》《孔子改制攷》爲主，而平等、民權、孔子紀年諸謬説輔之。僞六籍，滅聖經也；託改制，亂成憲也；倡平等，墮綱常也；伸民權，無君上也；孔子紀年，欲人不知有本朝也。其譎悖無待辨，而罪狀視劉、蔡萬焉。徒以主張變法，牽傅時務，淺識被其蠱惑，奸宄利其陰謀。康、梁輩方騷騷嚮用，奥援彌固，連與成朋。許尚書、文侍御既以參劾獲罪，而其黨且執新舊相争爲詞，欲以阻撓新政之名，羅織異己。自朝逮野，默不敢言。惟張香濤尚書《勸學篇》、王幹臣吏部《實學報》辭而闢之，未加顯斥。吾湘如王葵園祭酒師、葉奂彬吏部數先生，洞燭其奸，摘發備至。當路不省，亟予彌縫，於是湘人士受惑尤深。余惄焉憂之，以爲匪發其覆，衆醉不可醒也。爰倡輯諸公論説，及朝臣奏牘有關教學者，都爲叢編，命之「翼教」。采獲、叙次，悉出同人。剞劂將成，而康、梁以逆謀事覺，亂黨逮治，區夏好士，欽仰皇威，彌暢然自樂其生也。

國家厚澤深仁，超軼前代，凡有血氣，莫不尊親。邇者國勢未振，民氣囂陵，士生其間，亦既涵濡《詩》《書》，馳騁皇路，即竭其涓埃，爲吾君牖導愚蒙，固結根本，猶懼不逮，顧迺乘國步之艱危，昌逆亂之萌蘖，匪惟坐視其焚如，又益之以餤灼，推測胸臆，莫能代解。雖曰天地之仁，下猶有憾，而群輩昏憝，舍正趨歧，自速殲亡，良可怪歎。二三君子，當淫辭沸羹之日，能倡明大義，攘臂而争，固其志趣卓立、篤信好學致然，抑非國家二百年來培植、教養之恩，無以臻此。

是編斷自七月以前，專以明教、正學爲義。至康、梁等造逆之謀，亂政之罪，載在史宬，昭示寰寓，所不贅焉。嗚呼！世豈有學術不正，而足與言經世者乎？後之論人者，可以鑒矣。

光緒二十四年歲次戊戌秋八月，平江蘇輿

翼教叢編目録

卷一

卷二

卷三

卷四

卷五

卷六

葉吏部與石醉六書

葉吏部與劉先端黄郁文兩生書

葉吏部與南學會皮鹿門孝廉書

葉吏部答皮孝廉書

葉吏部與戴宣翘校官書

葉吏部答友人書

葉吏部與俞恪士觀察書

葉吏部與段伯猷茂才書

右目録，都六卷。

異學萌芽，朱、洪犄角，覺迷闢謬，厥識閎偉。義爲論性，義精詞覈，辨言雖拄，正理自申。録弁卷首，取證道同。

《僞經攷》出，邪説漸昌；秦安特糾，逆折厥燄。進用伊始，許、文繼彈，昭揭幽微，奸膽已喪。梁擢譯局，參預學堂，經史别編，假公行詐。壽州進疏，衛道功鉅。録弟二卷。

疆臣佼佼，厥惟南皮；《勸學》數篇，挽瀾作柱。王議袚邪，屠書辨誤，報館横決，實資捄正。中西混同，異説争席，《明教》有述，源流畢賅。録第三卷。

康黨著作，積非亂是，士類狂惑，職此之繇，匪揭其隱，復道奚望？吏部評駁，用力至勤；汨羅窮居，心未忘世。門徑七書，頓成灰燼。録弟四卷。

斯文未喪，人心不死，邵陽倡義，桑梓有光。群論沸騰，大吏聾瞽。《公呈》廓清，莫或省録；同人《學約》，事非獲已。録弟五卷。

惡焰轇攸，眾婞見嫉；謗言如沸，我舌幾亡。書札往還，可資覆案，彙録成卷，以殿斯編。

蘇輿又記。

附一卷

梁啟超上陳中丞書

梁啟超等與康有爲書

翼教叢編卷一

朱蓉生侍御答康有爲第一書〔一〕

頃辱手教，累數千言，見愛之意深矣。其中有足啟發鄙心者，亦多有不敢附和者，未暇一一詳復。大要足下卑宋儒之論，而欲揚之使高，鑿之使深。足下以是疑宋儒，而慮其同於佛、老，僕則竊以是爲足下危也。宋儒之言，雖未必一無可疑，但疑之者不當更求高出乎其上。佛、老之所以異於吾道者，爲其高也。高者可心知其意，而不可筆之於書。足下以董生正宋儒，而并欲推及董生所不敢言者，僕竊以爲過矣。

曩示大著皆録存，敬佩無已。君之熱血，僕所深知，不待讀其書而始見之。然古來惟極熱者，一變乃爲極冷。此陰陽消長之機，貞下起元之理。純實者甘於淡泊，遂成石隱；高明者率其胸臆，遂爲異端。此中轉捩，祇在幾希，故持論不可過高，擇術不可不慎也。君伏闕上書，僕蓋心敬其言，而不能不心疑其事。孔子之贊艮卦，孟子之論蚳鼃，其義可深長思耳。

莊生之書，足下所見至確，而其言汪洋恣肆，究足誤人。凡事不可打通後壁。老、莊、釋氏，皆打通後壁之書也。愚者既不解，智者則易溺其心志，勢不至敗棄五常不止，豈老、莊、釋氏初意之所及哉？然吾夫子則固計及之矣，以故有「不語」，有「罕言」，有「不可得而聞」，凡所以爲後世計者，至深且遠。今君所云云，毋亦有當罕言者乎？讀書窮理，足以自娱；樂行憂違，貞不絶俗。願勿以有用之身，而逐於無涯之知也。

西人之説至謬，其國必不能久存。僕與諸生言論亦間及之，暇當録呈就正。承索觀拙著，僕學無所得，性嬾又不肯著書，媿無以應足下之命耳。

【校勘記】

〔一〕按，據朱一新自定《佩弦齋文存》，此第一書與下篇第二書次序顛倒。

朱侍御答康有爲第二書

曩奉教言，屬有他事，未遑即復，甚歉甚歉。足下深識獨斷，扶植孔氏之遺經，摘發嘉新之僞制，以是自任〔一〕，成一家言。僕方鑽孯之不盡，奚敢復有異同，顧私心不無過計者。竊以爲僞《周官》《左傳》可也，僞《毛詩》不可也；僞《左傳》之羼亂者可也，僞其書不可也。辭指繁多，非倉卒所能究，約舉一二，以當寸莛之扣，可乎？

足下不信壁中古文，謂秦法藏書者罪止城旦，又《史記·河間》《魯共》二傳無壁經之説〔二〕。夫謂秦未焚書者，特博士所藏未焚耳，《始皇本紀》所載甚明。其黥爲城旦者，以令下三十日爲限，限甚迫矣；偶語《詩》《書》，罪且棄市，則設有抗令弗焚者，罪恐不止城旦。史文弗具，未可以是而疑秦法之寬也。

當史公時，儒術始興，其言濶略，《河間傳》不言獻書，《魯共傳》不言壞壁，正與《楚元傳》不言受《詩》浮邱伯一例。若《史記》言古文者皆爲劉歆所竄，則此二傳乃作僞之本，歆當彌縫之不暇，豈肯留此罅隙，以待後人之攻？足下謂歆僞《周官》，僞《左傳》，僞《毛詩》《爾雅》，互相證明，并點竄《史記》以就己説，則歆之於古文，爲計固甚密矣，何於此獨疏之甚乎？史公《自敍》「年十歲則誦古文」，《儒林傳》有「《古文尚書》」，其他涉「古文」者尚夥，足下悉以爲歆之竄亂。夫同一書也，合己説者則取之，不合者則僞之，此宋、元儒者開其端，而近時漢學家爲尤甚。雖未嘗無精深之言，要非僕之所敢言也。班史謂「遷書載《堯典》《禹貢》《洪範》《微子》《金縢》諸篇，多古文説」，今案之誠然。足下將以此亦歆所竄亂乎？歆果竄此，曷不并竄《河間》《魯共》二傳以泯其迹乎？

《古文尚書》之可疑，以出自東晉，其辭緩弱，與今文不類，經閻、惠諸家考之而愈明。《左傳》之可疑，以論斷多不中理，分析、附益，自必歆輩所爲，故漢儒及朱子皆疑之。然漢儒斷斷争辨者，但謂《左氏》不傳經，非謂其書之僞也。「處者爲劉」及「上天降灾」四十七字，孔《疏》明言其僞。班叔皮《王命論》「劉承堯祚，著於《春秋》」，叔皮與劉歆時代相接，此爲歆輩附益之顯證。「上天降灾」諸語，尤出於晉以後耳。《左氏》與《國語》，一記言，一記事，義例不同，其事又多複見，若改《國語》爲之，則《左傳》中細碎之事，將何所附麗？且《國語》見采於史公，非人間絶不經見之書，歆如離合其文以求勝，適啟諸儒之争，授人口實，愚者不爲，而謂歆之譎爲之乎？《史記》多采《左傳》，不容不見其書，或史公稱《左傳》爲《國語》則有之，謂歆改《國語》爲《左傳》，殆不然也。《儀禮》《左傳》《國語》《戰國策》，皆後人標題，故無定名。諸子書亦多如是，猶《史記》非史遷本名，即稱《太史公書》者亦楊惲所題，史遷當時初不立名也。

《左傳》《毛詩》傳授不明，班史雖言之鑿鑿，實有可疑。然《左氏》之可疑者〔三〕，僅在張蒼、賈誼以上耳。誼爲《左氏訓故》，其書不見於《藝文志》。太傅《新書》亦經後人羼雜，可據者惟《漢書》本傳。本傳雖引白公勝之事，其出於《左氏》與否不可知。孟堅作《張蒼傳》甚詳，而並無一言與《左氏》相涉。書之晚出，自不待辨，但張禹以言《左氏》爲蕭望之所薦，其事實不能僞造。尹更始、翟方進、賈護、陳欽之傳授，魯國桓公、趙國貫公、膠東庸生之講習，耳目相接，不能鑿空。歆是時雖貴幸，名位未盛，安能使朝野靡然從風，群誦習其私書耶？《春秋序》疏《嚴氏春秋》引《觀周篇》「孔子修《春秋》，邱明作傳，共爲表裏」，劉申受斥爲非嚴彭祖之言。夫《左氏》不傳《春秋》之義耳，曷嘗不傳《春秋》之事乎？其義則爲歆所竄亂，本傳固有「轉相發明」之語，爲可證也。

《穀梁》始立學時，亦多紛紜之論。然《穀梁》傳經，《左氏》不傳經；《穀梁》有師法，

《左氏》無師法；《穀梁》靡所竄亂，《左氏》多所附益。加以移書責讓，怙寵逞私，諸儒之憤爭，固其所也，而可以是斷爲僞乎？「《左氏》不傳《春秋》」，此漢儒至當之言。劉申受作《考證》，據以分別真僞，僕猶病其多專輒之詞，深文周内，竊所不取。六經大旨，皎若日星；師説異同，雖今文亦有可疑。邱蓋不言，固聖門闕疑之旨。必鍛煉之以伸己意〔四〕，安用此司空城旦書乎？

《毛詩》晚出，與三家互有得失。三家之説，班史謂「與不得已〔五〕，《魯》爲最近」。而《魯詩》久佚，近儒綴輯，百無一存，郢書燕説，蓋猶不免。就其存者慎擇焉以訂《毛》之失，則可矣，欲廢《毛》而遠述三家，無是理也。

足下謂：今文與今文、古文與古文，皆同條共貫。大著未獲卒業，不知其説云何。以僕言之，則《毛詩》不盡同於古文也。十五《國風》之次，與季札觀樂不同。《昊天有成命》「郊祀天地」，與《周官》南北郊分祀不同。《我將》「祀文王于明堂」，且與今文《孝經》同。《文王》「受命作周」，則與今、古文《尚書》皆同。其他禮制同於《戴記》者尤多，故康成以禮箋《詩》，雖或迂曲，要非盡古文之學也。《行露》傳「昏禮純帛，不過五兩」，與《地官·媒氏》文同；《天保》傳「春祠，夏禴，秋嘗，冬烝」，與《春官·大宗伯》文同；《白華》傳「王乘車履石」，與《夏官·隸僕》文同；《駉》傳「諸侯六閑」，與《夏官·校人》文同。《夏官》有「挈壺氏」，《東方未明》傳亦有之；《秋官·司圜》有「圜土」，《正月》傳亦有之。此類皆似爲古文同條共貫之證，然安知非劉歆竄亂《周官》時剽竊毛《傳》，如梅氏《古文尚書》之比耶〔六〕？《皇皇者華》傳「訪問於善爲咨」，《皇矣》傳「心能制義曰度」，皆同於《左氏》。此經師相傳遺説，不妨互見，猶穆姜論「元亨利貞」與孔子《文言》同，可謂《周易》亦僞作耶？歆移太常不及《毛詩》，彼固自有分别，可知《毛詩》不當與三學並斥也〔七〕。陳恭甫疏證《五經異義》，所采有今文與今文、古文與古文各異者，亦間有今文與古文相同者。就其所采已如此，況許、鄭之辨不盡傳於今者乎？

聖人微言大義，莫備於《易》與《春秋》，二傳尤微言所萃。《穀梁》自范《注》行，漢儒家法不可得見矣，可見者猶有《公羊解詁》一書。後人不明託王之義，凡所爲「非常可怪之論」，悉歸咎于邵公，邵公不任咎也。然六經各有大義〔八〕，亦各有微言，故十四博士各有家法。通三統者，《春秋》之旨，非所論於《詩》《書》《易》《禮》《論語》《孝經》也。孔子作《春秋》，變周文，從殷質，爲百王大法。素王改制，言各有當，七十子口耳相傳，不敢著於竹帛。聖賢之慎蓋如此！《詩》《書》《禮》《樂》，先王遺典，使皆以一家私説羼於其中，則孔子亦一劉歆耳，豈獨失「爲下不倍」之義，抑亦違敏求好古之心。必若所言，聖人但作一經足矣，曷爲而有六歟？《王制》一篇，漢儒後得，爲殷、爲周，本無定論。康成於其説之難通者，乃歸之於殷。今更欲附會《春秋》改制之義，恐穿鑿在所不免。《論語》二十篇，可附會者惟「夏時殷輅」「文王既没」數言，然既通三統，則《韶》樂、鄭聲，何爲而類及之？《春秋》

改制，猶託王於魯，不敢徑居素王之名。素王者，弟子尊之之詞，非夫子自稱也。匡人之圍，儼以素王自居，聖人果若是之僭乎？《堯曰》篇歷敘帝王相承之統緒，而次以子張問從政，固有微指，但此爲門人所次第。孔子之告子張，曷嘗有一言及於改制？近儒爲《公羊》學者，前則莊方耕，後則陳卓人。方耕間有未純，大體已具。卓人以《繁露》《白虎通》説《公羊》，乃真《公羊》家法也。「非常可怪之論」，至於董子、邵公可以止矣。劉申受於邵公所不敢言者毅然言之，卮辭日出，流弊甚大。《公羊》與《論語》初不相涉，而作《論語述何》以疏通之〔九〕。戴子高復推衍之。其説精深，劇可尋繹，然謂《論語》當如是解也，然乎否乎？

足下曩言西漢儒者乃《公羊》之學，宋儒者乃四子書之學，僕常心折是言。足下既知四子書與《公羊》各有大義矣，奚爲必欲合之？漢、宋諸儒，大端固無不合，其節目不同者亦多，必若漢學家界畫鴻溝，是狹僻迷謬之見也，然苟於諸儒所畢力講明者，無端而羼雜焉以晦之，諒非足下任道之心所宜出也。漢學家治訓詁而忘義理，常患其太淺；近儒知訓詁不足盡義理矣，而或任智以鑿經，則又患其太深。夫淺者之所失，支離破碎而已，其失易見，通儒不爲所惑也。若其用心甚鋭，持論甚高，而兼濟之以博學，勢將鼓一世聰穎之士，顛倒於新奇可喜之論，而惑經之風於是乎熾。戰國諸子，孰不欲明道術哉？好高之患中之也。

夫食肉不食馬肝，未爲不知味也。今學、古學，行之幾二千年，未有大失也。若《周官》，若《左氏傳》、若《古文尚書》，疑之者代不乏人，然其書卒莫能廢也，毋亦曰先王之大經大法，藉是存什一於千百焉，吾儒心知其意可矣。「禮失求諸野」，古文不猶愈於野乎？彼其竄亂之迹，歆固自言之。後人辨斥千萬言，不若彼無心流露之一二語爲足定其讞也。僕嘗盱衡近代學術，而竊有「治經不如治史」之謬論〔一〇〕。方當多事之秋，吾黨所當講求者何限，而暇耗日力於兩造不備之讞辭哉！《公羊》多有切於人事者，宜講明之。「通三統」之義，尤非後世所能行〔一一〕，辨之極精，亦仍無益。漢時近古，猶有欲行其說者，故諸儒不憚詳求。今治《公羊》，不明是義，則全經多所窒閡，不足爲專家之學。若遍通於六經，殊無謂也。凡學以濟時爲要。六經皆切當世之用，夫子不以空言説經也。後世學術紛歧，功利卑鄙，故必折衷六藝以正之。明大義尤亟於紹微言者以此，宋儒之所爲優於漢儒者亦以此。質文遞嬗，儒者通其大旨可耳。周制已不可行於今，况夏、殷之制，爲孔子所不能徵者乎？穿鑿附會之辭，吾知其不能免也。曾是説經，而可穿鑿附會乎？若夫新周、故宋、黜周、王魯，惟聖人能言之。聖人且不敢明言之，漢儒言之，亦未聞疏通六經以言之〔一二〕。僕誠固陋，且姝姝於一先生之説，以期寡吾過焉。

不揣狂戇，無任主臣，幸辱教之。敬承起居，詞不宣意。

【校勘記】

〔一〕「是」，《佩弦齋文存》作「道」，較優。

〔二〕「二」，原誤作「王」，據下文及《佩弦齋文存》改。

〔三〕「之」下，《佩弦齋文存》有「傳授」，較優。
〔四〕「意」，《佩弦齋文存》作「説」。
〔五〕「與」，原誤作「如」，據《佩弦齋文存》及《漢書·藝文志》改。
〔六〕「如梅氏」句，《佩弦齋文存》無。
〔七〕「學」，原誤作「家」，據《佩弦齋文存》及《漢書·劉歆傳》改。
〔八〕「然」，《佩弦齋文存》無，較優。
〔九〕「疏」，《佩弦齋文存》作「溝」，較優。
〔一〇〕「謬論」，《佩弦齋文存》作「歎」，較優。
〔一一〕「尤」，《佩弦齋文存》無。
〔一二〕「疏」，《佩弦齋文存》作「溝」，較優。

朱侍御答康有爲第三書

貴門人復洪給事書一通，讀訖敬繳。秦政焚書，千載唾罵，賢師弟獨力爲昭雪，何幸得此知己耶！雖然，足下不鄙僕之庸愚，虚懷下逮，僕敢不以正對？

自頃道術衰息，邪説朋興，聖學既微，異教遂乘間而入。氣機之感召，固有由來，憂世者亟當明理義以正人心，豈可倡爲奇衺，啟後生以毀經之漸？《樂經》先亡，已無如何，幸而存者，僅有此數。自僞古文之説行，其毒中於人心。人心中有一六經不可盡信之意，好奇而寡識者，遂欲黜孔學而專立今文。夫人心何厭之有？六經更二千年，忽以古文爲不足信，更歷千百年，又能必今文之可信耶？欲加之罪，何患無辭！秦政即未焚書，能焚書者，豈獨秦政？此勢所必至之事，他日自有仇視聖教者爲之。吾輩讀聖賢書，何忍甘爲戎首？東坡謂其父殺人，其子行劫，不可不加之意也。近世言《尚書》者，坐枚賾以僞造古文之罪(一)。既知其不足以與此，乃進而坐諸皇甫謐。既又知其不足與此(二)，乃進而坐諸王肅，肅遂足以與此哉？治經所以明理。「莫須有」三字，固不足以定爰書。即使爰書確鑿，亦不過争今、古文之真僞已耳，曾何益於義理？近儒謂古文雖僞，而作僞者皆有來歷，其書仍不可廢。然則枉費筆墨，何爲乎？此事本兩言可決，而諸老先生嘵嘵不已。僕方怪許子之不憚煩，乃足下知僞《尚書》之説數見不鮮，無以鼓動一世，遂推而遍及於六經。嘻，其甚已！

足下謂今文之與今文、古文之與古文皆同條共貫，因疑古文爲劉歆所僞造。夫古文東漢始行，本皆孔氏一家之説，豈有不同條共貫之理？若今文，固不盡同。西漢立十四博士，正以其説之有歧互也。立《魯詩》，復立《齊》《韓》；立《歐陽尚書》，復立大、小《夏侯》。一師之所傳且如此，況今、古文之學，豈能盡同？今文家言，傳者無多，自東漢時師法已亂，其僅存者，乃始覺其同條共貫耳，豈西漢諸儒之説，果如斯而已乎？如《魯詩》説《關雎》，與《齊》《韓》異，此類今猶可考。由此推之，今文必不能同條共貫也。乃執所見以概所不見，未免輕於立説矣。西漢之有家法，以經始萌芽，師讀各異。至東漢而集長舍短，家法遂亡。由分而合，勢蓋不能不如此。儒者治經，但當問義理之孰優，何暇問今、古文之殊别？近儒别今、古文，特欲明漢人專家之學，非以古文爲不可從，必澌滅之而後快也。古文果不可從，馬、鄭曷爲從之？馬、鄭而愚者則可，苟非甚愚，豈其一無所知，甘受人愚而不悟？劉歆之才識，視馬融等耳。足下何視歆過重，至使與尼山争席；視馬、鄭過輕，乃村夫子之不若乎？且足下不用《史記》則已，用《史記》而忽引之爲證，忽斥之爲僞，意爲進退，初無確據。是則足下之《史記》，非古來相傳之《史記》矣。凡古今學術偏駁者，莫不持之有故，言之成理，不然，聰明之士安肯湛溺乎其中？愈聰明，則愈湛溺。差之毫釐，繆以千里，故君子慎微。

夫學術在平澹，不在新奇。宋儒之所以不可及者，以其平澹也。世之才士，莫不喜新奇而厭平澹，導之者復不以平澹而以新奇。學術一差，殺人如草。古來治日少而亂日多，率由於此。世亟需才，才者有幾？幸而得之，乃不範諸準繩規矩之中，以儲斯世之用，而徒導以浮夸，竊恐詆訐古人之不已，進而疑經；疑經之不已，進而疑聖；至於疑聖，則其效可覩矣。勢有相因，事有必至。明隆、萬間之已事，可爲寒心。

夫今之學者，義利之不明，廉隅之不立，身心之不治，時務之不知。聰穎者以放言高論爲事，謂宋、明無讀書之人；卑陋者以趨時速化爲工，謂富强有立致之術。人心日僞，士習日囂，是則可憂耳。不此之憂，而憂今、古文之不辨，吾未聞東漢興古文以來，世遂有亂而無治也。

夫學以匡時爲急，士以立志爲先。四郊多壘，而不思卧薪嘗膽以雪國耻者，卿大夫之辱也；邪説誣民，而不思正誼明道以挽頹流者，士君子之辱也。古之儒者，非有意於著書；其或著書，則凡有關乎學術之邪正，人心之厚薄，世運之盛衰，乃不得不辨别之，以端後生之趨向。若二千餘載群焉相安之事，忽欲紛更，明學術而學術轉歧，正人心而人心轉惑，無事自擾，誠何樂而取於斯？充足下之意，欲廢《毛詩》，然《毛詩》廢矣，《魯》《韓》之簡篇殘佚，可使學者誦習乎？欲廢《左傳》，然《左傳》廢矣，《公》《穀》之事實不詳，可使學者懸揣乎？足下之説果行，其利亦不過如斯；若不可行，又何爲俛焉日有孶孶，費精神於無用之地也？伊古以來，未有不範諸準繩規矩之中，而能陶冶人才、轉移風氣者。足下之高明，其遂無意於是乎？

極知言之僭越，然過承知愛，不敢不貢其愚。若其言之有關考訂者，前書已略陳之，無煩贅及。「信而好古」，「多聞闕疑」，僕雖不敏，亦嘗受孔子戒矣，敬以持贈，何如？

【校勘記】

〔一〕「枚」，《佩弦齋文存》作「梅」。

〔二〕「足」下，《佩弦齋文存》有「以」。

朱侍御答康有爲第四書

曩貢一牋，謬自託於他山攻錯之義，規諷深切。既發而輒悔，惴惴焉惟見絶於大君子之門是懼〔一〕，乃復書沖挹，不以爲鑿枘而獎借之，且慚且感。世俗喜諛惡直，其不以規爲瑱者幾希矣，何幸昔賢雅度，猶得並吾世而親見之耶〔二〕？雖然，足下好善之忱則篤矣，而其所建以爲名者，僕雖固陋，誠期期知其不可。

來書謂僕不察足下之意，疑類於乾嘉學者之所爲，僕烏敢以是輕量足下哉？使足下僅獵瑣文單義，日事謏聞，則僕當宛舌固聲之不遑，豈敢復以逆耳之言進？其謬託於他山攻錯之義者，正以足下自處甚高，凡所論譔，皆爲一世人心、風俗計。僕故不敢不罄其愚，冀足下剷去高論，置之康莊大道中，使坐言可以起行，毋徒鑿空武斷，使古人銜冤地下，而吾仍不得六經之用也。道也者，如飲衢尊然，無智愚賢不肖，人人各如其量，挹之而不窮。世之人以其平澹無奇也，往往喜爲新論，以求駕乎其上，遂爲賢智之過而不之悟。足下自視，其愚乎，其智乎？毋亦有當損過以就中者乎？

《周官》《左傳》言不中理者，昔人未嘗不疑之而辨之。辨之可也，因是而遂遍及六經，於其理之灼然不疑者，亦以爲劉歆所贋造，歆何人斯，顧能爲此？足下徒以一疑似之《周官》，而殃及無辜之群籍，是何異武帝之沈命法、文皇之瓜蔓抄也，謂非賢智之過乎？漢時續《史記》者甚多，後人不察，往往混爲史遷之作，竹汀、甌北諸家皆辨之。辨之是也，因是而遂割裂其全書，强欲坐劉歆以竄亂之罪〔三〕，歆如竄亂，自當彌縫完好，求免後人之攻，何以彼此紛歧，前後牴牾，罅漏百出，奚取於斯？足下爲此無徵不信之言，傅合文致，以成其罪，歆不足惜，如六經何？是奚翅宋人之三字獄、周室之羅織經也，謂非賢知之過乎？

從古無不敝之法，有王者作，小敝則小修之，大敝則大改之。法可改，而立法之意不可改，故曰：「其人存，則其政舉；其人亡，則其政息。」政之敝壞，乃行法者之失，非立法者之失也。今託於素王改制之文，以便其推行新法之實。無論改制出於緯書，未可盡信，即聖人果有是言，亦欲質文遞嬗，復三代聖王之舊制耳，而豈用夷變夏之謂哉？當今之時，豈猶患新法之不盡行，而重煩吾輩喋喋爲之先導？足下其無意於斯道也；誠有意於斯道，則凡聖經賢傳之幸而僅存者，一字一言，當護持珍惜之不暇，而反教猱升木，入室操戈，竊恐大集流傳，適爲毁棄六經張本耳。足下兀兀窮年，何屑倒持太阿，而授人以柄？始則因噎廢食，終且舐糠及米，其殆末之思乎？原足下之所以爲此者，無他焉，蓋聞見雜博爲之害耳。其汪洋自恣也取諸莊，其兼愛無等也取諸墨，其權實互用也取諸釋，而又炫於外夷一日之富强，謂有合吾中國管、商之術，可以旋至而立效也。故於聖人之言燦著六經者，悉見爲平澹無奇，而必揚之使高，鑿之使深；惡近儒之言訓詁破碎害道也，則蕩滌而埽除之。以訓詁之學歸之劉歆，使人無以自堅其説，而凡古書之與吾説相戾者，一皆詆爲僞造，夫然後可以唯吾欲爲〔四〕，雖聖人不得不俛首而聽吾驅策。噫，足下之用意則勤矣，然其所以爲説者，亦已甚矣。

古人著一書，必有一書之精神、面目。治經者當以經治經，不當以己之意見治經。六經各有指歸，無端比而同之，是削趾以適屨，屨未必合，而趾已受傷矣。劉申受、宋于庭之徒，援《公羊》以釋四子書，恣其胸臆，穿鑿無理。僕嘗謂近儒若西河、東原，記醜而博，言僞而辨；申受、于庭，析言破律，亂名改作。聖人復起，恐皆不免於兩觀之誅。乃以足下之精識，而亦爲所惑溺，豈不異哉？聖門教人，《詩》《書》執禮；性與天道，不可得聞。《易》《春秋》皆言性道之書，游、夏且不能贊一辭，而欲以《公羊》家之偏論，變易《詩》《書》《禮》《樂》，將使後人何所取信，學者何所持循？如足下言，《尚書》當讀者僅有二十八篇，餘自《周易》《儀禮》《公》《穀》《論》《孟》而外，皆當廢棄。五經去其四，而《論語》猶在疑信之間，學者幾無可讀之書，勢不得不問途於百家諸子。百家諸子之言，其果優於古文哉？

來書言「時各有宜，學各有主」，而必以求仁爲歸。大哉言乎！微足下，僕不聞此言也。然求仁之説，將主孔、孟而以立達爲仁乎？抑主墨氏而以兼愛爲仁乎？且今之時，何時乎？疾之可以猛攻者，必其少年堅實、偶感疵癘者也。若羸疾而攻以猛劑，不自速其斃者幾希。今之疾，其實乎、羸乎，而謂葠苓爲不足用乎〔五〕？烏喙、鉤脗，非常用之物，以之攻毒，毒盡而身亦隨之，況欲以之養生乎？

足下以歷代粃政，歸獄古文，其言尤近於誣。當西漢時，古文未興，何以有孝武之窮兵，元、成之失道？此非事實，僕以爲不足辨也。六經、四子之書〔六〕，日用所共由，如水火菽粟之不可闕。無論今文、古文，皆以大中至正爲歸。古今止此義理，何所庸其新奇？聞「日新其德」矣，未聞「日新其義理」也。乾嘉諸儒以義理爲大禁，今欲挽其流失，乃不求復義理之常，而徒備言義理之變〔七〕。彼戎翟者，無君臣，無父子，無兄弟，無夫婦，是乃義理之變也。將以我聖經賢傳爲平澹不足法，而必以其變者爲新奇乎？有義理，而後有制度。戎翟之制度，戎翟之義理所由寓也。義理殊，斯風俗殊，風俗殊，斯制度殊。今不揣其本，而漫云改制，制則改矣，將毋義理亦與之俱改乎？百工制器，是藝也〔八〕，非理也。人心日僞，機巧日出，風氣既開，有莫之爲而爲者，夫何憂其藝之不精？今以藝之未極其精，而欲變吾制度以徇之，且變吾義理以徇之，何異救經而牽其足〔九〕，拯溺而入於淵，是亦不可以已乎？人心陷溺於功利，行法者借吾法以逞其私，而立一法適增一弊[一〇]。故治國之道，必以正人心、厚風俗爲先；法制之明備，抑其次也。况法制本自明備，初無俟借資於異俗，詎可以末流之失，歸咎其初祖，而遂以功利之説導之哉？世之揣影聽聲、愚而可憫者，既不足以語此，一二賢智之士，矯枉過正，又以爲聖聖相傳之《詩》《書》《禮》《樂》果不足以應變也，而姑從事於其新奇可喜者，以爲富强之道在是。彼族之所以富强，其在是乎？其不在是乎？抑亦有其本原之道在乎？抑彼之所謂本原者，道其所道，而非吾中土所能行，且爲天下後世所斷斷不可行者乎？以足下之精識，而亦惑溺於是，則斯道其奚望也？

足下服膺孟、荀。荀子之言曰：「君子行不貴苟難，説不貴苟察，名不貴苟傳，惟其當之爲貴。」孟子之言曰：「君子反經而已矣。經正則庶民興，庶民興斯無邪慝。」歷觀往古治亂之原，未有不由乎此者也。足下不語經而語權，不貴當理而貴苟察，是則近世爲《公羊》家言者誤之也。僕不肖，屢辱知己之言，其敢默而息哉？

貴門人日記十二册，窮日之力讀之，高明、沈潛，各極其勝。足下因材善誘，所標舉者尤多詣微之言，河汾江漢，成就殆未可量[一一]，而惜乎其以僞經、改制之説羼之也。懷不能已，再布區區，惟足下裁擇焉。

【校勘記】

〔一〕「惴惴焉」句，《佩弦齋文存》無。「是」，原誤作「足」，據《義烏朱氏論學遺札》改。

〔二〕「世俗」至「親見之耶」，《佩弦齋文存》無。

〔三〕「欲」，《佩弦齋文存》無。

〔四〕「唯」，《佩弦齋文存》作「爲」。

〔五〕「今之疾」至「不足用乎」，《佩弦齋文存》無。

〔六〕「六」，《佩弦齋文存》作「五」，較優。

〔七〕「備」，《佩弦齋文存》作「侈」，較優。

〔八〕「百工制器是藝也」，《佩弦齋文存》作「百工制器之事藝也」。

〔九〕「經」，原誤作「刖」，據《佩弦齋文存》改。

〔一〇〕「立」，《佩弦齋文存》作「易」，較優。

〔一一〕「河汾」至「可量」，《佩弦齋文存》無。

朱侍御答康有爲第五書

曩劇談徹夜，深幸固陋之見有契高明，而論性則終以不合。此古來聚訟之事，非獨今爲然也。竊意夫子之言性，明著於《繫辭》《論語》，與《詩》《書》《中庸》《樂記》所言若合符節。自告子、荀子之論出，乃始與老、莊、釋氏相混。其説甚長，曾於答諸生問目中及之，他日當録以就正。今君論性以荀、董爲歸，僕姑舉二家之失，而折衷於聖人，可乎？

《繫辭》：「一陰一陽之謂道。」一陰陽者，氣也；道者，兼理與氣之名也。舍陰陽無以見道，舍氣無以見理，而理則實宰乎氣。人得是理以生，愚者可以與知能，智者可以贊化育。氣有昏明厚薄之不同，斯理之隨氣以賦者，亦因之爲差等。苟無是理以宰是氣，則人、物之生渾然一致，而人之性真同於犬牛之性矣。人之所以異於禽獸者，以其有此五常之全理。五常本於陰陽，陰陽本於太極。物物一太極，故禽獸亦間有具五常之一體者，特見偏不見全。蜂蟻之君臣，雎鳩之夫婦，豈可與人相提而並論？蓋太極者，道之未形也。道既形，則善之名以立，性之類以分。惟人也得天地之中氣，故有物必有則，有氣必有理。「繼之者善」，純以理言；「成之者性」，則兼理與氣言。理、氣合而成質，故恒言曰「氣質」。理在氣中，言氣不必復言理也。理無形象，無方體，因氣以著，要不得謂有氣而無理。譬之木焉，其受規矩準繩者質，其生是木者氣，其生是木而必使之中規矩準繩者理。無是理，則木之生何以不中陶冶而中匠石？人之生何以不爲禽獸而爲聖賢也？成性者，物所同；繼善者，人所獨。人惟得此本然之善，乃能窮理以盡性，盡性以至命。物則烏乎能？窮理者，窮此繼善、成性之理，求復乎天命之本然，而一切氣拘物蔽，皆有以辨其惑而祛其累。故曰：「天命之謂性，率性之謂道，修道之謂教。」若人性本惡，則亦何理之可窮？何道之可修？何性之可率？而天之所以與我者，惟是凶惡頑嚚之物，吾當蔑性之不遑，怨天之不暇，仲尼何必復知天命，文王何必純亦不已，而與此專生惡物之天合德也？且《繫辭》所謂窮理者，將窮極凶惡而後可以盡性、至命乎？有是理乎？「率」之訓「循」，經典達詁。王充《論衡》獨訓爲「勉」，於古無徵。謂「率勉於學」則可，謂「率勉於性」則不詞〔二〕。王充乃云「教告率勉，使之爲善」，是則修道謂教之事，而豈率性謂道之事耶？充於《中庸》文義尚未盡明，其言烏足依據？

《召誥》曰「節性」，祖伊曰「虞性」，《卷阿》曰「彌性」。惟氣有昏明厚薄之不同，故性當節；惟氣有理以爲之宰，故性可節。「虞性」「彌性」云者，合乎當然之則，以充乎本然之量，即窮理、盡性、至命之謂也。夫性何以節？恃有禮而已。禮也者，理之不可易者也，本於太一，殽於萬殊，皆所以範其血氣心知，以漸復乎天命之本然，而初非有所矯揉造作。理以爲質〔三〕，禮以文之，是故措諸天下而咸宜，俟諸百世而不惑。若人性本惡，則當毀冠裂冕，棄禮易樂，喻焉而莫能從也，威焉而而莫能遏也。吾未聞梟獍在前，犬羊在後，而儒生可持一卷之書以格之，聖王可持五禮之制以化之也。此無他，其性與人殊也。惟人則不然。有物必有則，有氣質必有義理，有父子必有慈愛，有君臣必有等威。放諸東海而準，放諸西海而準。猺獞之悍族，貉貐之野人，其俗與人異，其君臣、父子未嘗不與人同。其同焉者，性也；其異焉者，習也；其失本心而至於幾希禽獸者，習也，非性也。故四端貴乎擴充，夜氣在乎存養。《孟子》七篇，多言審端致力之事，曷嘗任性而廢學哉？《繫辭》之窮理、盡性，《論語》之性近、習遠，與《孟子》之言性善，一也。惟性善，故相近；惟性善，故可學。若人性本惡，則不待習而已遠，縱欲學而不能，又何相近之有？後儒不達《孟子》之意，並不達古書之義例，動以越椒、商臣相詰難。夫《春秋》二百四十年，如越椒、商臣者有幾？聖賢但道其常，豈可以一二人之偶異，而昧億兆人之大同？犬馬戀主，禽鳥報德，傳記所載，間亦有之，然論性者終不以一二物之偶類乎人，遂謂犬之性猶人之性。獨於越椒、商臣疑之，抑何不充其類也？天下未必無梟獍，而吾目之所接，日見六畜而未一見梟獍，則亦何必舉所不見以爲説，而轉昧乎同然之理哉？是以先王之制禮也，有順而致焉，有逆而制焉〔三〕。其順而致也，以人性之本善，惻隱、羞惡、是非、辭讓，理固具於生初，知皆擴而充之，可以贊天地之化育也。其逆而制也，以理寓乎氣，性發爲情，氣有昏明厚薄之不同，其發之也亦異。苟失其養，則旦晝牿亡，人欲肆而天理滅。人欲肆而天理滅，則其違禽獸不遠矣，非禮無以防之也〔四〕。

聖人不授權於氣質，而必以善歸諸性。故質有善有惡，情有善有惡，欲有善有惡，惟性也有善而無惡。彼荀卿者，蓋以情爲性，昧乎性之本原，而又好爲立異，不自知其言之過當者也。信如所言，是聖王制禮，但爲苦人之具，而並非順乎性之自然，無惑乎老、莊、釋氏之徒，皆欲逃出乎禮法之外，昌言棄禮而不之恤矣。且荀卿以學爲化性起僞乎〔五〕？三代後，士多以《詩》《書》爲文飾之具，其能變化氣質者，千不獲一焉，何以天理民彝仍不絕於終古〔六〕？毋亦人心之所同然，皆得於賦畀之初〔七〕，而不容自昧者乎？謂學以擴充四端則可，謂學以化性起僞，烏乎可？荀子尊學而絀性，沿流而昧原，悍然斥之曰「性惡」。夫尊學者是也，絀性者非也。假有人焉，謂吾之性已惡矣，雖力學，何所用之？吾聞「甘受和，白受采」，未聞苦而可以受和，緇而可以受采也。天既命吾以惡〔八〕，吾寧順天而行，恣睢暴戾，以快吾一日之欲已耳。是尊學適以廢學，荀子其何說之辭？藉曰有激而云然也，惡有大儒垂訓而可以立言矯激者乎？而況其爲論性之大乎？

董子長於言陰陽、五行，而短於言性。知性禾善米，亦知禾之中固有米而無稂莠乎？知性如繭、如卵，亦知絲在繭中，苟無絲何有繭，雛在卵中，苟無雛何有卵乎？卵之不能爲絲，繭之不能爲雛，理也。惟性之不能爲惡，亦理也。謂性與善各有主名，不容以性爲善，然則性與惡亦各有主名，獨可以性爲惡乎？有物必有則，猶之有繭必有絲，有卵必有雛也。「繼之者善，成之者性」，人性之善，猶水之就下。聖賢所斤斤致辨者，曷嘗混性與善而爲一？如欲深察名號，則水自就下，不可即以水爲下，容得謂水之不就下乎？性自皆善，不可即以性爲善，容得謂性之非本善乎？譬諸繭自出絲，卵自出雛，不可即以繭爲絲，以卵爲雛，容得謂繭非始於絲，卵非始於雛乎？有雛種而後成卵，有絲種而後成繭，有繼善而後成性。是董子之言，反若與孔、孟相發明，而又何疑焉？且董子明陰陽、五行，既知身有性情，猶天之有陰陽矣，盍亦思陰助陽以生物，陽之德固主生而不主殺乎？謂性不皆善，是必天地不以生物爲心而後可也。天道無不善，則禀乎天以爲性者，安有不善？董子但知善出於性，而不知性實出於善，已顯與《繫辭》相悖，乃漫援「善人」「有恒」以爲喻，其説益復支離。「善人」者，成德之稱，豈性善之謂乎？

近人好攻宋儒，見有與宋儒異趣者，無論理之是非，必稱述之以爲快。夫宋儒豈必一無可攻〔九〕，要非矜心躁氣者所能譁以求勝。今舍《詩》《書》之微言，《繫辭》之明訓，徒取諸子駁雜無當之説，以與聖賢相枝柱，而適流爲異端之歸，何取乎爾？《荀子》之書，大醇小疵，三十二篇中，惟《解蔽》篇爲最精，然自「聖人知心術之患」以下，多雜道家宗旨，其醇者已爲周子《太極圖説》所取。近人尊荀而詆周，知二五而不知十，名爲尊荀，實未知所以尊也。足下高識，豈不知之，特牽於董子之言，祖《公羊》，遂祖《繁露》〔一〇〕，而因祖及荀子耳。

僕於董、荀之學，皆有篤嗜，而其悖於聖言者，未敢一例附和。董子有言：「正朝夕者視北辰，正嫌疑者視聖人。」請以聖人手著之《繫辭》，一正董、荀，可乎？

【校勘記】

〔一〕「詞」，武昌重刻本作「可」。

〔二〕「理」，原誤作「義」，據《佩弦齋文存》改。

〔三〕「制」，原誤作「致」，據下文及《佩弦齋文存》改。

〔四〕「防」，《佩弦齋文存》作「坊」，較優。

〔五〕「化性起僞乎」，原誤作「起性化僞夫」，據《佩弦齋文存》及《荀子》改。下文「化性起僞」同此。

〔六〕「仍」，原誤作「之正」，據《佩弦齋文存》删、改。

〔七〕「皆」，《佩弦齋文存》作「有」。

〔八〕「天」，原誤作「夫」，據《佩弦齋文存》改。

〔九〕「攻」，《佩弦齋文存》作「疑」，較優。

〔一〇〕兩「祖」字，原誤作「祖」，據《佩弦齋文存》改。

洪右丞給諫答梁啟超論學書

奉手書，愧極愧極。弟素無學識，只知墨守紙上陳言，而實無明智超識，能發二千年之覆者。如五經至漢，出有先後，各有本師，《史記》《漢書》載之甚詳。當時所謂古文、今文者，皆指字畫言之，古文科斗，今文隸書。同一經也，至今日刊本，皆俗行楷書，無所謂古學、今學也。弟亦未嘗分某經爲孔子之傳、某經非孔子之傳也，亦未嘗言今文不及古文也。貴師所考者僞經，而以田、楊、京、焦之《易》解，齊、魯、韓三家之《詩》注，牽連言之，弟方不解其故。同此一經，敢謂今文不及古文，弟肯作此夢囈語乎？但以數家傳注，其間存一二，實有不恆人意者，疑晉、唐人所不取，此亦事之常。大著駁賈、服、鄭者多矣，此其證也，然要與經之僞不僞無涉。

貴師闢僞經，以《儒林傳》爲據，且謂《儒林傳》不言《古文尚書》。弟考傳首即有觀功令「廣厲學官」之辭，又云：孔氏古文《逸書》十餘篇，孔安國以今文讀之，起其家。弟知據書爲說而已。足下既據《儒林傳》，又別生枝節以駁《儒林傳》，弟至今百思不解，敢再辨而爲之辭哉！至弟謂貴師以史遷疑其僞而黜之者，特怪傳中明有此語，何以云史公不言有《古文尚書》？弟作此疑，非無故也。《孝經》古孔氏一篇，《逸禮》三十九篇，貴師僞之，弟未贊一詞，今無可考，譬如謂鬼魅妍媸，唯有妄聽之耳。《周禮》一書，疑信在人，自漢已然。《史記·封禪書》亦有「《周官》」「《王制》」語，此在劉歆以前，貴師指爲劉歆所造，弟實不解。至大、小戴《禮記》，稍知讀書者，皆知有漢人所附益，若書非僞，讀之而已。弟素不爭師傳門户，自標絶學，何暇及此？《蕭何傳》：何收丞相、御史府律令圖書，具知天下户口、阨塞。無論此時李斯早死，不知丞相、御史爲何人，但本文明曰「律令圖書」，今之則例是也，兄疑即今之版圖、方志。下文明曰具知天下户口、阨塞。既曰「律令圖書」，而申之以知户口、阨塞，五經中有知户口、阨塞之文哉！此弟以爲非六藝之文，蓋就本文繹之如此。即不合貴師弟主意，斥爲附會，則不可知也。謂秦焚書，不禁儒術，何以又云博士備員不用？然貴師弟必斷之於此者，意在證成六經未焚，博士所職見在，何至有魯壁藏書事？自相矛盾，不如一概抹之，並於所定聖制之今學亦不顧，弟將奈之何哉！

足下又謂：周、秦諸子及西漢人説經記事之書傳於今者，説義歸一，從無異論。自古文出，言制度則轇轕而不明，考訓故則穿鑿而無底，於孔子改制之大義磨滅殆盡，其善者或將原書竄改，如《左傳》之屬。或由他書採掇，如《周禮》之屬。斥弟以不知。弟案：《易》《書》《詩》，周、秦别無傳、注。孔子《序卦》《説卦》《雜卦》《書序》，子夏《詩序》，雖周之聖人、賢人，明見各籍，貴師一概斥之以僞。弟之宜不知者一。西漢如田、楊、申公、歐陽、夏侯之屬，其書已亡；其僅存者，《毛詩》、孔《傳》。已亡者何從比驗，未亡者誣之以僞。弟之宜不知者二。《左傳》《公》《穀》均周人書。昔人言丘明親炙孔子，得經意最多，然三《傳》互有得失，今皆並行。貴師弟右《公》《穀》而黜《左傳》，且謂其中有所竄改，不知得何古本校之？

弟之宜不知者三。《逸禮》有諸侯、卿大夫禮等目，其書已佚，無可考。以目所未覩之書，貴師斥之爲僞。弟平心自問，何敢妄言？弟所宜不知者四。《周禮》一書，後人言禮者不能出其範圍，自來采用，乃不以爲後襲前，反以爲前襲後。此近儒攻古經新例，正《南史》所謂「吕尚盗陳恒之齊，劉季篡王莽之漢」者〔一〕，顛倒本末，貴師弟信而遵之。弟所宜不知者五。

漢博士之固陋，貴師亦言之矣。劉歆「信口説而背傳記，是末師而非往古」二語，足下謂當問其説爲何如説，師爲何如師。獨不思劉歆此言所争者，請立古文，《尚書》爲虞、夏、商、周史臣所修，亦經孔子所删、所序，《左傳》爲丘明所著，豈虞、夏、商、周之史臣，孔子、丘明之聖賢，反不及諸師所説耶？若以爲劉歆所僞，則歆固堂堂移書責人，博士等何難明目張膽，直聲其僞造之罪，而但含怒切齒，言其「非毁先帝所立」耶？且足下謂歆引詔書，增「書缺簡脱」四字。私改詔書，其罪尤大。是其僞大彰明較著之事，足下從千古後，胸中絶無恩怨，尚一覽知而摘之，何以夏侯勝、師丹見官於朝，博士數十百人耳目於下，既已懷恨怨怒，何不發其增改詔書之罪，甘受其責而復爲之包羞耶？哀帝曰：「歆欲廣道術，何以爲非毁哉？」此當時人君臨朝核實斷語。哀帝非親驗其書非僞，不能爲此言也。《藝文志》所據者，《七略》書目耳。其每類案語，當是班固所爲。其云劉向以中古文校脱簡，明列字數，自是當時實事。此何關要旨？貴師弟亦疑而僞之，殊所不解。《僞經考》後亦列校勘大名，豈僞事耶？况劉向專以校書爲職，豈終日坐食，不校一字，偶有所校，即疑其僞？則今日阮文達所刻《十三經校勘記》，武英殿所刊《廿二史考證》，皆如之何？此足下疑所不當疑者也。

足下謂：《西京雜記》，雖言吴均僞託，均與葛洪相去不遠，使出於洪，固有所聞；即出於均，亦當有所受。若事果烏有，葛、吴何必爲是言以誣人？弟從來最惡誣僞之説，今得此平恕之論，不覺爲之一快。但葛序言劉歆撰《漢書》，班固承而用之，未言其僞造也。班固距劉歆不過數十年，親典蘭臺修史，於漢事豈毫無見聞，竟不一覺察其僞？且當時並無劉歆造僞之説，不知貴師弟更何所據而云然也？葛、吴不肯誣劉歆以僞，貴師弟何爲誣劉歆以僞哉！足下於葛、吴之僞託且爲辨之，獨於劉歆之著書，葛、吴不言其僞，足下必誣以僞，何寬於葛、吴而刻於劉歆也？平恕之心，至此忽變，弟更有所不解。

足下謂：《史記·楚元王世家》有地節二年，《齊悼惠王世家》有建始三年，《司馬相如傳》之稱揚雄，《張蒼申屠嘉傳》之稱韋賢、魏相、丙吉、韋玄成、匡衡，不能不謂之竄入，特其竄入之有後事者，今得指而明之，其渾渾淪淪無可稽考者，又何可勝數？信如尊言，則《史記》爲竄亂不可辨之書矣，何以貴師必專據此書，但於其中有合己意者，則曰鐵案不可動搖；有不合己意者，則以爲劉歆所竄入？如《十二諸侯年表》之論《左傳》，《儒林傳》之敘《古文尚書》，弟取《史記》再三繹之，不知貴師斷爲劉歆竄入者，實有何據？且《史通》所謂

「相次撰續，迄於哀、平，猶名《史記》」者，若馮商、衛衡、揚雄、史岑、梁審、肆仁、晉馮、段肅、金丹、馮衍、韋融、蕭奮、劉恂，暨劉向與歆並諸先生，共計十六人之多，何獨歸獄於劉歆一人也？《史記》既竄亂，渾淪不可考，《漢書》最詳明，可互證矣，乃亦設一疑陣以誣之。在漢止有《史》《漢》二書，謂所載半皆僞事，則天下既無可據之經，又無可據之史，人肯信乎？在貴師明智超識，何嘗不知《史》《漢》有來歷，不同杜撰，特欲於魏默深《詩》《書古微》之冒稱絶學，欲於二千年後特標一幟，而無如二千年以上事實見於史策者昭昭，因見近儒解經不通則必藉口劉歆竄入，因附會《王莽傳》《西京雜記》《史通》諸書以入其罪，然後經典可以肆其抨擊。弟恐此書一出，必滋口實，貴師書來，亦言有聞而大笑者。又恐道遠，語有誤會，欲足下從中婉商，非欲與貴師弟爭勝也。

今誦手書，似係以鄙説爲不然，弟不得不揭破根柢，以釋大疑。夫欲辨《史》《漢》之竄造，既疑劉歆，自當問之劉歆，而欲辨劉歆之實竄造與否，則當考之劉歆竄造之出處。劉歆之罪不明，斯經典之僞不定。此必言之如青天白日，共見共聞，實實鐵板註脚，足以服古人之心而杜今人之口者，非可以莫須有之詞，想當然之語，肆意周内，證成其罪也。至如《史》《漢》之歧互，禮制之異同，訓詁之得失，彼此各執一説，頭緒太繁，權置勿論，但將《王莽傳》《西京雜記》《史通》三書，此僞經爲劉歆竄造根柢，貴師所據之案。平心剖析，此種緊要關鍵勘明，餘自迎刃而解矣。兹將三書録後，先以鄙意解釋之。字句之間，差之毫釐，謬以千里，須就本文訓詁上實事推究，不准别生枝節，遁入他辭，以致滋蔓。此經學家實事求是之道。極知拙識闇陋，知二五而不知一十。此事蓄疑已久，欲藉此以祛宿惑，庶幾聞一知十者其詔我乎！足下以弱冠之年，具此才學，求之長安人海中，殊不多覯，此弟所樂與往復者。讀大著經説數篇，援据該博，論斷亦有精識，弟已僭加評注，以誌服佩。唯其中時有牽入劉歆處，以絶不相涉之事，必爲波及，轉致自累其文，此近儒謬例之可哂者。《皇清經解》中甚多。足下慎毋以無據之言害所有據也，請全行删去。至如駁劉歆禮議數條，就事論事，糾其謬可矣，誣其僞不可也。弟亦有《禘祫解》一篇，容日呈正。拙集無見存印本，俟天暖飭工刷出奉贈。餘容稍暇踵談，攜以就正也。

《漢書·王莽傳》：「莽召問群臣禽賊方略，故左將軍公孫禄徵來與議。禄曰：『太史令宗宣典星曆，候氣變，以凶爲吉，亂天文，誤朝廷。太傅平化侯飾虛僞以媮名位，賊夫人之子。國師嘉新公顛倒五經，毁師法，令學士疑惑。』」

案：「顛倒」二字，訓詁不作「造竄」解。於是非則曰「顛倒」，謂是其所非，非其所是也。若「造竄」，則當論有無，不必計是非也。公孫禄於平化侯則加以「飾虛僞」，於劉歆唯加以「顛倒五經」。「飾僞」與「顛倒」，字義顯有區别。歆苟「造竄」五經，則公孫禄當加以「飾虚僞」矣。且於「顛倒五經」下，申之曰「毁師法，令學士疑惑」，正指歆所請立之《古文尚書》《左傳》《周禮》《毛詩》等經而言。平帝時，此數經皆立，歆敗乃廢。劉歆移博士書，責其「專己守殘」「因陋就寡」「信口説而背傳記，是末師而非往古」，博士怨恨，不肯置對，所謂毁師法而令學士疑惑也。歆卒挾王莽勢而立之，公孫禄謂其立非所立，顛倒是非也。蓋是時經術利禄之路開，方各以所業求售，即夏侯勝幸以己説立學，謂學者習之，取金紫如拾芥。今見劉歆别樹一幟，又非博士所素習，是以大怒，然亦但訐其變亂舊章，「非毁先帝所立」而已，不言其爲僞也。夫以彼此搆怨互訐之時，尚不言其僞，則所請立之經，實知其非歆所僞造竄，明矣。至劉歆附會經典以媚王莽，則誠有之，如莽母功顯君死，意不在哀，劉歆與博士議其服，言「發得《周禮》以明因監」，引《禮·司服職》云「庶子爲後，爲其母緦」，又引《周禮》曰「王爲諸侯緦縗」「弁而加環經」。曰「庶子」，曰「諸侯」，此與攝皇帝何與？使其爲莽造短喪之典，何難造一攝皇帝不當爲私親服制，而乃造此絶無關涉之文哉！以絶無關涉之文，附會以成其説，此班固所指「顛倒」之實證也。且班固於《王莽傳》中所列莽以六藝文奸言者，亦可爲劉歆「顛倒五經」旁證，如：莽欲專斷，則引《論語》；莽欲居攝，則引《康誥》；莽作策命，則仿《金縢》；莽告郊廟，則仿《大誥》；莽假符命，則據《易·繫》；莽興土功，則依《洛誥》；莽著書成，則比《孝經》；莽設官職，則襲《大雅》屏藩城翰之名；莽女配帝，則考論五經，定娶禮十二女之文；莽復《堯典》，則改九州爲十二州。其餘不勝枚舉。班詳載之靡遺，未嘗稍爲之諱，未嘗稍疑其僞，且皆今文多，古文少。事蹟可驗如此，不知劉歆造竄經典之説從何而來？蓋誤以莽、歆附會經典爲劉歆造竄經典耳。不知附會經典者，因所有也；造竄經典者，增所無也。一字微差，毫釐千里。邪説流行百餘年矣，以訛傳訛，有累經典不小。且莽徵天下「有《逸禮》《古書》《毛詩》《周官》《爾雅》，通知其意者，皆詣公車」，可見是時各經已爲天下公習，尤爲不僞確證。乃近儒轉以此曲證其僞，殊所不解。噫！後人因誤讀《王莽傳》劉歆「顛倒五經」一言，而以「僞造」「僞竄」加之劉歆，不悟班固明列其「顛倒」實據，而仍不言其「造竄」者，古人論事之平允，有如是乎！此劉歆造竄經典之無實據者，一也。

《西京雜記·後序》：《西京雜記》《隋志》不著撰人姓名，《唐志》稱葛洪撰。晁氏謂：「葛洪自序：洪家有劉子駿《漢書》百卷，乃當時欲撰史，録事而未得締思，雜記而已。後學者始甲乙之，終癸爲十卷。以其書校班史，殆全取劉書。所餘二萬言，乃鈔撮之，析二篇，以裨《漢書》之闕，猶存甲乙哀次。江左人或以爲吴均依託爲之。」陳氏則謂：「洪博聞深學，江左絶倫，著書幾五百卷，本傳直載其目，不聞有此書，而向、歆父子亦不聞嘗作史傳世。使班固有所因述，亦不應全沒，殆有可疑。豈惟非向、歆所傳，亦未必洪之作也。」

案：劉知幾《史通》云：「《史記》所書，年止漢武。其後劉向、劉歆、馮商、揚雄等，相次撰續，迄於哀、平間，猶名《史記》。至建武中，司徒掾班彪以爲其言鄙俗，不足以踵前史，又雄、歆褒美僞新，誤後惑衆，不當垂之後代，於是采其舊事，旁貫異聞，作《後傳》六十五篇。其子固以父所撰未盡一家，乃起元高皇，終乎王莽，十有二世，二百三十年，綜其行事，上下通洽，爲《漢書》紀、表、志、傳百篇。」據此，則班固之所因者，其父彪之書也。彪與雄、歆同時，於雄、歆等撰續之《史記》，證以躬所見聞，且謂「雄、歆褒美僞新，誤後惑衆，不當垂之後代」，則凡涉雄、歆褒美者，尚必爲之區別，豈於劉歆一人所造竄者，彪竟不知而攙入其中哉！固之《漢書》因於彪，不因於歆，或由彪采向、歆等撰續之《史記》而訛耳。然即如黄省曾所言，謂固作全取劉書，彼亦云：「仲尼約之寶書，馬遷鳩諸國史，因本而成，在古皆然。」且稱固書之該練，由其所資者贍，未聞其所資者僞也。謂歆撰《漢書》，尚在有無之間，而謂班撰《漢書》乃因劉歆僞蹟哉？此劉歆造竄經典之無實據者，二也。

《史通·正史篇》：「孝武之世，太史公司馬談欲錯綜古今，勒成一史，其意未就而卒。子遷乃述父遺志，採《左傳》《國語》，删《世本》《戰國策》，據楚、漢列國時事，上自黄帝，下訖麟止，作十二本紀、十表〔二〕、八書、三十世家、七十列傳，凡百三十篇，都謂之《史記》。至宣帝時，遷外孫楊惲祖述其書，遂宣布焉，而十篇未成，有録而已。元、成之間，褚先生更補其缺，作《武帝紀》《三王世家》《龜策》《日者》等傳，辭多鄙陋，非遷本意也。《史記》所書，年止漢武，太初以後，闕而不録。其後劉向、向子歆及諸好事者，若馮商、衛衡、揚雄、史岑、梁審、肆仁、晉馮、段肅、金丹、馮衍、韋融、蕭奮、劉恂等，相次撰續，迄於哀、平間，猶名《史記》。」

案：趙翼《二十二史劄記》云〔三〕：「《史記》十篇之説，尚有褚少孫增入者，如：《外戚世家》增尹、邢二夫人相避不相見，及鉤弋夫人生子，武帝將立爲太子，而先賜鉤弋死；又衛青本平陽公主騎奴，後貴爲大將軍，而平陽公主寡居，遂以青爲夫等事。《田仁傳》後，增仁與任安，皆由衛青舍人選入見帝，二人互相舉薦，帝遂拔用之等事。又《張蒼申屠嘉傳》後，增記征和以後爲相者，車千秋之外，有韋賢、魏相、丙吉、黄霸，皆宣帝時也；韋玄成、匡衡，則元帝時也。此皆少孫别有傳聞，綴於各傳之後。今《史記》内，各有『褚先生曰』以别之。其無『褚先生曰』者，則於正文之下，另空一字以爲識别。此少孫所補，顯然可見者也。又有襲史遷原文而增改者。《楚元王世家》後，敘其子孫有至地節二年者，則宣帝年號也；《齊悼惠王世家》後，敘朱虚侯子孫有至建始三年者，則成帝年號也。此亦皆在遷後，而遷書内見之，則少孫所增入也。」然《史記》

亦有後人竄入處：「《司馬相如傳》贊謂：『相如雖多虛詞濫説，然其要歸之節儉。揚雄以爲靡麗之賦，勸百諷一〔四〕，猶馳騁鄭、衛之音，曲終而奏雅，不已虧乎？余採其語可論者，著於篇。』云云。案：雄乃哀、平、王莽時人，史遷何由預引其語？此並非少孫所補，而後人竄入者也。《漢書·相如傳》贊正同，豈本是班固引雄言作贊，而後人反移作《史記》傳贊耶？」右趙氏所列褚少孫補文至詳且悉，謂相如贊爲後人以班固引雄言移入《史記》亦確。惟疑《田儋傳》贊：「忽言蒯通辨士，著書八十一篇，項羽欲封之而不受。此事與儋何涉，而贊及之？」不知此乃古人文法，隨波帶出者，既不相涉，後人亦何故竄入？要之，古書誤竄一二條，或偶不及檢，亦恒有之，要不能多也。今據《史通》所述，自褚先生而外，撰續者向、歆以至劉恂，有十五人之多。使皆在百三十篇中，則《史記》衆人共成之書，而非馬遷專書矣。余繹《史通》文義，其曰「相次撰續，猶名《史記》」者，必於百三十篇外，另有撰續之篇，不過猶沿《史記》之名耳。如《藝文志》既有《太史公》百三十篇，又有馮商所續《太史公》七篇，亦其證也。韋昭、馮商受詔續《太史公》十餘篇，在班彪《別録》。餘皆散亡無可考，安得以百三十篇外撰續之書，而混入之於百三十篇中哉？又安得以一十五人撰續之書，而獨歸之歆一人所作哉？況其書皆亡，究不知其所撰續者實作何語，安得以有劉歆在內，遂以莫須有之事，誣加一人哉？總而言之，《史記》一書，褚先生所補顯有識别，後人誤入不過相如贊一條，向、歆以下十五人所撰續雖不可考，要自另爲一書，其不得以此藉口，造古事以伸己説，明矣。此劉歆造竄經典之無實據者，三也。

蓋自宋胡宏輩始有劉歆僞造《周禮》一言，王應麟後復以《左傳》「其處者爲劉氏」語爲劉歆竄入。不根之言，實起於此。逮至楊升菴、方望溪讀《周禮》，解不能通之處，則以爲劉歆所竄入。推原其故，實由誤會《王莽傳》「顛倒五經」之旨。然所疑者，不過《周禮》《左傳》一二條而已。嗣是學者解經，不考情實，雷同相從，其所歸獄，非劉歆則王肅，竟以臆説爲故事。此毛西河所謂「欲攻人作僞，而先僞造一人以實之」者。余每誦言至此，未嘗不廢書三歎。嘗批友人經牘云：「劉歆最苦，王肅最冤，恨古人不能言耳。」乃又有萬斯同者著《周禮辨僞》，劉逢禄者著《左傳考證》，竟以此二書全出劉歆之手。此兩人素負重名，言僞而辨。學者皇惑其説，曾未一窮詰其根柢所由，遂至康君亦爲所簧鼓而不覺，且爲之推衍，以徧及各經，直以聖賢古經，大書特書之曰新室僞學。莽、歆何人，膺此美寵？彼方假借其説，此即奉以即真。莽、歆則已矣，其如聖賢經典何哉！夫以聖賢煌煌垂世大典，懸諸日月，著在天壤，歷千百年無異詞，乃忽借曖昧不明之人，以想當然三字斷定，竟以聖賢經世垂教之書，謂出自亂臣賊子之手，侮聖毀經，貽患不小，非所以信今示後也。此鄙人肝鬲之要，敢私布於執事，何如？

【校勘記】

〔一〕「篡」，《南史·隱逸列傳上》作「竊」。

〔二〕「十」下，原衍「八」，據《史記》改。

〔三〕「翼」，原誤作「冀」，據文義改。

〔四〕「勸百諷一」，原誤作「勸一諷百」，據《史記·司馬相如列傳》及趙翼《廿二史劄記》卷一改。

翼教叢編卷二

安曉峯侍御請毁禁新學僞經考片

再：查有廣東南海縣舉人康祖詒，以詭辨之才，肆狂瞽之談，以六經皆新莽時劉歆所僞撰，著有《新學僞經考》一書，刊行海内，騰其簧鼓，扇惑後進，號召生徒，以致浮薄之士，靡然向風，從游甚衆。康祖詒自號「長素」，以爲長於素王，而其徒亦遂各以「超回」「軼賜」爲號。伏思孔子之聖，爲生民所未有，六經如日月經天，江河行地。自漢儒表章，宋儒注釋，而經學愈以昌明。我朝聖聖相承，重道尊經，列之學官，垂爲功令，一時名臣碩輔、耆學鉅儒，無不講明而切究之，况六經訓詞深厚，道理完醇。劉歆之文章，具在《漢書》，非但不能竊取，而實無一語近似。康祖詒乃逞其狂吠，僭號「長素」，且力翻成案，以痛詆前人。似此荒謬絶倫，誠聖賢之蟊賊，古今之巨蠹也。昔太公戮華士，孔子誅少正卯，皆以其言僞而辨，行僻而堅，故等諸檮杌、渾敦之族。今康祖詒之非聖無法，惑世誣民，較之華士、少正卯，有其過之，無不及也。如此人者，豈可容於聖明之世！若不及早遏熾焰而障狂瀾，恐其説一行，爲害伊於胡底？於士習、文教，大有關繫，相應請旨飭下廣東督撫臣，行令將其所刊《新學僞經考》立即銷毀，並曉諭各書院生徒及各屬士子，返歧趨而歸正路，毋再爲康祖詒所惑。至康祖詒離經畔道應如何懲辦之處，恭候聖裁。臣爲翼經衛道起見，是否有當？伏乞聖鑒。謹奏。

案：此奏光緒二十年七月初四日奉旨下兩廣總督查覆[二]，尋奏稱：「康祖詒溺苦於學，讀書頗多，應舉而得科名，舌耕以資朝夕，並非聚徒講學，互相標榜。其以『長素』自號，蓋取顔延年文『弱不好弄，長實素心』之意，非謂長於素王。其徒亦無『超回』『軼賜』等號。所著《新學僞經考》一書，大致謂：秦世焚書，但愚黔首，而博士所職《詩》《書》、百家自存，後世誦習者中有劉歆所增竄，引《史記》《漢書》，曲爲之證。以歆臣新莽，故謂其學爲『新學』。其自序有『劉歆之僞不黜，孔子之道不著』等語，本意尊聖，乃至疑經，因並疑及傳經諸儒。自以爲讀書得間，不爲古人所欺。揆諸立言之體，未免乖違；原其好學之心，尚非離畔。其書於經義無所發明，學人弗尚，坊肆不鬻。即其自課生徒，亦皆專攻舉業，並不以是相授受，雖刊不行，將自澌滅，似不至惑世誣民、傷壞士習。惟本非有用之書，既被參奏，奉旨飭查，自未便聽其留存。臣已札行地方官，諭令自行銷毀，以免物議。至該舉人意在尊崇孔子，似不能責以非聖無法，擬請毋庸置議，伏乞皇上聖鑒訓示。謹奏。」光緒二十一年正月奉硃批：「知道了。欽此。」

此摺從兩廣督署鈔出，上諭亦未見奏人姓名。初傳安曉峯太史上，後太史自戌所寄書葵園師，言疏劾康逆學術悖謬，正值倭事日棘，稿具未進。詢知此疏爲今上海道余晉珊觀察聯沅所上，謹附訂於此。

李制府此奏，意在保全康有爲，實爲逆犯謀亂我中國張本，故附載於後。世之論逆案者，有所考焉。[二]

此摺於逆燄未熾之前，而能先發其奸，切指其弊，誠可謂翼教之嚆矢。假令當時大吏與查辦諸員守正不阿，據情斥革，何至復釀今日之禍？然則曲突徙薪之見，此摺可無愧焉，特不知養癰遺患之人，其咎將誰屬也。恭讀乾隆朝上諭，凡亂臣賊子因事發覺，則平時保薦與查辦不力之員，無不並加嚴譴；其曾經參奏與彈劾得實者，亦必立予超陞。此案若在乾隆已前，則獲咎者不知凡幾，而侍御陸沆之羽，亦將騫翥天衢，而今不復睹矣。是編僅著其目，未載其文，想繇急於刊行，未及搜獲原奏，故暫從其闕。茲按原書序目補入，使閱者可無憾焉，是亦拾遺之一助也。本館附誌。[三]

【校勘記】

〔一〕「總督」下，武昌重刻三印本《翼教叢編》有「李制府瀚章」。

〔二〕按，本段文字見武昌重刻三印本《翼教叢編》卷二。

〔三〕按，本段文字見嶺海報館排印本《翼教叢編》卷二。

許筠庵尚書明白回奏摺

爲遵旨明白回奏事：

本月初二日，内閣奉上諭：「御史宋伯魯、楊深秀奏禮臣守舊迂謬、阻撓新政一摺，著許應騤案照所參各節，明白回奏。欽此。」並軍機處鈔録原奏，交出到臣。俯思戇直之招尤，仰荷聖明之洞察，許自陳達，良深感悚，謹將被參各節，爲皇上縷晰言之。

如原奏謂臣「腹誹朝旨，在禮部昌言經濟科無益，務欲裁減其額，使得之極難，就之者寡」一節：查嚴修請設經濟科原摺，係下總署核議，臣與李鴻章等以其因延攬人材、轉移風氣起見，當經議准覆陳。若臣意見參差，可不隨同畫諾，何至朝旨既下，忽生腹誹？夫誹存於腹，該御史奚從知之？任意捏誣，已可概見。至歲舉中額，應由臣部妥議，會同具奏，恭候欽定。臣維事關創始，當求詳慎。自古名臣著論，斤斤以珍惜名器爲要圖，況鄉舉一階，膠庠所重，儻過爲寬取，恐濫竽充數，鄙夫之所喜，即志士之所羞，人才何由鼓勵？是以與同部諸臣熟商定額，期協於中，既不敢存刻覈之見以從苛，更不敢博寬大之名以邀譽。且現未定藁，該御史竟謂臣務欲裁減，不知何據而言？向來交議事件，未經覆奏以前，言官不得攙越條奏。今該御史隱挾成見，逞臆遽陳，殊非體例。

原奏又稱「詔書闢乎開新，下禮部議者，臣率多方阻撓」一節：邇來迭奉明諭，如汰冗兵、改武科諸政事，均不隸臣部，豈能越俎代謀？此外惟楊深秀釐正文體一摺，係奉旨交議，案之西學、時務，無甚關涉，且未擬稟，何得云多方阻撓耶？

原奏又稱臣「接見門生、後輩，輒痛詆西學，遇有通達時務之士，則疾之如讐」一節：竊臣世居粤嶠，洋務夙所習聞，數十年講求西法，物色通才，如熟悉洋務之華廷春，精練槍隊之方耀，善製火器之賴長，均經先後奏保。及中東事起，三員業早凋謝，未展其才，臣深惜之。方今時事多艱，需才愈亟，凡有偏長片技堪資實用者，臣斷不肯失之交臂。即平日接見門生、後輩，無不虛衷諮訪，冀有所益，並勖以務求實際，毋尚虛華，初何嘗痛詆西學？該御史謂臣讐視通達時務之士，似指工部主事康有爲而言。蓋康有爲與臣同鄉，稔知其少即無行，迨通籍旋里，屢次搆訟，爲衆論所不容；始行晉京，意圖僥倖，終日聯絡臺諫，夤緣要津，託詞西學，以聳觀聽。即臣寓所，已干謁再三。臣鄙其爲人，概予謝絶。嗣又在臣省會館私行立會，聚衆至二百餘人。臣恐其滋事，復爲禁止。此臣修怨於康有爲之所由來也。比者飭令入對，即以大用自負，向鄉人揚言；及奉旨充總理衙門章京，不無觖望。因臣在總署，有堂屬之分，亟思中傷，捏造浮辭，諷言官彈劾，勢所不免。前協辦大學士李鴻藻嘗謂〔一〕：「今之以西學自炫者，絶無心得，不過藉端牟利，借徑弋名。」臣素服膺其論。今康有爲逞厥横議，廣通聲氣，襲西報之陳説，輕中朝之典章。其建言既不可行，其居心尤不可問。若非罷斥，驅逐回籍，將久居總署，必刺探機密，漏言生事；長住京邸，必句結朋黨，快意排擠，摇惑人心，混淆國事，關繫非淺。臣疾惡如讎，誠有如該御史所言者。

原奏又稱臣「深惡洋務」一節：臣自承乏總署，已逾一載，平日仰蒙召對，輒以商務、礦務、置船、置械等事，皆屬當務之急，屢陳天聽，請次第施行。臣是否窒塞風氣，應亦難逃聖鑒。

竊自膠事定議後，總署交涉事件益難措手，黨徒争以口舌，斷不能弭隱患。臣望淺材庸，自揣萬難勝任，惟有仰懇天恩，開去總理差使，俾息讒謗而免隕越，實爲厚幸。所有微臣明白回奏縁由，繕摺具陳，伏乞皇上聖鑒。謹奏。

奉上諭：「許應騤奏遵旨明白回奏一摺，該尚書被參各節，兹據逐一陳明〔二〕，並無阻撓等情，即著毋庸置議。禮部有總司科舉、學校之責〔三〕，總理衙門辦理交涉事件，均關緊要。該尚書嗣後遇事，務益加勉勵，與各堂官和衷商辦，毋負委任〔四〕。欽此。」

【校勘記】

〔一〕「辨」，原誤作「辨」，據上海書局《增廣翼教叢編》本及中國史學會編《戊戌變法》第二册改。

〔二〕「兹」，上諭原作「既」。

〔三〕「科」，上諭原作「貢」。

〔四〕「毋負」，上諭原作「用副」。

文仲恭侍御嚴參康有爲摺

爲言官黨庇誣罔熒聽，請旨飭查覆奏以肅臺規，恭摺仰祈聖鑒事：

竊奴才生長滿洲舊族，誦習孔、孟遺書，世受國恩，幼承家教，惟知奉公守法，時欲報主捐軀。憶昔乙酉之年在户部郎中任時，京察一等，蒙皇上召見於養心殿，親聞聖訓，命奴才「謹慎當差，破除情面」。奴才退即以此八字鐫刻圖章，終身膺佩。是以奴才蒙恩外簡河南知府三年，不受一人私書，京中故舊亦皆未嘗以一字通問。服官京外三十餘年，從不敢沾染陋習，與人結盟换帖。除幼年受業同學六人外，亦絶無拜上官、舉主爲師，頗以此取怨招尤，不以爲悔。蓋深懔皇上「破除情面」訓辭，亦由奴才四世祖鄂伯諾費揚武在康熙年間，見族人鰲拜亂政伏罪，因著有清文家訓，令後世子孫首重寡交，永誡植黨，赤心報國，勒石祠堂，奴才等世世守之，弗敢違也。今者備員臺諫，目覩同官中有爲人指使、黨庇報復、紊亂臺規者，奴才於此事確有聞見，謹遵皇上「破除情面」訓誡，縷晰陳之。

奴才於光緒二十四年五月初九日恭讀邸鈔，見御史宋伯魯、楊深秀聯銜參劾禮部尚書許應騤守舊迂謬、阻撓新政，及許應騤奉旨明白回奏原摺各一件。許應騤在朝聲譽，初碌碌未有奇節，奴才與之向無往來，晤對，亦未聞其有講求舊學之名。此次見其覆奏摺内，所稱「珍惜名器」「物色通才」等言，深合大臣之體，始知該尚書立身、行事自有本末，轉過於奴才平日所聞。至該尚書摺内指工部主事康有爲〔二〕，請將其罷斥、驅逐，證以奴才見聞所及，亦適相符合〔三〕。

伏惟奴才服官京外已數十年，康有爲向不相識。去年十二月奴才改官御史，忽於今年二月間，由原任大學士閻敬銘之子、道員閻迺竹致奴才一信，言有傑士康某，欲訪奴才相見。奴才昔在户部，爲閻敬銘賞識，天下所共知，然於閻迺竹，向亦不相聞問，止於去年十二月引見御史之日，在朝房始一識面。奴才當即函覆閻迺竹，云「方今士大夫存誠踐實之時，非標榜聲氣之日，康某何須必相見也」以阻之。而康有爲仍復踵門來見，奴才因與晤言，接談之頃，聞其議論頗多偏宕，然見其激昂慷慨，以爲是蓋志士憂時鬱悒，激而出此。雖即以言規正之，而心亦喜其負氣敢任，或可救今時委靡伈俔積習，不爲無用。於其去後，曾致閻迺竹信，告以康有爲不無血性可愛，惟其看天下事太易，正恐不足有爲。

迨後康有爲數數來奴才處，送奴才以所著書籍數種。閲其著作，以變法爲宗，而尤堪駭詫者，託詞孔子改制，謂孔子作《春秋》，西狩獲麟，爲受命之符，以《春秋》變周爲孔子當一代王者，明似推崇孔教，實則自申其改制之義。大抵援據《公羊》何休學「黜周王魯」「變周從殷」之説，首引董仲舒《春秋繁露》《淮南子》各書，以爲佐證。不知何休爲《公羊》罪人，宋儒早經論定。董仲舒本《傳》其所著《蕃露》《玉杯》《竹林》各自爲卷，今本則皆在《繁露》一編之中，故崇文書目已疑《春秋繁露》非董子原書，程大昌攻之尤力。國朝文淵閣著録《春秋繁露》十七卷，亦置之附録，《提要》謂其中無關經義者多。再考《漢書》董仲舒本《傳》，當時其弟子吕步舒已不知其師説，以爲大愚，何況數千年後，士不獲親見聖人，自三《傳》以下，假託聖賢以伸己説者，何可勝數？又焉能於蠹簡之餘，欲盡廢群籍，執一家之言，而謂爲獨得聖人改制之心哉！至於《淮南》，乃漢淮南王劉安所著之「殷變夏，周變殷，《春秋》變周，三代之禮不同」等言，不過叛王肇亂之辭，殆與漢末張角妖言「蒼天已死，黄天當立」正同，尤不可據爲典要。由是奴才乃知康有爲之學術，正如《漢書·嚴助傳》所謂以《春秋》爲蘇秦縱横者耳。然奴才猶以爲方今時事孔棘，求才未可一格，譬如烏附、蛇蝎，皆有毒藥品，然以之治風痺疾，轉良於參朮、蓍苓，止在用之何如也。

及聆其談治術，則專主西學，欲將中國數千年相承大經大法一掃刮絶，事事時時以師法日本爲長策。奴才於咸豐庚申年，始年十二三歲，即留意西學，故三十餘年所見泰西書籍頗多，亦粗通其二十六母拼字之法，及其七十課學言之訣，頗有志習學其天算、格致之術。前者在户部，會計光緒七年出入計帳，全用西洋歲計算法，非絶口不談洋務者比。即近日數上奏議、彈章，亦曾以推廣新學爲言，已在聖明洞鑒之中。惟中國此日講求西法，所貴使中國之人明西法爲中國用，以强中國，非欲將中國一切典章文物廢棄摧燒，全變西法，使中國之人默化潛移，盡爲西洋之人，然後爲强也。故其事必須修明孔、孟、程、朱四書、五經、小學、性理諸書，植爲根柢，使人熟知孝弟忠信、禮義廉耻、綱常倫紀、名教氣節以明體，然後再習學外國文字、言語、藝術以致用，則中國有一通西學之人，得一人之益矣。若全不講爲學、爲政本末，如邇來《時務》《知新》等報所論，尊俠力，伸民權，興黨會，改制度，甚則欲去跪拜之禮儀，廢滿、漢之文字，平君臣之尊卑，改男女之外内，直似止須中國一變而爲外洋政教、風俗，即可立致富强，而不知其勢小則群起鬭争，召亂無已，大則各便私利，賣國何難。奴才曾以此言戒勸康有爲，而康有爲不知省改，且更私聚數百人，在輦轂之下，立爲保國一會，日執途人而號之曰：「中國必亡！中國必亡！」其會規設議員，立總辦，收捐款，竟與會匪無異，以致士夫惶駭，庶民揺惑，私居偶語亦均曰：「國亡，國亡，可奈何？」設使四民解體，大盜生心，藉此以聚集匪徒，招誘黨羽，因而犯上作亂，未知康有爲又何以善其後？是則康有爲立會倡始，名爲保國，勢必亂國而後已焉。奴才於其立保國會後，曾又與面言，恐其實生亂階，令其將忠君、愛國合爲一事，幸勿徒欲保中國四萬萬人，而置我大清國於度外，而康有爲亦似悔之。

奴才由是不欲與之往來，然仍謂其心或無他，止不過不知輕重，尚未深惡其人。迨後許應騤等阻其在會館聚衆，又有人奏參，康有爲忽到處辭行，奴才處亦兩次來辭，云將回里養母。奴才當即作詩送之，諷以歸隱，並有勸其切勿走胡走越之言。不意其僞爲歸養，以息譏彈，而暗營保薦，以邀登進，乃於辭行之日，忽有召見之事。奴才至是始覺其詐僞多端，斷乎非忠誠之士，心鄙其人矣。而康有爲見奴才於其賜對後絶無聞問，又於四月初七日使其弟康廣仁至奴才處求見。奴才未與相見，爲奴才留一信，云康有爲在寓患病，現奉旨令其進書。是時宋伯魯、楊深秀等已參劾許應騤，許應騤已明白回奏，惟原摺邸鈔未見，奴才未知宋伯魯等所奏云何。又聞康有爲奉旨進書，欲知其進書之意何在，且仍欲勸其安静，勿再生事端，遂於八日至康有爲寓所。其家人因奴才問病，引奴才至其卧室，案有洋字股信多件，不暇收拾。康有爲形色張皇，忽坐忽立，欲延奴才出坐别室。奴才隨僕又聞其弟怨其家人，不應將奴才引至其内室。奴才乃悤悤起立，惟告以《中庸》有云「萬物並育而不相害，道並行而不相悖」，萬不可分門別户，致成黨禍，置國事於不問。而康有爲兄弟同言：「即今在朝諸人，又何嘗以國事爲問乎？」奴才仍勉以既蒙恩命爲總署章京，當謹慎趨公，以圖報效。康有爲言：「實不能爲此奔走之差，現奉旨進書，書進仍然回籍。」其弟又謂奴才云：「朝廷特罷制藝，何不從速，仍待下科？且生童小試，尤當速改策論。」奴才見其終不可諫，乃舍之而去。

初九日，遂於邸鈔中見許應騤覆奏，中言康有爲「少即無行，通籍回里，屢次搆訟。晉京後終日聯絡臺諫，夤緣要津，再三干謁。又在會館私行立會，聚衆至二百餘人。入對奉旨充總理衙門章京，不無觖望，捏造浮詞，諷言官彈劾」等情，奴才更深信康有爲不過一輕浮巧滑之徒，獨怪以閻敬銘之狷介家風，而閻迺竹何爲交結此人，且引薦至奴才處也。由是憶其曾於閏三月間擬有摺底二件，屬奴才具奏，一件欲參廣東督撫，一件請釐正文體，更變制科。當時即經奴才曉以科道爲朝廷耳目之官，遇事原不能不向人訪問，然必進言者自有欲言之事，參詢詳細於人，若受人指使而條奏彈劾，是乃大干列祖列宗嚴禁，斷不敢爲。且其欲參廣東巡撫奏中，特爲清查沙田一事而發，奴才拒之尤力，至今其擬來奏底仍存奴才處。而其釐正文體一事，已有楊深秀言之矣。至康廣仁所言罷制藝不必待下科，小試尤宜速改策論，而宋伯魯又適有此奏。是許應騤謂其聯絡臺諫，誠不爲誣。

又康有爲於閏三月間，忽遣其門生、廣東崖州舉人林纘統，持其信函，至奴才處求見。奴才聞林纘統係會試舉人，亦即延見。乃林纘統並非來京會試，因其在崖州有聚衆州衙閧堂塞署之案，其子弟迄今仍監禁州獄，康有爲令其尋奴才爲之奏辦。時奴才正在都察院署理京畿道事務，告以如有冤抑，應到院呈訴，不當在私宅商辦。乃林纘統竟於次日備辦禮物，至奴才處餽送，甚至奴才幼子、童奴，皆有贈貽。奴才大駭，立即驅逐之去，告以如敢再來，定即奏交刑部。林纘統去而康有爲旋來，奴才以正言責之，康有爲且言禮亦微物，係由康有爲代備，初不以爲愧怍。至今康有爲引薦林纘統申訴之信，亦仍存奴才家中。是則許應騤言其搆訟，亦不爲無據。

至康有爲兩三月中，凡至奴才處十餘次，路隔重城，或且上燈後亦至，往往見其車中攜有衾枕。奴才家丁問其隨僕，皆言其行蹤詭秘，恒於深夜至錫拉胡同張大人處住宿。蓋户部侍郎張蔭桓，與康有爲同縣同鄉，交深情密。是則許應騤言其夤緣要津，亦屬有因。若云用爲總署章京，不無觖望，奴才實親聞康有爲有不能當奔走差使之言。由此觀之，則許應騤所論康有爲各節，皆非揣測之辭，概可信也。

總之，康有爲之爲人，講學如明之李贄，干進如明之陳啟新，猶復膽大妄爲，不安本分，性非安靜。然而奴才始尚以爲其深通洋務，不妨節取所長，留爲偵探、參訪之用，故兩次至其寓所回拜，十餘次在奴才家與之晤言。雖無一次不規勸其失，於其囑託，均不敢聽受。後亦明知其生事，然不欲參劾，蓋恐或阻抑朝廷破格求才之路。今見許應騤所奏歷指其奸，若終始不言，則有違皇上「破除情面」之訓，負恩實甚。

且康有爲又曾在奴才處，手書御史名單一紙，欲奴才倡首，鼓動眾人伏闕痛哭，力請變法。其單内所開，多臺諫中知名之人，而宋伯魯、楊深秀即在其内。後康有爲立會保國，在單之人皆不與聞，惟宋伯魯、楊深秀兩次到會，列名傳布。奴才於其開單之時，即告以言官結黨爲國朝大禁，此事萬不可爲。乃楊深秀旋即便服至奴才處，仍申康有爲之議。且奴才與楊深秀初次一晤，楊深秀竟告奴才以萬不敢出口之言。是則楊深秀爲康有爲浮詞所動，概可知也。至宋伯魯，奴才未曾與之晤言，而聞其曾上設立公司之奏，亦係康有爲持此議，先尋御史黄桂鋆陳奏，黄桂鋆不爲所使，竟由宋伯魯奏之。以康有爲一人在京城任意妄爲，徧結言官，把持國是，已足駭人聽聞，而宋伯魯、楊深秀身爲臺諫，公然聯名庇黨，誣參朝廷大臣。夫容臺本執禮之官，宗伯以守舊爲過，一則曰重邦交，再則曰傷邦交。以今日之非禮，脅制諸臣，曲全大局，正患無禦侮之才。儻使許應騤能折衝樽俎，遇事挽回，得一分，即可爲朝廷存一分國體。凡爲大清臣子，孰不喜之，奈何獨以爲罪乎？尤可怪者，原摺竟敢擅擬以三四品京堂降調正卿，干預皇上黜陟大權，實從來所未有，此風又何可長也？宋伯魯前者黨庇薛允升，今者又與楊深秀黨庇康有爲，專以報復爲得計。原摺謂免鄰封之笑柄，以奴才觀之，該御史等縱不慮天下後世笑，不知同臺中正有笑之者矣。《孟子》曰：「國君進賢，如不得已，國人皆曰不可。」是康有爲也。我聖祖仁皇帝御製臺省箴曰：「或藏嫌怨，謬爲雌黄，受人指屬，尤爲不臧。」是宋伯魯、楊深秀也。

奴才身沐聖朝厚恩，久存不敢避嫌遠怨之志，故於三月初一日初次封事，即以請甄別御史爲言。今日覩此情，初亦再四躊躇，恐蹈明季科道攻訐惡習，遲遲十日，不敢輕於陳奏，繼思國家變法，原爲整頓國事，非欲敗壞國事。譬如人家屋宇，年久失修，欹斜欲覆，勢宜改造，自應招集工匠，依法拆卸，庶乎瓦木不損，終成室廬。若任三五喜事之徒，運以重椎，組以巨索，邪許一聲，曳之傾仆，而曰非此不能捷速，姑無論甎石梁棟毁折摧傷，且恐因而壓人，更何改造之有？其間稍有阻止持重者，則反加之毆詈，此何理也？今康有爲之變法，宋伯魯、楊深秀之參劾，何以異是？此奴才所以終不敢已於言也。

所有康有爲之爲人如是，是否可用，應如何辦理，皇上自有權衡。至宋伯魯、楊深秀，顯有黨庇熒聽情事，然奴才終恐啟臺諫互相攻擊之風，仍未敢擅擬其去留，可否請旨飭下都察院堂官，查覈該員等是否堪勝御史之任，覆奏請旨辦理。奴才爲整肅臺規起見，謹繕摺縷陳，伏乞皇上聖鑒。

再，康有爲歷次致奴才信函、所擬摺底，如有應行考覈之處，奴才當呈交都察院堂官咨送軍機處備查，合併聲明。謹奏。

奉上諭：「御史文悌奏言官黨庇誣罔熒聽請旨飭查一摺，據稱『御史宋伯魯、楊深秀前參許應騤，黨庇熒聽〔三〕，恐啟臺諫攻擊之漸』等語。該御史此奏，難保非受人唆使。向來臺諫結黨攻訐，各立門户，最爲惡習。該御史既稱『爲整肅臺規起見』，何以躬自蹈此？文悌不勝御史之任，著回原衙門行走。欽此。」

《申報》書後：洋洋四千餘言，將所參各人底裏和盤托出，而情辭娓娓，摹繪如生，抑揚盡致，於從來奏疏中別開一格。良由聖明在上，朗照無私，故使感激陳辭，言無不盡，雖未動宸聽，要可使天下人共欽其義膽忠肝也。至其失，則在代許大宗伯辯白處，似與宗伯回奏之疏一鼻孔出氣。此則使人不能無疑，宜諭旨謂其「躬自蹈此」也。夫豸冠之義，取乎觸邪。既爲言官，自當明是非而别邪正。雖風聞失實，而苟原其本心爲國，即非溺職，況乎私函、擬摺，鑿鑿有據，必非捕風捉影以羅致文織爲能者。然就其摺中所言論之，某某等所爲，似有人焉爲之奥援，即所指夤緣要津者。不此之劾，而劾某某等，豈非漢臣所謂「豺狼當道，安問狐狸」？古之言官，有折檻者矣，有埋輪者矣，有劾大司馬孔光者矣，有請尚方劍斬佞臣張禹者矣。舍其大而擊其小，此不勝御史之任者一也。既稱與某某晤言十餘次，洞悉其人，何以必俟許大宗伯回奏之後，始行參劾？恐蹈始終不言之咎，而未思隨聲附和之嫌，況所稱餽送禮物、代擬奏稿、臚列名單，皆當即時舉發者。隱於先而摘於後，此不勝御史之任者二也。要之，朝廷當勵精求治、破格用人之際，雖其人痛遭指摘，猶望其材可用，故於其所參各節，未予深究，而亦並未加言官以嚴譴，帝恩高厚，聖意淵深，凡在臣工，宜何如感激以圖報稱哉！

【校勘記】

〔一〕「指」上，摺稿原有「所」。

〔二〕「亦」上，摺稿原有「許應騤所言」。

〔三〕此句，上諭原作「顯有黨庇熒聽情事」。

孫燮臣尚書奏覆籌辦大學堂摺

爲籌辦大學堂大概情形，恭摺具陳仰祈聖鑒事：

竊本月十七日，臣議覆五城建立中學堂、小學堂一摺，奉旨：「著五城御史設法勸辦，與大學堂相輔而行，用副培養人材之至意。其大學堂章程，仍著孫家鼐條分縷晰，迅速妥議具奏。欽此。」臣維學堂創辦之初，千端萬緒，其章程原難倉猝定議，遽臻美備。即日本初設學堂，至今二三十年，章程幾經變易，不厭精益求精。況我國家政令更新之始，京師首善之區，草昧經綸，動關久遠，尤須規模閎闊，條理詳備，始足開風氣而收實效。臣每日會集辦事各員，公同覈議，雖不在學堂辦事之人，臣亦多方咨訪，廣集衆思〔一〕，總期受以虛心，任以實心〔二〕，持以公心，矢以誠心〔三〕，博取衆長，折衷一是，以仰副皇上作育人材、振興國勢之至意。茲將現擬籌辦大概情形分條開列，恭呈欽定。

一、進士、舉人出身之京官，擬立仕學院也。由科甲出身，中學當已通曉，其入學者，專爲習西學而來，宜聽其習西學之專門。至於中學，仍可精益求精，任其各占一門，派定功課，認真研究，每月考課，朋友講習，日久月長，其學問之淺深、造詣之進退，同堂自有定論。臣亦隨時考驗其人品、學術，分別辦理，仕優則學，以期經濟博通。

一、出路宜籌也。凡學堂肄業之人，其已經授職者，由管學大臣出具考語，各就所長，請旨優獎；其作爲進士之學生，亦由管學大臣嚴覈品學，請旨録用。擬採湖北巡撫譚繼洵之議，學政治者歸吏部，學商務、礦務者歸户部，學法律者歸刑部，學兵制者歸兵部及水陸軍營，學製造者歸工部及各製造局，學語言、文字、公法者歸總理衙門及使館參隨，遷轉不出本衙門〔四〕，俾所學與所用相符，冀收實效。

一、中西學分門宜變通也。查原奏溥通學凡十門，案日分課，然門類太多，中材以下斷難兼顧。擬每門各立子目，仿專經之例，多寡聽人自認。至理學可併入經學爲一門，諸子、文學皆不必專立一門；子書有關政治、經學者附入專門，聽其擇讀。又專門學內，有兵學一門。查西國兵學別爲一事，大率專隸於武備學堂。又閲日本使臣問答，亦云兵學與文學不同，須另立學堂，不應入大學堂之内。擬將此門裁去，將來或另設武備學堂，應由總理衙門酌覈，請旨辦理。

一、學成出身名器宜慎也。查原奏小學、中學、大學堂肄業人員，卒業領憑，遞升作爲生員、舉人、進士。在國家鼓勵人才，原可不惜破格之獎，然冒濫情弊亦不可不防，似宜於鼓勵之中，仍示限制。應如何嚴定額數與認真考覈之處，應照原奏，會同總理衙門、禮部詳擬請旨。

一、編書宜慎也〔五〕。查原奏開一編譯局，取各種溥通學盡人所當習者，悉編爲功課書，分小學、中學、大學三級，量中人之材所能肄習者，每日定爲一課。謹案先聖先賢著書垂教，精粗大小無所不包，學者各隨其天資之高下，以爲造詣之淺深，萬難强而同之。若以一人之私見，任意删節，割裂經文，士論必多不服。蓋學問乃天下萬世之公理，必不可以一家之學而範圍天下。昔宋王安石變法，創爲《三經新義》，頒行學官，卒以禍宋，南渡後旋即廢斥，至今學者猶詬病其書，可爲殷鑒。臣愚以爲經書斷不可編輯，仍以列聖所欽定者爲定本，即未經欽定而舊列學官者，亦概不准妄行增減一字，以示尊經之義〔六〕。此外史學諸書，前人編輯頗多善本，可以擇用，無庸急於編纂。惟有西學各書，應令編譯局迅速編譯。

一、西學擬設總教習也。查原奏有中教習〔七〕，無西總教習。立法之意，原欲以中學統西學。惟是聘用西人，其學問太淺者，於人才無所裨益；其學問較深者，又不甘於小就。即如丁韙良，曾在總理衙門充總教習多年，今若任爲分教習，則彼不願。臣擬用丁韙良爲總教習，專理西學〔八〕，仍與訂明權限，非其所應辦之事，概不與聞。

一、專門西教習薪水宜從優也。閱日本使臣問答，謂聘用上等西教習，須每月六百金，然後肯來。丁韙良所言亦同。今丁韙良自以在中國日久，亟望中國振興，情願照從前同文館每月五百金之數，充當大學堂西總教習〔九〕。至西人分教習薪水，亦擬照原奏之數酌加。

一、膏火宜酌量變通也。臣訪詢西教習丁韙良，據云泰西大學堂來學者皆出修脯，極貧者始給紙墨，從無月給膏火辦法。蓋以圖膏火而來學者，必非誠心向學；出貲來學，乃真心有志於學者也。臣又觀總理衙門章京與日本使臣論學堂事宜，問答之語〔一〇〕，與丁韙良所言大略相同。今者國家專籌的款，不令學生出貲，已屬格外之仁，似不必更糜鉅費。擬請仿西國學堂之例，不給膏火，但給獎賞。其如何發給之處，應俟開辦後詳細斟酌辦理。

以上八條，分晰臚陳，恭候訓示。此外未盡事宜，尚當查取東、西洋各國學校制度暨各省現辦學堂章程，體察情形，詳慎斟酌，一俟擬議就緒，即當奏陳。至暫假房舍，是否由承修王大臣查勘修理，抑由內務府修理，應候欽定。惟房舍一日不交，即學堂一日不能開辦，擬請飭催趕辦，以期早日竣工，學務得以速舉，仰慰宸廑。所有籌辦大學堂大概情形，繕摺具陳,伏乞皇上聖鑒訓示。謹奏。

奉上諭:「孫家鼐奏籌辦大學堂大概情形一摺,所擬章程八條,大都參酌東、西洋各國學校制度暨内外臣工籌議,與前奏擬定辦法間有變通之處,縷晰條分,尚屬妥協。造端伊始,不妨博取衆長,仍須折衷一是。即著孫家鼐照所擬各節認真辦理,以專責成。其學堂房舍,業經准令暫撥公所應用,交内務府量爲修葺,著内務府剋日修理,交管理大學堂大臣,以便及時開辦,毋稍延緩。另片奏議覆給事中鄭思贊奏推廣學堂月課章程,請將額滿之員案月甄别等語,著依議行。惟事體重大〔一〕,必須精益求精,務臻美善,所有一切未盡事宜,隨時體察情形,妥籌具奏〔二〕。至派充西學總教習丁韙良,據孫家鼐面奏請加鼓勵,著賞給二品頂戴,以示殊榮。該衙門知道。欽此。」

【校勘記】

〔一〕「廣集衆思」,《光緒朝東華録》作「廣益集思」。

〔二〕「心」,《光緒朝東華録》作「事」。

〔三〕「心」,《光緒朝東華録》作「意」。

〔四〕「遷」上,《光緒朝東華録》有「終身」。

〔五〕「編」,《光緒朝東華録》作「譯」。

〔六〕「義」，《光緒朝東華録》作「意」。

〔七〕「中」下，《光緒朝東華録》有「總」。

〔八〕「專」，《光緒朝東華録》作「總」。

〔九〕「當」，《光緒朝東華録》無。

〔一〇〕「問答之語」，《光緒朝東華録》無。

〔一一〕「事體重大」，《德宗景皇帝實録》作「兹事體大」。

〔一二〕「籌」，原誤作「辦」，據《德宗景皇帝實録》改。

附　孫協揆議陳中丞寶箴摺説帖〔一〕

查陳寶箴所奏，意在銷燬康有爲《孔子改制考》之書，兼寓保全康有爲之意。臣謹將康有爲書中最爲悖謬之語節録於後，請皇上留心閲看。

其書有云：「異哉，王義之不明也。貫三才之謂王，天下歸往謂之王。天下不歸往，民皆散而去之，謂之匹夫。」

又云：「以勢力把持其民，謂之霸；殘賊民者，謂之民賊。夫王不王，專視民之聚散向背，非謂其黄屋左纛、威權無上也。」

又云：「今中國四萬萬人，執民權者二十餘朝，問人歸往孔子乎？抑歸往嬴政、楊廣乎？」

又云：「天下義理[三]、制度皆從孔子，皆不歸往嬴政、楊廣，而歸往大成之殿。有歸往之實，即有王之實，乃其固然。」

又云：「於素王則攻其僭悖，於民賊則許以貫三才之名，何其舛哉！」

其書中所稱嬴政、楊廣、民賊，臣誠不知其何指？黄屋左纛乃人君之威儀，天下所尊仰，康有爲必欲輕視之，而以教主爲尊，臣又不知其何心？人臣忠君愛國，惟有宣布朝廷盛德，乃其書屢言民不歸往，散而去之，臣又不知其何心？臣觀湖廣總督張之洞著有《勸學篇》，書中所論皆與康有爲之書相反，蓋深恐康有爲之書煽惑人心，欲救而正之，其用心亦良苦矣。皇上下詔褒揚，士大夫捧讀詔書，無不稱頌聖明者。本年五月二十九日，臣請將編譯局之書交臣閲看後，進呈御覽，始準頒行。又請將康有爲所著《中西學門徑七種》書内第四種、第五種，及《孔子改制考》書中「改制」「稱王」等語，皆行删除，已蒙俞允。今陳寶箴請將康有爲《孔子改制考》一書銷燬，理合依陳寶箴所奏，將全書一律銷燬，以定民志而遏亂萌。至康有爲之爲人、學術不端，而才華尚富，是以陳寶箴請銷燬其書，正欲保全其人。臣惟君子不以言舉人，不以人廢言，願皇上采擇其言，而徐察其人品、心術，果能如陳寶箴所奏「更事漸多」，「知非進德」，於愛惜人才之中，仍不失釐正學術之意，「亦可以風示朝野矣」。

臣孫家鼐謹議。

【校勘記】

〔一〕按，本篇見武昌重刻本《翼教叢編》卷二。

〔二〕「理」，原誤作「禮」，據《孔子改制考》卷八改。

翼教叢編卷三

張孝達尚書教忠勸學內篇第二

自漢、唐以來，國家愛民之厚，未有過於我聖清者也。請言其實：三代有粟米、布縷、力役之征，盛唐有租、庸、調三等之賦，最稱善政，已列多名。以後秦創丁口之錢，漢行算緡之法，隋責有司以增户口，唐括土户以代逃亡，唐及五季、宋初有食鹽錢，中唐、北宋有青苗錢，宋有手實法，金有推排民户物力之制，皆出於常例田賦、力役之外。明萬曆行一條鞭法，丁、糧尚分爲二，明季又有遼餉、剿餉、練餉。至我朝，康熙五十二年奉「滋生人丁，永不加賦」之旨，雍正四年定丁銀併入錢糧之制，乾隆二十七年停編審之法，於是歷代苛徵，一朝豁除，賦出於田，田定於額。凡品官、士吏、百工、閒民，甚至里宅、貨肆、錢業、銀行，苟非家有田産、運貨行商者，終身不納一錢於官。順治元年，即將前明三餉除免。康熙中，復減江蘇地丁銀四十萬。雍正三年，減蘇松一道地丁銀四十五萬、南昌一道地丁銀十七萬。乾隆二年，減江省地丁銀二十萬。同治四年，減江南地丁銀三十萬，減江南漕糧五十餘萬石、浙江漕糧二十六萬餘石。初制已寬，損之又損。是曰薄賦，仁政一也。

前代賜復、蠲租，不過一鄉一縣。我朝康熙、乾隆兩朝，普免天下錢糧八次，普免天下漕糧四次。嘉慶朝，復普免天下漕糧一次。至於水旱蠲緩，無年無之，動輒數百萬。損上益下，合而計之，已逾京垓以上。是曰寬民，仁政二也。

歷代賑卹見於史傳者，爲數有限，或發現有之倉，或移民就食。宋河北之灾，富弼僅勸民出粟十五萬斛，益以官廪；曾鞏僅請賜錢五十萬貫，貸粟一百萬石；杭州之灾，蘇軾僅請度牒數百道。本朝凡遇灾荒，仁恩立霈，動輒鉅萬。即如光緒以來，賑卹之舉，歲不絶書。丁丑、戊寅之間，晉、豫、陝、直之灾，賑款逾三千萬金。此外畿輔、蘇、浙、川、楚各省，每一次輒數百萬或百餘萬，從古罕聞。以今日度支之匱乏、洋債之浩繁，而獨於賑卹之款，雖多不惜，甚至減東朝之上供，發少府之私錢，出自慈恩，以期博濟。是曰救灾，仁政三也。

前代國家大工大役，皆發民夫，行齎居送，官不給錢。長城、馳道、汴河之工無論矣。隋造東都，明造燕京，調發天下民夫、工匠，海内騷動，死亡枕藉。以及漢鑿子午，梁築淮堰，唐開廣運，宋議回河，民力爲之困敝。本朝工役，皆給雇值。即如河工一端，歲修常數百萬，有决口則千餘萬，皆發庫帑。沿河居民不惟無累，且因以贍足。是曰惠工，仁政四也。

前代官買民物，名曰和買、和糴，或强給官價，或竟不給價，見於唐宋史傳、奏議、文集，最爲民害。本朝宫中、府中需用之物，一不累民。蘇、杭織造，楚、粤材木，發帑購辦，商民、吏胥皆有霑潤。但聞商賈因承辦官工、承買官物而致富者矣，未聞商賈因采辦上供之物而虧折者也。子産述鄭商之盟，曰「無强賈，無匄奪」，於今見之。是曰恤商，仁政五也。

任土作貢，唐、虞已然。漢之龍眼、荔支，唐之禽鳥，明之鰣魚，皆以至微之物，而爲官民巨害，其他貴重者可知。本朝此義雖存，所貢並無珍異。廣東貢石硯、木香、黄橙、乾荔之屬，江南貢牋扇、筆墨、香藥之屬，湖北貢茶、筍、艾、葛之屬，他省類推，由官發錢，不擾地方。又如宋真宗修玉清昭應宫，所需木、石、金、錫、丹青之物，徵發徧九州，搜羅窮山谷，致雁蕩之山由此開通，始爲人世所知。史書之曰：「及其成也，民力困竭。」宋徽宗興花石綱，破屋壞城，等於劫奪，民不聊生，遂釀大亂。今内府上用，民不與知。是曰減貢，仁政六也。

前代遊幸，最爲病民。漢、唐、宋以來，東封西祀，四海騷然。若明武宗北遊宣、大，南到金陵，狂恣敗度，尤乖君德。至於秦、隋，更無論矣。本朝屢次南巡，亦閒有東巡、西巡之事，大指皆以省方觀民爲主，勘河工，閲海塘，查灾問民瘼，召試求人才，所過郡縣，必免錢糧。其橋道供張，除内帑官款外，大率皆出自鹽商，或豁免積虧，或予以優獎。至今舊聞私記，但道其時市廛之豐盈、民情之悦豫，從無幾微煩擾愁苦之詞。是曰戒侈，仁政七也。

前代征伐，多發民兵。漢選江淮之卒以征匈奴，唐勞關輔之師以討南詔，田園荒蕪，室家仳離，死傷過半，僅得生還。唐之府兵，明之屯衛，書生稱爲良法。然而本係農夫，强以戰鬭，征戍之苦，愁怨慘凄。司馬温公嘗論之矣，于忠肅嘗改之矣。北宋簽官軍，刺義勇，練保甲，當時朝野病之。本朝軍制，不累農民，除八旗禁旅外，乾隆以前多用緑營，嘉慶以後參用鄉勇。其人由應募而來，得餉而喜，從無簽派之事。是曰恤軍，仁政八也。

前代國有大事，財用不足，則科歛於民。漢、唐以來皆然，今土司猶仍其俗。即如宋宣和將伐遼，則派天下出免夫錢六千二百萬緡。見蔡絛《鐵圍山叢談》。宣和中創經制錢，紹興以後又有經總制錢、月樁錢、板帳錢、折帛錢，歲得數千萬緡，並無獎叙。明季用兵，初加遼餉，繼加勦餉，又加練餉，共加賦二千萬。果如此法，籌餉易耳。本朝每遇河工、軍旅，則别爲籌餉之策，不以科派民閒。歷年開設捐輸，獎以官爵，並加廣其學額、中額。朝廷不惜爲權宜之策，而終不忍朘小民之生。是曰行權，仁政九也。

自暴秦以後，刑法濫酷。兩漢及隋，相去無幾，宋稍和緩，明復嚴苛。本朝立法平允，其仁如天，具於《大清律》一書：一、無滅族之法。二、無肉刑。三、問刑衙門不准用非刑拷訊，犯者革黜。四、死罪中又分情實緩决，情實中稍有一綫可矜者，刑部夾籤聲明請旨，大率從輕比者居多。五、杖一百者折責實杖四十，夏月有熱審減刑之令，又減爲三十二。六、老幼從寬。七、孤子留養。八、死罪繫獄，不絶其嗣。九、軍流徒犯，不過移徙遠方，非如漢法令爲城旦、鬼薪，亦不比宋代流配沙門島，額滿則投之大海。十、職官婦女收贖，絶無漢輸織室、唐没掖庭、明發教坊諸虐政。凡死罪，必經三法司會核，秋審句決之期，天子素服，大學士捧本，審酌再三，然後定罪。遇有慶典，則停句減等。一歲之中句決者，天下不過二三百人，較之漢文帝歲斷死刑四百，更遠過之。若罪不應死而擬死者，謂之失入；應死而擬輕者，謂之失出。失入死罪一人，臬司、巡撫、兼管巡撫事之總督，降一級調用，不准抵銷。失出者，一案至五案止降級留任，十案以上始降調，仍聲明請旨。遇有疑獄，則詔旨駁查、覆訊，至於再三，平反無數，具見於歷朝聖訓。是曰慎刑，仁政十也。

昔南北分據之朝，中外阻絶之世，其横遭略賣、没蕃陷虜之民，朝廷不復過問。本朝仁及海外，凡古巴誘販之猪仔、美國被虐之華工，特遣使臣，與立專約，保護其身家，禁除其苛酷。此何異取内府之金以贖魯人，拔三郡之民以歸漢地耶？是曰覆遠，仁政十一也。

前代黷武之朝，殘民以逞。本朝武功，無過康熙、乾隆兩朝。其時逞其兵力，何求不得？然雅克薩既下而界碑定，恰克圖交犯而商市開，越南來朝而即赦其罪，浩罕畏威而不利其土。自道光以至今兹，外洋各國屢來搆釁，苟可以情恕理遣，即不惜屈己議和，不過爲愛惜生民，不忍捐之於凶鋒毒燄之下。假使因大院君之亂而取朝鮮，乘諒山之勝而收越南，夫亦何所不可者？是曰戢兵，仁政十二也。

本朝待士大夫最厚，與宋代等。兩漢多任貴戚，北朝多任武將，六朝專用世家，趙宋濫登任子，甚至魏以宦寺、厮役典州郡，唐以樂工、市儈爲朝官，明以道士、木匠爲六卿。若元代，則立法偏頗，高官重權專用蒙古、色目人，而漢人、南人不與。本朝立賢無方，嘉惠寒畯，辟雍駕臨，試卷親覽。寒士、儒臣與南陽近親、豐鎬舊族，一體柄用。又漢、魏誅戮大臣，習爲常事。唐則捶楚簿尉，行杖朝堂。明則東廠、北司，毒刑、廷杖專施於忠直之臣，碧血横飛，天日晦闇，尤爲千古未有之虐政。本朝待士有禮，既無失刑，亦不辱士。又唐、宋謫官於外，即日逐出國門，程期不得淹留，親友不得餞送。明代宰相被逐，即日柴車就道。且前代每有黨錮、學禁，罰及累世，株連親朋。本朝進退以禮，不以一眚，廢其終身。是曰重士，仁政十三也。

歷代親貴、佞幸，驕暴横行，最爲民害。漢之外戚、常侍，北魏之王族、武臣，唐之貴主禁軍、五坊小兒、監軍敕使，元之僧徒、貴族，明之藩府礦使、邊軍緹騎、方士鄉官，脅辱官吏，殘虐小民，流毒徧於天下。本朝一皆無之，政令清肅，民安其居。是曰修法，仁政十四也。

本朝篤念勳臣，優恤戰士。其立功而襲封者無論已。凡戰陣捐軀者，但有一命，無不加贈官階，給予世職，自三品輕車都尉，至七品恩騎尉。即至外委生、監殉難者，亦皆有之。本職或襲二十餘次，或襲三四次。襲次完時，均予恩騎尉，世襲罔替。皇祚億萬，其食禄即與爲無窮。咸豐至今，京師、順天府及各省奏請忠義卹典，已至數百案。又職官雖非戰功，而没於王事，或積勞病故，亦官其子一人，名曰難廕。自漢迄明，其待忠義死事之臣，有如是之優渥者乎？是曰勸忠，仁政十五也。

此舉其最大者。此外良法善政，不可殫書。列聖繼繼繩繩，家法、心法，相承無改二百五十餘年。薄海臣民，日游於高天厚地之中，長養涵濡，以有今日。試考中史二千年之内，西史五十年以前，其國政有如此之寬仁忠厚者乎？中國雖不富强，然天下之人，無論富貴貧賤，皆得俯仰寬然，有以自樂其生。西國國勢雖盛，而小民之愁苦怨毒者，鬱遏未伸，待機而發，以故弒君刺相之事歲不絶書，固知其政事亦必有不如我中國者矣。

當此時世艱虞，凡我報禮之士、戴德之民，固當各抒忠愛，人人與國爲體，凡一切邪説暴行足以啟犯上作亂之漸者，拒之勿聽，避之若浼，惡之如鷹鸇之逐鳥雀。大順所在，天必祐之。世豈有無良之民，如《小雅》所譏者哉！

張尚書明綱 勸學内篇第三

「君爲臣綱，父爲子綱，夫爲妻綱。」此《白虎通》引《禮緯》之説也，董子所謂「道之大原出於天，天不變，道亦不變」之義本之。《論語》「殷因於夏禮，周因於殷禮」，注：「所因，謂三綱五常。」此《集解》馬融之説也，朱子《集注》引之。《禮記·大傳》：「親親也，尊尊也，長長也，男女有別，此其不可得與民變革者也。」五倫之要，百行之原，相傳數千年，更無異義。聖人所以爲聖人，中國所以爲中國，實在於此。故知君臣之綱，則民權之説不可行也；知父子之綱，則父子同罪、免喪廢祀之説不可行也；知夫婦之綱，則男女平權之説不可行也。

嘗考西國之制，上、下議院各有議事之權，而國君、總統亦有散議院之權。若國君、總統不以議院爲然，則罷散之，更舉議員再議。君主、民主之國略同。西國君與臣民相去甚近，威儀簡略，堂廉不遠，好惡易通，其尊嚴君上不若中國，而親愛過之，萬里之外，令行威立，不悖不欺。每見旅華西人，遇其國有吉凶事，賀弔憂樂，視如切身。是西國固有君臣之倫也。《摩醯十戒》敬天之外，以孝父母爲先。西人父母喪亦有服，服以黑色爲緣。雖無祠廟、木主，而室内案上，必供奉其祖父母、父母、兄弟之照像。雖不墓祭，而常有省墓之舉，以插花冢上爲敬。是西國固有父子之倫也。家富子壯則出分，乃秦法。西人於其子，必教以一藝，年長藝成，則使之自謀生計，别居異財，臨終分析財産，男子、女子皆同，兼及親友，非不分其子也。

戒淫爲十戒之一。西俗男女交際，其防檢雖視中國爲疏，然淫佚之人，國人賤之。議婚有限，父族、母族之親，凡在七等以内者，皆不爲婚。七等謂自父、祖、曾、高以上推至七代，母族亦然。故姑、舅、姨之子女，凡中表之親，無爲婚者。惟男衣氈布，女衣絲錦，燕會賓客，女亦爲主。此小異於中國。《禮記・坊記》：「大饗廢夫人之禮。」《左傳》昭二十七年：「公如齊，齊侯請饗之。子仲之子曰重，爲齊侯夫人，曰：請使重見。」是古有夫人與燕饗之禮，因有流弊，廢之。女自擇配，亦須請命父母，且訂約，而非苟合。男不納妾。此大異於中國，然謂之男女無別則誣。且西人愛敬其妻雖有過當，而於其國家政事、議院、軍旅、商之公司、工之廠局，未嘗以婦人預之。是西國固有夫婦之倫也。

聖人爲人倫之至，是以因情制禮，品節詳明。西人禮制雖略，禮意未嘗盡廢，誠以天秩民彝，中外大同，人君非此不能立國，人師非此不能立教。乃貴洋賤華之徒，於泰西政治、學術、風俗之善者懵然不知，知亦不學，獨援其秕政敝俗，欲盡棄吾教、吾政以從之。飲食服玩，闤門習尚，無一不摹仿西人，西人每譏笑之。甚至中士文學聚會之事，亦以七日禮拜之期爲節日，禮拜日亦名星期。機器局所以禮拜日停工者，以局内洋匠其日必休息，不得不然。近日微聞海濱洋界，有公然創廢三綱之議者，其意欲舉世放恣黷亂而後快。怵心駭耳，無過於斯。中無此政，西無此教，所謂非驢非馬，吾恐地球萬國，將衆惡而共棄之也。

張尚書知類 勸學内篇第四

種類之說，所從來遠矣。《易・同人》之象曰：「君子以類族辨物。」《左氏傳》曰：「非我族類，其心必異。」「神不歆非類，民不祀非族。」《禮記・三年問》曰：「有知之屬，莫不知愛其類。」是知有教無類之説,惟我聖人如神之化能之,我中華帝王無外之治能之,未可概之他人也。

西人分五大洲之民爲五種,以歐羅巴洲人爲白種,亞細亞洲人爲黄種,西、南兩印度人爲椶色種,阿非利加洲人爲黑種,美洲土人爲紅種。歐洲種類又自有别:俄爲斯拉物種,英、德、奥、荷爲日耳曼種,法、意、日、比爲羅馬種。同種者性情相近,又加親厚焉。西起崑崙,東至於海,南至於南海,北至奉天、吉林、黑龍江、内外蒙古,南及沿海之越南、暹羅、緬甸、東中北三印度,東及環海之朝鮮,海中之日本,日本地脉與朝鮮連,僅隔一海峽。其地同爲亞洲,其人同爲黄種,皆三皇五帝聲教之所及,神明胄裔種族之所分。隋以前佛書謂之「震旦」,今西人書籍文字於中國人統謂之曰「蒙古」,以歐洲與中國通始於元太祖故。俄國語言呼中國人曰「契丹」,是爲亞洲同種之證。其地得天地中和之氣,故晝夜適均,寒燠得中。其人秉性靈淑,風俗和厚。邃古以來,稱爲最尊、最大、最治之國。文明之治,至周而極,文勝而敝,孔子憂之。歷朝一統,外無强鄰,積文成虚,積虚成弱。歐洲各國開闢也晚,鬱積勃發,鬭力競巧,各自摩厲,求免滅亡,積懼成奮,積奮成强。獨我中國士夫、庶民懵然罔覺,五十年來屢鑒不悛,守其傲惰,安其偷苟,情見勢絀,而外侮亟矣。

方今海内之士,感概發憤、竭智盡忠、求紓國難者,固不乏人,而昏墨之人,則視國家之休戚漠然無動於其心，意謂此非髮撚之比，中華雖淪，富貴自在，方且乘此阽危，恣爲貪黷，以待合西夥、爲西商、徙西地、入西籍，而莠民邪説，甚至詆中國爲不足有爲，譏聖教爲無用，分同室爲畛域，引彼法爲同調，日夜冀幸天下有變，以求庇於他人。若此者，仁者謂之悖亂，智者謂之大愚。印度屬於英矣，印度士人爲兵爲弁，不得爲武員，不得入學堂也。越南屬於法矣，華人身税有加，西人否也；華人無票遊行有禁，西人否也。古巴屬於西班牙矣，土人不能入議院也。美國開闢之初則賴華工，今富盛之後則禁華工，而西工不禁也。近年有道員某，吞蝕公款數十萬金，存於德國銀行，其人死後，銀行遂注銷其帳，惟薄給息而已。夫君子不以所惡廢鄉，故王猛死不伐晉，鍾儀囚不忘楚。若今日不仁不智、不恥爲人役之人，君子知樂大心之卑宋必亡其家，韓非之覆韓必殺其身矣。

張尚書正權勸學内篇第六

今日憤世疾俗之士，恨外人之欺淩也，將士之不能戰也，大臣之不變法也，官師之不興學也，百司之不講求工商也，於是倡爲民權之議，以求合群而自振。嗟乎，安得此召亂之言哉！民權之説，無一益而有百害。

將立議院歟？中國士民至今安於固陋者尚多，環球之大勢不知，國家之經制不曉，外國興學立政、練兵制器之要不聞。即聚膠膠擾擾之人於一室，明者一，闇者百，游談囈語，將焉用之？且外國籌款等事重在下議院，立法等事重在上議院，故必家有中貲者，乃得舉議員。今華商素鮮鉅資，華民又無遠志，議及大舉籌餉，必皆推諉默息，議與不議等耳。此無益者一。

將以立公司、開工廠歟？有資者自可集股營運，有技者自可合夥造機，本非官法所禁，何必有權？且華商陋習，常有藉招股欺騙之事，若無官權爲之懲罰，則公司貲本無一存者矣。機器造貨廠無官權爲之彈壓，則一家獲利，百家仿行，假冒牌名，工匠閧鬬，誰爲禁之？此無益者二。

將以開學堂歟？從來紳富捐資，創書院，立義學，設善堂，例予旌獎，豈轉有禁開學堂之理，何必有權？若盡廢官權，學成之材既無進身之階，又無餼廩之望，其誰肯來學者？此無益者三。

將以練兵禦外國歟？既無機廠以制利械，又無船澳以造戰艦，即欲購之外洋[二]，非官物亦不能進口，徒手烏合，豈能一戰？況兵必需餉，無國法，豈能抽釐捐？非國家擔保，豈能借洋債？此無益者四。

方今中華誠非雄强，然百姓尚能自安其業者，由有朝廷之法維繫之也。使民權之說一倡，愚民必喜，亂民必作，紀綱不行，大亂四起。倡此議者，豈得獨安獨活？且必將劫掠市鎮，焚毁教堂。吾恐外洋各國，必藉保護爲名，兵船、陸軍深入占踞，全局拱手而屬之他人。是民權之説，固敵人所願聞者矣。或謂朝廷於非理要求，可諉之民權不願〔二〕。此大誤也。若我自云國家法令不能制服，彼將自以兵力脅之。昔法國承暴君虐政之後，舉國怨憤，上下相攻，始改爲民主之國。我朝深仁厚澤，朝無苛政，何苦倡此亂階，以禍其身，而并禍天下哉？此所謂有百害者也。

考外洋民權之説所由來，其意不過曰：國有議院，民間可以發公論而已〔三〕，但欲民中其情，非欲民攬其權。譯者變其文曰「民權」，誤矣。美國人來華者，自言其國議院公舉之弊，下挾私，上偏徇，深以爲患。華人之稱羨者，皆不加深考之談耳。近日摭拾西説者，甚至謂人人有自主之權，益爲怪妄。此語出於彼教之書，其意言上帝予人以性靈，人人各有智慮聰明，皆可有爲耳。譯者竟釋爲人人有自主之權，尤大誤矣。泰西諸國，無論君主、民主、君民共主，國必有政，政必有法，官有官律，兵有兵律，工有工律，商有商律，律師習之，法官掌之，君民皆不得違其法。政府所令，議員得而駁之。議院所定，朝廷得而散之。謂之人人無自主之權則可，安稱曰人人自主哉〔四〕！夫一鬨之市必有平，群盗之中必有長。若人皆自主，家私其家，鄉私其鄉，士願坐食，農願蠲租，商願專利，工願高價，無業貧民願劫奪，子不從父，弟不尊師，婦不從夫，賤不服貴，弱肉强食，不盡滅人類不止。環球萬國，必無此政；生番蠻獠，亦必無此俗。至外國今有「自由黨」，西語實曰「里勃而特」，猶言事事公道，於衆有益，譯爲「公論黨」可也，譯爲「自由」非也。

若强中禦外之策，惟有以忠義號召合天下之心，以朝廷威靈合九州之力，乃天經地義之道，古今中外不易之理。昔盗跖才武擁衆，而不能據一邑；田疇德望服人，而不能拒烏桓。祖逖智勇善戰，在中原不能自立，南依於晉，而遂足以禦石勒。宋棄汴京而南渡，中原數千里之遺民，人人可以自主矣，然兩河結寨，陝州嬰城，莫能自保，宋用韓、岳爲大將，而成破金之功。八字軍亦太行民寨義勇也，先以不能戰爲人欺，劉錡用之，而有順昌之捷。趙宗印起義兵於關中，連戰破敵，王師敗於富平，其衆遂散。迨宋用吴玠、吴璘爲將，而後保全蜀之險。蓋惟國權能禦敵國，民權斷不能禦敵國，勢固然也。曾文正名爲起家辦團練矣，其實自與髮匪接戰以來，皆是募勇營、造師船，濟以國家之餉需，勵以國家之賞罰，而以耿耿忠義、百折不回之志氣，激厲三軍，感發海内，故能成戡定之功，豈民權哉〔五一〕！

或曰：民權固有弊矣，議院獨不可設乎？曰：民權不可僭，公議不可無。凡遇有大政事，詔旨交廷臣會議，外吏令紳局公議，中國舊章所有也。即或諮詢所不及，一省有大事，紳民得以公呈達於院、司、道、府，甚至聯名公呈於都察院；國家有大事，京朝官可陳奏，可呈請代奏。方今朝政清明，果有忠愛之心、治安之策，何患其不能上達？如其事可見施行，固朝廷所樂聞者。但建議在下，裁擇在上，庶乎收群策之益，而無沸羹之弊，何必襲議院之名哉！此時縱欲開議院，其如無議員何？必俟學堂大興，人才日盛，然後議之，今非其時也。

【校勘記】

〔一〕「購」，原誤作「搆」，據《勸學篇》改。

〔二〕「之」下，原衍「之」，據《勸學篇》删。

〔三〕「論」下，《勸學篇》有「達衆情」。

〔四〕「稱」，《勸學篇》作「得」。

〔五〕「豈」上，《勸學篇》有「豈團練哉」。

附　張尚書非弭兵勸學外篇第十四〔一〕

兵之於國家，猶氣之於人身也。肝藏血而助氣，故《内經》以肝爲將軍之官。人未有無氣而能生者，國未有無兵而能存者。今世智計之士，覩時勢之日棘，慨戰守之無具，於是創議入西國弭兵會，以冀保東方太平之局。此尤無聊而召侮者也。

向戌弭兵，子罕責其以誣道蔽諸侯，況今之環球諸强國，誰能誣之，誰能蔽之？奥國之立弭兵會有年矣，始則俄攻土耳其，未幾而德攻阿洲，未幾而英攻埃及，未幾而英攻西藏，未幾而法攻馬達加斯加，未幾而西班牙攻古巴，未幾而土耳其攻希臘，未聞奥會中有起而爲魯連子者也。德遂以兵占我膠州矣，俄又以兵占我旅順矣。廿年以來，但聞此國增兵船，彼國籌新餉，争雄争長而未有底止。我果有兵，弱國懼我，强國親我，一動與歐則歐勝，與亞則亞勝。如是，則耀之可也，弭之亦可也，權在我也。我無兵而望人之弭之，不重爲萬國笑乎？誦《孝經》以散黄巾，黄巾不聽；舉騶虞幡以解鬬，鬬者不止。苟欲弭兵，莫如練兵。海有戰艦五十艘，陸有精兵三十萬，兵日雄，船日多，炮臺日固，軍械日富，鐵路日通，則各國相視而不肯先動。有敗約者，必出於戰，不恤孤注，不求瓦全。如是，則東洋助順，西洋居閒，而東方太平之局成矣。

《管子》曰：「寢兵之説勝，則險阻不守；全生之説勝，則廉耻不立。」若弭兵之議一倡，則朝野上下，人人皆坐待此會之成，更不復有憂危圖治之心、枕戈待敵之事。各省寥寥數軍，裁者不復，存者不練，器械朽敗，臺壘空虚，文酣武嬉，吏貪民困，忠諫不入，賢才不求，言官結舌，人才消沮。諸國見我之昏愚如此，無志如此，於是一舉而分裂之，是適以速亡而已。山行不持兵，而望虎之不咥人，不亦徒勞矣乎？

又有篤信公法之説者，謂公法爲可恃。其愚亦與此同。夫權力相等，則有公法。强弱不侔，法於何有？古來列國相持之世，其説曰力鈞角勇、勇鈞角智，未聞有法以束之也。今日五洲各國之交際，小國與大國交不同，西國與中國交又不同。即如進口税，主人爲政，中國不然也；寓商受本國約束，中國不然也；各國通商，只及海口，不入内河，中國不然也。華洋商民相殺，一重一輕，交涉之案，西人會審，各國所無也。不得與於萬國公會，奚暇與我講公法哉？知弭兵之爲笑柄，悟公法之爲讆言，舍求諸己而何以哉！

案：逆犯康有爲，去年假造諭旨，賞加卿銜，往各國入弭兵會，竟發電至上海、廣東、湖南，可謂膽大無耻。此篇專攻其謬，湘刻漏未編入，今特補之。

【校勘記】

〔一〕按，本篇見武昌重刻本《翼教叢編》卷三。

王幹臣吏部實學平議見實學報

瀛寰九萬里以上，黄種四百兆有奇，汗漫窅眇，不可紀極，是何也？曰：地以上皆天也，盈地球皆氣也。疇橐籥是，疇載持是，則必以一物爲原質，以不物於物爲起點。若地平之上，行軌孔多，必以一星初見爲實測，則惟素王經制之學乎！請言學體，曰：「君爲臣綱，父爲子綱，夫爲妻綱。」請言學用，曰：「太平之世，遠近大小若一。」由前之説，禮家户之；由後之説，《公羊》家尸之。夫一時可變者法也，萬世不變者綱也。爲一時計則變，爲萬世計，則變而不變。痛乎風俗之移人也！國家自東躓於日，海内自命識時務之俊傑，與夫牢騷抑塞、跅弛不羈之士，朝獻一計曰變法，夕上一策曰變法，一倡萬和，不可究詰。烏虖！綜覈名實，精誠嫥壹，西法何嘗不善，西法何嘗不可變？區區之私，誠不敢阻撓新政，墨守古法。竊嘗獨居深念，震旦神哲心禪之法，聖賢手定之編，尚且因時損益，理無積久而不敝；西法縱善，豈百密無一疏，千慮無一失乎？然則欲用其長，先祛其弊。人有恒言曰：「師敵之所長，可以制敵。」不聞用敵之所短，而可以制敵者。祛弊奈何？則仍以經制之學爲斷。必覈乎「君爲臣綱」之實，則民主萬不可設，民權萬不可重，議院萬不可變通。不然者，羅馬結死黨、立私會，法黨叛新君，南美洲民起而争權，不十年而二十三行省變爲盜賊淵藪矣。是曰不知君臣之學。必覈乎「父爲子綱」之實，則西律萬不可泥。不然者，父毆子坐獄三月，子毆父坐獄三月，輕重罕别，倫理滅絶，不十年而四萬萬之種夷於禽獸矣。是曰不知父子之學。西人定制，婦女成人，有自主之權，即有過失，丈夫不得過而問。是夫不得爲妻綱也，不十年而陰陽倒置〔一〕，夫婦道苦矣。是曰不知夫婦之學〔二〕。烏虖！涓涓不絶，終成江河。爲虺弗摧，爲蛇奈何？乖於政，亂於刑，毁於教，實學之不講也，禍遂中於人心。彼必謂西法有利無弊，抑亦知二五不知十矣。吾聞法律部有言曰：「兵法者，時之蠹也。地球經制兵，當正厥罪，斥厥制。」迺倡爲偃兵之舉。噫嘻！斯言出，則不操戈鋋，而堙人社、圮人種矣。若是則弭兵學萬不可從。抑聞之費利摩羅巴德矣，一曰「寄居别國人依用其刑律」，一曰「在本國界外可以管理人物之理」。然試問此數法者，果可公之别國乎？抑僅僅援以自便乎？吾曩謂則例不足以便民，適足以便吏胥；公法不足以便小弱，適足以便暴横。若是則公法學不可信。今天下競言郵政、鈔幣諸務矣，然而有利於今，不利於古；有利於彼，不利於此；有利於外，不利於中。夫利七害三、利六害四，猶可説也，庸詎知不利五而害五耶？庸詎知大利未得而大害先見耶？願舉此恉，以告世之空言變法者。

實學平議一〔三〕民主駮義

民主非法也，西法也。泰西有民主國，又有君民共主國，中國儒者駴且怪之。錢塘汪子曰：「是不足怪，中國宜參用民權。」順德麥君曰：「中國宜尊君權，抑民權。」由前之説，在丙申秋；由後之説，在丁酉春。王仁俊曰：麥論韙哉！邇者孫文事起，海表嘯聚，闖然以民主爲揭櫫。君權不尊，民氣囂然，震旦恐從此不靖矣。麥君有心哉！雖然，吾猶惜其駮論之濡滯而隱約也。横議鼎沸，草澤竊發，九重萬里，一髮千鈞，上之有君父宵旰之憂，下之有世道人心之戚，内之有《春秋》尊攘之辨，外之有彼族思啟之防，不獲已，以隱慮時局之衷，迫而爲大聲疾呼之舉。曰：民主於古有説乎？曰：有。《墨子·尚同》：「是故選天下之賢者，立以爲天子。」此其塙據。墨翟書又言曰：又欲使萬國之君，「從事乎一同」。《非攻》以天下之君，繇爲攻伐，謂爲天下巨蠹。此尤泰西合衆國、立民主之濫觴。然而摩頂放踵，亞聖距之，至不與同中國。不謂堯、舜、禹、湯、周、孔之神州，《詩》《書》《禮》《樂》之奥區，正氣横溢，邪説所不能亂者，西方肅殺陰慘之地，獨乘虚而入之。厥後大秦國置三十六將會議國事，改君爲民主，事在周敬王十四年。蓋墨氏之教浸潤西域矣。夫以二千餘年前中國放斥迸逐之言，不意二千餘年後，竟支離蔓延，流毒我四萬萬黄種。其馴謹者，墨守舊典，方以民主之設，爲自古相傳偉號，無足深詰。其桀黠者，包藏禍心，窺竊神器，且從事於水火刀兵，日要結夫歐墨邦汋，公然以帝制自爲，公然以清君側自命，動曰「此民主通例也」，動曰「我力能自主，此萬國公法所不禁也」，而至聖正名之指、古賢正統之説彰著故册者，無不可以拉雜摧燒之。内亂未已，外侮踵來，此可爲痛哭流涕者也。孟子曰：「墨氏兼愛，是無父也。」又曰：「今居中國，去人倫，如之何其可也？」伍員曰：「君如有憂中國之心，則可矣。」獨今日言民主，則萬萬不可舉，萬萬不可法。請一論民主之名〔四〕，義例繁多，醜類非齊，列於五洲，殊乖一統。二論民主之立，似利於此，不利於彼；暫利於前，不利於今。三論民主之利，不敵其弊之多。四論民主之起，由於智誘力脅，而非心服。五論民主之弊，不獨禍中國，並禍外國。六論民主之非，不獨中國人言之，即外國人亦知之。七論有得之於民主，即失之於民主者，可見悖入悖出之理。八論民主之起，由於民議過重，君權過輕，欲祛其弊，在尊君抑民，可證一君二民之誼。九論西國振興，不系乎民主。十論西政之弊，不獨在民主〔五〕。

孔子作《春秋》，而亂臣賊子懼。孫文者，亂臣賊子也，陰謀不軌，遁跡海表，自英相請釋而漏網者貳矣。於是以歐洲爲逋逃藪，悍然倡議改立民主，一欲將中土開闢，自沿海以達衛藏，俾得通商；一欲各省都會設電綫、建鐵路，天下同軌，俾無阻隘；甚至謂中國人心攜貳，以本朝非中國血脈。見香港《循環報》譯西六月二十號檀香山西字報。作奸犯科，乃公然昌言之，以附於外國新授之律法。烏呼！瘈狗吠影，何損日月，惜不能獲耳。幸而獲，不能殺；既不殺，又不歸我罪人。見倫敦《東方報》、日本《國家學會誌》。法何在？公何在？春秋時，衛孫林父逃於晉，晉人受之，君子譏焉。此春秋時公法也。丁韙良者，嘗采春秋交涉事，爲《古時公法》矣。爲公使者，何不据理以争？人有恒言曰：「事權，事權！」又曰：「蛇虺螫手，壯士斷腕。」夫翦除凶逆，急何暇擇？此吾國自主之權也，既不能事所事，安得謂權？吾不解事權之謂何、公法之謂何矣！難者曰：孫林父之人也，晉卒未歸，此不過據空理以相争耳，不足以折外人。則請對之曰：唐文宗三年，吐蕃將悉怛謀以維州降，牛僧孺歸之，吐蕃誅於境上。外國叛人，中國以不納爲義；中國之叛人，外國乃以不歸爲强，有此理乎？雖然，百年一變者，國勢也；十年一變者，邊務也。猶曰此前代之交涉，不足以比近事。白彥虎之亡俄也，曾惠敏力爭，而俄人以授首來告矣。犯上作亂，孫與白五雀六燕耳，若是則何不可執？何不可殺？何不可歸於我，而執之、殺之？然猶曰敵國有奸人，國家之福也。近者義、祕二國設交犯專條，其第二條指違犯國律，果應入拿解者，一曰結黨作亂，一曰誣枉良民，一曰海洋爲盜。准此三科，而謂孫文不當拿解，無是理矣。然猶曰百里不同聲，千里不同風，此義、祕二國之專約，不足以律中、英。則嘗考之中、英專約矣，中民犯法遁香港，或潛住英國船中、房屋，一經照會，理不得隱匿，見二十一款。公使如抗詞以辨，則罪人斯得矣。即曰獲人於館，公使有權，獲人於門外，公使無權，則何不可密請英廷，電咨沙侯會商而執之？即不然，則以交誼動之，若曰：「敝國大皇帝，與貴國大皇帝，兄弟也。《禮》曰：『兄弟之讐，不反兵。』敝國之仇，即貴國之仇也。」何不肯爲我殺？再不然，又以利害動之，若曰：「該逆食吾毛，踐吾土，彼祖若父，皆吾赤子，尚且爲我禍，潢池弄兵，一旦事起，火炎崑岡，玉石俱焚，恐不能爲貴國福。」何不肯歸於我乎？

王仁俊語人曰：立民主，非禹、湯、文、武之法也，西法也。然西法民主，大概有四科：武臣權重，逼君避位，令衆推立，一也；國教、民教，自生歧異，厥民不服，擁衆自立，二也；遠處屬地，異種小民，自別爲國，三也；國屬省部，怒君失政，叛而自立，四也。之四科者，孫文無一可援。震旦士夫，夫人知之，即使潛謀不軌，而議舉事，彼西人果援巴西之例，認爲自立之國否乎？吾聞《春秋》之義：「人臣無將，將則必誅。」逼君自立，謚爲賊臣。準是而大不可者一也。屬在鄰國，義當致討。屬城之民，本非其有，既被征誅，而又叛之，《春秋》惡焉，齊人殲遂，是其例矣。經不言乎：戰使若自殲，不許爲成國。準是而大不可者二也。縱曰歐洲近世，并吞成習，以詐取地，不及名義，然而凡所改立，決非舉國皆叛。《春秋》重誅亂民，以地來奔，經書三叛，爰書顯然。準是而大不可者三也。《春秋》之義，亂臣賊子，無所逃於天地間。歐羅巴雖遠，獨非天地間乎？今日者聖教西行，尚始萌芽，他日必有偉人者出，以《春秋》之義，定萬國公法，則罪人斯得；不則收藏叛逆，違絶倫紀，泰西亦將衰矣。西國百年以前，有奇人焉，曰：鐵行於水面而不沈，光燭於霄漢而不夜。盛極而衰，在此時矣，吾深惜其言之或中。傳曰：「惟善人能受盡言。」綜五洲之大勢，深識閎覽、扶持全局之君子，當不臣蹼吾説耳。

曷言乎民主之名，義例繁多，醜類非齊，列於五洲，殊乖一統？吾嘗籀西人史志矣，曰民主聯邦者，有若美利堅合衆國；民主兼轄君主者，有若法蘭西及安南、馬達斯加國；民主而内外權足者，有若祕魯，有若智利，有若墨西哥，有若巴西，有若玻利非亞，有若新加拉那大，有若厄瓜多，有若委内瑞拉，有若巴拉圭，有若烏拉圭，有若拉巴拉，有若哥多番。此其大彰明較著者也。若自闢屬土而有民政者，有若坎拿大，有若紐西倫，有若澳大利，有若北般鳥。其爲酋長特立者，有若摩求奈，而君民共主者不與焉。今天下卮言日出，曰：中國秦後，純爲君權愚民之制。又曰：不及百年，將舉五洲悉惟民之從，吾中國未必獨立不變。又曰：民主之説，中於人心，牢不可破。又曰：後有魁桀者出，以力征經營天下，而成治業，如拿破侖之故智，公天下以公政。之人也，中産也，而學西法，羨民主，思以其術易天下。彼不見拿破侖之身幽荒島乎！不見法國各樹黨援，互相仇殺乎！不見西班牙法律刑章，不能畫一乎！不見巴西改爲民主[六一]，迫君退位，同於篡竊乎！孝感屠侍御之言曰：「富强必探其本，斷非棄君臣，專事賈胡之事，變爲民主之政，而後乃與道大適也。」今以挫於倭之忿，慕歐洲富强，直欲去人倫，無君子，降而等於民主之國，不已誤乎！

仁俊讀西史而歎曰：華盛頓、拿破侖，民主中傑出者也。華盛頓之言曰：「得國而傳子孫，是私也。牧民之任，宜擇有德者爲之。」拿破侖之言曰：「富家之子弟，豈宜終富？貧家之孫曾，豈合終貧？總之有功則貴，無功則賤。」是説也，豈不可捄流俗自私自利之見？然以君位之尊，市恩天下，有大謬不然者矣。無論民主之國，王黨與民黨相爭，即如法爲民主之國，似入官者不由世族矣，不知互相朋比，除智能傑出之士，如點耶諸君，苟非族類，欲得一優差、補一美缺，戛戛乎其難之。所謂擇有德、貴有功者，果安在也？即曰下民無權，總統有權，然自法爲民主之邦，國之事權，歸於上下議院，兩院首領，亦稱伯理璽天德，而總伯理璽天德，但主畫諾而已。如中國直省公事，先由兩司具詳，然後督撫據而行之，顧督撫有斥兩司之權，猶可授意兩司，民主則並此勢力而無之。是民主之立，主與民兩無所利。如華盛頓、拿破侖之説，似利於此；如仁俊之説，則爲不利於彼矣。顧猶曰後時流弊，非當日良法也。美自華盛頓拒英，始爲自主之國，遂得脱英之苛政。如法國者，破巴黎的士之獄，削諸貴之權，似其利已見於前矣。然而法之大病，在民心不定，他國未有紛更不已、置君如奕棋如法民者。聞各國以兵奉其西君，法民無不稱願。俄人多讀法國之書，法人多主民政，故俄之亂黨甚多，有喀拉波特肯黨，有拉勿諾甫黨，有格爾特們黨，有嘰爾皴黨。大旨謂俄貧富不均，國家賦税苛重，思一切反之，易君主爲民主。自創此説，而人心蠢動不靖，已不可復制。且俄以弑君聞，亦非專怨一人也，匪黨雖横，並無才智卓越之倫主持其閒，以爲弑一君即政務必大變，其禍至如此之亟。此固華盛頓所不及料也，豈非暫利於前，不利於今乎？

然而西人之言曰：彼國行民主法，則人人有自主之權。自主之權者，各盡其所當爲之事，各守其所應有之義。一國之政，悉歸上、下議院，民情無不上達。民主退位，與齊民無異，則君權不爲過重。噫！此言其利也，然不敵其弊之多也。即如美之監國，由民自舉，似乎公而無私，乃選舉時，賄賂公行，更一監國，則更一番人物，凡所官者，皆其黨羽，欲治得乎？又有戀民主之位，恐逆衆志，不敢除弊政者。如美總領，允除苛例，工黨必譁，或明年爲易總統之年，方欲留任，豈可逆工？不敢顧此失彼也。所以苛待華人之例，美君臣非有所恨於華人，實有所畏於工黨耳。蓋總統去留，民得操其權。工黨入籍，其權與美國之民同。華人不入籍，即無此權，不能敵工黨。審是則彼亦以智誘力脅，以圖監國，非心服也。

且民主之説，煽我中民，時則有若孫文，幸而辯言亂政不得逞，然已人心不靖，衆志囂然。宗室壽君，所以致警於八旗子弟也。然中國行西説固足以亂中國，彼西國獨不受民主之禍乎？法臣布爾奔以君主權重，而令遜位，四迷得王於巴黎，民疑王不得人心，王舉行新政，無論是否，無不懷疑。甚至國亂王遁，皆有權魁巨慼，要結蓄謀，迫令其君，使去主位，若巴西、智利之事。數十年前，此等尤多。彼西人方且以始作俑者，流毒至今，積重難返，不可究極，而欲以禍西國者移禍中國乎？

且我中國，以名教立國者也。强弱勢也，因國弱而忘君父之倫，踐土食毛者，萬不容作是想。曾惠敏語西人曰：「中國之君，爲聖明者，史不絶書。至伯理璽天德之有至德者，千古惟堯、舜而已。」雖不必直斥其非，而民主之非，不待煩言而自解，然猶吾中人之説也。法之喇嘛亭，嘗作史以譏民主矣。畢士麥，德之賢相也，其秉政時，裁抑民權，使不得逞，乃至稱壽醵像，民黨大有違言，則知西國救時之英，未嘗不洞悉其弊也。

且欲以桀驁不馴之徒，篡僭一國之宗社，亦非能久安其位也。拿破侖崛起自立，大興兵戈，仍至退位，就錮海島，雖威震歐洲，無益於敗亡〔七〕。悖出悖入，經言不爽。蓋民主之始，皆伏於大亂之後。法於百年前，有民二十五兆，當時他國政亦未善，法君自肆，小民揭竿，遂爲民主濫觴。美利堅初爲英屬，英以大臣居守，納税苛重，美利堅人不能堪，舉兵拒英，推華盛頓爲帥，血戰八年，乃定美洲。當時部眾頗多，豈能一一滿其所望？故創爲民主之説，乃不得已而爲此。苟非其時，則魯意拿破侖即位，嘗言國勢今未大定，不可任民自主，遂本此意以立新制，凡民閒有舉官之權，君仍操獨主之權。其於民權過重，君權過輕，遂有迫而成民主之局者，未嘗不引以爲鑒也。

且西國之振興，不因民主〔八〕。俄有彼斯得拉者，其所著書，以爲國家政治，應從民議，不得一人自主。然俄究以君權爲重，彼雖言重民權，不聽也。自周敬王三十四年時，大秦始立民主，宜乎天下無事，永永禪賢矣。然而屋大維踐位後，仍爲君主者十有餘年，可見民主之政，未必能久。法之多亂無論矣。西國如意爲教王所駐地而盜賊多，德爲文學邦而風俗靡。獨俄不有民主，君權仍操，而勢甚浡興。然則彼之興，豈在民主哉！

況乎西政之弊，不獨民主也。英、美之税，苛甲地球，其商民亦多偷漏。美造鐵路，議院受賂，或有因議政而鬬歐者。他如夫婦同權、君相易位、黨人之肇禍、刺客之尋仇，其弊繁多，莫能僂指。是宜急講中學，俾讀《論》《孟》、五經，知綱常之理。藝成而下，中學於西；德成而上，西學於中。如是則各有裨益，六合同風，統五大洲常保和平之局矣。此則吾與天下君子，普同此志也。

實學平議二 改制闢謬

嗟乎，今之世何世乎！亂臣賊子〔九〕，亦太無忌憚矣。挾一民主之成案，而草竊可以公然叛逆；挾一改制之謬論，而匹夫可以帝制自爲。張禹假《論語》以導其諛，新莽託《周官》以成其篡，近人竊《公羊》以便其私，三者皆飾經文奸者也。素王改制，此《公羊》家説耳。揚子曰：「衆言淆惑折諸聖。」請一言以蔽曰：改制非聖指，有十大謬。

何謂制？夏忠、商質、周文是。何謂改制？萬世法從商制是。夫子周人也，乃不遵成憲，毅然欲從商制？今有人食毛踐土，爲本朝臣子，忽焉著書立説，欲改從故明制，直叛逆耳。豈聖人而出此？一也〔一〇〕。

王者受命，改正朔，殊徽號，異器械，易服色。四代之制，成周有時兼用，讀《明堂位》一篇，塙鑿可考，不獨《春秋》爲然，而謂子擅改之乎？二也。

難者曰：周道既微，明王不作，夫子知漢室將興，損益百王之法，作《春秋》以貽來世。

《公羊》家必非無据，子曷爲闢之？曰：此不過緯家附會耳。炎漢之興，《公羊》家亟欲立學，引緯以媚之，猶《左氏》傳文增竄「劉氏」。後人可以辭害義乎？三也。

難者曰〔二〕：董仲舒，漢之大儒也。《春秋繁露·三代質文》《符瑞》《玉杯》《楚莊王》諸篇，皆及改制，然則董説非歟？曰：此亦有故。蓋漢儒惡秦，甚不欲漢承秦後，因《春秋》託王，相傳爲素王黑統，故以黑統歸素王，衍爲改制之説，江都蓋有所受之。《繁露》精理名言，不一而足，改制之説，不過別存一義，豈可因其大醇，護其小疵？四也。

難者曰〔三〕：《春秋》者，聖王經世之書也。顔子問爲邦，子於周冕外，告以夏時、殷輅、《韶舞》，明明非一王制，謂非改制之證乎？曰：今有人居恒言志，抗希三代，攷求典禮，擇言尤雅，空文見義，王者不禁。若藐視皇朝，於《欽定會典》、頒行律例，緣隙奮筆，悍然不顧，此聖人所誅絶，王法所不容。若果泥於新説，則聖賢一堂討論，不幾於謀爲不軌乎？五也。

匪直此也。孟子，願學孔子者也，曰：「孔子作《春秋》，而亂臣賊子懼。」「其事則齊桓、晉文。」且引孔子曰：「其義則丘竊取之矣。」夫桓、文之事，明明非王，且聖曰「其義」，明明空文見義，取之耳，豈改之乎？否則聖人身陷非義，亂賊方且藉口，喜之不暇，而又何懼？六也。

且以孫子述祖父之訓，視後賢引先師之説，尤爲親切。《禮記·中庸》不云乎：「雖有其德，苟無其位，不敢作禮樂焉。」又曰：「杞、宋不足徵，吾從周。」豈子思述聖人之言不足据，而《公羊》家所用緯説轉可從乎？七也。

彼所据者，漢儒傳説，吾即引漢説折之。趙邠卿注《孟子》曰：明《春秋》借魯受命立制，所謂假以爲王法也。夫曰借、曰假，明不自專，安得曰改？鄭康成喜引緯書，乃注《中庸》止曰「作禮樂者，必聖人在天子之位」，獨不援端門受命諸説，而曰漢儒説然乎？八也。

不但此也，彼据緯書，吾即以緯説折之。《太平御覽》引《孝經援神契》曰：「吾作《孝經》，以素王無爵禄之賞、斧鉞之誅。」据此，知聖人於刑賞不自專。《公羊》舊疏謂賞罰非聖人能行，故但言「志在《春秋》」，自是古誼，最得聖指。豈彼所引緯説可從，此獨不可從乎？九也。

且《公羊》所據緯書，備一説耳，其於隱元年傳曰：「王者孰謂？謂文王也。」据此，知子作《春秋》，誦法文王，所謂「繼文之體，守文之法度」是也。乃學者於開宗明義，則置而勿論；於附存別義，則奉爲指南。近世黠者，顧指文王爲孔子自謂，以圓其説乎？十也。

而乃一則曰「以制正法」，《公羊》哀十四年疏引《孝經説》。再則曰「以改亂制」，又何休《序》疏引《春秋説》。三則曰「欲專制正」，《白虎通·五經》。四則曰「改制天下大號」，又《號篇》。五則曰「制素王之法」，盧欽《公羊敘》。六則曰「聖人不空生，必有所制」，《禮·中庸》疏引《鈎命決》。七則

《書》之《考靈曜》，八則《史記》之《十二諸侯年表》，九則《漢書·董仲舒傳》，十則《淮南》之《主術》，紛紛卮言，皆當分别觀之。嗚乎！罔上者行私，非聖者無法。既無君而無父，舜乃受堯瞍之朝；不傳賢而傳子，禹遂有德衰之謗。蓋戰國横議，自知狂妄，不容於光天化日之下，不得不誣託古聖，以自掩其醜。寧獨孔子？寧獨改制？獨怪二千年後，衍其説而揚其波，詎非聖道大厄哉！孟氏有言：「予豈好辯哉？予不得已也。」其義，則俊竊取之矣。

【校勘記】

〔一〕「不」上，《實學報》有「恐」。

〔二〕「是曰」上，《實學報》有「地豈可大於天月豈可大於日耶」。

〔三〕「一」上，《實學報》有「卷」。

〔四〕「論」，《實學報》作「駁」。以下「二論」等各句均同。

〔五〕此句下，《實學報》有「有此十事而天下尚有以民主爲善者乎」。

〔六〕此句下，《實學報》有「乃兵海部一二人之私乎而不見智利之改民主」。

〔七〕「敗」，《實學報》作「救」。

〔八〕此句，《實學報》作「是豈因乎民主哉」。

〔九〕「臣」，原誤作「世」，據《實學報》改。

〔一〇〕「一」下，《實學報》有「大謬」。以下「二也」各句均同。

〔一一〕此句，《實學報》作「又有辨者曰」，下接「緯説縱不可據然」。

〔一二〕此句，《實學報》作「雖然」。

屠梅君侍御與時務報館辨闢韓書

自丙歲仲秋之月，獲讀大報首册及公啟，蹶然而興，慨然而歎，馳告友朋，謂不圖今日重覩漢官威儀。蓋爲著統之體尊，發凡之例謹，託心毫素，而致戒於訕上横議。方今中外報館如林，群言淆亂，此報出，吾黨其得聞聖證論矣乎。次第及十數册，陳義彌高，不無出入，又好以嬉笑怒駡爲文章，同人竊竊致疑其間。蒙釋之曰：「此皆憂時君子，慘怛鬱悒，激而爲此，欲以驚醒一世，使知困其患則操其備耳。吾輩但當盡心考求，期於存之有主，措之有方，以赴事機之會。斯報之功，於是爲大，不宜擇一二偏宕憤激之談，病其全體。」聞者頗然之，故雖以僻寂荒城，獨無分局，而皆展轉丐託，千里遞寄，數人得共閲一編，資爲程課，區區方深慰幸。乃頃讀二十三册，有《闢韓》之文儼然著録，於私心有大不安者。謬託氣類，不敢不略抒管蠡之見，冒瀆於下執事。

竊以韓子《原道》之作，後儒推崇，容有過當。惟伊川程子謂其言語有病，朱子以其略格致不言爲無頭學問，然於立論大體，蓋皆深取焉。斯亦既嚴且覈，庶幾得所折衷矣。今《闢韓》者，溺於異學，純任胸臆，義理則以是爲非，文字則以辭害意，乖戾矛盾之端，不勝枚舉，請先言其大者。

夫君臣之義，與天無極，其實尊卑上下云爾，自有倫紀以來，無所謂不得已之説也。在昔封建之時，天子撫有天下而爲君，則率土爲之臣；諸侯撫有一國而爲君，則境内爲之臣；大夫有家，則家衆爲之臣。下逮士、庶人，有主則有僕，猶君臣也。若《闢韓》之意，則必尊上其僕，卑下其主，由室老以禄大夫，由大夫以立諸侯，由諸侯以共置天子，而僕之視主，曰：爾直爲吾保性命、財産，吾故不得已而事之。此明自然也。則夫人之於天，亦惟當責其保吾性命、財産，曰：吾之爲人於天也，不得已而事之也。由明自然也，而可乎？夫此不得已之説，出於上則爲順，出於下則爲逆。《闢韓》者，代爲君者言之，善矣。凡經傳所以誡人君者，法語巽言，大都此意。「辟則爲天下僇」「豈其使一人肆於民上」之兩言，天人交儆，尤人君所不可一日忽忘者。此其不得已爲何如，而豈謂君臣之倫，爲出於不得已也乎？既以君臣之倫爲不得已，則無怪乎以佛之棄君臣爲是也。而又曰其所以棄君臣非也者，將毋俾爲佛者既皆成佛，則求立一君以保其爲佛之性命、財産，而以不得已者事之，乃爲明於自然者乎？

老氏明自然，孔子無以易。而所謂自然者，則民有自然之性命，有自然之財產，所求於上者，保其性命、財產而已。更騖其餘，則爲代大匠斲，是以仁義道德無所用，禮樂刑政無所施，而束於教之曲士，不可與語此。其於道、於治，視韓子深淺何如也？孔子未嘗言自然，而老子明自然，老氏既勝孔氏矣。孔子不敢棄君臣，而佛能棄君臣，佛氏又勝孔子矣。至今日而孔子之道不足致富强，不足爲民保財產、性命，獨西人擅富强，能爲民保財產、性命，是西人又勝孔子矣。孔子如是，何況韓子？孔子曰：「足食，足兵，民信之矣。」孔子之所謂富强也。又曰：「齊一變至於魯，魯一變至於道。」春秋莫富强於齊，而夫子云爾，豈謂國不當富，不當强哉？毋亦以富强必探其本，必進其治，斷非法自然，棄君臣，專事賈胡之事，變爲民主之國，而後乃與道大適也。且夫民主之云，固《闢韓》者所以明自然之本旨，爲其能同心耳，能並力耳。然古之善爲國者，曷嘗不以同心並力爲務。聿求元聖，與之戮力而商王；亂臣十人，同心同德而周興。商、周非民主也。即今日我之大挫於倭，惟是伊藤、陸奥爲之左右，而其國人從之，亦並非民主也。今以挫於倭之忿恨，有慕於歐洲之富强，直欲去人倫、無君子〔一〕，下而等於民主之國，亦已誤矣。而咎千載以前之韓子，原道而不知原民主之道，求疵索瘢以闢之。曩有爲僨事者解脱，造爲宋儒貽禍中國説，專以不主和議爲之罪，是則以今日之付託非人，師不武，臣不力，至於一切壞爛，不可收拾。無識者既以罪宋，而有識者又以咎唐，恐推而上之，舉凡先王先聖所以爲治、爲道者，皆將不免貽誤我朝之責備，可奈何？「世之愚，惡大儒，逆斥不通孔子拘。」夫豈無故而荀卿疾之？程子曰：「凡立言欲涵蓄意思，不使知德者厭，無德者惑。」若《闢韓》之言，豈直厭與惑而已，殆將俾知德者憂，而無德者幸。苟至無德者幸，則天下之亂可知已矣。

大報嘗著《尊君權篇》，其義明，其説詳，可與前册叁民權之論，相調劑以適於中。今忽復博採兼收，異軍特起，雖報館之例，有聞必録，誤則從而更正之。竊以於衆事猶可，抑亦他報館不問義理，但騁快筆者所優爲，恐非諸君子創《時務報》之深心所宜然也。昨讀譯東華雜誌《漢學再興論》，爲之躊躇四顧，默愧之，滋畏之。以彼人士，猶能言修身齊家，設立教育之當取法，猶知尊《論語》爲純然道義之書，並推存亡消息之理，謂國學勃興，將壓倒西學。我方靡焉欲步其後塵，彼乃皇然而思返古道；我方貶聖賢以遵西洋之善治，彼且稽經史而建東洋之政策。兩册鱗次之間，自立也若彼，自屈也若此，比而觀之，其何以解焉？然則吾《時務報》上而規誨，下而傳語，達諸朝野，播之列邦，誠有談非容易者。

諸君子綜才、學、識之三長，鑑今於古，策中以西，蒙每奉一編，輒欣戚交心，歌泣不知其由。意者讜言日出，既痛砭沈痼，猛覺群迷，其必寫畏天命、憫人窮之苦衷，昭揭蕩平正直之王道於薄海内外，使凡業臻富强之國，幡然知仁義之爲福而當務，争攘之爲禍而當戒，有以淡其欲念，戢其雄心，則豈惟中夏安，四裔亦且俱安。載書之盟，請要於季路；弭兵之會，成言於向戌。此則諸君子主持壇坫之盛美，足以尊國勢而保黎民。由是以大正人心，息邪説，距詖行，放淫辭，乃爲不得已之實事。其或不然，第懲庸論忌諱虚憍，而矯枉過正，務録一切蔑古拂經、干紀狂誕之説，無益於已亂，而有餘於召釁，誠未見其可也。隸也愚昧，妄援彈駁之條，私爲芻蕘之獻，伏乞鑒宥而賜裁擇焉。

聖道昭垂，亘古不易。當此仁義充塞，功利陷溺於人心，正賴維持有人，庶幾時有晦而道不晦，道不晦則時可挽。隨時挽之，斯道即顯焉。蓋道者，古今所共由，盡人所莫外。一人由之則一人興，一時由之則一時治，弗由則亂，古今同然。但第論治亂之跡，道固似有顯不顯之時，然遞嬗倚伏之機，要皆時爲之，而於道無與也。若必因病時以病道，不亦愚且惑哉？近讀屠梅君侍御辨報館《闢韓》書，竊嘆因時病道者若此，而何幸即時辨道者，竟復有人也。夫今之時何時乎？外釁迭生，强横日甚，貪欲無厭，争奪爲雄；又復包藏禍心，混吾教以混吾學，擾吾治以擾吾民。此誠千古莫遇之時，而亦千古未有之變也。而我之所恃以常存不敝者，惟此德配天地之聖人，立綱常之極，嚴尊卑之辨，植禮義之防，俾君子修之吉，小人悖之凶，影響之捷，比比然矣，豈或爽哉！不謂妄以道病者，轉乘其間，逞其私臆，而欲於道揚之使高，鑿之使深，蔽我聖學，亂我朝常，謬託尊聖之名，陰以畔人道之極。不知用夏以變夷，直欲盡我變於夷，能勿傷哉！能勿懼哉！抑知斯道也，乃參天地而立之道也，道存則天地俱存，道敝則天地俱敝。聖人者，先天而天弗違者也。天且弗違，人欲違之，豈非自絶於天，自外於聖乎？而天與聖奚傷焉！自來道之有顯有晦，非果道有顯晦也，亦偶因時有顯晦耳。蓋斯道之在人，猶日月之在天。其晦也如日月之食，其顯也如日月之明。日月食時雖暫晦，本體光明原自存，何嘗因暫晦而少損？故知道之君子，時值其晦，惟悲焉而已，憫焉而已。視其可救，以道救之；乘其可挽，以道挽之。無可挽救，則閑之守之以俟時，尊之衛之以待顯。如此則學爲中正之學，斯道乃不易之道也。吾道賴之，天下亦賴之。否則學術乖，則治術亂；治術亂，則道益難顯。有道不顯，亂恐日深，欲求已亂，舍道奚由？感附數言，用諗侍御，並質諸天下之與侍御有同心者。

富川東溪朱浩文識〔二〕。

【校勘記】

〔一〕「君子」，據文義，當作「君臣」。

〔二〕按，以上識語見匯源堂重刊本《翼教叢編》卷三。

葉煥彬吏部明教

泰西之教，魏源《海國圖志》考之未詳，又不見其《舊約》書，亦爲未備。近人宋育仁《采風記》，合《舊約》《新約》二書闢之，可謂有功名教矣，但其所載《舊約》書，與余所見者又別一譯本。蓋中、西文字既異，教旨又屢有變更，或一書而譯者不同，是未可定。至尊奉十字，則新、舊固無異詞，而其説之兩歧，亦始終不能合轍。予嘗反復推求，而知其教之不能自立也。

夫中土教之最古者爲巫，迨黄帝正名百物，進草昧而文明，於是堯、舜繼之，以無爲爲治，道教始萌芽于此矣。老子箸書上下篇，言道德之意，道家宗之，故後世稱道教者，必曰黄、老。老氏之學，一變而爲儒，再變而爲法。其入夷狄而爲浮屠也，又變而爲釋。釋教盛於身毒，即今之印度也。今西域、海西諸教，若回回，若天方，若天主，若耶蘇，又本釋氏之支流餘裔，各以其一鱗一爪，縱横於五大洲之間。蓋天下古今之教，未有大於道教者。

孔子問禮于老聃，見于馬遷《史記》。《莊子》亦屢言之。漢人如王符《潛夫論》、應劭《風俗通》，亦云孔子師老聃，武梁祠石刻畫像有《孔子見老子圖》，是孔子之學出于老氏，言本有徵，昌黎《原道》闢之，乃干城吾道之言，非不見漢人書者也。不思青出於藍，冰寒于水，問官郯子，竊比老彭，惟其學無常師，愈以見孔子之大，此亦何必爲孔子諱哉？

當孔子之世而隱與之若敵者，則有墨子。墨學亦出於道家。周之太史史角，因魯惠公問郊廟之禮，天子命之往，而其學傳焉。《吕覽·當染》篇紀其事。史角與老聃同時，又同典禮，淵源授受，可得而言。至其末流水火，墨則非儒，孟亦闢墨，卒之理勝者立，理絀者微。此孟子之書所以進而同於六藝也。

孔教爲天理、人心之至公，將來必大行於東、西文明之國，而其精意所搆，則有以輝光而日新。倫理爲中、西所同，血氣尊親，施及蠻貊，好生惡殺，人心之本然。孔子志在《春秋》，以救一世之亂逆；行在《孝經》，以立萬世之紀綱；復有《論語》一書，綜百王之大法。傳其教者，如曾子，如子夏，如孟子，皆身通六藝之學，心究萬變之情。凡人心所欲言者，莫不於數千百年以前言之，殆彼蒼默知有今日之時局，而先以戰國造其端。

人之持異教也愈堅，則人之護聖教也愈力。西人之言曰争自存，理固然也。泰西之教之盛，無如天主、耶蘇。其教蔓延于五州，又浸淫及於亞州之内。先識之士，謂孔子之教將寢息百年而再興，再興之日，則諸教皆爲所混一。余則以爲不然。夫觀孔教之廢興，當觀乎人心之利害，彼教之消長，名義之虚實，推行之難易，而後百年内外之局，得於今日斷之。

今五州民户，中國號有四百兆衆矣。此四百兆者，男女老幼，人人意中有一孔子，雖有刀兵水旱之劫，以去其三百兆之眾，而所遺之百兆，非以無形之孔教治之，則篡弒相尋，天下且成爲虛器，何有于君主、民主、君民共主也者？況今日西教之中，有所謂卜斯迭尼教者，其人多世家貴胄，以忠孝節義爲宗，以尚儉弭殺爲戒。又有剖而司登教者，倡君爲民首之説，以糾平等之非。天主、耶蘇之教，西國未之從者十之二三。自卜斯迭尼教興，而人心靡然向風，實爲通孔教之漸。剖而司登教雖未盛行，而言之成理，至今亦與諸教會並立。至其國之言格致學者，又往往與兩教相牴牾。此實彼教之隱憂，而孔氏之先路矣。此利害之説也。

天主立教，本於摩西。《摩西十誡》尚不悖于大道，天主離其宗，而益之以虛幻，《舊約》書中所載，無稽之言不一而足。其傳于中土最早者，如《天學初函》中之西學，凡《天主實義》《七克》《畸人十篇》等書，皆經中人潤色，而其旨總不逾于釋氏。西學凡及南懷仁《坤輿圖説》後皆附《景教碑》。是彼族亦自知其學之所自來，亟思藉以自重。今乃詆釋氏爲偶像，毋亦數典而忘祖耶！考《景教碑》文，一則曰「三一妙身」，一則曰「匠成萬物」，一則曰「判十字以定四方」，一則曰「印持十字」，一則曰「七時禮讚」，一則曰「七日追薦」，一則曰「不畜臧獲」，一則曰「不聚貨財」，皆確爲天主教之宗旨。其碑額刻「十」字，以雲繞之，又教士有出家不娶之例，亦沙門之遺。及耶蘇之徒變其説，以爲耶蘇釘死於十字架，死而復生。此欲神怪其詞，以新一時之耳目，愈久而愈失其宗，竟不知「十」字爲何義。《馬可福音》言耶蘇使其徒背負十字架以行，此即十字軍之緣起；而又云耶蘇釘死于此，可謂請公入甕矣。余見彼教所佩之橢圓銅牌，最初者圖聖若瑟像。「若瑟」即「約瑟」之轉音，是爲彼族遷埃及之祖。其父雅各，則受神傳言者也。又有圖瑪利亞母，手抱耶蘇太子，母子各持念珠，珠下綴十字架者。又有面圖耶蘇受洗，背圖三矢交格者。又有面圖耶蘇，背圖十字架，若今之地球架者。至今日兵士所佩，則一銅十字架，上圖耶蘇被釘之狀。飲水而不知源，變本而又加厲，則其教之鄙陋，在西士亦明知其非，而思所以易一顛撲不破之義，以固其說。宋育仁謂其舊書文多俚野，不欲異教人見之，亦未必盡然，特以新教盛則舊教衰，故《舊約》亦因之而廢耳。此消長之說也。

溯其初，「十」字之義，亦如中文之一畫開天已耳。「一」者數之始，「十」者數之終。《說文解字》曰：「十，數之具也。一爲東西，丨爲南北，則中央、四方備矣。」造字之聖人，豈預爲彼教說法哉？蓋地之全體，古人亦已前知。地球之交線，即「十」字之理，《大戴禮·易本命》所謂「凡地，東西爲緯，南北爲經」是也。神農十言之教，曰乾、坤、震、巽、坎、離、兑、艮、消、息。八卦之位居四方，消、息所以立體，則中央也。黄帝之臣大橈造甲子，先造十幹，甲、乙位東方，丙、丁位南方，庚、辛位西方，壬、癸位北方，戊、己位中宫。孔子之説「士」也，曰「推十合一」。《元命苞》之釋「土」也，曰「立十加一」。中國立教、造字之先，無不因四方、中央起義，亦無不準「十」字起義。《牟子理惑論》云：「老子手握十文，足蹈二五。」釋氏襲其文，以爲寶相。《大寶積經》言佛身有「卍」字文，慧琳《一切經音義》云：「梵云室哩末瑳二合。唐云吉祥相也。有云萬字者，謬説也。」《華嚴經·花藏世界品》之一，慧琳《音義》「𠦃」下云：「梵書萬字。」「卍」下云：「室利靺瑳。此云吉祥海雲。」夫所謂「室利靺瑳」，即前經之「室哩末瑳」，梵之本音也；所謂「吉祥海雲」，唐之譯義也。景教碑額之「十」字，旁繞五雲，即「卍」字之變體，以中文畫之則成「十」矣。西教竊釋氏之單文，釋氏又竊中土之單文，乃彼於其義則日變日非，徒託于鬼神以行其術，而中國則自立教之君、造字之臣，未嘗斷斷于一字之義，儒柔其民。此虛實之説也。

自來中國之士，攻彼教者失之誣，尊彼教者失之媚。故謂西人無倫理者，淺儒也；謂西教勝孔教者，繆種也。果其有倫理，則必有孔教。觀于中人不讀孔氏之書，而知有孔子，視彼以鬼神役其民者，功效又何如耶？凡天下之教，不立於中正，則不能久且大。道教至今微矣，三寶乃其至精之言，施之今日，真同芻狗。彼其教能治民簡之世，不能治民繁之世；能治民愚之世，不能治民智之世。其實用在禮，儒家得之，所以宰六合而有餘；其流弊在柔，釋氏得之，所以衞一教而不足。西人自言一切政教源於印度，而反柔爲剛，遂能雄視宇宙。然以最尊之「十」字立教，而前後屢變其詞；以最强之兵力行教，而不能脅西國以盡從其教。孔教行之三千年，未嘗以兵力從事。此難易之説也。知斯四者，則孔不必悲，教不必保。忠信篤敬，可以達於殊方；魑魅罔兩，可以消於白晝。漢制雖改而不改，民權不伸而得伸。由亂世而昇平而太平，託於悲憫者，夫亦可以息喙矣。

翼教叢編卷四

葉吏部輶軒今語評

輶軒今語評序

學使宛平徐先生，壬辰分校禮闈，余出其門下。其時先生服膺陳東塾之學，曾以手書相告，欲余遠師亭林，近法蘭甫。余復書略言：「亭林命世大儒，當時漢、宋之幟未張，故其箸書無漢無宋，一以實事求是爲主，師之固所願也。蘭甫人品亦篤實可風，而其講學調和漢、宋，在門户紛争之後，所謂舍田芸田，不可法也。」考据無如漢人之精，義理無如宋儒之專，學者當求吾學之通，不當求古人之合，此爲人、爲己之界也。自後四、五年中，未嘗以一書相問難。丙申再遊京師，見先生于寓宅。時先生悲憫時事，頗張康有爲之説，余不謂然。丁酉南旋，先生拜督學湖南之命。時康之弟子梁孝廉啟超來主時務學堂，以六經并入西學。先生和之，手頒條誡，分諭各學；又有《輶軒今語》一書，即條誡而引申之，與康、梁若相左右。嗟乎！外患日迫，學術日漓，復有《公羊》改制之説，煽惑人心。處士横議之風，不圖復見於今日。此則有心人所爲長太息者也。余于先生既受場屋一日之知，謬蒙湖湘偉人之譽，不敢聽惡言之入，有負師門，略綴評詞，以明盍各之義。昔孔子問禮于老聃，而不傳老氏之學。余于先生，殆同此志矣。

光緒戊戌仲春，長沙葉德輝序。

南皮尚書前箸有《輶軒語》，分類發明，啟悟學子，其勤至矣。輒仿其例，撰爲《輶軒今語》，先出《學語》一種，以告湘人。蓋學派不明，則起點已誤，不可瘳也。或曰：《今語》之論學，與前語之《學語》合而権之，毋乃例同而意別乎？應之曰：南皮之學，主乎通今者也。道與時爲變通，尤南皮常持之論也。然則《今語》之作，時爲之也。風會之轉，如機軸之運行，而心志之契，猶鍼芥之翕合。邇者明奉詔旨，宏開特科，歲舉之年，兼以算學、藝學、時務另試。朝廷變法求才之意，無非欲多士急究當務，挽濟時艱。湘中不乏殊尤，其有讀是編而幡然興起者乎？跂予望之已。

光緒年月日，督學使者宛平徐仁鑄。

輶軒今語學語

一、經學

經學當求微言大義，勿爲考据、訓詁所困。

近世治經者，莫不宗漢學。然漢學亦有二種：西漢之學主微言大義，東漢之學主名物、訓詁。西漢儒者，《禹貢》行水，《春秋》折獄，《詩》當諫書，凡一切經濟，莫不出于經義。故董江都、賈長沙、劉子政，皆以經師而爲一代治術所宗。此通經致用之極效也。名物、訓詁，亦經學中之一派，讀古書者，所必當有事也。惟本朝儒者以爲舍此之外別無經學，則大不可。數百年來，通人碩儒，咸疲心力于此間，班孟堅所謂「解一字之義，至于二三萬言，博而寡要，勞而少功」，誠所不免。至于今日，外患日迫，學者漸知考據之無用，從而棄之，而經學亦因之陵夷衰微矣。其蔽皆坐以爲考据之外無經學，因考据之無用，而並疑經學之無用。蓋微言大義之學之中絶也久矣，故今日必將西漢以前之經學發揮光大之，則六經之傳、孔子之教，庶可以不墜也。

評曰：微言大義，後世義理之學之所本也；名物、訓詁，後世考据之學之所本也。二者不可偏廢。蓋不通名物、訓詁，無由得其微言大義。國朝諸儒屢言識字以通經，通經以致用，見於書序、文集者不一而足，《欽定四庫全書提要·子部·儒家類》已詳著此旨。何嘗以爲此外别無經學？惟江藩《漢學師承記》堅持門户之見，至今貽人口實。然此等偏愎之論，蓋疾當時空疏而居大位者，有爲而言，桐城方植之作《漢學商兑》攻之。二書具在，人亦無有爲左右袒者。蓋是非之公，人人得而有者也。若謂西漢經濟莫不出於經術，東漢亦何獨不然？外患日迫，凡空談學術、經濟者，同歸于無用，未見微言大義之致用，即能勝于考據、訓詁，特微言大義可以比傅近事，故藉此以行其私。此則西漢諸儒聞而痛哭流涕者矣。

經學當口説、傳記二者並重。

劉歆移書讓太常博士，謂其徇口説而背傳記。要之，傳記、口説，二者缺一不可。傳記之起，本大《易》之《十翼》，聖人自定之經而自傳之；其次則《喪服傳》，出于子夏。《公羊》《穀梁》二傳，或以爲並出子夏，而皆口説相承。二《戴記》，漢世所傳，而孔門遺説十居八九。然則傳記、口説，初未嘗歧而爲二也。後儒論漢人所著經説，分爲内傳、外傳兩體，而西漢書若《尚書大傳》《韓詩外傳》《春秋繁露》，皆外傳體也。蓋經學本以通其微言大義，達於政事爲主，不必沾沾于章句、訓詁閒。此西漢經術所以爲美也。若《詩》之毛《傳》、書之孔《傳》，迺内傳體，舊題西京之書。然孔《傳》之僞，閻百詩、惠定宇已有定論；毛《傳》之僞，近儒魏默深等亦已疏通證明。蓋西京實無此學派也。

評曰：劉歆欲立古學，故隱以循口説諷《公羊》。此各尊所聞，不足爲異。平心論之，口説、傳記皆所以傳經，口説託之傳聞，失多而得少；傳記託之載筆，得多而失少。況今日群經，如日再中，何假口説？《今語》之意，蓋主康有爲之野説，而以康之弟子之稱「南海先生曰」者，爲口説之遺。不知口説盛行，邪説將遍天下，而又無傳記以載之，使一時是非之迹，後人不得而知。稍知治學之人，未有不知其言之失實者。惟考試爲利禄之途，頗足以震盪風會，故揭其用心如此，以待來者辨焉。毛《傳》之僞，自魏默深發之。攷毛公，或云周、秦之閒，或云河閒獻王博士之小毛公。劉歆之世，已無實録。按：班書《儒林傳》不言毛公得何人之傳，《藝文志》云「自謂子夏所傳」，亦微詞也。陸氏《釋文敍録》敍毛以前傳授頗詳，蓋本鄭氏《詩譜》《六藝論》、陸璣《疏》。鄭、陸在劉、班以後，未必能詳其傳，惟以爲出自河間府中，則衆説皆同也。故其移太常博士書，欲立《左氏春秋》及《毛詩》《逸禮》《古文尚書》，文意趨注《書》《禮》《左傳》，意謂三經既立，則《毛詩》亦因緣而立。其所以不敢昌言者，以其時今文之學盛行，毛《傳》出自河閒獻王府中，絶無師傳可攷耳。然謂之無師可也，謂之爲僞不可也。其書正出於西京，何得於西京無此學派？且三家既亡，毛《傳》又僞，試問今日應讀何《詩》？若云理三家遺説，以復今文，除《韓詩》略存章句外，齊、魯已難於區別得失，與夫門户傳授之出入。此必不可行之事也。何况毛《傳》即僞，經固不僞。因毛廢孔，因傳廢經，魏默深晚年病風魔以死，其亦輿戎之報與？吾願海内學人，引爲痛戒。《欽定四庫全書提要》：「《春秋繁露》雖頗本《春秋》以立論，而無關經義者多，實《尚書大傳》《詩外傳》之類。」《今語》本此。

經學當以通今爲主義。

近儒之言經學者，動曰經學所以考古。此最謬之論也。夫古既已往矣，考之何益？若治經而僅考古，則誠如莊生所言「六經皆先王陳迹」耳。子曰：「誦《詩》三百，授之以政，不達，雖多，亦奚以爲？」太史公曰：「有國者不可不知《春秋》。」「爲臣者不可不知《春秋》。」苟將六經大義按條摘出，而證之以今日之政事，雖其中有因時變遷不盡可行于今日者，然其所言公理，爲出治之本，及條目之可施行者，尚十居七八也。經學果無用乎哉！

評曰：以考古爲謬，何以知有西京微言大義之學？又何以知有東京考據、訓詁之學？此豈不考而得知者耶！孔子曰「信而好古」，又曰「好古敏求」，何嘗以其既往爲無益耶！吾師孔子，吾不知有莊子。

經學當先通《春秋公羊傳》。

孟子每敘道統，述及孔子，即言《春秋》，若以爲孔子生平最大事業無有過此者。太史公、董江都，漢之大儒，其稱道孔子，亦必舉《春秋》，何也？《春秋》者，孔子經世之書也。莊子曰：「《春秋》經世，先王之志。」孔子有用天下之心，有救天下之具，特道既不行，無從措施，以表著於當世，乃舉其素所藴積者，一箸之于《春秋》。此如黄梨洲之《明夷待訪録》、馮林一之《校邠廬抗議》，聖凡雖殊，而用心則一。故孟子以爲「天子之事」，以其所言皆將爲後王法也。亦如西人之果魯西亞士·虎哥等，以匹夫而創爲公法學，萬國遵之。蓋《春秋》一書，實孔子所定之萬世公法也，特當時有所襃譏貶損，不能不避時難，故因行事以加王心，見《史記·太史公自序》及董子《春秋繁露》。傳口説以告來者。故公羊氏所傳大義，最爲博深切明。西人政治家必事事推原於公理、公法之學，以爲行政之本。今《春秋》者，乃公理、公法之折衷也。學者必先通《春秋》，則可語之致用矣。新會梁君新箸《春秋公法學》一書最可讀。

評曰：《春秋》「素王」之説，此七十子之徒推崇孔子之學，非孔子自居於王也。漢世三《傳》争立學官，弟子各張其師説。惟《公羊》家用心至巧，其牽合圖讖，以爲《春秋》因漢制而作，既足以結人主之心而箝古學之口，又其書短而易習，義淺而易推，弟子徒衆布在朝列，其時父以是詔其子，師以是傳其弟，亦如今日時文之士，雖有命世大賢，其力不足以抵拒。此其所以盛行于兩漢也。至于《左傳》，文煩義重，立學又遲，其學徒亦知依附時君，已落《公羊》之後。此其學有巧拙，效有遲速，苟非有志之士，未有舍短幅之《公羊》，而習長編之《左傳》者也。今世《公羊》之徒，必欲斥《左傳》爲僞，不思桓譚有言：「經而無傳，使聖人閉門思之，十年而不知也。」可謂深於《左傳》者矣。桓譚又云：「劉子政、子駿、子駿兄弟子伯玉，俱是通人，尤重《左氏》，教授子孫，下至婦女，無不讀誦。此亦蔽也。」桓譚而爲此言，則固非專祖《左氏》者。漢之通人，無不如此也。康有爲之徒，煽惑人心，欲立民主，欲改時制，乃託於無憑無據之《公羊》家言，以遂其附和黨會之私智。此孔子所謂「言僞而辨」之少正卯也。《公羊》之義隱微，是以呂步舒不知師書，至下董仲舒獄；眭弘以公孫氏當復興，勸昭帝禪位，而以妖言惑衆伏誅。此惑于改制之説也，可不大哀乎！《今語》之旨，非欲人讀《公羊》，乃欲人讀《春秋公法學》耳。若夫黄梨州《明夷待訪録》一書，其《原君》篇隱詆君權太重，實開今日邪説之先聲；《建都》篇謂金陵爲王者都，遂導洪秀全之逆志。儒者立言不慎，則害隨之矣。馮林一《校邠廬抗議》，雖其言可采者多，而迂曲不通者亦自不少。即其已行者論之，如采西學、製洋器諸議，行之已三十年，而法、日兩次戰事，何以無效？是知變法而不變人，不值外人一笑耳。至萬國公法，强國用之，則聲氣得相聯絡；弱國用之，則朝夕爲人牽制。西人與中國交涉之事，何者合于公法？此彰彰在人耳目者也。

而況孔子之公法，並未行于春秋。攀鱗附翼，而龍鳳矯然于雲表，吾見其墮溷而已矣。

劉逢禄《左傳考證》云：「《春秋》非記事之書，不待《左氏》而後明。」此言最謬。當夫子之時，各國史記尚在，自不待《左氏》而後明。及數十年後，設無記事之書，何以考其是非得失？三《傳》皆尊聖人，《公》《穀》發明作義，《左氏》取證本事，義當並尊，特私家水火，貽害二千餘年，此真經學之罪人矣。學人當引爲前車之鑒，何乃效尤耶！且劉申受之書所指《左傳》之僞，並無實證，不過以《公羊》《左氏》比勘得失而已，不過以空文攻駁《漢志》而已。兒童辨日，豈足以服《左氏》之心耶？如謂《漢志》隱護《左傳》，何不並《公羊》之學而夷滅之，而必留此勁敵，與人掊擊之柄，不亦太愚耶！龔定庵《雜事詩》注有《左傳决疣》一卷，云「據劉歆竄益《左氏》，顯然有跡者」。此書今已無傳，意亦竊劉氏之緒餘耳。《新學僞經考》宗旨不出此數人，皆治經之病狂者。成都尊經課藝有周實清《擬代太常博士答劉歆書》，立言甚巧，其實早爲《四庫全書提要》所斥，彼不知也。又以《毛詩》《左傳》義同者條列之，謂二書爲一手所造。無論其比證之未塙也，而外此如《易》、如《禮》之與《左氏》合者，則又何説之辭？然則歆書所云古文舊書内外相應者，皆有徵驗之言，宜博士之不能置對矣。

《四書》宜留心熟讀。

《莊子》稱孔子有内聖、外王之道，外王之道在《春秋》，内聖之道在《論語》。《論語》爲門弟子所雜記，若分類求之，何者爲微言？何者爲雅言？何者爲小學？何者爲大學？條分縷晰，心得自多。《中庸》自《漢書·藝文志》即裁篇别出，鄭康成謂爲子思述聖祖之德所作，蓋孔子之行狀也。內、外之學，皆備于斯。《大學》一書，即古者大學堂課程，先後次第，條理秩然，其中多言大同之義，尤爲精華。孟子者，孔門後學之龍象，傳《春秋》太平之義，其所言治天下之道，按諸今日時勢，最爲合宜。故《四書》者，皆群經中之精液也。朱子特尊之，誠爲卓識，惟《集注》發明尚少，今尚當以萬國之政學，引伸而光大之。

評曰：孟子以距楊、墨有功，以言性善傳道。今日時局，雖與戰國相近，孟子究未嘗昌言毁周，其見諸侯陳王道、稱古先，亦如孔子之周流列國，欲行其道于天下耳。然此志此行，惟孔子出之爲無弊，孟子學之，已不免近於游説。朱子謂孟子「磨棱合縫，有未盡處」，又謂「孟子不甚細膩」。所謂坐懷不亂，柳下惠則可，魯男子則不可也。《集注》一書，較《論語》尤爲精密，以賢人而述賢人之心，故能千載合契。今乃欲以西國政學引申光大之，此援儒入墨之旨，非朱子所樂聞也。若謂藉西學以存《四書》，則六朝時佛、老盛行，君臣上下，舉國波靡，而孔氏之書未之或廢，何耶？

《周禮》宜分别觀之。

《周禮》一書，或以爲盛水不漏，或以爲瀆亂不驗。平心論之，真僞參半。蓋其中成周舊制，各國舊制，十居五六，而劉歆等羼亂附益，亦十之四五。大約《地官》一篇最爲精華，

《春官》一篇全屬舊俗，《天官》一篇坿益君權以媚人主者最多焉，《考工記》又古書之別行者也。要之，全書之中，其與今日西人政事相合者不一而足，言致用之學者所當知也。

評曰：以《周禮》爲劉歆僞撰，宋儒胡五峯之言也，朱子已駁之。近世萬充宗、方望溪之徒，揚其頹波。康有爲又拾萬、方之唾餘，以爲「新學僞經」之證。其本旨祇欲黜君權，伸民力，以快其恣睢之志，以發攄其傺侘不遇之悲，而其言之謬妄，則固自知之也，於是借一用《周禮》之王莽、附王莽之劉歆，以痛詆之。以王莽之君，人人得而誅之耳。既僞其書，而其合於西制者，復不能爲之割愛，則真僞參半之說起焉。劉歆媚王莽，已無逃於萬口之誅；中人媚外人，獨不畏劉、王反脣耶？

《左傳》宜作史讀，不必作經讀。

《春秋》一書，乃孔子經世大法，爲萬世公理、公法之祖。太史公所謂「文成數萬，其指數千」，蓋每條皆有大義存焉，非記事之書也。《左氏》者，當時史家之言，其所記之事，偶與《春秋》同時，而實非爲《春秋》作傳。故漢儒咸謂《左氏》不傳《春秋》，蓋實情也。後儒好事者，以解經之語附益之，實則離之雙美，合之兩傷，甚無謂矣。讀《左氏》，可以考見當時列國之風俗、政治得失，其可與今日相印證者亦甚多。

評曰：古無史名，六經皆史也，是以《漢志》附史公書於《春秋》家。至晉荀勗《中經簿》，乃以甲部録經，丙部録史，於是經、史分流矣。三《傳》各附經而行，初未嘗自立經號。今世《公羊》之學，必欲斥《左傳》，尊《公羊》，以爲抑《左》於史而《左》即廢，而《公羊》即申，此不知經史之流别者也。又篇中既言考古無益，何以又欲讀《左傳》，考其風俗、政治耶[一]？《左氏》不傳《春秋》，乃今文家私師之詞，前人論之詳矣。

《爾雅》止須讀郝氏《義疏》一部，《説文》止須讀段《注》一部。

古人以此等事爲小學，蓋童蒙而學之者也。近儒窮畢生之精力，白首而覃究之，其乖於小學之義甚矣。國朝諸先生，咸以小學爲六經之鎖鑰，謂不得鎖鑰，則無從啓户而入堂奥也，然終身持鎖鑰而不啟户、不入堂奥，則長爲門外漢而已。諸先生斷斷攷訂，譬之舌人譯通今古，於經學不爲無功，然歷祀數百，此學既已大明，彼作室而我居之，彼制器而我用之。士生今日，宜專心壹志，肆力於微言大義、經世致用之經學，不必仍向此間討生活矣。故略舉一部以示程。至諸先生之爲此學者，部帙紛如，疊牀架屋，數十年來，學子不知大略，人才日趨嵬瑣，深識之士，當能知所自也。

評曰：郝懿行《爾雅義疏》，乃因邵晉涵之《正義》而作者也。段玉裁《説文解字注》，誠爲有功于許書，而武斷擅更之處，亦未盡善，是以書成後，議者至十數家。謂二書應讀可也，謂止須讀二書，不可也。前《輶軒語》舉此二書，不過示人以入門耳，非謂以二書即足盡小學也。數十年來學子人才，固不必收效於名物、訓詁，亦未必得力於微言大義。魏默深已試令矣，有何政績？讀龔定庵《干禄新書序》，胸懷猥鄙，能致用乎？康門之士，每欲舉一切舊學之書，大聲疾呼而廢之，於是人不知有古書，惟知有康學。將來外人用事，尊南海如鉅子，奉時務爲前驅，此其處心積慮，視始皇坑儒愚黔首之智，尤爲過之，無怪其徒日日欲爲始皇呼冤，人人欲學李斯焚書也。學術之壞如此，時事尚可言乎！

二、史學

史學以通知歷朝掌故、沿革、得失爲主，不可徒觀治亂興亡之迹〔二〕。治亂興亡者，已過之事，《莊子》所謂陳迹也。其所以治亂興亡者，則在掌故，讀史者所藉以致用也。故以正史言之，則讀志所得，多於讀紀、傳；以通史言之，則讀《通典》《通志》《通考》所得，多於讀《通鑑》。若《兩漢會要》《唐會要》《五代會要》《漢唐事箋》《日知録》《廿二史劄記》等書，皆宜先讀。先知歷代掌故之大概，然後可以有心得。

評曰：歷朝掌故、沿革、得失，與夫治亂興衰之迹，此二者皆讀史之鈐鍵。此類所舉，即考古之書，焉得云「古既往矣，考之何益」？《資治通鑑》一書，即史中之微言大義；《三通》，即史中之考据、訓詁。康門之士，喜鄭漁仲之言變法，而惡温公之譏《孟子》，黨同伐異，因噎廢食。世有達者，當起而辨之。至趙雲崧之《廿二史劄記》與王西沚之《十七史商榷》，事本一轍，乃於趙書則曰宜先讀，於王書則曰宜屏絶，强分門户，尤所未喻。

史學以官制、學派二端爲最要。

官制爲一朝政治之所出，學派爲一朝人才之所出，二者皆治亂興衰之大原也。中國二千年政治、學術，大率互相因襲，未嘗衡以公理而思所以變通之道，故其沿革靡得而多言焉，然覘國者固不得不於是也。歷古史家，皆以地理爲一大端，然古地理之沿革，考之無裨於用兵。惟阨塞似屬要圖，然輪船、鐵路既通，火器日精，行兵之道，悉與古異，地理之學，須以新法講求，不能如向者史家之云云也。

評曰：地理之書，以新出者爲優，此言是也。官制、學派，史學中亦不僅此二端。至謂「中國二千年政治、學術，大率互相因襲，未嘗衡以公理而思所以變通之道」，此言非是。官制省併，載在史籍，無待縷述矣。若夫治術、學術，無迹可循。西漢尚黄、老，兩漢尚經術，蜀漢尚申、韓，魏、晉以後至於六朝尚佛、老，唐尚詞賦，宋迄元、明尚理學，君相持之爲治術，儒生習之爲學術。歷觀治亂得失之故，大抵崇儒則治，用夷則亂；近王則治，襲霸則亂。康門之士，必欲如趙武靈王之服胡服，梁武帝之行佛法，而始謂之變法耶？抑恨漢、唐以來之君，不見彼法入中國耶？一意欲變中而西，假一事以發明之。孟子曰：「吾聞用夏變夷者，未聞變於夷者也。」又曰：「能言距楊、墨者，聖人之徒也。」

談時務者，服膺孟子，衆口同聲，何不請事斯語？

史學以民間風俗爲要義。

自後世史家競講史裁，務删節其文，以爲謹嚴，記載稍碎細者，則以爲繁蕪矣，此一蔽也。晚近以來，全憑碑傳，連篇累牘，悉屬諛詞，此又一蔽也。要之，史者欲使後世知一朝所以立國之道而已。西人之史，皆記國政及民間事，故讀者可考其世焉。中國正史，僅記一姓所以經營天下、保守疆土之術，及其臣僕翼戴褒榮之陳迹，而民間之事悉置不記載，然則不過十七姓家譜耳，安得謂之史哉！故觀君史、民史之異，而立國之公私判焉矣。今日欲考歷朝民俗，求之於正史，反不可得，而别史、雜史之類，時復記載之，亦學者所當厝意也。

評曰：史學之弊，前人已論及之，此言是也。惟欲仿西法立民史，則又不然。劉知幾有云：「州閭細事，委巷瑣談，聚而編之，目爲鬼神傳録，其事非要，其言不經。」此王隱、何法盛之書，所以不傳於今日也。且歷代正史，亦何嘗不紀民間風俗之事？史公傳游俠、貨殖，《漢書》亦傳貨殖，范書傳逸民、方伎，《晉書》傳隱逸，《魏書》志釋、老，其人不登於朝籍，其事不載於國史，謂非民間風俗之事乎？若謂工商之政，則趨時之猛摯，雖百史公不能窮其變，當以何人任之？中國官不護商，商不利國，積世如斯，實難補救。西人有君主，有民主，君有君之史，民有民之史。中國自堯、舜禪讓以來，已成家天下之局，亦以地大物博，奸宄叢生，以君主之，猶且治日少，亂日多；以民主之，則政出多門，割據紛起，傷哉斯民，不日在瘡痍水火之中哉！

《史記》乃一家之言，不可徒作史讀。

戰國、秦、漢之間，諸子百家，紛起著書，皆有心得，各有體例。太史公之爲《史記》也，其自序竊比《春秋》，謂「通天人之際，究古今之變，成一家之言」，蓋實著書家之創例也。其書所言三代之迹，粲然可觀，欲通古今之治法者，舍此末由，特尊孔子，尤爲絶識。其列傳備著當時所有學派，如《貨殖傳》爲商學家，《游俠傳》爲墨學家，《扁鵲倉公傳》爲醫學家，《司馬穰苴傳》爲兵學家之類，皆有深意存焉。後世斷代爲史，而效其體例，不周不備，殊非史公之意矣。讀史者，以太史公正班、范以下可也。

評曰：《史記》一書，千古絶作，然其發憤著書，别有深旨，非今日之時事也。

《後漢書》宜先讀。

後漢風俗最美，名節最盛，范蔚宗表章發揚，亦有特識。全書文章淵懿穠茂，在不古不今之間，學文者當讀之。

評曰：康門之士，最惡班書，以班《志》多因劉氏而成，其間臚載今、古文學，六經傳授鑿鑿可憑，不得遂其僞六經之伎倆也。先讀范書，而不知范書以前之事，有是理乎？史公以後，以鄭夾漈爲史才之最。

中國學者之大蔽，在不用己之心思耳目，而惟聽命於古人之心思耳目。故每作一事、著一書，皆因仍蹈襲，莫敢自出新法，以變古人之舊者。此二千年治少亂多之所由，而史官又蔽之最深者也。鄭漁仲生乎千歲以後，奮然欲變新法，其《通志·二十略》，多發古人所未發，言人所不敢言，學者讀之，可以發揚志氣，增長智慧，不徒爲史學之益而已。

評曰：宋有兩人，心術不可問：鄭夾漈，箸書之王安石也；王安石，用事之鄭夾漈也。天生斯人，以亂古今之學術，以速天水之覆敗，乃謂其書可以發揚志氣，增長智慧，吾未之聞也。康門之士，蓄意亂法，故合於亂法之旨，則曰其書有用；不合於亂法之旨，則曰其書可燒。是非顛倒，黑白淆亂，悲乎！

《九通》當擇讀。

欲求歷代掌故、沿革、得失，則《九通》其薈萃矣。然卷帙浩繁，寒士之家多不易備；即備矣，而望洋興歎，鮮不却顧。不知讀《九通》，固非甚難也。《通典》之精華，大半爲《文獻通考》所采入，則讀《通考》，不讀《通典》可也。《通志》之紀傳與正史出入，可無讀；其學術心得，皆在《二十略》，讀《略》足矣。《通考》門目雖有二十，而其切要當急讀者，不過田賦、職役、征榷、國用、學校、選舉、職官、兵刑各門耳。其餘或古者甚要，而今日可緩；如封建、郊社、王禮、宗廟、象緯之類。或他書詳備，可以別求。如輿地、經籍、四裔之類。然則所應讀者，不過三分之一而已。以例各通，亦當爾爾。況前《三通》爲杜、鄭、馬各出心得，各定體例，自著之書，故三家不妨並存。若《續三通》《皇朝三通》，同屬一時廷臣奉敕之作〔三〕，重規疊矩，舉一即可反三。此其可省讀者，又不止過半而已。然則《九通》望若繁博，究其實，則必當讀者，不過百餘卷。欲講掌故學者，與正史各志參讀之，知其因革損益之得失，然後據以讀東西各國之史，擇善而從，則可以言經世矣。

評曰：無書不宜擇讀，何止《九通》？大旨欲人擇其合彼者讀之耳。

近儒史學考訂之書，悉宜屏絕。

國朝儒者，持其考訂之學，欲以代聖統，遂令天下學人心目中，以爲除考訂外無經學，其禍後學已不淺矣。梁玉繩、王鳴盛輩，又挾此以言史學，雜引筆記，旁搜金石，訂年月之訛誤，校人名之參錯。此等雕蟲小技，壯夫不爲，用功雖勤，可以束閣。

評曰：康門之士，欲屏絕王鳴盛、梁玉繩之書，令人不讀，惡人讀書耳、博學耳；且惡人讀此書而及他書，讀他書而遂明理耳。吾試舉一事以問曰：「己亥渡河」訛爲「三豕」，應校不應校？如云不校，則「三豕渡河」，豈復成爲文理耶？又試舉一事以問曰：

《後漢書·鄭康成傳》戒子益恩書云「吾家舊貧，爲父母、群弟所容」，元大德本。明監本以下，均作「不爲父母、群弟所容」。此事關繫鄭君一家風俗，一人人品，應校不應校？如云不校，豈不厚誣古人耶？梁玉繩史學有《古今人表攷》一書，案班自序云：「昭善顯惡，勸戒後人，此史官之責也。」其書有古無今，師古以爲未畢，張晏譏其差違紛錯。然自書籍以來，由卷子而槧刻，展轉沿訛，已失班氏之舊，錢竹汀、王西沚讀而校之，至梁而集其大成，可謂有功史學矣。如云不校，則班氏勸戒之旨，將不復明，顧乃目爲雕蟲小技耶？

三、諸子學

諸子之學，可與六經相輔而行。

《中庸》述聖祖之德，曰：「萬物並育而不相害，道並行而不相悖。」此天地之所以爲大也。孔子之教如周室，諸子之學如齊、秦、晉、楚、魯、衛，雖或始終恭順，或小有僭竊，要之，必合而觀之，然後聖人之全體大用乃見。當其盛也，孟子以距之者尊聖人，及至今日，百學皆陵夷衰微矣。《漢志》所謂「禮失而求之野」，彼九家者，不猶愈於野乎？故今之學者，但當以諸子之學尊聖人，不必摭攘斥異端之舊説也。

評曰：康門之士，因《漢書》詳載今、古文學，則掊擊之不遺餘力；此又以其序次九流，可以牽合今日之異學，則援引之惟恐不及。孟子以距之者尊聖人，未聞以迎之者尊聖人。

諸子之中，有著書者，有不著書者。其所著書，有今存者，有今佚者。讀《漢書·藝文志·諸子略》，可以盡見諸子所著之書。其今無傳本者，即佚也，有《玉函山房輯佚書》略搜一二。亦有其學派頗見于他書，而其人實未嘗著書者，即如孟子力闢楊朱，而未聞楊朱有著書，其言僅見于《列子》之類是也。

評曰：周、秦諸子之書，大抵皆門弟子所記，即《論語》《孟子》亦然。其傳之與否，惟視其學如何耳。楊朱之言，載在《列子》。當時楊氏之徒固有記述，特爲孟子所闢，又不如墨子之兼愛取悦于人，是以其學不行，其流遂絶耳。西國諸教，所謂「彼亦一是非」，安能奪我中國楊、墨所不能侵，釋、老所不能蝕之孔教哉！

諸子之中，可分爲兩種，一儒家，一非儒家，然其學皆出于孔子。《漢書·藝文志》以儒家與九流並列，頗爲失當。儒者，孔子所立之教也，儒家皆七十子後學也。其餘諸子，皆自立一教者也。顧其持論雖殊，然實則皆出于孔子，《漢志》所謂九家者，皆六經支流餘裔也。諸子皆在孔子後，汪容甫《述學》、章實齋《文史通義》略能言之。要之，當時列國並峙，民智大開，諸子見孔子創法立教，以示萬世，因亦各出其所心得，思以易天下，如印度之九十六外道、希臘之七賢，皆一時豪傑也。今中國之書流傳于後者，六經以外，惟諸子最爲精深博大。能讀諸子者，較讀史所得尤多也。

評曰：《論語》「汝爲君子儒，毋爲小人儒」，集解：「馬融曰：君子爲儒，將以明其道；小人爲儒，則矜名也。」據此，則儒教非自孔子立矣。班《志》：「儒家者流，祖述堯、舜，憲章文、武，宗師仲尼，以重其言，于道爲最高。」此即明道之儒也。又云：「惑者既失精微，而辟者又隨時抑揚，違離道本，苟以譁衆取寵，後進循之。」此即矜名之儒也。今日康門之士，毋亦班氏所先見而匿笑者乎？夫班《志》以《論語》《中庸》比于六藝，其推崇孔氏，可謂至矣，何者失當？《韓非·顯學》篇云：「自孔子之死也，儒分爲八：有子張氏之儒，有子思之儒，有顔氏之儒，有孟子之儒，有漆雕氏之儒，有仲良氏之儒，有孫氏之儒，有樂正氏之儒。」今存者三，子思、孟子、孫氏。子張氏、顔氏、漆雕氏，附見於《論語》。《韓非·顯學》篇又云「漆雕之議，不色撓，不目逃」，與《孟子》言「北宮黝之養勇也，不膚撓，不目逃」相合，黝殆傳漆雕氏之學者。劉向《説苑·權謀》篇有「漆雕馬人」。孔子曰：「君子哉，漆雕氏之子。其言人之美也隱而顯，其言人之惡也微而箸。故智不能及，明不得見，得無數卜乎！」馬人蓋漆雕之族。《漢書·藝文志》儒家有《漆雕子》十二篇，云「孔子弟子漆雕啟後」。是漆雕氏之學，其家傳者亦自不少。《論語》言子使之仕而云「未信」，則其學之篤實，於此可見矣。樂正氏，附見于《孟子》。自非孔子大聖，立言垂教，皆不能無病。此所以尊孔氏之學如經，而抑八儒之學爲九流也[四一]。不列九流，更列何部？至諸子之學，亦不盡在孔子以後。道家源於黄、老，墨家始於尹佚，班氏明言其出，明述其流。康門之士，又不信班書，而老氏之書固在也，尹佚之説猶存也。此其人尚不悖於大道，而已若存若亡如此，而謂孔子之教，必附合印度之九十六外道、希臘之七賢，始得流傳於千古，豈不謬哉，豈不謬哉！

宜先讀子學流派各書，以知其大概。

《莊子·天下》篇、《荀子·非十二子》篇、《韓非子·顯學》篇、《史記·太史公自序》中《論六家要旨》、《漢書·藝文志》中《諸子略》，皆言周、秦學派之書，參而觀之，可得其概。《史記》之《孟子荀卿列傳》《儒林列傳》《游俠列傳》《老子韓非列傳》《司馬穰苴列傳》《扁鵲倉公列傳》《貨殖列傳》《日者列傳》《龜筴列傳》等，皆可作諸子學案讀也。評曰：此讀書之士所宜知也。窮諸子之得失，而後知孔子之所以不亡者，非藉百氏之羽翼。

讀諸子可分先後。

可先讀《管子》《荀子》《莊子》《墨子》《列子》，次讀《老子》《韓非子》《商君書》《文子》《公孫龍子》《鬼谷子》，次讀《吕氏春秋》《新語》《淮南子》《法言》《新序》《説苑》《鹽鐵論》《潛夫論》《申鑒》《論衡》等。

評曰：諸子之學，閒有可以治國者，大抵雜霸之主、偏隅割據之世耳。其言既有可采，其書因亦不亡，讀之何先何後？《鬼谷子》心術險詐，毒于《戰國策》。荀子功在傳經，亞于孟子。《荀子·性惡》《非十二子》，最爲後儒所議。嚴鐵橋謂「性有善有惡，主善者居上游，主惡者趨下流」，其論最通。至《非十二子》，《韓詩外傳》引祇十子，無子思、孟子，或疑其門人李斯之徒所附益，是也。

漢以後無子書。

周、秦諸子，皆自立一教，與孔子隱若敵國，而持之有故、言之成理者。自秦始皇焚百家之言，漢武帝表章六藝、罷黜百家之後，于是九流之學頓絶。自此以往，皆定于一尊矣，雖有著述之家，不過羽翼經傳，言有淺深，要歸一致，其與周、秦諸子情實迥然不同。故漢以後無所謂子書，後世目録家强爲湊附，歸併分晰，動見失當，甚無謂也。故漢以後即有號稱子書者，皆可以不讀。

評曰：九流十家，後世最盛者，雜家、小説而已。兩漢以後，儒術大昌，九流亦未遽絶，道家無論矣。墨學行于海西。歷代農桑種植之書，傳者不絶。法家之學，如《唐律》《洗冤録》之類，至今不能出其範圍。而陰陽、天算，愈後出者愈精。然此猶謂無子書之名也。魏徵爲有唐一代名臣，其學術、治術，見於《群書治要》一書。此書所采漢以後子書約十餘家，多精切可誦者。然此猶謂中國失傳之書也。若夫宋之五子，特開道學之宗。《朱子全書》，聖祖仁皇帝命儒臣刊布學官。即《今語》，亦謂宋學書不可不講。謂漢以後號稱子書者皆可不讀，毋乃偶有未照與？若謂與周、秦諸子情實不同，則周、秦與兩漢亦各有其情實，讀周、秦者將不必讀漢子與？

諸子之學，多與西政、西學相合。

近人于西學一門，考据頗詳，西政則中國尚少講者。曩者華人震驚西學，以爲絶技，謂震旦之人所不能至，固屬自棄。近人有牽合比附，謂西人之學悉出中土者，亦涉自大之習，致爲無謂。要之，陸子静所謂四海各有聖人出焉，「此心同也，此理同也」。此所以東西雖遼絶，而政、學之暗符者，不一而足也。西人藝學原本希臘，政學原出羅馬，惟能繼續而發明之，遂成富强。我中土則以六經、諸子之學，而數千年暗昧不彰，遂以積弱。學者不可不自奮也。

評曰：太史公曰：「疇人子弟分散，或在夷狄。」《漢書》大秦諸國，即今之泰西。雖四方各有聖人，安知中學不傳于彼族？中國六經之學暗昧不彰者，正諸子異學蝕之也。然歷世儒者表章而發明之，正如日月之蝕，蝕而即明。孔子《春秋》之旨，曰「内中國而外夷狄」。日學《春秋》，日學孔子，云何不知？如云「夷而進于中國，則中國之」，未聞

「中國而進于夷，則夷之」也。積弱自强，皆人爲之。英自維多利亞繼統而始强大，德自畢士馬克入相而致太平。識時務者，其亦知所宗主哉！

四、宋學

宋學爲立身根本，不可不講。

學者苟志趣不立，行誼不端，雖讀書萬卷，只益其爲小人之具而已。故嚮學伊始，即宜多讀宋賢義理之書，以養其身心。

評曰：宋儒之學，亦有數派，而以朱子爲宗。朱子之教，則在小學；小學之要，則在誠敬，而大旨歸于辨義利。今日康門之士，既僞六經矣，又詆君父矣，且并拜跪之禮亦欲廢之以法西人矣，誠耶？敬耶？口詆科舉，而又工于干禄之文，義耶？利耶？真所謂讀書萬卷，益其爲小人之具而已。吾不知其志趣如何？行誼如何？以此誣宋儒，附宋儒，宋儒其敬謝不敏乎！

宋學書，宜先讀學案。

黄梨洲先生撰《明儒學案》《宋元學案》，其《宋元學案》未成，全謝山續補之。薈萃三朝學術，宗派萬流俱備，開卷粲然。學者因其性之所近，擇善而從，即可以有下手處矣。大約《宋元學案》中，可先讀百源、濂溪、横渠、明道、伊川、上蔡、東萊、晦翁、南軒、象山、艮齋、止齋、龍川、水心各篇；《明儒學案》中，可先讀白沙、姚江、泰州、江右王門、浙中王門、東林各學案。

評曰：宋學有精有粗，有虚有實，大氏洛學之傳精，永嘉之派粗；朱子之學實，陸子之教虚。精者近道，粗者近俠；實者入理，虚者入禪。上蔡、慈湖，其末流純歸于釋，白沙、姚江皆其頹波也；泰州、江右，又姚江之頹波也。永嘉一派，如艮齋、止齋、水心，喜談事功，龍川則流于俠矣。康門之士，大旨主事功，于宋學本無心得，不過知其學之平實，不敢以其嫉考据之心，肆口謾駡耳，而其意則將揚白沙之餘焰，以倡粤學之傳。此其用心也。公論在人，吾無以辨。

朱子書，宜讀《語類》。

朱子博大精深，百學俱達，後儒編輯《朱子文集》《大全》者，各任其所長以律朱子，於是朱子之學不見。《語類》爲門人雜記，不名一類，最爲可觀，宜先讀總論爲學之方、論力行、論讀書、論知訓、門人自述、論治道、論本朝各卷。

評曰：朱子之功，在昌明正學，攘斥佛、老。非其人讀之，有愧也。

諸儒文集宜擇讀。附論國朝諸儒。

《正誼堂全書》所收甚富，然不無門户之見。横渠最能窮理，《正蒙》等篇，多與西人格致之理相合。永嘉一派，專言治功，亦周今日之用。其餘諸大家專集，如周、程、朱、張、吕、陸、王之類，皆不可不讀。本朝專門理學家之書，宜間讀。船山爲一代大儒，閎深博大，幾合横渠、晦翁之長，湖湘後學尤當服膺，《船山遺書》當擇讀。顧亭林、黄梨洲爲漢、宋學樞紐，梨洲見地尤卓絶，《日知録》《明夷待訪録》皆宜讀。後此則章實齋、魏默深、龔定庵皆有新論，讀之可開拓智慧。

評曰：國朝諸儒如張清恪、陸清獻，皆主朱子而斥陸、王，誠以朱子之書，高明沈潛，讀之，皆無流弊，象山之學，則止宜于高明。朱子謂陸子門人，其進鋭，其退速，病根正坐在此。至横渠《正蒙》合于西人格致，彼教中書恒有此論。吾鄉曹灼山亦云横渠《西銘》出于耶穌，此則諷宋學者思有以誣之也。凡雜家之學，或偶得其道之偏端，如西漢之黄、老，蜀漢之申、韓，本與儒術相倚伏，而禪悟亦與理學相通。此正吾學之大，非彼教之精也。章實齋《文史通義》[五一]，持論與鄭樵同，而用心則異，是以其書可存。魏默深持論驕横，尚知扶翼名教。龔定庵文有質無理，其人品尤不足道，觀其自注詩詞，蹤迹譎祕，靡得而論矣。

右舉各條，論讀書爲學之法，即前所發條誡中所云删繁就簡、蠲粗治精之旨也。至特科諭旨，已恭刊於《湘學報》端。該士子恭讀之餘，尤應倍加奮勉。又恐偏僻鄉鎮不及周知，使者當即會商撫部院，敬録一通，分札各府廳州縣，廣爲繕布，以期鼓舞士氣，湔舊俗而迪新知。新會梁氏著有《幼學通議》一編，切實曉暢，寔爲蒙養之要。該士子等各有子弟，能以是書施教，獲益即在無形。梁書當於《湘學報》分期刊出。該士子等務宜仰體使者諄諄勸導、不憚再三之苦衷，鋭意研求，日新月盛，蔚爲人才之藪，則使者雖勞形筆牘，捥舌兼疲，固忻然有餘幸已。又記。

評曰：「蒙以養正，聖功也。」中國小學之書，如《禮記》之《内則》、《管子》之《弟子職》、朱子之《小學》，皆雒誦在人，不必謀野而獲也。

【校勘記】

〔一〕「其」下，原衍「考」，據武昌重刻本删。

〔二〕「興」，原誤作「與」，據武昌重刻本改。

〔三〕「廷」，原誤作「延」，據文義改。

〔四〕「學」，原誤作「儒」，據文義改。

〔五〕「義」，原誤作「議」，據章學誠書名改。

葉吏部正界篇上下

正界篇序

《正界篇》者，吾同年友葉焕彬吏部正梁啟超《春秋界説》《孟子界説》而作也。梁之箸書，往往以異氏之詖詞，汩没我先聖之微言大義。君獨辭而闢之，論者以爲功不在孟子下。昔吾家子魚公箸書詰墨，仲和公與鄰房生交訟，上書不屈。方之今日，吾媿不肖，讀君此篇，又爽然自失矣。君原稿並録梁文，支離鄙誕，不可入木，屬君削之，而存其標題。世有得彼書而校者，是非得失，較然易明，又奚煩吾之贅述哉。光緒二十四年七月上旬，長沙孔憲教敘。

梁啟超之爲教也，宣尼與基督同稱，則東西教宗無界；中國與夷狄大同，則内外彼我無界；以孔子紀年，黜大清之統，則古今無界；以自主立説，平君民之權，則上下無界。至其爲學，既斥《左傳》而尚《公羊》矣，又謂《春秋》與公法相通，《公羊》與《穀梁》同義，則治經無界；既尊康教而僞班書矣，又謂《儒林傳》爲百家源流，《藝文志》爲經學梗概，則讀史無界。兹有所謂《春秋界説》《孟子界説》二書，與其師友《長興學記》《輶軒今語》等書，列爲《中西門徑七種》。湘人見者，莫不群相駭異。夫中國講求西學三四十年矣，大而海軍、製造，小而天文、格致，重門洞開，廠學共舉。今康、梁之徒，乃持此以爲門徑，欲率湘人而讀之，欲挾學官而主之，其狂悍亦已甚矣。彼既有界，我豈無界？因作《正界》二篇，以諸湘中子弟之惑於邪説者。長沙葉德輝自敘。

正界篇上

一、《春秋》爲孔子改定制度以教萬世之書。

正曰：孔子改制，乃七十子後學之説，何休取之以説《公羊》，遂爲今日邪説之所本。其實孔子道全德備，尊以帝王之統，誰曰不宜？而必謂當時假魯而託王，背周而改制，恐不如是之僭妄。麻冕因純儉而從衆，謂之改制，然則拜下禮也，何以不改拜上之制乎？今日談時務者，有廢拜跪禮即可自强之説。大抵《論語》一書，多爲及門論治而記，後人誤以論治爲改制，而異義蜂起。至舍《春秋》褒貶之大義，舉而助其非聖之狂談。經義盲晦，於斯極矣。若夫船山、梨洲，前明遺老，孤懷隱志，不得明言，所遭之世既多不平，所持之論亦不無過激。此不可同日而語者也。馮林一《校邠廬抗議》，後世經濟家箸述之常，其去聖經不知幾萬里。此更不可同日而語者也。果如《界説》所云，則誣孔子爲去國之臣，作空談之祖，此何理也？萬國公法且不能行於泰西，比而同之，將來涇渭同流，是非倒置，此非盡滅孔氏之經，不足以快其心志也。吾觀今日西士之書，且譏宋人性理出于釋迦矣，異時十二萬年之中，安知不有以《春秋》爲襄公法者乎？是可忍，孰不可忍！此又何理也？

二、《春秋》爲明義之書，非記事之書。

正曰：《春秋》所重在義，而非覩其事，不得明其義。此三《傳》所以至今不廢也。孔子據魯史而作《春秋》，公羊子、太史公均無異説。告灾則書之義，自以《左氏》爲長。《公羊》限於外灾異不書，于是書「宋灾」，則曰「故宋」矣；書「成周宣謝灾」，則曰「新周」矣；而無解於齊之大瘠也，則曰「及我」矣；而無解於陳之火也，則曰「存陳」矣；而無解於河上之沙麓崩、梁山崩也，則曰「爲天下記異」矣；而無解於宋、衛、陳、鄭同日灾也，則亦曰「爲天下記異」矣。夫同日而灾，固天下之異，不知河上之邑，何以爲天下之異？於是一記之曰「襲邑」，何注：「嘿陷入於地中。」一記之曰「壅河三日不流」，何休注遂爲之説，曰「山者陽精」「河者陰精」云云，以陰陽灾異彌縫其義，而無解於河徙不書也，桓譚《新論》云：「《周譜》定王五年，河徙故道。」案：是年當魯宣公七年。而無解於穀、洛鬭不書也。《國語》周靈王二十二年事。案：是年當魯襄公二十三年。此固明明有告則書，無告不書，而《公羊》家不得申其説矣。而況「新周」「故宋」「王魯」，爲今文《春秋》三大義，而

《穀梁》有「故宋」，無「新周」。同出子夏之傳，不應歧異若此。彼今之言《公羊》者，猶曰《公》《穀》同義，《左氏》不同義，何其蔽耶！《公羊》《穀梁》書灾異即顯然不合，可以二傳考之。

三、《春秋》本以義爲主，然必託事以明義，則其義愈切箸。

正曰：事、義之不能偏廢，彼既知之矣，胡以必斥《左傳》爲僞乎？夫《春秋》爲萬世定法，豈孔子但欲人知其空言，不欲人知其行事？問之《公羊》家，恐無以自解也。董生引孔子之言曰：「吾因其行事，而加乎王心焉。」此孟子所云「《春秋》，天子之事也」。又引作「加吾王心」，義並同。謂之「王心」，非孔子之心也。又曰：「假其位號，以正人倫；因其成敗，以明順逆。」此孟子所云「孔子成《春秋》，而亂臣賊子懼」也。況曰「因」、曰「假」，則必據事可知。今乃痛斥記事之《左氏》，而偏主明義之《公羊》，其意蓋恐事、義並陳，不得行其康説。明爲尊經，實則背經，非《春秋》之蠹哉！

四、孔子因避時難，故僅借事以爲記號，而大義皆傳於口説。

正曰：劉、班皆云「七十子喪而大義乖」，誠慨乎言之也。孔子之大義，有存於七十子者，《論語》是也；《漢書·藝文志》云：「《論語》者，夫子既卒，門人相與輯而論纂，謂之《論語》。」《史記·仲尼弟子列傳》贊亦云：「弟子名姓、文字，悉取《論語》弟子問。」有傳於七十子後學者，諸子百家、漢儒所稱引者是也。左氏與孔子同時，其傳《春秋》，謂之傳記。其人不在弟子之列，則誼兼師友，見深見淺，不與聖人同，而其事則固不可廢也。口説流傳，本不免傳聞之誤，而況非常可怪之異義乎？何休云：「貴文章者，謂之俗儒。」吾則曰：信口説者，謂之巫咒。

五、既明第二至第四三條之理，則可以知《春秋》有三書：一曰未修之《春秋》，二曰記號之《春秋》，三曰口説之《春秋》。

正曰：未修之《春秋》，即莊公七年傳所云「不修《春秋》曰：雨星不及地尺而復」是也。又桓公五年「大雩」傳：「大雩，不言旱。言雩則旱見，言旱則雩不見。」此亦修《春秋》之例也。以此推之，則未修以前，略可見矣。夫口説甚多，言《公羊》者，謂宜求之周、秦諸子與兩漢經師之説，是固然已。然孟子之言曰：「晉之《乘》、楚之《檮杌》、魯之《春秋》，一也；其事則齊桓、晉文，其文則史。孔子曰：其義則某竊取之矣。」而《公羊》昭公十二年傳變其文曰：「《春秋》之信史也，其序則齊桓、晉文，其詞則某有罪焉爾。」同一口説，一則曰「竊取」，一則曰「有罪」，何前倨而後恭乎？則口説之不可據也，而況一「事」、一「序」，一「義」、一「詞」，輕重異同，各持一是。口説之晦如此，奚足語於治經？記號之説，始於近人陳立，故不置議。

六、先師所傳口説，與經別行，故箸竹帛之時，間有遺漏錯置。

正曰：既知口說之無一定，又明知《公》《穀》《繁露》及秦、漢諸儒所引之義各有不同，于是遁其詞曰「遺漏錯置」。嗟乎！說經而至於遺漏錯置，斯亦何貴有《春秋》乎？觀於《公》《穀》每言「無聞」，則不如《左氏》目覩之爲愈矣。且同一今文家言，而《公》與《穀》異，如隱公元年不書「公即位」傳，《公羊》從褒，《穀梁》兼貶。說者謂一賢讓國，一大居正，可謂善于解紛，而無如是非之不能定也。是非無定，則《春秋》真「斷爛朝報」矣。況開宗弟一義，口說即如此參差，記憶亦如此恍惚，則其他之不盡可信，不待問已。欲求其義，胡可得乎？哀公十四年「西狩獲麟」傳，《公羊》以爲「記異」，謂麟「非中國之獸」；《穀梁》以爲「其不言來，不外麟於中國；其不言有，不使麟不恒於中國」。此篇終一義，口說亦如此相反，豈可謂之錯置乎？

七、《春秋》既借記號以明義，有時據事直書，恐其義不顯明，故常變其辭，變其實，以箸其義。

正曰：詭實易其人名，詭辭隨其委曲。此雖董氏一家之言，頗得孔子筆削之旨。然隱公三年「尹氏卒」，《公羊》以爲「譏世卿」，《穀梁》以爲「爲魯主」；《左氏》作「君氏」，以爲魯夫人聲子。此經、傳皆異者也。桓公十四年「夏五」，《公羊》以爲「無聞」，《穀梁》以爲「傳疑」，《左氏》無傳。莊公二十四年「赤歸於曹，郭公」，《公羊》《穀梁》以爲赤者郭公名，《左氏》亦無傳。此經同、傳異者也。由前之說，則是聞見各殊；由後之說，要以闕疑爲是。孔子曰：「吾猶及史之闕文也。」其《春秋》之謂乎？末學之子，乃欲因此尊公、穀而退丘明，何其隘也！

八、《春秋》之例，乃借以明義，義既明，則例不必泥。

正曰：胡母生爲《公羊》老師，何氏檃括其條例以作注例者，《公羊》之家法也。此則以爲「例不必泥」，不知作者所習，果誰氏之《春秋》耶？夫傳云「者何」，即是引申經例，内外遠近，尤爲例之大綱。乃前此則曰事爲筌蹄，《界説》六。後此則曰例爲筌蹄，是《春秋》一書，除其師所云公法、大同外，無不可目之爲筌蹄矣。昔也孔子厄於陳、蔡，今也孔子厄於康、梁，可不痛哉！

九、《春秋》立三世之義，以明往古來今天地萬物遞變遞進之理，爲孔子範圍萬世之精意。此下三條，後有一刻本删之，豈自悔其言之失耶？

正曰：三世之説，《公羊》後學之言，其説已不盡可信。此更襲西人創世紀之文及佛經輪迴之旨，本其師説，瀆亂聖經，吾恐世界未進於太平，中華已淪於異教矣。董生之言曰：「魯愈微，而《春秋》之化愈廣；世愈亂，而《春秋》之文愈治。」使魯不微、世不亂，則孔子何必作《春秋》哉？然則亂臣賊子之世，是不可無作也已。

十、《春秋》既爲改制之書，故必託王以行天子之事。

正曰：孔子改制，經無明文，傳亦無明文也，惟《公羊》哀公十四年傳有「制《春秋》之義以俟後聖」一語〔一〕。夫曰「制義」，制撥亂反正之義也；曰「俟後聖」，非改當王之制也。何休之徒，一誤再誤，至於今日，無君之禽獸，接踵於天下矣。

十一、《春秋》託王於魯，非以魯爲王。

正曰：「託王於魯」，託隱公爲受命王，《春秋繁露》之説也。後來《公羊》家愈闡愈奇，陵夷至於近日，其禍不可勝言矣。夫王謂文王，傳有明證。統者一統，明無二王。所以然者，周王於文，故月從周正；史修於魯，故託始隱公。猶之後世郡縣志，書年則天子之年，志則一邑之志。特彼爲封建之世，故正朔從周，紀年以魯耳。僻儒不明此義，動以私議説《春秋》，而《春秋》遂成古今一大疑讞矣。知我罪我，聖人其謂之何！

【校勘記】

〔一〕「俟」，原誤作「待」，據《公羊傳》及下文改。

正界篇下

一、孔子之學，至戰國時有二大派：一曰孟子，一曰荀卿。

二、荀卿之學在傳經，孟子之學在經世。荀子爲孔門之文學科，孟子爲孔門之政事科。以上二條無正。

三、孟子於六經之中，其所得力在《春秋》。

正曰：《春秋》教忠，《孝經》教孝。孔子之志、之行，在此二書。孟子受業子思之門人，其得《春秋》之傳，明矣。然孟子闢墨氏，不聞以墨氏之兼愛，合於孔氏之言仁；孟子闢楊氏，不聞以楊氏之爲我，合於孔氏之爲己。今康、梁之書，言《春秋》則比之於公法矣，言微言大義則比之於婆羅門及釋氏、耶蘇矣。害道亂真，莫此爲甚。以此言界，奚界之足云乎！康有爲《春秋董氏學》《微言大義》二卷，最爲紕繆。

四、孟子於《春秋》之中，其所傳爲大同之義。

正曰：三世之義，所見、所聞、所傳聞，此《公羊傳》之明文也。爲之學者，乃衍爲據亂世、昇平世、太平世。是聖人之作《春秋》，聖人之作曰夢也，空文垂世固如此乎！夫華夷之界，中外之大防，成十五年傳明言「《春秋》內其國而外諸夏，內諸夏而外夷狄」矣，而又曰「王者欲一乎天下，言自近者始也」，此言始內外之本末次第，非混夷夏而大同之也。況七等遞加，由漸而進，昭、定以後，難望太平，未知孟子何以獨傳大同之義，豈以其遊梁、事齊，合於彼之背清、頌美耶？梁批時務學堂某生卷，言「將來混一地球，必是美州」。嗟乎！如康、梁之所謂大同，則降表世家，忠奸淆亂；恩榮册子，廉耻道亡。苟非孟子所云「亂臣賊子」，亦烏忍設是心哉！

五、「仁義」二字，爲孟子一切學問宗旨。

正曰：康有爲《僞經考》謂訓詁之學僞始於劉歆，而梁啟超又引董子「仁，人；義，我」之文，此即訓詁之明證也，豈非自背其師乎？夫文字生於訓詁，訓詁本於聲音，此天地自然之機，豈劉歆所能僞造？作者於中學既不探其本原，於西學亦僅襲其聲容笑皃，所謂「刑天舞干戚」者耶？抑「形夭無千歲」也？

六、保民爲孟子經世宗旨。

正曰：民爲貴者，君貴之，非民自貴之也，且非貴民權也。聖清列祖列宗以來，愛民如子，國家遇有凶荒災歉、水火兵燹，一經疆臣入告，無不立沛恩施。即如近日庫帑支絀，除釐金外，無絲毫取之於民。或有言利之臣，條陳新法，奉部准行，而朝聞擾民，夕即停止。以視泰西各國無地不税、無人不税、無物不税、無時不税者，相去豈可以道里計哉？乃猶謂孟子之學久絶於中國，惟泰西庶乎近之，此欲煽惑我中國之人心，叛聖清、入西籍耳。無怪其説《春秋》不重傳文之内外夷夏，而惟重注文之「遠近大小若一」也。

七、孟子言無義戰，爲大同之起點。

正曰：《禮運》「大道之行，是謂大同」，然孔子明言「有志未逮」，胡爲至孟子而起點乎？孟子之世至今二千餘年矣，胡爲以彼素所謳歌之美州，亦僅庶乎近之乎？康、梁固有此似是而非之論，自命爲前知之聖人，其意本欲廢孔教，以行其佛、耶合體之康教。口惠而心跖，余於斯人見之矣。

八、孟子言井田，爲大同之綱領。

正曰：康、梁襲釋氏之説，無事不平等，無説不平等，而尤慕西俗之輕財，而又惜其未得其道。蓋九州萬國得均財之道者，無如康、梁矣。吾聞各處有不纏足會，上海又有女學會，挾册斂貲，有如胠篋。而康有爲所立之會尤多，其至新嘉坡，則倡商學會以愚粤商，盡其所有，卷而懷之，所獲甚巨。又至京師而保國會起矣，會例人捐二金，以爲辦事之用。要其所得無幾，不如均田，無如田不可均也，故終其身思爲泰西之民矣。法先王，法其意。世有逐臭之夫，當必有所藉口。

九、孟子言性善，爲大同之極至。

正曰：進種改良，而後有性善之教。吾不知梁啟超果誰氏之種？何物之性？自此等繆論出，於是吾湘人士，有欲棄其父母清白之身，而甘合於白種者矣；有并忘其世受國恩之身，而以短衣斷髮之俗爲改良者矣。梁啟超其禍首哉！

十、孟子言堯、舜，言文王，爲大同之名號。

正曰：堯、舜禪讓，聖人天下爲公之郅治也；泰西民主，大秦簡賢而立之舊俗也。一則權操自上，一則權操自下，豈得併爲一談？且作者既以大同當文王，何以《禮運》又謂文、武爲小康，豈六經皆彼刀俎物耶？

十一、孟子言王霸，即大同、小康之辨。此條原無說。

十二、距楊、墨，爲孟子傳教宗旨。

正曰：既知楊、墨之當距，何以所箸《讀西學書法》〔二〕，又盛推墨子之學當復興？冀其興也，則與傳教之旨相背；懼其興也，則不當僞六經而助之攻。康、梁非孔、孟之徒，可以所言定其讞矣。

十三、不動心爲孟子内學宗旨。

正曰：公孫丑因孟子行道而論動心，此乃增入傳教一宗，蓋隱以西人傳教不畏險阻之意，混入其中。讀者細審之。

十四、孟子之言，即孔子之言。

正曰：孟子言孔子所不言，時爲之也。康、梁之徒以《公羊》《孟子》轉相教授，將以張其大同之説耳。然不僞《左傳》，則無以信《公羊》；不抑《論語》，則無以進《孟子》。詆《論語》自康之師朱某始。然則孔子紀年，乃無天子，非有孔子也。

十五、孟子之學，至今未嘗一行於天下。

正曰：《界説》十三云：「漢儒氣節之學，宋儒性理之學，各得孟子内學之一體。」不知此一體者，相反耶？抑相合耶？若云不動心之説，諳之者非其至，則是二千年以來，惟康、梁諳其至，而我朝聖祖神宗之褒封忠節、闡明性理，皆非其至矣。三尺之法具在，胡不畏死！

【校勘記】

〔一〕「學」，原脱，據梁啟超書名補。

葉吏部長興學記駁義

長興學記駁義敘

邇者宛平徐學使督學湘中，以所撰《輶軒今語》頒發學官，分給士子，其中專輒毁經、紕繆無根之語，不一而足。如以訓詁爲無用，以考古爲大謬，以《毛詩》《周禮》爲僞經，以《春秋公羊》爲公法，以《中庸》爲孔子行狀，以諸子與六經並立，以漢以後無子書陰排宋儒，以四方各有聖人推崇異教，創亘古未有之新聞，翻孔子尊攘之成案。一時横舍之子，相與撟舌屏息，懵然不知其學之所自來。余從坊肆得《中西學門徑》七書，中有康有爲《長興學記》、梁啟超《讀西學書法》等書，而後知學使之書即本原於此，襲謬沿訛，無足怪矣。夫康有爲亂民也，梁啟超詖士也，考據、訓詁之不明，乃以訓詁當破碎之考據，以微言大義統之口說，不知口説只有微言。斯皆逞一己之私心，侮聖人之制作。其爲學術、人心之害，何可勝言！今舉《學記》之尤謬者，分條摘駮，以明是非，而以《〈讀西學書法〉書後》一篇，附於卷末，俾知康、梁之説不中不西，學使之書非今非古，庶二千年之正學，不得淆亂於異端。世有聞風興起者乎？斯固湘人所馨香禱祝者已。大清光緒二十四年秋七月。

長興學記駮義

在昔有漢學、宋學之争，於今有中學、西學之辨，究其終始，折中孔子而已。孔子創制法後，緡經演緯。俟聖不惑在大義，因時變通在微言。二宗既暢，條柎彌夭〔二〕。雖七十遡矣，孟、荀潤色於齊、楚；城旦苛政，圖書不淪於燒薪。然東京訓詁代興，經籍道息；宋世老、楊奪統，仁愛義乖。陵夷至今，大患瘉迫。南海先生憂之，講學長興里，著爲《學記》，昭示來茲，愛同類以及異類，推孔教以仁萬國。啟超幸以爝火之明，得日月之炤耀。邇者講學長沙，仁智茲媿，懼大道之統，或墜於眇躬，乃敬將此書上石，以饋天下焉。弟子梁啟超敬誌。

駮曰：康、梁之書，所以煽動一時之耳目者，其立法至簡，其卒業至易，其居心至巧。外假大同之説，内潰名教之防。而其推行之速也，則以上有奥援，下有黨衆，海内不學之士可以文其固陋，不軌之徒可以行其黨會。其始倡言變法以亂政，其繼陰乘變法而行教。粤人黄遵憲主之，湘人譚嗣同和之，康門邪説，漸有其端緒。迨徐學使導之以禄利之途，其徒日繁，乃相率而鳴於衆曰「康學」。嗟乎！紫色蛙聲，餘分閏位，假素王之名號，行張角之祕謀，尼山有靈，豈能聽其流毒宇内哉！吾終見其滅亡已矣。

咠人戇愚，文質無底，雖嘗鑽勵，粗知記誦，非能知學也。二三子以踸踔之志，斐然之資，蕩滌汙澤，噬肯來遊，咠人無以告焉。然嘗侍九江之末席，聞大賢之餘論，謹誦所聞，爲二三子言之。二三子之來遊，非爲學耶？學者，效也。有所不知，效人之所知；有所不能，效人之所能。若已知已能，共知共能，則不必學。不知不能，而欲知欲能，故當勉强也。董子曰：「勉强學問，則聞見博而知益明；勉强行道，則行日起而有功也。」

駁曰：《中庸》云：「或安而行之，或利而行之，或勉强而行之，及其成功，一也。」然則勉强爲學問之一途，非學問盡出於勉强矣。作者之言，多害道亂真，行蹤尤爲詭祕。梁啟超效之，乃以民主之説倡亂天下。其《幼學通議》至謂一文一字皆述師訓，又謂長游康門，得此《記》孜孜從事，「始知天地閒有所謂學問」〔二〕，宜乎繆種流傳，詖詞散布宇内。如此而云日起有功也，人心、學術之害，尚可言乎！

夫性者，受天命之自然，至順者也。不獨人有之，禽獸有之，草木亦有之，附子性熱、大黄性涼是也。若名之曰人，性必不遠，故孔子曰「性相近也」。孟子性善之説，有爲而言；荀子性惡之説，有激而發。告子「生之謂性」，自是墙論，與孔子説合，但發之未透。使告子書存，當有可觀，王充、荀悦、韓愈即發揮其説。程子、張子、朱子分性爲二，有氣質，有義理，研辨較精，仍分爲二者，蓋附會孟子。實則性全是氣質，所謂義理，自氣質出，不得强分也。余别有《論性》篇。夫相近，則平等之謂。故有性無學，人人相等，同是食味、别聲、被色，無所謂小人，無所謂大人也。有性無學，則人與禽獸相等，同是視聽運動，無人、禽之别也。

駮曰：《論語》：「性相近也，習相遠也。」自來注疏家及諸家之書，説之累千萬言而不能盡，惟《中庸》「天命之謂性，率性之謂道，修道之謂教」數語，爲得孔氏真傳。蓋天命爲性，所以相近；不能率性，則習而相遠。顧氏炎武以「人之生也直，罔之生也幸而免」解之，其義至爲精墙。今日説經之書汗牛充棟，誠有如古人所譏「博而寡要」者，然未有以平等爲相近，以人與禽獸爲無别者也。陳白沙集中有《禽獸説》，略云：「人具七尺之軀，除了此心此理，便無可貴。渾是一包膿血，裹一塊大骨頭。饑能食，渴能飲，能著衣服，能行淫慾。貧賤而思富貴，富貴而貪權勢。忿而争，憂而悲，窮則濫，樂則淫。凡百所爲，一信血氣，老死而後已，則命之曰禽獸而已。」按：此説即此《記》所本，作者無論何學，皆從旁門入，蓋其性然也。夫平等之説，出於《四十二章》佛經、西人《舊約》諸書，乃演爲萬物平等之義。作者非空桑之子，何以俯首帖耳，甘爲異氏之前驅？嗟嗟！附子性熱，大黄性涼，如作者之無性，是草木之不若也，又奚足與禽獸爲伍哉！

學也者，由人爲之，勉强至逆者也，不獨土石不能，草木不能，禽獸之靈者亦不能也。鸚鵡能言，舞馬能舞，不能傳授擴充，故無師友之相長，無靈思之相觸，故安於其愚，而爲人賤弱也。犀象至龐大，人能御之；虎豹鷙猛，人能伏之。惟其任智而知學也。順而率性者愚，逆而强學者智。故學者，惟人能之，所以戴天履地而獨貴於萬物也。之京師者，能爲燕語；入吴、越者，能作吴言。遊於貴人之門者，其輿服甚都矣，其外有以灌輸之也。終身不出鄉，老於山居谷汲者，雖饒衍，樸啚可笑，蔽其所見而無所學也。況以天地爲之居，以萬物爲之輿，以聖人爲之師者乎？

駁曰：孟子言犬牛之性與人不同，是人、禽之異，不因學不學也。《中庸》言「率性之謂道」，率性即順性也，何至於愚？鄭氏注《禮·中庸》「勉强」爲「耻不若人」，朱注以「困知勉行」爲勇。知耻近勇，鄭、朱義同，此亦非至逆之事。作者論學則强人以難，居心則導人以逆，乃獨藉講學以文其奸，殆亦鸚鵡能言之類耶！

同是物也，人能學則貴，異於萬物矣；同是人也，能學則異於常人矣；同是學人也，博學則勝於陋學矣。同是博學，通於宙合，則勝於一方矣；通於百業，則勝於一隅矣；通天人之故，極陰陽之變，則勝於循常蹈故、拘文牽義者矣。故人所以異於人者，在勉强學問而已。夫勉强爲學，務在逆乎常緯。順人之常，有耳目、身體，則有聲色、起居之慾，非逆不能制也；順人之常，有心思識想，則有私利隘近之患，非逆不能擴也。人之常俗，自貴相賤；人之常境，自善相高。造作論説，制成事業，與接爲搆，而目惑熒，而心洽就。其爲是俗，非一人也，積千萬人，積億兆人，積京陔秭壤溝人，於是黨類立矣。其爲是俗，非一時也，積日月年，積百十年，積千萬年，於是積習深矣。欲矯然易之，非至逆，安能哉？故其逆彌甚者，其學愈至，其遠於人愈甚，故所貴勉强行道也。《大戴·保傅》篇曰：「胡越之人，生而同聲，嗜欲不異，及其長而成俗也，累數譯而不能通。」故孔子曰：「習相遠。」習即學也。惟其學相遠，故人與禽獸相遠，人與人相遠，學人與學人相遠。其相遠之道里，不啻百十里也，不啻千萬里也，不啻億兆里，至於無可計議、無可知識里也。今譬若堯、舜之與秦政、隋煬，周、孔之與張獻忠、李自成，相去之遠，巧歷豈能祘之哉？吾黨囂然操簡畢、被章縫而爲士人，其得天厚矣，亦勉學，思以異於常人而已。

駁曰：此因申人、禽無别之説，故謂人之遠於禽獸，由於學耳。夫秦政、隋煬、張獻忠、李自成，誠有禽獸之行，誠爲不學之人，然其知覺、運動，非禽獸之知覺、運動也。作者居光天之下，而無父無君，與周、孔爲仇敵，苟非秉禽獸之性，何以狂悖如此！

然學也者，浩然而博，矯然而異，務逆於常，將何所歸乎？夫所以能學者，人也；人之所以爲人者，仁也。孟子曰：「人者，仁也。」荀子曰：「人主仁心設焉，知其役也。」董子曰：「仁者，人也。義者，我也。」自黄帝、堯、舜開物成務，以厚生民，周公、孔子垂學立教，以迪來士，皆以爲仁也。旁及異教、佛氏之普度，皆爲仁也。故天下未有去仁而能爲人者。虎狼鷹鸇，號稱不仁，而未嘗食其類，亦仁也。人莫不愛其身，則知愛父母，其本也；推之天下，其流也。有遠近之别耳，其爲仁一也。是故其仁小者爲小人，其仁大者爲大人。故孝弟於家，仁之本也；睦婣於族，仁之充也；任恤於鄉，仁之廣也。若能流惠於邑，則仁大矣；能推恩於國，則仁益遠矣；能錫類於天下，仁已至矣。《記》曰：凡有血氣之物，莫不有知；有知之物，莫不知愛其類。聖人至仁，僅能自愛其類，不能及物。爲人亦爲我也，所謂仁至義盡也。夫即能仁及天下，亦僅能自愛其類，盡乎人道耳。吾仁亦有所限，方自慊然，豈爲高遠哉！孔子曰：「我欲仁，斯仁至矣。」先師朱先生曰：「伯夷之清易，伊尹之任難。」故學者學爲仁而已。若不行仁，則不爲人，且不得爲知愛同類之鳥獸，可不聳哉！

駁曰：作者欲平人、禽之等，而以虎狼鷹鸇之不食其類，謂之合於仁，此千古講學之奇談也。夫虎狼鷹鸇之不食其類，殘暴之性相敵耳，如以爲仁，則梟鳥何以食母？破獍何以食父？豈天之生虎狼鷹鸇，不如其生梟獍哉？且鳳凰，仁禽也，與飛鳥爲類；麒麟，仁獸也，與走獸爲類。孟子之言，不聞引與聖人爲類也。作者禽獸之性，不惜以其身同鳥獸之群，而附和之者，乃欲以其學禍天下萬世也。悲夫！康云「聖人至仁，僅能自愛其類，不能及物」云云，蓋隱諷尼山之教，不如救世教之大也。彼教言萬物平等，愛仇敵如同類，又皆釋氏之緒論。作者以爲不傳之祕，豈非異事？

孔子曰：「學之不講，是吾憂也。」陸子曰：「學者一人抵當流俗不去。」故曾子謂「以文會友，以友輔仁」。朋友講習，磨勵激發，不可寡矣。顧亭林鑑晚明講學之弊，乃曰：「今日祇當箸書，不當講學。」於是後進沿流，以講學爲大戒。江藩謂：劉台拱言義理而不講學，所以可取。其悖謬如此。近世箸書，獵奇炫博，於人心、世道絕無所關。戴震死時，乃曰：「至此平日所讀之書，皆不能記，方知義理之學，可以養心。」段玉裁曰：「今日氣節壞，政事蕪，皆由不講學之過。」此與王衍之悔清談無異。故國朝讀書之博，風俗之壞，亭林爲功之首，亦罪之魁也。今與二三子翦除棘荆，變易陋習，昌言追孔子講學之舊。若其求仁之方，爲學之門，當以次告也。

駁曰：《論語》以講學、修德並論，則非空談講學可知，否則坐論一堂，又何憂之有哉！然自漢、宋以來，由講學而門户，由門户而水火，至於明季，幾、復之禍烈矣。亭林鑒於前車之覆轍，遂以聚徒講學爲炯戒。紀河間修《四庫全書》諸書提要，尤斥之不遺餘力。蓋兩公防禍未然之心，用意至深且遠。作者之徒梁啟超，箸《學會末議》一篇，痛詆顧、紀，因不得遂其結黨之私耳。數年以來，康、梁倡爲僞經、改制、平等、民權之説，於是六經去其大半，而學不必一年而成，民無論智愚，人人得申其權，可以犯上作亂。誰爲功首？誰爲罪魁？天下自有公論。獨怪徐學使拾人牙慧，瀆亂宗風，而譚嗣同、唐才常之流，乃敢奓口喪心，以仇視君父之詞，宣講於學會。吾恐戴、段有知，九原且爲之齒冷，而謂「博學於文，行己有耻」之亭林，有不聞而疾首蹙額者耶！

天下道術至衆，以孔子爲折衷；孔子言論至多，以《論語》爲可尊；《論語》之義理至廣，以「志于道[三]，據于德，依于仁，游于藝」四言爲至該。今舉四言爲綱，分注條目，以示入德焉。志于道：一曰格物，二曰厲節，三曰辨惑，四曰慎獨。據于德：一曰主静出倪，二曰養心不動，三曰變化氣質，四曰檢攝威儀。依于仁：一曰敦孝弟[四]，二曰崇尚任恤[五]，三曰廣宣教惠，四曰同體飢溺。游于藝：一曰義理之學，二曰經世之學，三曰考據之學，四曰詞章之學。

駁曰：志道、據德、依仁、游藝，朱子集中有此四齋銘。原朱子立齋之意，不過據一時一事之所處，如進德、廣業、居仁、求義之類，豈得謂此四語，即足盡《論語》之義哉？此蓋託朱子之門户，而雜以顔習齋、李剛主三物六藝之説。其東塗西抹，本不足辨其是非，顧以其生平行事考之，實有不可教人者。夫結黨營私，不得謂之格物。康云格物爲扞欲，另辨于後。奔走權門，不得謂之厲節。其學出入於釋、耶，爲離經畔道之尤，不得謂之辨惑。熱中富貴，終日栖皇，不得謂之慎獨。此其不可教人者一也。自公車上書，至於通籍以後，藉端滋擾，未嘗一日安居，不得謂之主静出倪。《僞經攷》之獄起，以急電求援京師，而事得寢，及遊桂林，聚徒風洞，以避粵人之攻，不得謂之養心不動。迹其少時，以無賴爲害鄉里，鄉舉後其勢益横，粵中言人人同，不得謂之變化氣質。乙未在上海倡自强學會，因狎邪之遊，爲某妓所窘，匿於輪舟之小舟，當時畫報有《聖蹟圖》之作，并綴一詩，又有一聯語，載《游戲報》。不得謂之檢攝威儀。此其不可教人者二也。僞經案發，忘身及親，不得謂之敦孝弟。控其鄉人某通盜，影照其手書信札，周内成訟案，逾年而結，株連鉤黨，鄉里無不切齒，不得謂之崇尚任恤。遊學桂林，其徒信其邪説，至今有親死欲短喪者，此外粵人如梁啟超、韓文舉、葉覺邁、歐榘甲之徒，本其非聖無法之言，流毒湘省，不得謂之廣宣教惠。居鄉蠶食同類，足迹所至，專以立會斂費爲名，陰肥囊橐，不得謂之同體飢溺。此其不可教人者三也。平日箸書，誣孔子以驚世駭俗，不得謂之義理。辯言亂政，摭拾西書之皮毛，不得謂之經世。不知經義之宏深，僅據劉申受、龔定庵、魏默深諸家之書，末殺二千年先賢先儒之傳注，不得謂之考據。自梁啟超、徐勤、歐榘甲主持《時務報》《知新報》，而異學之詖詞、西文之俚語，與夫支那、震旦、熱力、壓力、阻力、愛力、抵力、漲力等字，觸目鱗比，而東南數省之文風，日趨於詭僻，不得謂之詞章。此其不可教人者四也。凡若此者，稽之於報章，箸之於奏牘，考之於粵中之鄉評，國人皆曰可殺，行路得知其心。彼無識之夫，猶且曰「南海先生昌明正學，精探道奥」，豈非喪心病狂之甚乎！

志于道。道之説至歧矣，謹按：孔子繫《易》曰：「立天之道，曰陰與陽；立地之道，曰柔與剛；立人之道，曰仁與義。」然則道者，仁義而已；志者，志於爲仁義之道。《孟子》曰：「居惡在？仁是也；路惡在？義是也。」指點最爲直捷。所以志之，凡有四目。

駁曰：聖人之書，言各有當。此章「道」字，不該「仁義」而言，觀於下文有「仁」無「義」，則與「立人之道」其義不同，可知矣。蓋此之所謂道者，天下之達道，朱注所云「日用倫常之道」也。自作者之徒出，吐棄一切傳注，以自行其私，於是漢、宋儒先之書，舉不足以關其口而奪其氣。承學之士，相與怪歎駭異，以詡其學之新奇。其實不過襲龔定庵、魏默深諸人之緒餘，而行之以顏習齋、李剛主之堅悍。其嘐嘐然自云得七十子之真傳，倡二千年之絶學，前後一轍，舉世莫攖其鋒。故欲破其術，非以經證經，不足以正其學之誕妄。余作是書，即本斯意。所謂「群言淆亂衷諸聖」，亦何畏其小言破道哉！

一曰格物。格，扞格也。物，外物也。言爲學之始，其首在扞格外物也。《樂記》曰：「人生而静，天之性也。感於物而動，性之欲也。物至知至，而後好惡形焉。好惡無節於内，知誘於外，不能反中，天理滅矣。夫物之感人無窮，而人之好惡無節，則是物至而人化物也。人化物也者，滅天理而窮人欲也。」《學記》《樂記》與《大學》同在《小戴》中，精粹如出一手，當爲確詁。《孟子》曰：「耳目之官不思，而蔽於物。物交物，則引之而已。先立其大者，則其小者不能奪也。斯爲大人而已。」《大學》爲大人之學。大人在不爲物所引奪，非扞格外物而何？朱子述程子之學，主涵養用敬。又《中庸章句》云：「非存心無以致知。」即扞格外物而後能致知也。大恉已合，不過一時誤解耳。夫學者如牛毛，成者如麟角。成學之難，由於外物所引也。高科美官，貨賄什器，舉目皆是，習之數十年，熒之千萬人，非有勇猛之力、精進之功，摧陷廓清，比於武事，豈能格之哉？學者當視之如毒蛇猛虎，大火怨賊，念念在兹，芟除洗伐，而後能成金剛不壞身也。用佛氏説儒書，朱子有之。此是學者入門弟一功夫。道者修玄，佛氏鍊魂，皆有堅定之力，而後能入道，豈吾儒可以從容得之乎？若大端有立，則清明在躬，志氣如神，其於爲學，思過半矣。若稍游移，則終身無入道之日。尚其勖哉！《大學》以格物爲入門，鄭説固謬，朱子亦不得其解。豈有新學入門之始，而令窮極天下之物理哉！且物理亦無窮盡之日，宜來陽明格竹之疑也。且格，至也；物，猶事也。訓至事爲窮理，展轉乃能相通。教學首條無此深强，故今用司馬公之説。

駮曰：《樂記》「人生而静」以下所云，即《論語》「習相遠」之義，《論語》皇侃疏引范甯説本之，蓋《中庸》「率性」之反也。朱子《或問》引黎氏立武之言曰：「格物」之物，即「物有本末」之物；「致知」之知，即「知所先後」之知。以本節證本經，庶可以息諸家之喙矣。鄭注云：「格，來也。物，猶事也。其知於善深則來善物，其知於惡深則來惡物，言事緣人所好來也。此致，或爲至。」孔疏云：「物既來，則知其善惡所至。善事來，則知其至於善。若惡事來，則知其至於惡。既能知至，則行善不行惡也。」今按：孔疏語意，即温公説之蘿葥。《或問》載温公之言曰：「格，猶扞也、禦也。能扞禦外物，而後能至道。」王陽明兼取諸儒之説，一則曰：「事事物物皆得其理者，格物也。」《答顧璘書》。一則曰：「知善知惡是良知，爲善去惡是格物。」《年譜》載錢德洪、張元沖論先生爲學宗旨。一則曰：「意所在之事，謂之物。格者正也，正其不正以歸於正之謂也。正其不正者，去惡之謂也；歸於正者，爲善之謂也。夫是之謂格」。《大學問》。而其答黄以方，則曰「格物即慎獨，即戒慎」，《傳習録》。又與白沙之旨相合。白沙弟子湛若水論學書，以慎獨、格物爲一事。作者竊其鄉人之餘唾，囂然特標爲宗旨，又不思其析格物、慎獨爲二，且與陳學相牴牾，其胸無所主，於此可知。乃彼反以爲朱子誤解，亦何其不自量耶？且作者譏陽明格竹之非，其於王學尤未深究。考《年譜》載陽明格竹病卧爲二十一歲時事，其時王氏始爲宋儒格物之學，何足以定是非？作者平日惑於異教之書，持其鄉曲之見，大旨本以尊陸、王者尊白沙，而又矯同立異，出之以歧路。此實陳門之外道，抑亦粵學之蟲蟲。徐、梁挾之，賊我湘士。甚矣，人之不學也！

二曰厲節。節者，假借於竹，有所節止之謂。天道尚圓，人道尚方。圓首以爲智，方足以爲行。不圓，則不能備物理；不方，則不能立人道。《記》偁「行有格」，又偁「砥礪廉隅」。《論語》偁「臨大節而不奪」。《傳》偁「聖達節，次守節，下失節」。宋廣平曰：「名節至重。」陳白沙曰：「名節者，道之藩籬。」顧涇凡曰：「學者宜從狂狷起脚，從中行歇脚。」後漢、晚明之儒，皆以氣節自厲，深可慕尚。勁挺有立，剛毅近仁，勇者强矯，務在任道。若卑污柔儒，終難振起，願與二三子厲之。

駮曰：明劉三吾稱劉印山之言曰：「先輩有言，名節一變而至道。」印山早厲名節，烈烈不挫，死生靡惑，宜其變而至道無難也。考印山初學於甘泉，復從陽明受學，後以忤巨奄逮獄。其人大節懍然，實不媿王門之巨擘。後來東林諸賢，如顧氏兄弟者，以清議、名節振勵明末之士氣，而黨禍亦因之而起。作者主張白沙，乃以其空談廢經，與彼教相合；其主張東林，則以其朋黨驟興，可以遥制國事。猶之張制軍攻黃、老，攻其清静無爲；作者攻黃、老，攻其安逸不亂。持論則同，居心則異。余願天下之人，勿爲此似是而非之浮言所動。

三曰辨惑。外内清肅，於是冰雪聰明矣。然大道以多歧而亡，學術以小辨而惑。凡近似於道而實非道者，積學既久，最易惑人，學者當嚴辨之。孔子曰：惡紫之奪朱，惡鄭聲之亂雅樂，惡鄉原之亂德。夫「嘐嘐然曰古之人、古之人，夷攷其行而不掩」，孟子取之；「居之似忠信，行之似廉潔」，非之無非，刺之無刺，自以爲是，而孔子、孟子深惡而痛絶之，以其「同乎流俗，合乎汙世」也。吾黨辨之哉！莊子曰：「魚相忘於江湖，人相忘於道術。」人性易緣，有所先入，則終身惑之。且雖小道，持之有故，立之有黨，新學胸無所主，鮮不蔽之，及其用力既深，不忍舍去。此所以陷溺滅頂而無悔也。近世聲音、訓詁之學，則所謂小言破道，足收小學之益，決不能冒大道之傳，則辨之不足辨也。

駮曰：「大道以多歧而亡，學術以小辨而惑」，此作者自定供狀也。夫大道之繫在六經，何以目之爲僞？小辨足以惑世，何以不知民權、平等之非？至於聲音、訓詁，乃聖經之舌人。乾健、坤順，見於《易大傳》，作者以爲劉歆僞撰也，則且證之於彼所信之《孟子》《公羊》，可乎？《孟子》曰：「庠者，養也。校者，效也。序者，射也。」此三代之學制，名義即在聲音、訓詁之中。《公羊》隱元年傳云：「元者何？君之始年也。」開宗明義即以訓詁解經。定元年傳云：「主人習其讀而問其傳。」何注云：「讀謂經，傳謂訓詁。」《公羊》爲微言大義之所託，其重訓詁，尤有明徵。若夫「登來」爲得，辨口授之緩急；主伐、客伐，見發聲之短長。六經一日不亡，則聲音、訓詁一日不廢，雖不能冒大道之傳，斷不在焚書之例。作者請辨此惑，而後教人。

四曰慎獨。克己修慝，學之要也。然克修於已發之後，不若戒慎於未發之前。不費搜捕，自能惺惺。《中庸》首陳天性之本，極位育之能，而下手專在慎獨。《大學》同之。此子思獨傳之心法。聖學無單傳祕訣，如此發明，真是單傳密旨。子思十字打開，以告萬世，功莫大焉。若能用此，過則有之，吾信其必不爲惡矣。劉蕺山標爲宗旨，以救王學末流，美哉！吾黨得子思傳授，欣喜順受，當何如耶！

駁曰：劉蕺山語録以慎獨爲格物，亦王學也，而其源實出於白沙。而乃自詡「吾黨得子思傳授」，豈並其平日所影附之鄉賢而亦忘之耶？「聖學無單傳祕訣」，自是雅言。《朱子文集》載《荅汪叔耕書》云：「所論周、程傳授次第，恐亦有未易言者，而以太極圖爲有單傳密付之三昧，則又近世學者背形逐影、指妄爲真之弊也。夫道在目前，初無隱蔽，而衆人沈溺膠擾，不自知覺，是以聖人因其所見道體之實而發之。其言丁寧反復，明白切至，惟恐人之不能了也，豈有故爲不盡之言，以愚天下之耳目，必俟其單傳密付，而後可以得之哉？」據此，則聖人之道本無所謂單傳，亦無所謂祕訣，朱子早已辨之。作者摭拾三數字新義，以愚弄學人，已欲冒大道之傳，而顧以之譏人耶？

據于德。《皋陶》稱「九德」，《洪範》稱「三德」，《周官》稱「六德」。紬循其義，如《堯典》「欽明文思安安」之類。於文直心爲「德」，則德者，心之美也。韓昌黎曰：「足於己、無待於外之謂德。」則德者，得也，即《大學》定、静、安、慮而後能得也。得一善則拳拳服膺，可謂據矣。所以據之，其目有四。

駁曰：據德，自以朱注「行道有得於心」之義爲善，《語類》《或問》論之甚詳。「九德」「六德」「三德」，可以言日用，而不可以該倫常，此朱子自謂其注如稱等也。作者以下四目，於「九德」「六德」「三德」並不能有所貫通，其學術之虚誕，何足信哉！

一曰主静出倪。學者既能慎獨，則清虚中平，德性漸融，但苦强制力索之功，無優游泮奂之趣。夫行道當用勉强，而入德宜階自然。吕東萊曰：「非全放下，不能凑泊。」周子以主静「立人極」，陳白沙「於静中養出端倪」，故云「得此把柄入手」，「則天地我立，萬化我出，而宇宙在我矣」，尚何暇泥塗軒冕而錙塵金玉哉！蓋自得之功，全在養出端倪，即《孟子》所謂逢原也。若能保守，則浩浩萬化，卷舒自在矣。

駁曰：「主静」源於周子，朱子恐其近禪，因以「主敬」救之。一變而爲陸象山，再變而爲陳白沙、王陽明，至其末流，迷離仿佛，不可究詰矣。白沙教人「静中養出端倪」，嘗語人曰：「人所以學者，欲聞道也。求之書籍而勿得，則求之吾心可也。詩文末習，箸述等路〔六〕，一齊塞斷，一齊掃去，毋令半點芥蔕於胸中，然後善端可養，静可能也。」

按：白沙此語，實滋王學之流弊，而開顔、李之先河。特顔、李薄訓詁，亦薄性道，惟言事功，獨與作者相合耳。作者平日宗漢學則陰主劉、魏，宗宋學則陰主陸、王，論事功則陰主顔、李，大旨與《輶軒今語》明離暗合，而其旨則一言以蔽之，曰不讀書而言學。末學新進聞其説者，無不狂惑，其以此乎？其以此乎？

二曰養心不動。《學記》曰：「知類通達，强立不反。」《易》曰：「君子以獨立不懼，遯世无悶。」《孟子》曰：「我善養吾浩然之氣。」又曰：「我四十不動心。」人之生世，偁、譏、苦、樂、毁、譽、得、失，釋氏謂之八風，八風不動，入三摩地。朱子謂後世做聖人難，縛手縛脚，無不動之學故也。必通天人之故，昭曠無翳，超出萬類，故人貌而天心，猶恐血氣未能融液，將死生患難體驗在身，在有如無，視危如安，至於臨深崖，足一分垂在外，從容談笑，其庶幾乎！死生不知，則毁譽謗訕，如蚊虻之過耳，豈復省識？故行吾心之安，雖天下謗之而不顧，然後可以當大任也。學者有伊尹之志，若學不至此，猶是婞婀囁嚅，閹然媚世，終未能成。

駮曰：此亦假陽明、白沙之説而行其奸者也。《明史·儒林傳》云：「白沙學以自然爲宗，以忘己爲大，以無欲爲至。」蓋其學初本周子「主静」、程子「静坐」之説，以立其基，而造道日深，自得之效，則有合於見大心泰之詣。故凡富貴功利、得喪死生，舉不足以動其心。《陽明語録》云：「只爲世上人都把生身命子看得太重，不問當死不當死，定要宛轉委曲保全，以此把天理却丢去了。」又曰：「毁謗是外來的，雖聖人如何免得？若自己實實落落是箇聖賢，縱然人都毁他，也説他不著。」蓋陳、王之學，與釋氏四大皆空、捨身救世之説，間不容髪。作者又變其旨，展轉沿訛，其徒和之，至以殺身成仁之言，快其睚眦之報，其傳日遠，其害益烈。甚矣，學術之不可不正也！

三曰變化氣質。學既成矣，及其發用，猶有氣質之偏，亟當磨礲浸潤，底於純和。昔朱子論謝上蔡、陸子静，謂無欲之上，「尚隔氣質一層」。吕東萊少時氣質極粗，及讀《論語》至「躬自厚而薄責於人」，於是痛自變改，故朱子曰：「學如伯恭，始得謂之變化氣質。」考后夔教胄，惟以聲樂，曰：「剛而無虐，簡而無傲。」《臯陶》之「九德」，《洪範》之「三德」，皆以克其偏也。《大學》「正心」「修身」之傳，明何瑭以爲變化氣質之學，誠爲塙詁。心戒其有所，身戒其有所，可謂直捷指出矣。《中庸》之「發而皆中節，謂之和」，亦變化氣質也。劉元城之學「不妄語」七年不得，謝上蔡三年治一「矜」字，薛文清二十年治一「怒」字，皆學者之法也。若氣質不和，發用偏頗，害事不少，願共勉焉。

駮曰：《陽明語録》載《與王純甫書》云：「變化氣質，爲學之要，而爲政亦在其中。」此數語爲作者所本，而失之甚遠。夫王云「爲學之要」，則是學猶未成，安有學成而發用偏頗，至於害事之理？作者氣質乖愎，辯言亂政，其害已不可言，讀者幸勿爲所煽惑。四曰檢攝威儀。威儀爲身外事，古人何其重之也。劉康公以威儀爲「定命之符」。孟子曰：「蹶者、趨者，是氣也，而反動其心。」由此觀之，其於養心，不爲無繫矣。孔子貴「動之以禮」，曾子貴「動容貌，正顔色」，《詩》詠「彼都人士」，北宫文子稱「容止可觀，進退可度」。霍光「出入禁闥，皆有常處，不失尺寸」，遂荷伊、周之任。何晏、鄧颺「行步顧影」「鬼幽鬼躁」，不得其死。鑑觀先史，爲我蓍龜。諸君子共學，當暑不得袒裼，相見必以長衣，容止尚温文，語言去樸啚，出入趨翔，尤宜端重。啚人雖非安定，二三子於元發、仲車，豈有讓焉？朋友攸攝，僕夫敢告。若城闕佻達之行，見刺於《子衿》；牀笫媟嬻之言，不踰於門閾。蒲博爲牧奴之戲，筐篋乃家人之事。至於鶯粟，尤爲妖物。此皆士類所不齒，宜有郊遂之移流。吾黨自能遠絶，無煩忠告也。

駁曰：檢攝威儀，爲古者小學之要，而顔、李斷斷以此垂教，所謂傳聖門之絶學者也。作者大旨，本出於此。然何晏、鄧颺，吾不得而見之矣，至於作者之異言異服，夫人類能言之。曩在京師，有見其白衣冠以從殷制者，其上書有請朝廷易服色如西人者。「鬼幽鬼躁」，今世殆無二人。梁啟超奉此《記》如神明，徐學使推作者爲巨子，惑世誣民，其效已如此矣。

依于仁。依者，如衣之附人。人而無衣，則爲倮蟲；人而不仁，亦爲一倮蟲而已。凡所以爲學，皆以爲仁也。其敍有四。

駁曰：字有形聲，此千古不易之理也。《説文》：「依，倚也。从人，衣聲。」故朱子以「不違」訓之，即具「依，倚」之義。作者謂不仁、不衣爲倮蟲，即與前此人、禽無别之説遥相印證。蓋自王安石《新義》以後，久不聞此僻典矣。

一曰敦孝弟〔七〕。有子曰：「孝弟者，其爲人之本。」以人之所自來，仁之所至親也。屬毛離裏，具有至性，不待教學。若薄於所親，是謂悖逆。其有較資財而不爲養，縱乖戾而不爲懼者，其本已謬，不足復與共學也。

駁曰：孝弟爲仁之本，在作者實無所用。一切平等，無所謂孝弟。無君之人，更不必言孝弟也。

二曰崇尚任恤。史遷偁「任俠」，然俠尚意氣，恩怨太明。任恤則相救相賙，相親相葬，周公之所尊也。其人能任於朋友，必能忠於其君也；能恤於鄉黨，必能惠於其國也。若坐視朋友、婣黨之患難，甚或深言正色以陰㧊之，則亦將賣國而不動其心也。其人不任者必不忠，不恤者必不厚，吾不欲觀之矣。

駁曰：近日徐學使按臨衡州，試題有「伊尹學派論」，與試者皆茫然。後詢應試者以伊尹有何學派，則曰任恤也、任俠也。於是湘中士子，無不知有康學矣。豈知「任重」「任恤」「任俠」〔八〕，三者各不相同。「伊尹之任」，乃「任重」之任，非「任恤」之任〔九〕，尤非「任俠」之任。作者襲龔定庵《尊任》篇之文，復襍以佛氏佈施、基督散財之説，陽儒陰墨，誣我聖人，六經之道，掃地盡矣。《詩》曰：「誰生厲階，至今爲梗。」是則龔氏之過也。

三曰廣宣教惠。仁爲「相人偶」之義，故貴於能群。羊能群者也，故「善」「美」「義」「羨」皆從之；犬不群者也，故「獄」「獨」等字從之。吾既爲人，非斯人之徒與而誰與？曰孤曰獨，惟鬼神之道則然，非人道也。巖處奇士之行，寡過獨善，其能比於木石乎？故胡文忠曰：「今所難得者，是忠肝熱血人。」《周官》六行之賓興，皆忠肝熱血人也。即佛氏空寂，亦言若不普度眾生，誓不成佛，未有以自了爲美者。後世以老、楊之學託於孔氏，於是下者營私，上者獨善，出而任事者，皆貪狡無耻之人，而生民無所託命，則教之中變也。今上原周、孔之意，推行仁道，期易天下，使風氣丕變。先覺之任，人人有之，展轉牖人，即爲功德，推之既廣，是亦爲政，則志士仁人講學之責也。

駁曰：《中庸》：「仁者，人也。」鄭注：「人，讀相人偶之人。」唐疏及宋以後説經之書，皆不得其義，朱子亦未詳言。近日陳東塾本其師阮文達之説，以「仁」字从二、人爲「相人偶」。作者變亂其旨，以爲合群，其心非廣宣教惠，不過欲私立黨會耳。徐學使觀風湖湘，以「相人偶釋義」命題，試者皆不得其宗旨，及見此書，始知其行康教也。異哉！吾四曰同體飢溺。吾與斯人，同出於天而親同；吾與禹、稷、伊尹，同其耳目手足而義同。吾之不如伊尹、禹、稷，可耻也；吾之不能仁親，可媿也。顔子曰：「舜何人也？予何人也？有爲者亦若是。」然先正之美言，學者將疑其高遠而不可幾也。夫反而求之，我豈無飢溺時乎？我有飢溺，望人拯之；人有飢溺，我坐視之，雖禽獸，其忍之哉？故同體飢溺，不過推心稍廣而已，學者無河漢之也。

駮曰：堯、舜病博施，禹思天下飢溺，聖與聖不能等量而齊觀。作者以爲「推心稍廣」，談何容易。彼蓋以佛氏普度衆生爲宗尚，而陰持基督愛人如己之故，以張救世之旨。其行若虎之有倀，其心如蛾之赴火，自非根器極深之人，其不爲所亂者尠矣。

游于藝。《周官》六藝，爲禮、樂、射、御、書、數；《漢志》六藝，爲《易》《書》《詩》《禮》《樂》《春秋》。小學附焉。其業不同，古今殊異，要惟藝者，道術之偁。後世文業日繁，道術益博。《孟子》曰：「博學而詳説之。」事理本末，切於人道，皆學者所不能遺。今總該兼攬，分爲學目，備列於下。

駮曰：禮、樂、射、御、書、數之六藝，與《易》《書》《詩》《禮》《樂》《春秋》之六藝，名同而實殊。其禮、樂之目雖同，而一習其器，一究其用，自不得并而爲一矣。且所分四目，曰義理、曰經世、曰考據、曰詞章，於本義無一而合。夫經世所以致用，此六藝之指歸，非六藝之條目。作者言之無倫，奚足與人講學哉！

一曰義理之學。義者，人事之宜；理者，天道之條。本於天，成於勢，積於人，故有天命之理，有人立之義。天命之理，天下共之，凡人道所不能外者也；人立之義，與時推移，如五行之運，迭相重輕者也。原於孔子，析於宋賢，然宋賢之義理，特義理之一端也，今但推本於孔子。

駁曰：義者，事之宜；理者，禮之體。漢之董子，宋之朱子，皆通天人之奥，發孔、孟之微。此道也，非藝也。作者誤以六經、六藝併爲一談，宜乎道、藝之不辨矣。

二曰經世之學。《易》曰：「吉凶與民同患。」孔子曰：「吾非斯人之徒與而誰與？」既不能不與，則同其患，當經營之。莊生曰：「《春秋》經世，先王之志。」故孔子作《春秋》，專以經世也，惟莊生知之。今本之孔子，上推三代，列爲沿革，至其損益，則自漢至國朝，各有得失。荀子欲法後王，故經世之學，令今可行，務通變宜民。雖舜、禹復生，無以易此。

駁曰：經世之學，行之爲艱。莊子爲子夏再傳之門人，故略知《春秋》之義，以子夏傳《春秋》故也。作者於《春秋》推本《公羊》，此何以云《春秋》經世惟莊子知之，豈以《公羊》爲不知《春秋》耶？《荀子·儒效》篇云：「略法先王而足亂世術，繆學雜舉，不知法後王而一制度，不知隆禮義而殺《詩》《書》。」《非十二子》篇亦以此譏思、孟。《韓詩外傳》引雖無思、孟二人，而其法後王之旨，則固明明與孟子相反也。作者平日尊尚孟子，胡又以經世獨美荀子？豈以孟子之法先王，爲不足經世耶？

三曰考據之學。無徵不信，則當有據；不知無作，則當有考。百學皆然。經學、史學、掌故之學，其大者也。瑣者爲之，務碎義逃難，便辭巧説，則博而寡要，勞而鮮功。賢者識其大，是在高識之士。凡義理、經世不關施行、徒辨證者，歸考據類。

駁曰：考據之事，乃學問之一途。漢人説「若稽古」至三萬言，宋人言「格物」連篇累牘，此僻儒之患，至於今日，破碎極矣。然因此并訓詁、名物而亦廢之，則又不知學術之大小本末也。且「義理、經世不關施行、徒辨證者」，亦何必以立教？作者箸書持論，於考據大肆詆諆，不應又以此爲標目。豈史學、掌故之考據，異於經學名物、訓詁之考據耶？此則人所不解者也。

四曰詞章之學。孔子曰：「言之無文，行之不遠。」故四科之列，文與學並。戰國以降，辨説蠭起；西京而後，文體浩繁。世既競尚，不能不通。今釐爲二體，曰文，曰筆。有韻者文也，無韻者筆也。筆有二體，曰散，曰駢。文有二體，曰銘贊，曰詩賦。銘贊本異而後同，詩賦古合而今分。駢、散之諧協者亦曰文，詩賦之單行者亦爲筆。蓋韻者，非徒句末疊韻之謂，「五色相宣，八音協暢」是也。

駮曰：《文心雕龍》云：「今之常言，有文有筆。」謂「無韻者筆也，有韻者文也」。阮文達有《文筆説》辨論最詳。作者蓋襲取其文，諱言所出，非本於心得也。

欲復古制，切於人事，便於經世，周人六藝之學最美矣。但射、御二者，於今無用，宜酌易之。今取人事至切、經世通用者，一曰圖、一曰鎗補之，庶足爲國家之用，不誚迂疏也。馬端臨曰：「古者户口少而才智之民多，今户口多而才智之民少。」六藝不興故也。論此六者以爲先驅，俟令甲推行，才民自廣，豈特吾黨之區區耶？補六藝之學。

駮曰：此本顔、李之陳言，而易御、射爲鎗、圖也。古之君子，禮、樂不可斯須去身，故六經以之立教，六藝以之爲學。今雖若存若亡，而大端未之或廢。書、算自漢、唐以來，亦嘗設科取士，其工於此者代不乏人。乃謂六藝不興，才智之民日少，以作者之才智，其果出於此六者耶？

一曰禮。古之人士，日以習禮爲學，故孔子於禮曰「執禮」。秦、漢之後，禮衰樂壞，劉昆行之，以爲異事，蓋禮之廢久矣。但禮爲人用，務從時王。今學者研鑽《禮經》，或有深邃，行於今制，則瞠目不知，其失容多矣。今擇士人宜行者，與諸子以時習焉。

朝廷之禮：大朝、引見、召見、立班、宣讀是也。

祭祀之禮：陪祭、祭先、祭神、謁告是也。

賓客之禮：內、外、上、下諸相見禮是也。奉使附焉。

其冠昏、喪紀、閨門之禮，並以時講習，以《大清會典》《大清通禮》爲據。其時俗通用，不求變俗，則酌從焉。若夫《儀禮》，可編成《儀注》以習之。

駮曰：「子所雅言，《詩》《書》執禮」，鄭注：「禮不誦，故云執。」朱注：「執，守也。」即本鄭義。夫既曰「雅言」[一〇]，不得云「執」。蓋「執禮」者，士相見禮也，「執」「質」古字通，故鄭氏《目録》云「士以職位相親，始承贄相見之禮」也。知「執禮」爲士禮，則無疑於不可誦矣。近世禮教寖衰，士氣澆薄，作者且乘其時，以行改制、平等之説，朝覲、祭祀、賓客、冠昏、喪服、閨門之禮，將一舉而盡廢焉，何大清之有？更何《儀禮》之有？

二曰樂。樂學廢亡久矣。漢時猶有鼓吹諸生及《雅歌》八篇，今並亡之，於是樂學專屬之倡優，淫艶凶邪，爲莊士所不道。今欲復樂學，古人遺跡猶可推求。番禺陳蘭甫京卿《聲律通考》，據荀勗《笛律》、《開元樂譜》以追古樂[一一]，披析甚精。今據之以攷欽定《律吕正義續編》。分樂音、樂器、樂舞三端，俟大備樂器考定之。然古者禮樂不去身，士無故不撤琴瑟。蔡邕曰：「樂以聲爲主。」房庶曰：「以今之器，采古之聲，亦何不可？」今擬先購鐘、磬、鼓、琴、瑟、筦數事，以時習之，以宣血氣而導和平，庶幾不失古人以樂爲教之意，亦安定遺法也。

駁曰：《樂經》已亡，其學失傳久矣。作者意不在於復古，蓋以泰西學校以音樂爲俗尚，頗欲從而效之，而其徒如梁啟超、韓文舉屢於論箸發其端。其非安定遺意，可以其師弟之説互攷之。

三曰書。保氏教國子以六書，小史掌達書名於四方。漢制，太史課學童，諷籀文九千字，得補史；通六體書者，補令史。今上自鐘鼎古文，中爲篆、隸，下爲真、草，凡古今沿革、中外通行之書，皆學者所宜兼通也。

駁曰：保氏、小史，本於《周禮》，作者所謂劉歆之僞經也。《僞經考》中論六書，有廢《説文》、行唐石經體之説，此又欲人兼通古義，是與平日持論大相刺謬矣。

四曰數。數學舉目皆是，至切用矣，測天、製器，尤不可少。近儒多通之，而學者苦其繁深。其實既解歸除，即可學開方、八線、橢圓矣。近用代數、微積分，尤爲徑捷。阿爾熱八達譯本東來，不必叱爲遠夷異學也。

駁曰：西人算學，先習幾何；中人算學，通行代數。此各安所習，而難易不同者也。測天、製器，其法頗繁，積分、微分，其理亦奥，皆非窮年累月所能竟功，謂爲捷徑，未喻其旨。作者於此事實無所知，而獨不顧知者竊笑，亦何孟浪乃爾！

五曰圖。圖譜之學久亡，不知書求其理，圖求其形，用莫切矣。昔人云：「登高能賦，可爲大夫。」吾謂登高能圖，可爲士矣。圖學從數學入，故從其後。

駁曰：此本鄭漁仲之說，而《輶軒今語》所本以誥士者也。今日圖譜之學，有應從數學入者，天文、地理諸圖是也；有不必從數學入者，植物、動物諸圖是也。概以爲從數學入，余所不信。

六曰鎗。古者男子生而懸弧，長而習射，蓋上則爲將帥，下則爲卒伍。寓武備於文事，無之非射，故一人有一人之用也。國朝八旗考試皆用騎射，別有火器營。今弓矢已無用，鎗即代弓矢者也，士皆宜習之，以備緩急之用。當以春秋佳日，擇地習學。《詩》曰：「赳赳武夫，公侯干城。」即閎夭、散宜生也。後世人士，方領矩步，徒知諷誦，好仇腹心，豈能任乎？

駁曰：昔項王學劍，以爲匹夫之勇。今之持鎗，何異於是？西制最重武途，而禁例仍不得私藏火器，蓋防禍未然，中外有同情也。作者欲士盡持鎗，無論爲項王所竊笑，抑亦西學所未有。識時務者，乃亦有此不通之論耶？

講學。後世學術日繁，總其要歸，相與聚訟者，曰漢學、曰宋學而已。若宋學變爲心學，漢學變爲名物、訓詁，又歧中之歧也。至於今日，則朱、陸並廢，舒、向俱亡，而新歆之僞書爲經學，荆舒之經義爲理學，於是漢學、宋學皆亡，蓋晦盲否塞極矣。先師朱先生曰：「古之學術歧於道外，今之學術歧於道中。」董子曰：「正天地者視北辰，正嫌疑者視聖人。」嘗推本二學，皆出於孔子。孔子之學，有義理，有經世。宋學本於《論語》，而《小戴》之《大學》《中庸》及《孟子》佐之，朱子爲之嫡嗣，凡宋、明以來之學皆其所統，宋、元、明及國朝《學案》，其衆子孫也，多於義理者也。漢學則本於《春秋》之《公羊》《穀梁》，而《小戴》之《王制》及《荀子》輔之，而以董仲舒爲《公羊》嫡嗣，劉向爲《穀梁》嫡嗣，凡漢學皆其所統，《史記》、兩漢君臣政議，其支派也，近於經世者也。余有《漢儒學案》，別今、古之學，以配宋、明《學案》，二派昭昭，以此求之，二學可得其統矣。夫義理即德行也，經世即政事也。言語、文學，亦發明二者。然孔子之道大，弟子惟顔子得之，言行藏、論爲邦皆是。子貢知之，智足以知聖。自餘皆因其質之所近，昌黎說。各得其一體。孟子說。孔子曰：「吾志在《春秋》，行在《孝經》。」何邵公《公羊傳解詁序》。「以《春秋》傳商，《孝經》傳參。」《孝經緯》。《孝經》，義理也；《春秋》，經世也。二書皆曾子、子夏得之，莊三年《公羊傳》「魯子曰」，元郝經以「魯子」爲「曾子」之訛。按：昭十九年傳又引樂正子春，子春是曾子弟子。又魯滅於秦時，漢有魯賜。七十弟子時無魯氏者，「魯子」之爲「曾子」無可疑。又最老壽，弟子最衆，諸賢皆不及也。二家弟子，集爲《論語》。《論語讖》、鄭康成《論語序》、程子說。故《論語》者，曾子、子夏之學。葉水心謂曾子將死時，以顔色、容貌、詞氣三者爲道，未爲知道。考《大戴》曾子十篇，皆修身寡過之言，終身戰兢，不敢稍失。《論語》中如以約鮮失、耻言過行之說，與《立事》篇同，必其門人記之。孔子曰「參也魯」，蓋堅毅自守之士，其於孔子思易天下、吾爲東周，堅白緇涅之説，蓋概乎無所得矣。子夏洒掃進退之教，喪明之哭，蓋當孔子没後，境詣尚狹小如此。故孟子謂曾子與子夏皆守約之人，誠篤論也，但長於文學，故《詩》《禮》《春秋》皆以傳之。子夏祇能傳經，故孟子以爲未得聖人之全，荀子以爲正衣冠、尊瞻視、嗛然終日而不言，亦似得其實也。夫言孔子之道，至可信者莫若《論語》，然實出二子門人之手，其傳聞附會，誤當不少，觀速朽速貧之説、小斂裼襲之宜，傳聞已各異矣。此尚諉爲《戴記》之言。若子張論交、子游論本，問孝問仁，則人人異告；或退或進，則由、求殊科。以此推之，誠爲孔子之言，皆有爲而言也。朱子於程子《語録》雖龜山、上蔡所記，猶以爲失程子之意。若朱子、陽明《語録》，以爲失其師之意者，後來辨正益繁。故使《論語》出於曾子、子夏之手，其偏失已多，况出於一再傳門人之所輯哉？畫象經再摹而失真，碑刻經數翻而易貌，以孔子大聖至仁，斯人是與，歎發鳳鳥，夢想周公，道長於齊、陳、宋、衛，迹疑於南子、公山，歎荷蕢之已果，追楚狂而與言，及今所記，猶見萬一。使顔子、子貢、子張操觚纂録，其精義妙道當何如耶？以伊尹之聖，孟子所記如是，而今《論語》自「舉伊尹」外，無一言及，其爲佚文無疑。傳守約之緒言，掩聖仁之大道，後來雖以孟子之恢廓，猶云「窮則獨善其身」，自是儒者守爲成法。蓋儒者隘其道，黜首薄其澤，自兹矣。今言孔子義理之學，悉推本六經，而《易》爲孔子自箸之書，尤以爲宗。《論語》爲後世語録之類，不盡可據，雖採《論語》，亦爲別白明之，庶幾孔子之仁，益光大昌洋，以發來學。莊生曰：「《春秋》經世，先王之志。」故孔子經世之學，在於《春秋》；《春秋》改制之義，著於《公》《穀》。凡兩漢四百年政事、學術皆法焉，非如近時言經學者，僅爲士人口耳簡畢之用，朝廷之施行，概乎不相關也。禮學與《春秋》同條共貫，《詩》《書》所述，交相發明，蓋孔子經世之學，略可窺焉。然古今遞嬗，事變日新，故《春秋》立三統之法，以貽後王。漢儒篤守《春秋》，知所尊矣，然三統之義，亦罕有心知其意。惟《易》明窮變通久之理，求孔子經世之學，亦以《易》爲歸焉。今與二三子通漢、宋之故，而一歸於孔子，譬猶道水自江、河，則南北條皆可正也。本原既舉，則歷朝經世之學，自廿四史外，《通鑑》著治亂之統，《通考》詳沿革之故，及夫國朝掌故、外夷政俗，皆宜考焉。宋、明義理之學，自朱子書外，陸、王心學爲別派，四朝《學案》爲薈萃。至於諸子學術、異教學派，亦當審焉。博稽而通其變，務致之用，以求仁爲歸。若夫小學，則幼儀、書計，《內則》所存，原有二派。朱子《小學》，幼儀之裔；《爾雅》《説文》，學書之流。但《爾雅》《説文》皆僞古文之學，《漢志》小學爲歆妄立，不足據也。但憑藉甚古，畧欲識字，未能驟廢。余爲證譌，別白言之。若如近儒白首鑽研，非徒聖學所不存，抑爲劉歆所欺紿，甚不智也。若朱子《小學》，則做人樣子，願共勉旃。下及文史術藝，並學者所不廢，以次論之，庶幾本末兼該焉。

駁曰：講學最爲通儒所詬病。遍觀宋人語録之書，無一非言心言性，明人則無一非言良知。近日湘省偶一見之，則無一非民權、平等。一人倡之，百人和之，此顧亭林所以以講學爲切戒也。作者平日所學所論，非「以元統天」之《公羊》，即「貴民輕君」之《孟子》。其徒梁啟超在湘主講學堂，本其師説，煽惑愚民，悖謬之詞，不可臚舉。武陵某君傳述其詞，以爲「孔子作《春秋》，誅亂臣賊子；孟子言仁義，誅暴君污吏」。當時余知其有爲而言也，蓋講學之敗壞風教，有如此者。作者此《記》議論隱詆《論語》爲不可信，意在破綱常名教之大防，而自明其爲朱某之説，乃知謬種流傳，其所由來者漸矣。至謂《爾雅》《説文》爲僞古文之學，近儒皆爲劉歆所欺紿，此與《新學僞經考》一書，如形影之相附，而《輶軒今語》亦復沆瀣一氣，流毒靡窮。此吾所以大聲疾呼，而比之於楊、墨之不息也。

説經。《詩》《書》《禮》《樂》《易》《春秋》，是爲六經，見於《經解》《莊子》《韓非子》《史記·儒林傳》；又名「六藝」，史遷曰：言六藝者，皆折衷於孔子。蓋六經皆孔子作也。故《詩》《書》《禮》《樂》，孔子藉先王之書而删定之，至《易》與《春秋》，則全出孔子之筆。故孔子教人以《詩》《書》《禮》《樂》，而《易》《春秋》，身後始大盛也。孔子之爲萬世師，在於制作六經；其改制之意，箸於《春秋》。孔子早而從周，晚莫道不行，思告後王，於是改制，與顔子論四代、子張言十世是也。蓋周衰禮廢，諸子皆有改作之心，棘子成之惡文，老、莊之棄禮，墨子之尚儉，皆是。猶黄梨洲之有《明夷待訪録》，顧亭林之有《日知録》，事至平常，不足震訝。必知孔子改制六經，而後知孔子之道所以集列聖之大成，賢於堯、舜，法於後王也。《淮南子》：「夫殷變夏，周變殷，《春秋》變周，三代之禮不同。」以《春秋》爲繼周之一代，先秦、西漢之説皆如此。余有《孔子改制考》。二千年來，行三年喪、夏時、選舉、同姓不婚之制，皆孔子之法，則《春秋》實統二千年爲一代也。必知《春秋》爲改制，而後可通六經也。漢興，《詩》三百五篇，傳齊、魯、韓三家；《書》二十八篇，在伏生；《禮經》十七篇，在高堂生，其《記》八十五篇，皆經之記也；《樂》散見於《詩》《禮》，無經；《易》未經焚燒，傳於田何，爲全書，無異論；《春秋》傳《公羊》《穀梁》，皆立博士，去聖不遠，人無異説。洙、泗經學，雖不光大，未有失也。至劉歆挾校書之權，僞撰古文，雜亂諸經，於是有《毛詩》《周官》《左氏春秋》，僞經增多。杜林、衛宏傳之，二鄭、馬融扇之。鄭康成兼採今古，盡亂家法，深入歆室，甘效死力，加以碩學高行，徒衆最盛。三國、六朝、隋、唐，盡主鄭學，於是僞古文盛行，皆在劉歆籠中。宋儒時多異論，而不得其故，亦爲歆所豐蔀。國朝經學最盛，顧、閻、惠、戴、段、王盛言漢學，天下風靡，然日盤旋許、鄭肘下而不自知。於是二千年皆爲歆學，孔子之經雖存而實亡矣。諸儒用力雖勤，入蔀愈深，悖聖愈甚，猶之楚而北轍，緣木而求魚，可謂之「新學」，不可謂之「漢學」，況足與論夫子之學哉！既無學識，思以求勝，則大其言曰：欲知聖人之道，在通聖人之經；欲通聖人之經，在識諸經之字。於是古音、古義之學，争出競奏，欲代聖統矣。以此求道，何異磨甎而欲作鏡，蒸沙而欲成飯哉！西漢之學，以《禹貢》行河，以三百五篇諫，以《洪範》説灾異，皆實可施行。自歆始尚訓詁，以變易博士之學，段、王輩扇之，乃標樹漢學，聳動後生，沈溺天下，相率於無用，可爲太息也！今掃除歆之僞學，余有《新學僞經考》。由西漢諸博士，考先秦傳記、子、史，以證六經之本義。先通《春秋》，以知孔子之改制，於是禮學咸有條理，不至若鄭康成之言八禘、六天，而《禮》可得而治矣。禮學既治，《詩》《書》亦歸軌道矣。至於《易》者，義理之宗，變化之極，孔子天人之學在是，精深奥遠，經學於是終焉。皆箸其大義，明義理之條貫，發經世之實效，開二千年之蔀，庶幾孔子之學復明於天下。

駁曰：此與所作《新學僞經考》《孔子改制考》同一宗旨。既有梁啟超《春秋界説》《孟子界説》《讀西學書法》《時務報》之類爲之爪牙，復有徐學使《輶軒今語》爲之羽翼，於是康有爲之邪説，乃大行於湘中，而吠聲吠影之徒，竟不知聖教爲何物。有世道之責者，其能嘿爾不語乎！

讀書。《史》《漢》承三代之變，制度、文章與後世近，而文義深古，學人鑽仰，終無盡期，自六朝、隋、唐，學者傳業，尊與經並。史裁既創，且經説多存焉，尤足爲考據之助。蔚宗《後漢》，激厲名節，學者講求，可以入德；若詞章所用，駢、散畢具，擢其典實，拾其香草，法其氣貌，誠藝林之淵海，文苑之澤藪也。故上而經世、立身，有所取裁；中而考據、詞章，有所掇拾；下而科舉之學，裁文對策，試帖律賦，亦倚爲府囿，足資漁獵。此真學者所宜精熟也。惟見學者讀之累年，僅知事蹟，餘無所得，由不能搴摘英華之故。昔顧亭林先生日課門生四人，登堂讀十三經及《史》《漢》、六朝史，人二十篇，周而復始。今用其法，與諸子輪日讀史，先以四史，如有餘日，則以《晉書》《南北史》《隋書》繼之，其中制度、文章、經義、史裁之美，俱爲摘出發明。學者一舉而通掌故、能考據、解詞章，三善俱備，於近世之學，已爲小成矣。又近世學者，自《易》《書》《詩》《四書》外，餘皆束閣；四《傳》、四《禮》，惟《左傳》《禮記》省文誦之，餘皆不觀。今與學者先讀四史，俾其頗知學問門徑，然後輪讀四《禮》、四《傳》，隨於讀時發其恉義。學者一歲之中，未能該博，然能通四史、四《傳》、四《禮》，由董、劉而述《春秋》，因朱、陸而求《論語》，深沈之以四朝《學案》，博考之以《通鑑》《通考》，經史大義，聖道統緒，爲學本末，亦已得其綱領矣。進之大道，庶幾有基。

駁曰：作者持論，前後矛盾者甚多，如：以考據爲無用之學，而此則重言以申明之，若有不可廢者。此其矛盾者一。平日高談經濟，以干禄爲鄙；此訓其門徒，以漁獵范書，取便科舉。此其矛盾者二。亭林讀書之法，通經以致大用，何得謂之小成？此其矛盾者三。《左傳》，彼所謂僞經，詆其非邱明之作；此乃在教人輪讀之列，與平日之説相背。此其矛盾者四。董仲舒《公羊》學、劉向《穀梁》學〔三〕，據其徒梁啟超時務學堂課程，以《公羊》爲主，以《穀梁》爲輔；此謂「《春秋》傳《公羊》《穀梁》，去聖不遠，人無異説」，《公》《穀》並尊，一傳而失其實。此其矛盾者五。陸子心學，作者實陰持之，以倡白沙之傳，而前則詆爲歧路，此復與朱子同宗，反復無常，莫衷一是。此其矛盾者六。大抵作者之學，襍亂未成，而毁瓦畫墁，其志不過求食，會當中原多故，得乘隙以肆其奸。苟非一二豪傑之士，力抵而堅拒之，其禍恐有甚於宋、明講學者。「殷鑒不遠」，願同志毋忘斯言。

習禮。朔月、月半行相揖之儀。以鼓爲節，考鐘磬，吹管撫琴，案《開元詩譜》而歌詩，升歌《詩經》三篇，閒歌國朝樂章三篇，笙入漢、魏詩三篇，散歌唐、宋詩，以管和之。禮畢投壺，論學而散。

駁曰：此顔、李之學也，而作者又不出此。夫禮樂不相沿襲，世儒類能言之。若案開元之《詩譜》，而歌國朝之樂章，是何異服優孟之冠裳而行郊祀之典禮乎？作者挾虚憍之氣，行詭祕之謀，習見西國學校章程，以贊揚教主爲宗，以踴蹴跳舞爲樂，以律樂爲專門之學，以安息爲肄習之期，於是名爲復古，實將變夏。蓋其學之支離附會，非素知其奸，不能辨也。余故揭出之，以杜亂真之漸。

日課。子夏日知，曾子日省，學者法也。日課之法，其目有七：曰讀書，曰養心，曰治身，曰執事，曰接人，曰時事，曰夷務。讀書則有專精、有涉獵二目，求於内可得愆尤，求於外宜有劄記，以朔望彙繳，商畧得失，緝熙光明，庶幾日新。

駁曰：此梁啟超《學堂學約》之所本也。其踐言與否，學者自能别之。昔洪北江評袁枚詩「如通天神狐，醉時露尾」，余於此《記》亦云。

四耻：一耻無志。志於富貴，不志於仁，可耻也。二耻徇俗。徇於風氣，不能卓立，可耻也。三耻鄙吝。張南軒以鄙吝爲大惡。凡鄙吝者，天性必薄，爲富不仁，可耻也。宜拔其根。四耻懦弱。曾子以懦弱爲庸人，見義不爲，可耻也。

駁曰：作者即無耻之人，其胸中富貴鄙俗之見，時時發露於行止，顧乃以之立教耶！

【校勘記】

〔一〕「夭」，原誤作「天」，據文義改。

〔二〕按，梁啟超原文稱得張之洞《輶軒語》《書目答問》，「歸而讀之，始知天地間有所謂學問」。

〔三〕「志」，原誤作「至」，據康有爲《長興學記》改。

〔四〕「敦」下，康有爲《長興學記》有「行」。

〔五〕「崇」，原誤作「宗」，據康有爲《長興學記》改。
〔六〕「路」下，黄宗羲《明儒學案·白沙學案》有「頭」。
〔七〕「敦」下，康有爲《長興學記》有「行」。
〔八〕「重」，原誤作「聖」，據下文改。
〔九〕「非」，原脱，據文義補。
〔一〇〕「既」，原誤作「記」，據文義改。
〔一一〕「律」，原脱，據文義補。
〔一二〕「向」，原誤作「歆」，據文義改。

讀西學書法書後

梁啟超箸有《讀西學書法》一書，後附論説一則，詳述其讀經、讀子、讀史之法。余閲之而歎曰：異哉，梁氏之學也！彼欲亡中學，而藉口於中學之將亡；彼欲興西教，而藉口於西學之不興；彼欲如日本之立新黨，而詆朝野之老成，目之曰守舊。《論語》曰：「温故而知新。」大學之道曰：「在明明德，在新民。」《書》遲任有言曰：「人惟求舊，器非求舊，惟新。」蓋嘗考之六經，凡所云新舊之理，舉不外此數語，從未聞棄舊如遺，悍然以開新爲事者。作者乘外患交侵之日，倡言亂政，以啟戎心。三五少年，或逞其躁進之謀，或徇其自私之利，於是慮老成之撓我也，多方以排擠之；懼正人之仇我也，連類而翦除之。聖人之綱常不可攻也，假平等之説以亂之；天威之震肅不可犯也，倡民權之義以奪之；資格限人而不可以越遷也，舉匈奴貴少賤老之俗以搖惑之；取給有窮而不可以揮霍也，援基督散財均利之法以聯屬之。然不託之救世，則無以息天下之爭；不出之講學，則無以動士林之聽。居心詭譎，或同類所不知。今即其説之至謬者，逐條駁之。

如所稱讀經之法，原云：一、當知孔子之爲教主。

案：孔子之教，實無此名。「素王」之號，乃緯候家流傳之言，在七十子之徒，推崇亦未爲過。至於教主謚法，乃泰西教皇憑藉威福之所爲，豈可施之於温良恭儉讓之至聖？作者影附西書，潛移聖教。謬一。

原云：二、當知六經皆孔子所作。

案：孔子贊《易象》，删《詩》《書》，定《禮》《樂》，修《春秋》。秦、漢以後，百家傳記所載，莫不相同。《論語》言「五十以學《易》」，「雅言《詩》《書》、執禮」；又言「自衛反魯，樂正」。《春秋》，則孟子述其言，曰「其義則某竊取之矣」。夫「述而不作，竊比老彭」，「不知而作，我無是也」，以孔子所不居之事，忽焉如黄袍之加身。此作者託尊孔之名，伏僞經之漸。謬二。

原云：三、當知孔子以前有舊教。如佛以前之婆羅門。

案：删《書》斷自唐、虞。《中庸》云：「仲尼祖述堯、舜，憲章文、武。」孔子以前之舊教，不過如此。至於夢周公，問老聃，聖無常師，教非大異。周衰以後，老氏變爲楊朱，夏禮流爲墨學。此新教之歧誤，非舊教之支離。作者衍其師康有爲《改制考》之言，欲大暢其通教之説。謬三。

原云：四、當知六經皆孔子改定制度，以治百世之書。

案：孔子爲萬世師表，當時則志在尊王。故一則曰「從周」，一則曰「爲東周」，一則曰「非天子不議禮，不制度，不考文」，其非改定制度，從可知矣。作者乃辯言亂政之人，欲託於孔子以行其術，而不知孔子之心迹，早已大明於百世以前。謬四。

原云：五、當知七十子後學，皆以傳教爲事。

案：「子以四教：文、行、忠、信。」陳、蔡之役，如德行、言語、政事、文學諸賢，類皆天下之英才，而欲行道於天下者也。即其再傳大儒若孟、荀，亦並非僅以傳教爲心。果如作者之言，則是傳經之弟子，無殊受洗之門徒矣。謬五。

原云：六、當知秦、漢以後皆荀卿之學，爲孔教之孽派。

案：秦、漢以後，荀、孟並稱，初皆有志於用世，及其不遇，退而箸書。六經皆荀卿所傳，爲聖門之宗子。作者處心積慮在於滅經，而滅經必先滅荀，詆爲孔教孽派，則二千年中漢、宋諸儒之學，可以一掃而空。謬六。

原云：七、當知孔子口説皆在傳記，漢儒治經皆以經世。

案：口説多出於後學之傳述，傳記多出於及門之載筆，此其大略也。然口説經數傳，則失其本旨，如《春秋繁露》改制之類，《公羊》注家三世之目。此類異義，適足便奸人亂法之謀，烏足以云經世？謬七。

原云：八、當知東漢古文經皆劉歆僞造。

案：僞經之説，萌芽於六朝、唐人，而盛行於兩宋，至近儒方望溪之疑《周禮》，劉申受之僞《左傳》，乃大決其藩籬。不知向、歆父子異學，不應庭訓竟無一言。桓譚、揚雄皆同時通儒，班固、劉珍世司蘭臺令史，賈、馬、許、鄭又皆東京大師，何以盡受其愚，無一人發其覆？作者本《僞經考》之説，將欲離析聖經。謬八。

原云：九、當知僞經多摭拾舊教遺文。

案：孔子以前之舊教，堯、舜、禹、湯、文、武、周公而已，此外既無舊教，烏從得其遺文？即有其文，又誰見之？作者既不信秦、漢以後二千年之學，又安知秦、漢以前二千年之書？無稽之言，良足鄙笑。儒者始不以教主待孔子。

原云：十、當知僞經既出，儒者始不以教主待孔子。謬九。

案：六經中僞經爲世儒詬病者，莫如東晉《尚書》。然朱竹垞言其多採輯逸經成文，無悖於理。信哉斯言！其他如《易》、如《詩》、如《禮》、如《春秋》，雖有今、古文之殊，又皆出於孔門之傳授，兩漢、六朝、唐、宋以後，或以之立學，或以之取士。其尊孔子，等於帝王，何必以教主相待？謬十。

原云：十一、當知訓詁、名物爲二千年經學之大蠹，其原皆出於劉歆。

案：《易·文言》釋「元亨利貞」，《繫辭》言諸物取卦象，是訓詁、名物之學，出於孔子之口。孟子言「庠，養」「校，效」「序，射」之義，是訓詁、名物之學，出於孟子之口。《中庸》言「仁者，人也」「義者，宜也」，又言「禮儀三百，威儀三千」，是訓詁、名物之學，出於子思之口。《公羊》言「主人習其讀而問其傳」，何注：「讀爲經，傳謂訓詁。」又如「合祭爲大祫」之類，是訓詁、名物之學，傳於七十子後學之口。其文皆在劉歆以前，不知何以目爲大蠹，且以爲皆出於劉歆？謬十一。

原云：十二、當知宋學末流束身自好，有乖孔子兼善天下之義。

案：曾子得一貫之傳，而日必三省其身，至有疾而啟手啟足。子之稱顏回也，曰：「不遷怒，不貳過。」聖門弟子，無不束身自好者。孟子云窮則獨善，達則兼善，二者並行不悖，於宋學何尤？作者本非自好之士，乃欲藉以末殺古人乎？謬十二。

如所稱讀子之法，原云：一、當知周、秦諸子有二派，曰孔教，曰非孔教。

案：孔子爲儒宗。《禮記·儒行》載孔子對哀公之言，儒學於是乎大箸。周、秦間之諸子百家，惟楊、墨出於老氏，餘皆七十子之支流餘裔，其學至漢初而猶存。故班《志》敘九流，必推本於其古學。知其非孔教，則孔子之教當獨尊，胡得列爲二派？謬十三。

原云：二、當知非孔教之諸子，皆欲改制創教。

案：諸子改制創教，如墨用夏禮、老出黃帝、許行託神農之言，謂之背周，不得謂之改制；謂之異端，不得謂之創教。作者欲進諸子，與孔子比權量力，使孔教不得獨尊。謬十四。

原云：三、當知非孔教之諸子，其學派實皆本於六經。

案：六經爲孔子所删定，其異於孔教之諸子，如莊子，如公孫龍子，如吴子，如韓非，如李斯，雖本於聖門弟子之傳，其背經而馳也實甚，祇得云離於六經，詎得云本於六經？謬十五。

原云：四、當知老子、墨子爲兩大宗。

案：老氏之學熾於六朝，然莊也，非老也。墨氏之學流於泰西，然技也，非學也。中國二千年間，孔子之道如日月之經天，江河之行地。雖有二氏鼎立，其末法亦已式微。墨、老兩宗，詎能兩大？謬十六。

原云：五、當知今之西學，周、秦諸子多能道之。

案：周、秦諸子分爲九流，自婆羅門教引之西行，實爲泰西學教之鼻祖。作者欲假諸子以重西學，故恒謂漢以後無子書，謬十七。

原云：六、當知諸子各傳其教，與孔教同。

案：孔教之大，與天地參，其教不待傳而自傳。自餘諸子弟子，如墨子之傳爲禽滑釐，其學卒以殺身；尸子之傳爲商鞅，慘刻無人理；鬼谷子之傳爲蘇秦，揣摩干時，禍連六國。其人本無可取，其法尤不可用，謂其傳教與孔子同，謬十八。

原云：七、當知孔教之獨行，由於漢武之表章六藝，罷黜百家。

案：漢武誠有功於孔子，然自漢高祖以太牢致祀，陸賈陳説《詩》《書》，孔子之教已如日之東升。乃獨歸美於武帝一人，則是數典忘祖。謬十九。

原云：八、當知漢以後無子書。

案：《輶軒今語》亦有此言，不思宋有五子得道統之傳，又有弟子之書羽翼經傳，此濂、洛、關、閩之正學，而爲漢學以後諸子之大宗。作者昧然忘之，而轉相排擊。謬二十。

原云：九、當知漢後百家雖黜，而老、楊之學深入人心，二千年實陰受其害。

案：楊氏爲我，自孟子闢之之後，其學久已失傳。老氏清净無爲，惟西漢頗著其效，魏、晉以降，雖有崇尚之人，而其間拒之尤力者，唐則有韓氏，宋則有朱氏，是以至今其學不行。謂二千年深入人心，豈唐、宋以來闢老之人，皆非二千年人物耶？謬二十一。

原云：十、當知墨子之學當復興。

案：墨氏兼愛，是以愛無差等，施由親始。此佛氏平等、基督愛異類之説之所出也。若其攻守戰備之術，聲光氣化之學，實爲西學之根荄。顧論其體，已大悖於倫常，論其用，亦非切於政教，謂當復興，則當如漢人之孔、墨並稱矣。謬二十二。

如所稱讀史之法，原云：一、當知太史公爲孔教嫡派。

案：太史公以世家尊孔子，又爲弟子列傳，其推崇孔子，可云至矣。然其父談受道於黄生，史公承其家學，亦不必盡崇儒術。此班固所以譏其「先黄、老而後六經」也。作者因其自敘語多合於董生之言，目爲嫡派，私《公羊》耳。謬二十三。

原云：二、當知二千年政治沿革，何者爲行孔子之制，何者爲非孔子之制。

案：孔子之制在三綱五常，而亦堯、舜以來相傳之治道也。三代雖有損益，百世不可變更。作者持「孔子改制」之成見，以繩二千年中君相之治迹，則是夏時已正，輅、冕必法殷、周，封建不行，山河遂非秦、漢。聖人復起，諒不謂然。謬二十四。

原云：三、當知歷代制度，皆爲保王者一家而設，非爲保天下而設，與孔、孟之義大悖。

案：孔子云：「事君以忠。」孟子云：「保民而王。」世無王者，天下又誰保乎？作者隱持民主之説，煽惑人心，而猶必託於孔、孟。然則歷代制度，非經孔、孟手訂，其勢必有所不行。孔、孟不復生，此讞又誰定也？謬二十五。

原云：四、當知三代以後，君權日益尊，民權日益衰，爲中國致弱之根原。其罪大者，曰秦始皇，曰元太祖，曰明太祖。

案：中國自古爲君主之國，其權不可下移，雖其間暴主迭興，中原多故，而聖清之治，則固遠軼漢、唐，比隆三代也。作者因秦始皇之愚黔首，元太祖之勤遠略，明太祖之黜《孟子》，興制義，隱肆詆諆，論其心迹，何止蔑古？謬二十六。

原云：五、當知歷朝之政，皆非由其君相悉心審定，不過沿前代之敝而變本加厲，後代必不如前代。

案：三代質、文遞嬗，靡得而論矣。秦、漢以後，不可行之政如封建，如井田，如藩鎮，如租庸徵調，如辟除，如門望，如青苗，其敝法如肉刑，如黨禁，如連坐，如赤族，至聖清而大事廓除，二百餘年深仁厚澤，翔洽宇内。乃謂後代不如前代，且變本加厲，豈中國歷朝之政，無一是者耶？謬二十七。

原云：六、當知吾本朝制度，有過於前代者數事。

案：我朝自定鼎燕京，規模宏遠，載在《開國方略》。若夫禮樂、兵刑之大，正朔、服色之事，則有《皇朝三通》《大清會典》諸書，紀之甚詳。乃以爲數事過於前代，是猶以管窺天，以蠡測海。謬二十八。

原云：七、當知讀史以政爲重，俗次之，事爲輕。

案：史之有事，治亂興衰之迹之所考鏡也。不知其事而與論政，將六官分職，至今可云姬周；五經立學，至今可云炎漢。玉步已改，統系不分。謬二十九。

原云：八、當知後世言史裁者[二]，最爲無理。

案：史裁云者，言史之體裁也，否則，孔子何以删《書》？又何以修《春秋》？是則曰「删」、曰「修」，非有裁之謂乎？作者直斷之曰無理，則必結繩可以記事，執簡不必直筆，而後其説可行也。謬三十。

凡此諸謬，皆康門之僞學，而欲舉一世之人才，消磨其忠義之氣，開拓其悖逆之心，固結其死生之志，上無天子，下無紀綱，以行其陽儒陰墨之學，投誠異教，授柄外人。湘中時務學堂諸生，信其邪説，群立黨名，父兄不能稽，長官不能禁，推原其故，則以康、梁之死黨高據要津，主持風會，驅以利禄之路，弛其名教之防，而人心之敗壞，遂岌岌若有不可終日者。嗟乎！周、孔之道幾乎息矣，君臣之義如何廢之？作者持論，言六經之文無一不可見於用，究其所用，曰「改制」，曰「民權」，曰《春秋》公法」。若夫正心誠意，則詆之曰虚論；尊王攘夷，則鄙之曰迂説。數年以來，六經供其點竄塗改，漢、宋諸儒之書，皆蔑視如奴僕。其大學堂章程，乃有重編經史之説，率天下之人，讀一家之書，是真士類之文妖也。閲此終篇，其有不髮指眦裂者哉！

【校勘記】

〔一〕「八」，原誤作「人」，據文義改。

非幼學通議

新會梁啟超著有《幼學通議》一篇，曩從《時務報》見之，後見坊肆所刻之《中西門徑書七種》亦有此書，又見宛平徐學使刻之《湘學報》，而《輶軒今語》復諄諄以此勸學焉。夫梁氏自云未游西域，何以知其立法之善與其考課之詳盡？則以所見西書語多夸飾，而先有所動於中，於是倡爲「學究亡天下」「時文亡中國」之説。又以士人之讀四書五經，因試題之所出。其言之成理，亦似重有憂者。雖然，梁氏之爲此説也，其果平心出之乎？抑亦違心出之乎？平心出之，則彼之學即足以亡天下；違心出之，則彼之學又烏足以教童子？西人學校之制，誠能一道德而同風俗，則是國無游民，家修禮讓，堯、舜之治，何以異兹？獨不解美洲工黨，胡爲挾制公司？英、俄亂民，胡爲日日思逞？法之黨會，胡爲不畏國憲而得自由？梁氏豈無所聞見耶？自古君臨天下之主，莫不懍然於「民爲邦本，本固邦寧」之訓。爲之民者，日被教育以長養其子孫，亦當知食毛踐土、血氣尊親之義，豈有撥棄本根，敗壞蒙養，如梁氏之徒之謬妄者？余因覽其説而正其非，以冀世之誠求保赤者取而察焉。光緒戊戌初秋，長沙葉德輝。

生民不可一日無教，教不可一日無學，學不可一日無經。周、秦以前，風氣渾噩，而虞廷選舉，猶且「敷奏以言，明試以功」。二者遞相考覈，何論三代以下乎？兩漢以五經立學，師儒傳授，門户紛争，班固譏其「禄利之路使然」，蓋深疾夫當時曲學之儒，而特以一言探其隱也。然自宣帝年十八，受《詩》《論語》《孝經》，疏廣以經學授皇太子，其後如明德馬后、孝和鄧后，皆通曉經術，以佐内治，此亦豈爲考試而習耶？又漢室諸儒，往往於群經未立博士之前，轉相授受，沿及後世，儒風大昌。果如梁氏之言，則伏生竄老空山，文中子講學河、汾，明太祖欲廢《孟子》，錢唐以死力争，亦復何所希冀？況今日窮鄉僻壤顓愚細民，海濱久旅之商人，與日本士夫之崇漢學者，其童子入塾，亦必以四書五經爲先，其非因考試科目起見，不尤彰明較箸耶？梁氏謂以佛教取士，則「如是我聞，一切佛在」之語，將充斥於塾舍；以耶教取士，則「天主造物，七日而成」之語，將闐溢於黌序。不思六朝浮靡之習，南北猶有儒宗；唐人崇尚詞賦，通經之儒亦且項背相望。甚至開元中以《老子》命題取士，卒不能奪尼山之席。梁氏巧言亂聽，實不足以鼓惑通人，乃猶有奉其説以爲金科玉律者，何其謬也！以上論《通議》宗旨之非。

《説文》九千餘字，經典所載，猶或遺之，則以古字多假借，世多不察故也。後世偏旁日益，隸俗雜陳，除徐氏《新附》及近人《逸字攷》外，其餘一切孳生之字，欽定《字典》諸部采録綦詳。是故欲通古義，必識《説文》；欲通今義，必用《字典》。今世三家村儒，市井商賈之子，大率家有《字典》一書，彼其意非盡出於尊王，實以聖人制作之宏，足以通古今而辨然否也。西文以音爲主，實西域字母之濫觴，然去形而求聲，則周公元聖，不過工爲洛音；孔子大成，無非習爲魯語。即以周、孔之身教，定天下之方音，恐亦有指畫不能通其意者，何況佉盧橫行之字乎？今日學西文者，則曰西簡而中繁；學中文者，則曰西難而中易。此固各安所習，各尊所聞。譬如飲食之有異同，嗜欲之難强合。兒童辨日，安能定其是非？乃彼獨謂中國識字人少，由於教法不如西人，則中國許書以後，言字書者何啻千家？《字典》一書周年，坊肆所行何可勝數？梁氏用夷變夏，多昧本之談，平日持論，以中國自古相傳之《爾雅》《説文》，概目爲劉歆僞學，而一意惟泰西之是從。豈知樂操土音，鍾儀所貴；魯人獵較，孔子從同。彼梁氏之祖若父，獨非被倉聖之澤者哉？此固别有隱情耳。《字典》原本廖氏《正字通》，塾師宜兼看王氏《字典考證》。

王菉友小學，頗爲康、梁師弟所推服。其實王氏之學，菁華皆在《説文釋例》一書。若得明師分類，以爲課程，實有裨於童子。《文字蒙求》，疏略殊多。西人教文義，先實字，次虚字，次活字。曩於花之安《學校教化議》得知其詳，其議論是己非人，如以中文爲板文，滿洲書、西域書爲膠漆話之類，大都逞其私見，不究本原。梁氏附和囂陵，至謂天下同文，惟有字母。説見梁所撰《沈氏音書序》。不思中國文字之興，實多而虚少。就平日習用之「焉、哉、乎、也、之、而」等字而論，如「焉」爲黄鳥，「哉」爲始，「也」爲女陰，「㞢」象草木之過屮，「而」爲頰毛之類，皆是。至六經中文之至古者，《易》之卦，《書》之《堯典》《禹貢》，《詩》之《商頌》，其文體質實，不以虚字爲工。迨《論語》出，而諸賢坐論一堂，語意各肖其人之氣象而出。此中原文明大啟之會，非周以前文章所能比例也。學者童而習之，其成學雖有高下，而塾師訓釋，並未十分相離。余觀西人所譯中文之書，若「學而時習之」，則分譯其字，曰「學」是讀書，「而」是虚字，「時」是時刻，「習」是温習，「之」是虚字。合而讀之，豈復成爲文理？蓋中、西文字所尚不同，彼此是非，均屬無謂。梁氏信今薄古，智西愚中，其心乃託西學以行其私書，無所謂保民，亦無所謂保教，徒布其説，變易天下之學派，亦何謬妄若此哉！

西人《花士卜》《士比林卜》等書，取其事物之至粗至淺者，綴説系圖，家絃户誦，此與坊刻所行之《雜字》《增廣》何異？當時海禁始開，欲通西文，舍此固無有更淺近者，亦如西文譯中書，多讀《三國演義》，此豈足爲典要耶？吾聞西人先習拉丁文，而後遍及各國之文，其功至順且易。如《士比林卜》者〔一〕，彼方笑其鄙陋無用，我獨奉爲枕中鴻寶，豈非寡識之甚？且中國自漢以來，此類語言、文字之書，載在漢、隋兩《志》者，正復不少，今其存者，如史游《急就篇》之古雅，固不多見，然如《本草圖》《爾雅圖》《毛詩圖》諸書，圖説俱存，隨取一二册以教學童，亦足爲多識之助。即其書不如西人之切近，遇物得以考求，而海西所繪之物之圖，大半中土未有之物，西人於中國古書言龍鳳形狀者，且以爲不可信，則西人所繪之圖，於我更何所取證也？夫西文不可不學，持論亦不得如是之偏。梁氏欲挾天下之人，廢中學而尚西文，試問明治變政，曾有滅絶和文之事乎？以上論《通議》「識字書」之非。

中國言文法之書，如魏文《典論》、劉勰《文心雕龍》之作，皆獨抒己見，自成一家之言，初非爲教人而譔也。然自魏文以前、劉勰以後，其閒以能文箸録者，代有聞人。彼時海西各國，文軌不通，既不知文法之書，復不聞梁氏之論，而通才博學，箸作等身。此以見中人之智睿聰明，遠過於西人者倍蓰什伯，何得云教之無法耶？況八家派別，大開圈點之風；時文道興，而開合承接之法日益詳密。梁氏視中國典制、講章，唾棄不值一錢，其識不可謂不韙，乃獨於西人此類書籍馨香而俎豆之，英雄欺人耶？抑真知灼見而以爲吾中土無一可學者耶？

以上論《通議》「文法書」之非。

梁氏擬撰之歌訣書，自命立學，已爲狂悍。至戒煙、纏足，亦欲學童歌誦，則是糟粕鄙俚之叔孫通，勝於「天地玄黄」之周興嗣矣，豈非士林笑柄乎？今按彼所詳列之書，惟《步天歌》《通鑑韻語》《十七史彈詞》足備採用，其餘近人之作，等之自鄶，無譏可耳！夫欲知孔教之源流，則不如讀《史記·孔子世家》《仲尼弟子列傳》；欲究諸子之派別，則不如讀《漢書·藝文志》；欲記古人之典録，則不如讀唐、宋人所箸之《蒙求》；欲觀歷代之事略，則不如讀沈氏炳震《歷代世系紀元篇》；其體仿《急就章》，古雅可誦。欲通前朝之掌故，則不如讀《文獻通考紀要》詩。凡若此類，童蒙知其大略，成學致其全功，其於中學亦大可覩矣。梁氏所擬歌訣至三十餘種之多，則十齡以前斷不能卒業，安有餘日涉獵他書耶？以上論《通議》「歌訣書」之非。

書之有問答，由來久矣。《論語》《孟子》，已肇其端。漢儒如鄭氏之《志》《記》，宋儒如朱子之《或問》，沿波溯源，大旨與《論》《孟》相近。其討論至精，稱引至博，讀者靡得而譏焉。西人教童子，凡專家之學之書，多設問答以明大略，中國宜無不可仿行者。然其書乃一書之萌芽，或加考證，或習專門，皆非畢生不能卒業。梁氏以通儒之譔述，爲幼學之階梯，躐等之譏，竊所未喻。余見康門弟子有編《僞經考答問》者矣，淺陋空疏，人名、時代，猶或倒置，使其徒蔓延日衆，則康、梁問答書可以充塞衢路，雖欲民之不愚，何可得耶？以上論《通議》「問答書」之非。

説部書爲唐人所尚，宋、元以降，流爲傳奇，其爲風俗、人心之害，亦已久矣。西人三等學堂教童子之書，往往取游戲之文，寓規勸之旨。此自俗尚使然，不能行之中土者也。中國言史事而與傳奇相類者，余所見惟宋人《宣和遺事》一書，而前無所因，後無所繼，則亦無所用之。世俗好事之士，往往樂刻善書，如惠棟注《太上感應篇》、彭希涑《廿二史感應録》及《廿四孝圖》《地獄變相》即《多羅尼大威德熾盛經》。之類，何嘗不家有其書？編氓婦女，亦何嘗不資觀感？而風俗之純薄，人心之善惡，全不恃此。梁氏持論，動謂泰西人人識字明理，由於説部書之益，彼其意殆欲擯去中國初學所誦之《孝經》《論語》，一以説部爲課程。然則九百虞初，果能與十三經、二十四史同立學官，垂之久遠耶？以上論《通議》「説部書」之非。

讀書必有入門之書，經從《説文》入，史從《綱目》入。《説文》所以穿穴群經，《綱目》所以提挈全史，皆初學所必有事，而梁氏之徒，以爲無用者也。説見彼黨所箸《讀書要略》。《説文》

先讀苗氏《建首字讀》，以明文字孳乳之理；亦便檢閲。次讀江氏《六書説》，以窺六書制作之原；次讀嚴氏《説文聲類》，以繹形聲比附之義。史則先讀齊氏《歷代帝王年表》，以知事實之厓略；次讀李氏《紀元編》，以識年號之前後。此皆門徑中之至簡略者。其專門經學入門之書，則翁氏《十三經注疏作者姓氏表》、洪氏《傳經表》《通經表》爲要，兩漢經師淵源。而以史漢《儒林傳》《後漢書·儒林傳》《經典釋文敘録》，皆唐以前經學源流。朱氏《經義攷》，唐以後學派、書目具此書。爲之引申攷證。專門史學入門之書，則洪氏《史目表》、正史分目異同。温公《通鑑目録》、讀《通鑑》必從此入。正史志表各史綱領。爲要，而以劉氏《史通》攷其義例，《御批通鑑輯覽》求其論斷。此又門徑中之漸擴充者。至諸子非初學所必讀，姑可從緩。集則以《文選》原其始，以姚氏《古文辭類纂》、王氏《續古文辭類纂》要其終，以宋人《古文苑》、孫氏《續古文苑》窮其變。此固非初學所能遍及，而塾中不可不備列，使之瀏覽濡泳，以儲文章之用。凡學由淺入深，惟作文必取法乎上。如欲通貫百家，遠則求之《漢書·藝文志》，近則求之《四庫全書提要》，先讀《簡明目録》。於是二、三年之中，經、史、文學皆可得其要領矣。他如訓詁入門之書，則阮文達《經籍纂詁》足供漁獵，王文簡《經義述聞》《經傳釋詞》足資啟悟。考據入門之書，則宋王氏《困學紀聞》、近儒顧氏《日知録》、王氏《讀書雜志》，兼得治史、子之法。三書最有體要。總此數者，一日得之，終身由之，多識以畜德，明體而達用，固不必如梁氏之高張師説，左袒西法，而志學之年，可以事半功倍。然則中學之不振，非學之不善，乃師之不善耳。天下盡如梁氏爲之師，吾知康有爲之邪説將流布海内，復何從得門徑哉！以上論《通議》「門徑書」之非。

一物一名，衆物衆名，自黄帝正名百物以來，於是遂有名物之學。神農嘗藥草以療民病，爲之學者衍爲《圖經》，今其存者，尚有宋大觀、政和兩次官定之本。禹鑄九鼎以象神奸，使民不逢不若，而《山海經》即其圖説。此名物之切於民用者。自兹以降，周公作《周禮》，天地人物之事，各有專官，又譔《爾雅》，以通古今之名義。孔子繫《易》，必推明一切制度、器用出於卦象。此其學，非後世考據家所得依附者也。漢人書如史游《急就章》，取當時之事物，雜湊成句，以便人之諷誦。世歷千百年，名物之生日繁，其書遂古而不適於用。此外如揚子《方言》、劉熙《釋名》，今人列爲小學專門，當時不過通俗文字。梁氏以西人有名物專門書，遂謂中人不通文法由於無此。余固不能合泰西之人而遍試之，以證其説之得失，然中國文人詞客之造述，市商編氓之書札，固未嘗一日絶於道途。西人有梁氏其人，亦必轉以此爲絶學。梁生中土，胡乃妄自菲薄邪？以上論《通議》「名物書」之非。

合五州之大勢而論，人數至衆者莫如中國，良以地居北極温帶之内，氣候中和，得天獨厚，而又開闢在萬國以前，是以文明甲於天下。中外華夷之界，不必以口舌争，亦不得以强弱論也。四民之中，士爲至秀。自國初以迄近今，名臣大儒因時文、詩賦起家者，指不勝數。

今日典試之人，不能釐正文體，則時文可以不復。蓋時文所以研求義理，如今日之怪誕支離，不亦可以已乎！或云時文出於鈔襲，策論亦出於鈔襲，其利弊固是一例。余謂時文鈔襲全是浮詞，策論鈔襲尚可記一二事實，則以鈔襲而導之讀書，固爲稍勝。須知文藝考試，不過校一日之短長，時文、策論，無庸計較高下。廢時文，用策論，使士人免八股束縛之苦，匀出日力，可以多讀有用之書，免致不得科第之人，終身不能擺脱制藝，更無暇日涉獵群書，此則爲益甚大。王葵園有《科舉論》，立説最平允，用意固與梁氏不同也。雖其閒再舉鴻博，兼取他途，而人才迭興，要以科目得人爲盛。若如泰西推遷之法，則流弊滋多，恐無以杜營競而重廉耻。蓋立國各有其政，而亦不可强同也。至於農工商務之學，又迥然與西國不同。農事在地利，尤在天時。西人於水旱蟲蝗大灾，有時仍束手無策。其工藝之巧，雖冠絶地球，第工制之而商運之，一商兼運百工之物，以視中國各商其業，情實本大相懸殊。兵制以英、德爲最强，其步伐亦多不可行於中原之地。故西法非不足尚，要貴實事求是，師其所長。士當師其通農商諸學之長，工當師其製造之長，兵當師其練習測繪之長。苟悻悻焉盡棄其學而學焉，非徒無益，而又害之矣。梁氏終日言變法，群居言學西，然彼之僞經説非士學也，彼之時務説非商學也，彼之《公羊》《孟子》説非工學、農學，尤非兵學也。今乃語人曰：某也八股賤儒，某也不通時務。究其所以立義，無不託之空言。學堂之士，靡然向風，於是《公羊》改制，附會而益工；《孟子》輕君，推闡而愈謬。湘中幼學之壞，梁氏實爲罪魁。《孟子》云：「逸居而無教，則近於禽獸。」如梁氏者，殆逸居而有教，亦近於禽獸者耶！以上論《通議》論學之非。

【校勘記】

〔一〕「卜」，原脱，據上文補。

汨羅鄉人學約糾誤

粵人梁某，以《時務報》箸聞於時，東南行省之達官搢紳，皆爲之傾動。近聞省紳邀之來主時務學堂，余不之信，後見省中刻有學堂《學約》十章，始知實有其事。聞梁某爲離經畔道、惑世誣民康有爲之弟子，又假忠義之名，以陰行其邪説。余恐湘人被其蠱惑，因就約中語涉夸大及悖繆之處，糾正於後。惟冀鴻德碩儒，有心桑梓之士，張余旗鼓，庶人心、學術不至淪於異族云。丁酉冬臘月，汨羅鄉人識。

科第、衣食，最易累人。學者若志在科第，則請從學究以遊；若志在衣食，則請由市儈之道。有一於此，不可教誨。《學約·立志》

汨羅鄉人曰：康、梁之徒，誠不謀科第，謀衣食，則保薦之者，學究也，聘請之者，市儈也。自命雖高，寧不爲薦聘者地步耶？初，熊希齡邀之來湘，主講學堂，議定每歲致束脩千二百金，梁嫌其薄，增至千六百金始允。是其志不在科第，不在衣食，而直截了當在此物也。聞梁與汪進士康年爲死生性命之交，創報館時，同心聚斂，後卒以分利不均，聽譚嗣同之唆，與汪爭論。是科第、衣食皆不累人，而惟此物足以累人也。説士空談，願學者勿尚。

他日二三子所任之事，所歷之境，其艱鉅厄苦，視文正時又將過之，非有入地獄手段，非有治國若烹小鮮氣象，未見其能濟也。故養心者，治事之大原也。自破碎之學盛行，鄙夷心宗，謂爲逃禪。因佛之言心，從而避之，乃並我之心，亦不敢自有，何其傎也？《學約·養心》

汨羅鄉人曰：天堂、地獄之説，惟釋氏、摩西有之，儒家無此言也。康、梁於釋氏得其皮毛，於摩西窮其骨髓，每箸一書，每持一議，言外之旨，如龍無首，如蛇無足，巧言破道，罪浮於莊、列矣。讀者試檢自來學程，有此語言、文字否？蓋其心皈依彼教久矣，其所以不能決然舍去者，則以科第、衣食之類有以畢之也。

一斂其心，收視返聽，萬念不起，使清明在躬，志氣如神。一縱其心，徧觀天地之大、萬物之理，或虚搆一他日辦事艱難險阻、萬死一生之境。同上。

汨羅鄉人曰：此全以釋氏起滅之法行之，讀者勿爲所惑。

名士狂態，洋務擅習，不願諸生效也。《學約·治身》

汨羅鄉人曰：「名士狂態」，不知訕謗朝政在内否？「洋務擅習」，不知七日安息在内否？

夫學之繁博而難讀也既如彼，其讀之而無用也又如此，苟無人董治而修明之，吾恐十年之後，誦經讀史之人，殆將絶也。《學約·讀書》

汨羅鄉人曰：梁之在學堂教習也，《孟子》《公羊》外，無他經焉。其章程所舉各書，裝點門面，詢之學堂諸生，乃知其不然。《春秋繁露》則又人人誦習，豈董氏一家之學，在六經之上乎？至於《新學僞經考》，曾經奉旨禁燬。《孔子改制考》《春秋董氏學》，援引異學，侵奪聖經。是梁之董治而修明之者，皆其師康有爲之謬説也。如是而經、史之絶，何待十年？天生康、梁，以絶經也。悲夫！

西人學堂，咸有安息日。「七日來復」，「先王以至日閉關，商旅不行」。古義之見於經者，殆中、西同俗也。《學約·攝生》

汨羅鄉人曰：《易·復卦》象曰「七日來復」，文王繫傳也；象曰「先王以至日閉關，商旅不行」，周公繫傳也。二者各自爲經，不相聯貫。果如若輩之附會其説，則「群龍無首」，真民主之國；「日中爲市」，太陽真一地球。聖人六經，皆先爲康、梁而作，有是理乎？漢、宋説《易》之書具在，讀者盍檢視之？若以二千年以來之注家爲不可據，則請直讀經文。夫經文固未嘗言先王至七日安息云云也。康、梁説經，動輒影射西書，淆亂視聽，願明眼人於此等處留心。必深通六經制作之精意，證以周、秦諸子及西人公理、公法之書，以爲之經，以求治天下之理。《學約·經世》

汨羅鄉人曰：康、梁屢以公法比《春秋》，又教人讀西人公理之書，此彼教之談，《學約》不便明言，其心迹詭譎如此。若以爲西學之善無逾於此者。原朝廷采西學、設學堂，本意欲人博通中、西實學耳，豈尚此空談之公理、公法哉！夫西人公法，衹論强弱。以若輩平日醜詆孱弱之中國，雖人人講求公理、公法，徒有害於實學，烏足云治天下之理？

吾聖人之教之在今日也，號稱受教者四萬萬，而婦女去其半焉，不識字者又去其半之半焉，市儈胥吏又去其半之六七焉，帖括賤儒又去其半之八九焉。此誠莊生所云舉魯國皆儒服，而真儒幾無一人也。加以異説流行，所至强聒，挾以勢力，奇悍無倫。嗚呼！及今不思自保，則吾教亡無日矣。《學約·傳教》

汨羅鄉人曰：聖人，人倫之至也。此四萬萬，人人有父有君，則爲聖教中人；無父無君，則非聖教中人。西人日日傳教，日日啟争端，其入中國也，從其教者，大半無賴之徒。官紳膠庠之士，間有從者，昔年官紳無從教者，近則粤人有之。則鄉里唾罵之，宗族擯斥之。夫使其教而善也，則不待傳而自傳；教而不善也，則雖如西人之兵力行教，而不能化一土耳其之回教，於中國聖教，有何損益乎？西人教會既多，公費尤爲充實。康、梁久萌傳教之志，利其貲耳。雖然，果如彼之附會《公羊》《孟子》之術，以傳孔子之教，則孔子又一摩西也，能不爲孔教悲乎？

翼教叢編卷五

邵陽士民驅逐亂民樊錐告白

立驅逐亂民字人：邵陽士紳軍民等。今因丁酉科拔貢樊錐，首倡邪説，背叛聖教，敗滅倫常，惑世誣民，直欲邑中人士盡變禽獸而後快，我邑公同會議，於四月十五日齊集學宫大成殿，禱告至聖孔子先師，立將亂民樊錐驅逐出境，永不容其在籍再行倡亂，並刊刻逐條，四處張貼，播告通省，倘該亂民仍敢在外府州縣倡布邪説，煽惑人心，任是如何處治，邵陽並無異論。特此告白。

駮南學分會章程條議

得覽《南學分會大略章程》，蓋倡會諸人知其邪説不行，轉而變計，思圖掩蓋而恣誘煽。粗視之似尚平妥，細察之則隱情畢露。今就其貌似平妥之處，稍爲發揮，庶閱者不至竟入迷途。至樊錐所著《開誠》《發錮》諸篇，叛背聖教，棄滅倫紀，顯載《湘報》，兹不贅説。

一、「南學會開辦大略章程」：云「開辦」者，以辦就更有新章也；云「大略」者，以細目不好明言也。一俟會徒既衆，便於任意更改，凡一切平等禽獸之行，惟所欲爲。此時但如此朦混引人入會，日後雖悔悟而求解脱，豈可得哉？此真樊錐所謂「頸圈鼻索」者也，今將施之入會諸君矣。閲者其審諸！

一、「一切拘墟狹隘之見，概宜屏除」：此即《湘報》易鼐所謂「改法以同法」「通教以綿教」「屈尊以保尊」「合種以留種」「改正朔，易服色」之意也，亦即樊錐所謂「一革從前，搜索無剩，唯泰西者是效，用孔子紀年」之意。倘拘墟狹隘之見不概屏除，則君臣、父子、兄弟、夫婦、朋友之倫，各有其分，不可亂矣，大與耶教相背，即大於學會不便。閲者其細察之！

一、「倫常乖舛、違背孔教者，雖有保人，不准入會」：若然，則樊錐永宜屏絶，不准入會。蓋平等邪説，自樊錐倡之也。人人平等，權權平等，是無尊卑、親疏也。無尊卑，是無君也；無親疏，是無父也。無父無君，尚何兄弟、夫婦、朋友之有？是故等不平則已，平則一切倒行逆施，更何罪名之可加，豈但所謂乖舛云乎？聖人，人倫之至，似此滅絶倫常，豈格外更有違背者乎？若而人者，在會諸公宜何如處治，以挽倫紀，以扶聖教，豈直屏絶已哉？今諸公反推爲會長，其於學會章程大相剌謬。閲者省覽焉！

一、「在會人不准談及詞訟案件」：若然，則石秉鈞、石建勳亦宜屏絶，不准入會。昨聞石敬亭爲結餉一案，除應賠罰外，更勒罰花邊二百元。此即未入私囊，究屬干預詞訟。以此而論，似與學會章程相背。或者詞訟案件，只宜暗管，不准談及耶？此非局外人所敢知也。

一、「本會爲大衆身家性命起見，力除一切浮華囂張之習」：此係切實可靠之條，但云「力除一切浮華囂張之習」者，即樊錐《開誠》第三篇所謂「洗舊習，從公道。一切繁禮細故，猥尊鄙貴，文武名場，惡例劣範，銓選檔册，謬條亂章，大政鴻法，普憲均律，四民學校，風情土俗，一革從前，索搜無剩，唯泰西者是效」也。大衆誠能如此行去，則黄卷其髮，十字其宗，馬牛其妻室，紀年以耶穌，紀日以禮拜，正石秉鈞《新民局公啟》所謂「我自興之，無待彼興，彼必不肯慘施殺戮」也。如此而身家性命可保，吾不之信矣。

摘駮樊錐開誠篇中語尤悖謬者

自民之愚也久矣，不復見天日也，亦已甚矣。其上以是愚之，其下復以是受之。二千年淪肌浸髓，梏夢桎魂，酣嬉怡悦於苦海地獄之中，縱横馳逐於醉生魘死之地，束之縛之，踐之踏之，若牛馬然，若莓苔然。

駮曰：我朝開國以來，教養兼盡，上何嘗愚下，下何嘗受愚？且二千年自漢迄今，其間聖君賢相、理學名儒，不可殫述。樊顧謂其梏夢桎魂，酣嬉怡悦，束縛踐踏，若牛馬、莓苔，目中固無千古矣，不知其祖宗亦在二千年内也。樊錐不産於空桑，安得出此喪心病狂之論？

今宜上至百寮，下至群醜，俱如此類，網羅淨盡，聚之一室，幽而閉之，使其不見日月，不與覆載。

駮曰：自古權奸逆豎，心懷叵測，必將忠臣義士一網打盡。樊錐此言，殆又甚焉。倘其得志，忠義之士無噍類矣。

是故願吾皇操五寸之管，半池之墨，不問於人，不謀於衆，下一紙詔書，斷斷必行，曰：「今事已至此，危迫日極，雖有目前，一無所用。與其肢剖節解，寸寸與人，稅駕何所，躡天無路，不如趁其未爛，公之天下。朕其已矣。」

駮曰：天子詔命，豈臣下所敢戲擬，況此等大逆無道之言乎？國典具在，臠割寸磔，處以極刑，似尚未足以蔽其辜。

四海一心。一心者，人人所自主之權，人人以救亡爲是。窮極生變，鬱極生智。

駮曰：治天下者，大權不可以旁落，況下移於民乎？所宜通者，惟上下之情耳。樊錐謂人人有自主之權，將人人各以其心爲心，是使我億萬人民散無統紀也。樊錐謂可以一其心，吾謂實億萬其心也。此則亡且益速，又烏能起而救之？泰西國固多民主，然法國議院朋黨蜂起，卒爲國禍，在泰西且不可行矣。雖曰「窮極生變，鬱極生智」，推其意，直欲以我列聖以來乾綱獨攬之天下，變爲泰西民主之國。其斯以爲智與？真漢奸之尤哉！

洗舊習，從公道，則一切繁禮細故，猥尊鄙貴，文武名場，惡例劣範，銓選檔册，謬條亂章，大政鴻法，普憲均律，四民學校，風情土俗，一革從前，搜索無剩，唯泰西者是效，用孔子紀年。

駁曰：尊卑貴賤有一定之分，法律條例有不易之經。樊錐公然敢以「猥鄙」「惡劣」「謬亂」字樣，詆毁我列聖典章制度，毫無顧忌，其狂悖實千古未有。且明言「唯泰西者是效」，何必再言「用孔子紀年」，直曰「以耶穌紀年」可耳。

賓鳳陽等上王益吾院長書

夫子大人鈞座：

竊我省民風素樸，自去夏以前，固一安静世界也。自黄公度觀察來，而有主張民權之説；自徐硯夫學使到，而多崇奉康學之人；自熊秉三庶常邀請梁啟超主講時務學堂，以康有爲之弟子，大暢師説，而黨與翕張，根基盤固，我省民心，頓爲一變。《湘報》刊瀏陽譚嗣同之言曰：「南海康工部，精探道奥，昌明正學。其徒梁孝廉克肩巨任，一洒俗儒破碎拘攣之陋，而追先聖微言大義之遺。吾湘人士，聞風興起，懷德慕思。」云云。吾不知康所探者何道，而譚所懷者果何德也？吾人舍名教綱常，别無立足之地；除忠孝節義，亦豈有教人之方？今康、梁所用以惑世者，民權耳，平等耳。試問權既下移，國誰與治？民可自主，君亦何爲？是率天下而亂也。平等之説，蔑棄人倫，不能自行，而顧以立教，真悖謬之尤者。戴德誠、樊錐、唐才常、易鼐等，承其流風，肆行狂煽，直欲死中國之人心，翻亘古之學案。上自衡、永，下至岳、常，邪説浸淫，觀聽迷惑。不解熊、譚、戴、樊、唐、易諸人，是何肺腑，必欲傾覆我邦家也。

夫時務學堂之設，所以培植年幼英才，俾兼通中、西實學，儲備國家之用。煌煌諭旨，未聞令民有權也，教人平等也。即中丞設學之意，亦未嘗欲湘民自爲風氣，别開一君民共治之規模也。朝廷官長不言，而諸人以此爲教，則是藉講求時務，行其邪説耳。夫合中、西爲學堂，原欲以中學爲根柢，兼采西學之長。堂中西學，自有教習訂立規模，與中學不相涉也。中學所以爲教，人皆知之，無待别求門徑也。而梁啟超等，自命西學兼長，意爲通貫，究其所以立説者，非西學，實康學耳。且若輩之言曰：「教自我立，無待彼興。西人一來，雙手奉獻，彼必不肯慘施殺戮。」又曰：「今日教學諸人，即是興朝佐命。」果爾，今之爲學堂、學會，非徇警路人之木鐸，直吹散子弟之楚歌。朝廷誥諭頻仍，大吏多方籌畫，而以成就如許無父無君之亂黨，果何爲哉！竊謂各省奉旨開設學堂，本係美舉。我省人士，聞風振興。今擇師一不慎，不以立學，轉以敗學；名爲培才，實則喪才。天下受益，我省受害，且貽人心、風俗無窮之憂，不僅一時一事而已。

中丞公事繁多，或未檢察及此。夫子名流領袖，若再緘默不言，上負君國，下誤蒼生，問心何以自解？務祈函達中丞，從嚴整頓，辭退梁啟超等，另聘品學兼優者爲教習，我省幸甚！學校幸甚！

梁啟超等所批學堂課藝、日記，或出手書，或係刻本，或近日改刊，皆有悖亂實據，不可磨滅，加以案語，摘録呈電，俾知其人其説，難以姑容。迫不得已而爲之，非好事也。

受業賓鳳陽、楊宣霖、黄兆枚、劉翊忠、歐陽鵬、朱應湘、吴澤、彭祖堯等仝稟。

湖南時務學堂課藝總教習梁啟超批以下刻本

凡賦税於民者，苟爲民作事，雖多不怨，今西國是也。上海租界每季巡捕捐極重，未有以爲怨者也。苟不爲民作事，雖輕亦怨矣。中國之税，至本朝而輕極矣。《孟子》謂：「輕於堯、舜之道者，大貊、小貊也。」何以謂之貊？謂其不足以供幣帛饔飧、百官有司之用也。今之中國是矣。以賦輕之故，乃至官俸亦不能厚。惡知官俸既薄，而彼百官者，乃仍取之於民之身，而其禍益烈耶？

案：斥本朝輕賦爲「大貊、小貊」，喪心病狂！

又：今日欲求變法，必自天子降尊始〔一〕。不先變去拜跪之禮，上下仍習虛文，所以動爲外國訕笑也。

案：此言竟欲易中國拜跪之禮爲西人鞠躬，居然請天子降尊，悖妄已極！

又：《春秋》大同之學，無不言民權者。盍取六經中所言民權者，編輯成書，亦大觀也。

案：民有權，上無權矣。欲附會六經，六經安有此說？

分教習韓文舉批

天下無敵，美國有焉，歐洲不及也。今歐州各國之人，每年隸美籍者，不知凡幾。如戰爭之事，與諸國持和局者，多由美國。溯美國由乾隆四十一年，始聯合十三州，至今日所屬邦部已四十餘，近又合併檀香山，將來大一統者，必由美國以成之也。

案：欲美國大一統，置本朝於何地？

又：後世爲臣者，不明以臣佐君之義，皆是爲民作用，而遂甘爲奴隸婦孺，至於國破時，僅以一死塞責，後世遂目爲忠臣。二千年之錮蔽，牢不可破。

案：此教人不必盡忠也，無人心至此！

又：美國總統有違例，下議院告之上議院，上議院得以審問，例能奪其權而褫其職。英國雖君臣共主之國，其議院亦曾廢君。可見舜亦由民公舉，非堯能私授也。

案：如此，則中國幸不設議院耳。議院設而廢君，大逆不道之事更多矣。

分教習葉覺邁批

教主立法，專在智民，然民智之後，又必打入仁説。正所謂「誠者天之道，思誠者人之道也」。

案：此近日花之安、李提摩太引人入教之議論〔二〕。不圖自命傳孔教者，亦有此聲口。

學堂日記梁批 以下手書本

屠城屠邑，皆後世民賊之所爲。讀《揚州十日記》，尤令人髮指眦裂。故知此殺戮世界，非急以公法維之，人類或幾乎息矣。

案：三代以後得天下者，皆逆取而順守。聖清之於前明，與國也。《揚州十日記》之言，明季遺老之言也。不思二百餘年之深仁厚澤，而乃執明季一人之言，以爲民賊乎？是亦賊民而已矣。

又：公法欲取人之國，亦必其民心大順，然後其國可爲我有也。故能興民權者，斷無可亡之理。汝已見到此層，但未鞭辟入裏耳。

案：興民權只速亂耳，安得不亡？

又：議院雖創於泰西，實吾五經、諸子、傳記隨舉一義，多有其意者。惜君統太長，無人敢言耳。

案：「惜君統太長」五字，悖逆至此，殆欲人人造反，時時作亂，然後快於心與？

又：中國萑苻甚熾，上無禮，下無學，賊民興，喪無日矣。今日變政，所以必先改律例。

案：如此言，直欲廢中律，用西律耳，是之謂賊民。

又：二十四朝其足當孔子王號者，無人焉，間有數霸者生於其間，其餘皆民賊也。

案：二十四朝之君主，謂之民賊，而獨推崇一孔子。是孔子之受歷代褒崇，爲從賊矣。狂吠可恨！

又：衣服雖末事，然切於人身最近，故變法未有不先變衣服者。此能變，無不可變矣。

案：改朔、易服，皆興王之事，若輩何敢妄言？歷代草寇未有不改制者，黄巾、赭寇，非其人乎！

學堂答問韓批以下近日改刊本

有伯姬之賢，三國來媵，尚爲非禮，況不如伯姬乎？亦惟有伯姬之善，乃能容之，餘則不能，可知矣。可見僅得一伯姬，而不及伯姬者多矣。此不平等中之平等，聖人居于據亂世〔三〕，不得已也。

案：平等之説，出自釋氏，安得以之附會聖經？自梁啟超來主時務學堂，于是人人言平等，至有皮孝廉父子之謬論。謹厚者如此，其他可知。傷風敗俗，莫此爲甚。

又梁批

一盜案之微，州縣治之足矣，而上勞朝審，皆極可笑。

案：聖人慎刑愛民，所以有朝審。此列祖列宗之成法，而以爲可笑，不知是何居心？

又梁批

日本所以二千餘年不易姓者，由君位若守府，而政在大將軍。凡欲篡位者，篡大將軍之位而已。日本所以能自强者，其始皆由一二藩士慷慨激昂，以義憤號召於天下，天下應之，皆俠者之力也。中國無此等人，奈何！奈何！

案：梁啟超欲興民權，所以藉口於君位若守府；欲尊任俠，所以藉口於日本之自强。童子何知，其不爲此似是而非之論所誤者，鮮矣。

又梁批

中國舊論，常以能言不能行責人，此最謬論。蓋有立言之人，有行事之人，各有所長，不能相非，必欲以責一人之身，萬無是理。

案：時務學堂之設，育人才也，能言而不能行，天下古今安有此教人之法？果如此等謬論，則學堂之設，專爲若輩言者設矣。他日學僮成立，皆持梁啟超之説以教人，豈非誤盡天下蒼生耶？

又梁批

臣也者，與君同辦民事者也。如開一鋪子，君則其鋪之總管，臣則其鋪之掌櫃等也，有何不可以去國之義？

案：封建之世，皆天子之臣，故可以去此適彼，非所以論于今日之世也。果如此等議論，則龔放拱之漢奸、姚福秋之肇亂，皆得謂之合于古義矣。三尺童子習聞此類謬説，湘中風俗、人心之壞，恐有不可問之日矣。

漢世武梁祠堂畫象所畫古帝王，多人首蛇身、人面獸身。蓋古來相傳，實有證據也，《山海經》言絶非荒謬。董子引古語云「人當知自貴於萬物」，可知古時人與物相去之率，本不甚遠。若至今日，則誰不知己身之貴于物者，而更待聖人之丁寧告誡耶！西人古書屢出告令，禁人與獸交。然則古時之人與獸交者，必甚多矣。

案：删《書》斷自唐、虞，聖人自有深意。太史公曰：「其文不雅馴，搢紳先生難言之。」西人禁人與獸交，見之彼國載記，安得以之臆斷中國上古之人？學堂與童子所講者此事，毋怪合種之醜論，騰于士夫之口也。此輩顧爲《山海經》中之人，何苦率黄種而盡爲獸種乎！

【校勘記】

〔一〕「自」，原誤作「目」，據武昌重刻本改。

〔二〕「人」，原誤作「入」，據武昌重刻本改。

〔三〕「居」，原脱，據《覺迷要録》卷四補。

湘紳公呈

具呈前國子監祭酒王先謙、前雲南補用道劉鳳苞、編修汪槩、工部郎中蔡枚功、候選郎中張祖同、吏部主事葉德輝、工部主事鄭祖焕、分省補用道孔憲教、前寧夏府知府黄自元、前華容縣教諭嚴家鬯等，爲學堂關繫緊要，公懇主持廓清，以端教術而挽敝習事：

竊爲政先定民志，立學首正人心；損益迺百世可知，綱常實千古不易。湘省風氣醇樸，人懷忠義，惟見聞稍陋，學愧兼通。上年開設時務學堂，本爲當務之急，凡屬士民，無不聞風興起。乃中學教習廣東舉人梁啟超，承其師康有爲之學，倡爲平等、平權之説，轉相授受。原設立學堂本意，以中學爲根柢，兼采西學之長。堂中所聘西學教習李維格等，一切規模俱屬妥善。至於中學所以爲教，本有康莊大道，無取鑿險縋幽。梁啟超及分教習廣東韓、葉諸人，自命西學通人，實皆康門謬種，而譚嗣同、唐才常、樊錐、易鼐輩，爲之乘風揚波，肆其簧鼓。學子胸無主宰，不知其陰行邪説，反以爲時務實然，喪其本真，争相趨附，語言悖亂，有如中狂。始自會城，浸及旁郡。雖以謹厚如皮錫瑞，亦被煽惑，形之論説，重遭詬病。而住堂年幼生徒，親承提命，朝夕濡染，受害更不待言。是聚無數聰穎子弟，迫使斲其天性，效彼狂談，他日年長學成，不復知忠孝節義爲何事。此湘人之不幸，抑非特湘省之不幸矣。

今皮錫瑞不爲珂里所容，樊錐復爲邵陽所逐，足見人心不死，率土皆同。從前士紳公議，擬俟梁啟超此次來湘，稟請鈞奪。昨聞其留京差委，學堂自必另聘教習。竊以爲本源不清，事奚由治？伏乞大公祖嚴加整頓，屏退主張異學之人，俾生徒不爲邪説誘惑，庶教宗既明，人才日起，而兼習時務者，不至以誤康爲西，轉生疑阻。學校幸甚！大局幸甚！

紳等迫不得已，冒瀆威嚴，惟祈格外鑒諒。上呈。

湘省學約

夫世運之興衰，繫乎學術。學術者，人才之根基，天下、國家所恃以致治而靖亂者也。吾湘人才茂美，由鄉先正講明學術，不騖歧趨。國朝中興，彬彬極盛，其中如曾文正、左文襄、胡文忠、羅忠節，傑出無倫。考其爲學，不外義理、考據、辭章、經濟。此四者，析之則殊途而異趨，合之則同條而共貫，亦在人觀乎其大而已。

近日五洲大通，泰西挾其長技，争勝中華，中學之外，别爲西學。守正之士，多鄙夷之；淺識之儒，又詫異之。究之泰西之學，實出於中國百家之言，載籍具存，班班可考。皇上内撫中夏，外馭諸夷，飭各督撫創建時務學堂，大吏奉而行之，原欲講求實學，上副朝廷儲才輔治之心。迺自新會梁啟超來湘爲學堂總教習，大張其師康有爲之邪説，蠱惑湘人。無識之徒，翕然從之。其始隨聲附和，意在趍時；其後迷惑既深，心腸頓易。考其爲説，或推尊摩西，主張民權；或效耶穌紀年，言素王改制。甚謂「合種以保種」「中國非中國」，且有「君民平等」「君統太長」等語，見於學堂評語、學會講義，及《湘報》《湘學報》者，不勝僂指。似此背叛君父，誣及經傳，化日光天之下，魑魅横行，非吾學中之大患哉！

孟子曰：「楊、墨之道不息，孔子之道不著。」韓昌黎曰：「不塞不流，不止不行。」今與吾湘人士約，屏黜異説，無許再行揚播，煽惑人心。其被誘誤從者，均宜悔改，尚其嚴身心義利之界，晰古今政學之精，究國家利病之原，探東西藝能之藴，共相砥礪，期於有成。異日發爲事業，將與曾、左、胡、羅諸公後先輝映，斯湘人厚幸也。條約如左：

一、正心術。心術與學術相表裏，心術不正，縱學問淹博，適以濟其奸邪。當今滄海横流，事勢日棘，朝廷變通舊制，期於宏濟時艱。天下之士，言衛道者，多守舊而惡新；言變法者，多趨新而厭舊。學者徘徊觀望，靡所適從，而傾危變亂之徒，遂張其異幟，託辭救世，熒惑衆心。非灼知繩準聖賢，愛戴君父，致一旦誤墮其術，將處則負慙名教，出則流毒蒼生，漁利弋名，卒歸喪敗。伊古以來，亂臣賊子，皆自一念之不正基之。凡我湘人，各宜省惕。

一、覈名實。今日議論，動言守舊、維新，而於新、舊之實，或未盡知。所謂舊者，研經史，闡義理，以及詞章、訓詁，致力顓精。此吾人應修之業，言學者不廢也。而株守帖括、迂腐尠通者，託之曰：「吾守舊也。彼其講求西學，皆異教也。」如是而舊之實湮，舊之名病。所謂新者，講工藝、製造之理，通環球政學之要，擇善而取，不耻相師，亦吾人應修之業，特以風氣初開，從事方眾，故別之曰新耳。而爲改制創教之説，持平等、民權之議，逞一切悖謬之談者，託之曰：「吾維新也。」彼其詆我者，皆沮撓新政者也。」如是而新之實湮，新之名病。故非揭明新、舊兩宗，學者仍恐誤會，徒啟紛争，無裨要務。今特辨析新、舊之名，俾有志之士，進覈其實，嚴杜假冒，以正歧趨。從前湘省書坊出售西學諸書，慮觸時忌，取名「新學書局」，不料爲康學者，從而依託其中，以致惑亂人心，實堪痛憤。方今朝廷言學，中西並采，屢見綸音。吾輩草野寒儒，遵奉宸謨，豈於西學尚有嫌忌？已商之坊肆，將「新學書局」一律改爲「西學書局」，以免康學冒託。是亦正名杜害之一端也。

一、尊聖教。孔子之道，爲天地立心，爲生民立命，乃乾坤所由以不敝者也。始厄於楊、墨，孟子辯而距之；繼厄於釋、老，昌黎辭而闢之。其綿延中國二千四百餘年不墜者，實賴有人扶翼張大之耳。今泰西諸教通行中國，較楊、墨、釋、老爲尤甚。吾輩服習聖教，惟有惕厲儒修，提倡忠義，力行尊親之道，自求教養之方。國勢既張，儒效斯著，俾頑夫愚婦，皆知聖人之教，如日中天。《中庸》曰：「凡有血氣者，莫不尊親。」行見彼都之人漸染變化，吾教且盛行於五洲也。然扶翼張大，豈伊異人之責哉？尚各勉旃，請自今始。

一、闢異端。南海康有爲，素行詭僻，心迹悖謬，曾爲許尚書、文侍御參劾，綜其劣蹟，人品可知。所撰《新學僞經考》一書，誣蔑古經，曾經禁革。今梁啟超乃煽其師《孔子改制考》之邪説，譚嗣同和之，謂其「精探道奥，昌明正學」，積非勝是，炫惑一時，遂至書坊射利翻刻，聞有稱爲「康聖人」之語。嗟乎！後生末學，罔識臧否，歧塗誤入，良可怪歎。狂瀾不挽，將有滔天之憂；毒燄復延，必成燎原之禍。兹特申禁，書坊不得刷售，務靖邪説而絕根株。即已經誤購諸人，宜速銷燬，毋任流傳後學，詒害無窮。

一、務實學。中學以致用當務爲要，以博聞强記爲能，然時勢已亟，義主濟世，綜經、史、諸子、理學、政治、地理、辭章、小學各門，雖或從簡，烏可棄捐？張尚書《勸學·内篇》，條舉分明，有限有程，可爲模範。宗旨既正，根基自立。西學如五洲政治、專門藝能，均須實力研求，洞見原本，不必存菲薄之心，亦無蹈張皇之習。至於綱常、禮制、國俗、民風，西國遠遜中華者，不得見異思遷，致滋流弊。此後學會、《湘報》，倘有仍倡邪説者，定當公同駁斥，以靖澆風，期於世道、人心，大有裨益。

一、辨文體。文所以載道也。唐王勃、李賀輩，天才穎異，識者猶謂非遠到之器，無他，有文而無實也。國朝沿明之舊，以制藝取士，法律綦嚴。近時風氣大非，或剽竊子、史，或闌入時事，甚且綴緝奇字怪語，不知音義，無可句讀，文風幾於掃地。乃持文衡者，大半茫昧，動爲所欺。此以是投，彼以是取，輾轉倣效，循而不變，必至科目無一通人，宜朝廷以時文積弊太深，改試策論也。然試場策論，非有學術、能文章者主持之，其弊殆比時文更甚。觀《湘報》所刻諸作，如熱力、漲力、愛力、吸力、攝力、壓力、支那、震旦、起點、成綫、血輪、腦筋、靈魂、以太、黄種、白種、四萬萬人等字眼，摇筆即來，或者好爲一切幽渺怪僻之言，閲不終篇，令人氣逆。若不共懲此弊，吾恐朱子欲廢三十年科舉之説，將行於今日。昔歐陽文忠知貢舉，痛恨新體，擯斥險怪奇澀之文，良以言者心聲，言既不軌，心必不正，先於進取嚴爲剖別，庶幾國家得有用之材，不至以跌踶覂駕者害天下也。朱子云：「歐文好者，只是靠實而有條理。」又曰：「歐、蘇文好處，只是平易説道理，初不使差異底字，换却尋常底字。」先哲名言，允宜服膺毋失。文章與世運爲升降，果文體由降而升，世運亦自此卜昇平矣。

一、端士習。《論語》子貢問士，子曰：「行己有耻，使於四方，不辱君命，可謂士矣。」又曰：「士志於道，而耻惡衣惡食者，未足與議也。」又曰：「士而懷居，不足以爲士矣。」竊揆其義，士雖身未通籍，當知有天下、國家之責，使繫念於衣食居處，而酣嬉安逸之是求，則其分之所應盡者，必多缺失。況今日之士，以夤緣爲學問，以勢利爲功名，以徵逐戲謔爲交游，以傾軋争鬬爲事業，干預詞訟，牴忤官長，閒居放議，顛倒是非，廉耻盡亡，名實不副，猶靦然自命曰：吾士也。噫！士習若此，欲中國之强，其可得耶？夫士居今日而圖强，必由孔子之語，心知其義而力行之。觀於前哲，范文正爲秀才，即以天下自任，卒爲北宋第一人物。使中國之士，皆以范文正自期，激厲憤發，不狃故習，毋責人，毋恕己，日繩其所習，必圖於天下有濟。即無范文正之遇，不克顯功業於一時，而人人有折衝禦侮之心，隱若敵國，外人自毋得欺陵之。況有志者事竟成，他日建奇策，奏殊勳，必由學校奮興之力也。

吾湘繫全局安危，同志諸君，當各以天下自任。謹立學約，期共勉遵。

翼教叢編卷六

張孝達尚書電致徐學使書

去歲騶從過鄂時，鄙人力言《湘學報》多有不妥，恐於學術、人心有妨，閣下主持風教，務請力杜流弊。承台端允許，謂到彼後必加匡正，嗣後來函，復云某君已經力勸等語。是以遵命代爲傳播，轉發通省書院。息壤在彼，當可覆案。乃近日由長沙寄來《湘學報》兩次，其中奇怪議論，較去年更甚，或推尊摩西，或主張民權，或以公法比《春秋》。鄙人愚陋，實所未解，或係閣下未經寓目耶？此間士林見者嘖有煩言，以後實不敢代爲傳播矣。所有以前報貲，已飭善後局發給，以後請飭即日截止，無庸續寄。另將學報不妥之處籤出，寄呈督閲。學術既不敢苟同，士論亦不敢强拂，伏祈鑒諒。

梁節菴太史與王祭酒書

祭酒夫子函丈：

一湖之隔，有如千里，書問契濶，積愫萬端。秋風啟涼，敬維吾師向日心誠，扶世道重，凡在吾黨，共知所歸。數年以來，屢思摳謁，繭足此地，傷心不辰。憂世既多，歎生尤甚，相知若函丈，必鑒察也。

馬關約定數年，又有膠州之事，四夷交侵，群奸放恣。於是崇奉邪教之康有爲、梁啟超，乘機煽亂，昌言變教。恰有陰狡堅悍之黄遵憲，輕謬邪惡之徐仁鑄，聚於一方，同惡相濟，名爲講學，實與會匪無異。湖南乃忠義之邦，人才最盛。昔吾粤駱文忠公巡撫此地，提倡激厲，賢傑輩出，同衛社稷，如雲龍之相從，至今海内以爲美談。豈意地運衰薄，生此三醜，以害湘人，以壞嶺學。凶德參會，無所底止，上則欲散君權，下則欲行邪教，三五成群，邪説暴作，使湘有無窮之禍，粤有不潔之名，孰不心傷！孰不髮指！

鼎芬濫主湖院，日與諸生講明君父之義、華夷之防，於近日康教，尤所深斥。所幸同學諸子，咸受約束，知其猖狂，從無染之者。吾師主持湘學，初恐後生小子聞見不廣，則以開風氣爲先；繼以異端逆黨，議論横生，則以闢邪説爲重。可謂肩重任於將隊，扶大厦於甚傾。多士攸賴，豈獨鼎芬哉？近見湘省公啟一首，嚴正平允，所駁超説，真足以衛學校、扶國家，惜所得尚少，不能徧散。此間刻有許尚書師、文御史奏稿，奉上數本，望以湘刻酬我。

悲夫！廉耻日喪，大局皇皇，群賊披猖，豪無忌憚。吾黨君子，聞風相思，風雨淒淒，不改其度。請告張、黄、葉諸公，誓戮力同心，以滅此賊，發揮忠義，不爲勢怵，不爲禍動，至誠所積，終有肅清之一日，大快人心。皇天后土，實鑒斯志。

臨書憤懣，不詳者多，敬承杖履安佳。

王猷焌上王院長書

受業王猷焌敬稟夫子大人鈞座：

敬稟者，我湘省人心古樸，素號忠義，惟不免深閉固拒，未能開通明達。邇者自陳中丞莅任以來，創設時務學堂，開辦南學會，原欲以開通民智，使士民不狃於故常，不安於固陋，法良意美，夫復何言。乃熊希齡、譚嗣同諸人，悖亂其間，遇事朦蔽，聳撫憲聘康有爲之弟子梁啟超來湘主講，專以民權、平等、無父無君之説爲立教宗旨，論其罪狀，何殊叛逆。於是承其風者，若樊錐，若易鼒，若唐才常等，肆行無憚，顯悖倫常，喪心病狂，莫此爲甚。此誠學術之關鍵，風俗之隱憂也。湘省何辜，被其荼毒。此風日熾，邪教愈張，其勢不至視君父如弁髦，陷士民爲禽獸不止。當中丞主持此事之始，吾夫子亦嘗與聞，其悖謬之尤，敗壞之極，又豈吾夫子與中丞之始意之所及料耶？

至南學會宣講，亦屬盛舉。古人講學，聽者至千餘人，然其所講者，總不外孝弟忠信、禮義廉耻而已。今學會所言者，除中丞講義教人以盡忠知耻外，其餘講義，何一非若輩逞其邪説，放厥淫詞？受業曾身厠其間，聽講數次，見其不合於理之言，不一而足。竊見其堂前有所謂待問櫃者，私心竊喜，以爲此舉或係中丞盛意，欲人之各舉所見，條陳其事，以去隔閡之弊。曾於月前直攄所見，力抵其民權、平等之非是，並直陳保衛之難行。在受業之意，亦不過貢其愚忱，代達民隱。越日至學會講堂上，見有「答野人王某問」一條，並未將所問各條貼出。夫既以所問爲無理，則何不貼供衆覽，俾咸知是非之所在？若以所問爲是，則何得以「野人」相詬詈？此中情態，不問可知。總之，學會諸人，大都爲康氏僞學所惑，故信口狂吠，不顧名義，而爲康氏之徒如粱啟超者，則又闡揚師説，穢我湘風。

我夫子爲當代巨紳，斯文宗匠，竟始終緘默，不置一詞，似於維持風化之道，不無遺憾。受業忝列門下，不敢不貢其忱悃。伏望我夫子婉商撫憲，另聘名儒主講時務學堂，並斥逐黨附僞學諸人，以端學術而正人心，不勝禱盼之至。

賓鳳陽與葉吏部書

焕彬先生大人崇席：

久慕鴻儀，未親几席，緬懷之極，無任欽依。鳳陽蠖屈麓山，學識譾陋，然於風俗、人心之故，學術趨向之原，從不敢背道離經，得罪名教。

邇來徐學使來湘，刊布《輶軒今語》，四處分送，近復張貼到院。鳳陽等閲之，十分駭詫。竊念吾湘人士，雖乏開通卓越之選，究皆有誠樸篤穆之風。今學使主張康學，以公法比《春秋》，以蔑古爲宗指，鳳陽檮昧，幾於忿恨莫名，久擬就管見所及，評駁一二，以告同志，奈才力綿薄，未能遽達鄙見。頃於友人案頭，得先生《輶軒今語評》，誦閲一遍，令人分外爽快。先生此舉，洵正學之先聲，中流之砥柱也。惟近聞《輶軒今語》一書，迺廣東梁啟超所作，並非出自徐公手筆，則是推崇異學、煽惑人心者，其罪應有專責。梁啟超以平等、民權之説，乖悖倫常，背戾聖教，靦然人面，坐擁皋比，專以異説邪教陷溺士類，且其黨與蕃衆，盤踞各省，吾湘若仍聽其主講時務學堂，是不啻聚百十俊秀之子，焚而坑之。吾恐中國之患，不在强鄰之窺逼，而在邪説之誣民也。夫世運之盛，端在人心；人心之純，由於學術。學堂之立，原欲開通民智，講求時務，而敗壞一至如此，非二三縉紳先生起而維持之，湘楚大局，尚可問哉！

先生本吾鄉先達，應請顧全大局，亟與當道諸公商請撫憲，另聘聲望素孚、品學兼全者，主講時務學堂，實爲至幸。若先生有所顧忌，專事緘默，則於保全桑梓、成全後進之道，猶有未盡。鳳陽戇直，敢以嘵嘵之口，貢達左右，伏惟亮詧，勿相責詈。幸甚！幸甚！

王益吾祭酒復畢永年書

松甫賢友文右：

昨晚歸奉手書，勤懇切至，抑何意味之深長也。僕非無心於斯世者，但志趣所到，不能强同，敢爲吾友一一明之。

來諭謂僕宜住院督課，誠哉是言。僕在蘇學任内，以遭家多難，兒女夭折，萬念灰絶，決計歸田。官之不圖，館於何有？乃郭筠老强之於前，張中丞迫之於後，遂由講舍，移席城南，展轉因循，更點嶽麓。家號四口，唯僕一男。老妻卧床，兩妾拙弱，米鹽瑣屑，皆自料理。寓居曠野，夜多盗警，赴院則棄家，居家則離院，牽率却顧，耿耿此心，非以徐先生爲可法而蹈其故步也。然因此之故，廣設視聽，開通聲息，不敢夸言整頓，似尚未甚廢墜。齋長五人，屏絶少年浮蕩之習，屈祠挾妓，可保必無。至「篤實開通」四字，談何容易！高潛異器，兼者幾人？撫膺懷舊，容或有之，不害爲老成齋長也。

天下學術，斷不能盡出一途，但令趨向克端，無庸强人就我。省城學會，聚講多賢，《湘報》刊行，見聞廣遠，開拓民智，用意甚善。此外道合志同，各自立會，互相切劘，亦不失敬業樂群之義。奚必盡一世之人，相與奔走喘汗，摇唇鼓舌，院設高坐之席，家持警衆之鐸，然後爲一道德而同風俗邪？今國之急務在海軍，民之要圖在商務。朝士無論矣。草野二三君子，以振興世道爲己任，不思盡心實事，挽救阽危，而相扇以虛名，專意鼓動世俗，即使率土覺悟，太息呼號，而無開濟之道。譬猶舉家醉卧，蘧然夢醒，束手相顧，以須盗之入室，所謂固圉而保種者，果安在乎？僕擲萬金於製造，實見中土工藝不興，終無自立之日。此心不爲牟利，較然甚明。衆志不齊，中道相棄，僕之寸念，亦無所悔所恨。滔滔天下，忠信不立，彌望虛僞，非世運之佳徵耳。

僕自蘇歸時，以四鄉多警，勉就城居，牽涉應酬，不能離人獨立。投暇一編，未忘寢饋，忽忽六旬，不甘朽腐，尚有數書未能卒業，亟欲賡續成之，以待來者。同一偷生視息，却非無業游民，自衣冠出門外，嬉遊絶少，熱客尤稀。來諭云云，未爲知我，外間浮論，豈復可信？此不足辨也。生平性耽清净，不喜結納，京居惟二三知好，商榷文藝，歸來亦然。其餘親故往來，有生不廢，雖或不欲，其可去乎？學問一途，惟在心得。疇昔語人，云爲政不在多言，學亦如之。今足下欲僕伸議事之權，魁求新之黨，嚶鳴求友，聒於市人，返之此心，良非素習。

南學啟會，迄今月餘，衆口紛紜，有如矛戟。平情論之，陳中丞開講數次，聽者洒然動容，亦由居得爲之位，任先覺之責，故感人如此其深也。此外會講諸君，不免被人吹索。報館之文，雜襲鱗萃，或侈口徑情，流爲犯訕；或黨援推奉，自召不平。教人以言，本非易事，況復擇語不慎，何謂人言不足畏也。今日群才奮興，莫不自命千古，誰肯受人指摘？而欲僕攝齋登堂，攢眉入社，附和既所難安，箴規又不敢出，徒然東塗西抹，與三五少年相追逐，豈復有善全之地邪？

竊謂中國學人大病，在一「空」字。理學興，則舍程、朱而趨陸、王，以程、朱務實也；漢學興，則詆漢而尊宋，以漢學苦人也；新學興，又斥西而守中，以西學尤繁重也。至如究心新學，能人所難，宜無病矣。然日本維新從製造入，中國求新從講論入，所務在名，所圖在私，言滿天下，而無實以繼之，則亦仍然一空，終古罔濟而已。何如閉户自修，不立名目，不事徵逐，尚留我本來面目之爲愈邪？

吾友天資、悟力超絶等倫，倘不鄙棄僕言，願勿以牖民覺世爲名高，而以力學修身爲本務，闇然日章，操券可獲。空談小補，諸君子任之足矣，何足以辱吾賢？如其不愜於心，即請各行其是，毋復後言〔一〕。

【校勘記】

〔一〕「毋」，原誤作「世」，據武昌重刻本改。

王祭酒與吴生學競書

久未接談，良深企想。頃讀來札，關愛殷切，感不可言。學堂、學會，先謙皆曾到場。以學堂係奉旨建立，學會則中丞殷殷注意，隨同前往，然皆僅到一次，因先謙事忙，並非有所避忌而不往也。學會議論新奇，因其刊入《湘報》，人人共見，始有辭而闢之者，先謙迺得與聞崖略。至學堂之悖謬，半月前見梁啟超批學生刊稿各本，稱「南海先生」，然後知爲康有爲之弟子，專以無父無君之邪説教人，大爲駭怪，同人遂有聯名具呈之事。熊庶常不知醒悟，反爲不平，不知何意？然則得罪名教之亂臣賊子，當在公同保護之列歟？來諭謂熊、唐、譚、樊諸人，庸人孺子咸欲得而甘心焉，然今尚掉臂游行，昌言無忌，公道果何存也？

至謂今日之事，亦趨重西學者勢所必至，及湘人儼分新、舊二黨之説，則其中有尚須剖析者，不可不爲吾友明之。所謂西學者，今日地球大通，各國往來，朝廷不能不講譯學。西人以工商立國，用其貨物，朘我脂膏，我不能禁彼物使不來，又不能禁吾民使不購，則必講求工藝以抵制之，中國機庶可轉。故聲光化電及一切製造、礦學，皆當開通風氣，力造精能。國家以西學導中人，亦是於萬難之中，求自全之策。督撫承而行之，未爲過也；紳士和之，未爲過也。故從前火柴、機器各公司，先謙與聞其事，確係中心之誠，以爲應辦，至今並無他説。然朝廷之所采者，西學也，非命人從西教也。西教流行，勢不能禁，奸頑無賴從之，猶有説也，學士大夫靡然歸美，此不可説也。至康、梁今日所以惑人，自爲一教，並非西教。其言平等，則西國並不平等；言民權，則西主實自持權。康、梁謬託西教，以行邪說，真中國之巨蠹，不意光天化日之中，有此鬼蜮。今若謂趨重西學，則其勢必至有康、梁之學，似覺遠於事情。且康、梁之說，無異叛逆，此豈可黨者乎？彼附和之者，今日學堂敗露，尚敢自號爲新黨乎？

先謙因刻書事冗，又本性夙耽閑静，不願多預人事，故從前學堂之事，外人以爲先謙主持，群相指摘，先謙實無所聞知，及見有悖謬實蹟，同人督先謙首列具呈，先謙亦毫無推却，前後心迹，可以考見。來諭云蔡與恂先生批陳亭子課卷，云先謙已有悔心，此言可怪。蔡先生今年上學一見，後未接談，先謙之悔否，蔡先生何以得知？若謂吾兩人交深，以此語代爲掩飾，是譽我實以毁我也。先謙依然先後一人，並無兩樣面孔、兩樣心腸，果有何事應改應悔乎？至外人之曲説深文，更可付之不論矣。

王祭酒致陳中丞書

日昨惠顧暢談，至爲快慰。

賜讀請燬《孔子改制考》書板疏稿，於釐正學術之中，仍寓保全人才之意，甚善！甚善！但康有爲心迹悖亂，人所共知，粤中死黨護之甚力，情狀亦殊叵測。若輩假西學以自文，旋通外人以自重，北胡南越，本其蓄念，玉步未改，而有仇視君上之心。充其伎倆，何所不至？我公盛德君子也，如康因此疏瓦全，不可謂非厚幸，但恐留此禍本，終成厲階，有傷知人之明，或爲大名之累。如先謙者，激揚有志，旌别無權，遠師蘇氏之辨奸，近法許公之嫉惡。所謂在官在野，各行其志，我公得毋笑爲迂拙罕通乎？

大稿敬繳，餘容續罄。

王祭酒復洪教諭書

奉手示，敬悉徐宗師以開學宫、立議約，究明倡議、主筆之人。伏查此次邀集紳董，出自城南、求忠諸生，次日始至嶽麓。齋長來言，知單隨到，上注「書院公啟」字樣，却無主名之人，亦向例然也。弟届期到學宫，見學約大張書字，陳列案上，其誰爲主筆，無從查詢。惟見約稿中有「驅逐熊希齡、唐才常」等語，未免過甚，援筆删去，大衆亦皆允從，弟不候同人而去。當日諸公先後到者，耳聞目覩，諒皆同之。至約中所稱康有爲民權、平等之説斷不可從，此弟所深以爲然者。即梁啟超在時務學堂闡揚師説，賊我湘人，曾經紳士具呈撫院，請加整頓，弟名亦忝首列。今日書院諸生能申明大義，乃弟所禱祀而求者也。

昔鄭人遊於鄉校，毀及時政，子産不以爲非。今以區區學宫啟閉之事，邀集紳耆，並非私會，釐正學術，亦無不韙。而以此上煩憲聽，察及淵魚，皇悚之忱，匪可言喻。幸諸公以此上陳，或蒙宗師格外鑒諒。總之，學術非可强同，何況名教、綱常之大，豈容稍有假借？弟在講席一日，必竭一日維持之力，雷霆斧鉞，所不敢避。如宗師必查究倡議、主筆之人，即坐罪弟一人可也。

王祭酒與徐學使書

前日聞台端因學堂稟控揭帖一案，批飭傳訊賓鳳陽等，弟即擬奉函，爲之剖析。適見撫轅牌示，弟遂上書中丞，旋赴書院，飭帶諸生投到。今午回城，復函告中丞矣。天下止有匿名揭帖，無署名揭帖。若取致人之書，加入污人之語，張之衢路，以柄授人，自來未聞此異事。學堂稟稱四處張貼，而城中官民人等僉稱未見，此豈可横加栽誣者？台批云「賓鳳陽等狂吠不休」，以鄙見測之，狂吠者自有其人，非賓等也。不日公堂對簿，根究學堂得自何人，來自何地，不獨爲學堂弭謗，兼爲敝書院洗誣，誠爲快事。弟忝居講席，從不袒護生徒。至此事由來，因諸生欲釐正學術，致書鄙人，遂致鬼蜮横行，恣爲詆斥。弟蓄憤未攄久矣，不敢不引爲己任，一雪斯言。

閣下主持康教，宗風所扇，使承學之士，望景知歸。此次敝郡歲試，弟之親友以「南海聖人」獲雋者不下十人，以「南海先生」入選者，則指不勝屈。兩次面諭生童，贊揚康學，大眾皆點頭領會，足見湘人雖愚，未嘗不可化誨。惟事必行之以漸，似不宜過於迫急，若以威勢强人服從，則與西國以兵力脅持行教何異？此則企望之餘，不能不一言也。俟公暇，再謁談。

葉吏部與石醉六書

自吾弟起程後，踵寄一函，計已存覽矣。時務學堂梁卓如主張《公羊》之學，以佐其改制之謬論，三尺童子，無不惑之。昔余嘗從事二《傳》之學，出入門户，頗能别其是非。左氏與孔子同時，自異於傳聞之失。孔、左同時，最爲近時言《公羊》學者所忌，余别有説證實之。《公羊》注家援引讖緯，以爲西狩獲麟，即赤帝代周之兆。此爲其學者知其不敵《左氏》，故假託漢制，挾天子以令諸侯，何休之徒又從而附益之，班固所謂「利禄之路然也」。《左氏》晚出，立學又遲，而西京之傳不絶如縷，苟非卓然有以自立，其不爲《公羊》所奪者幾希矣。譬如今日功令，以《四書》文取士，而一二好學深思之士，或治經，或治史，窮年累月，置干禄之事而不顧，安得不謂之志士？漢時功令，最重《公羊》。當時公卿大夫以此起家者，不可勝數，而張禹、賈誼諸人，迺勤懇而好《左氏》，舍篇幅短小之書，以尋繹至繁且賾之文義，其于二家長短，亦既折衷一是已。終漢之世，許、鄭通儒，皆尊《左氏》。鄭氏《六藝論》云：「《左氏》善于禮，《公羊》善于讖。」試起千秋學人于九原，信禮乎？抑信讖乎？鄭君見何休《公羊墨守》《左氏膏肓》《穀梁廢疾》，於是作《發墨守》《箴膏肓》《起廢疾》，休乃見而嘆曰：「康成入吾室，操吾戈，以伐我乎？」使何氏之書義例果能顛撲不破，其戈何至爲人所操？其室何至爲人所據？今兩家之書殘缺無幾，就輯存者推之，是非黑白尚可立辨，非匿子疑獄也。漢董仲舒治《公羊》，推灾異。其弟子吕步舒「不知其師書，以爲大愚」，至下仲舒獄幾死。又眭孟稱「先師董仲舒有言，雖有繼體守文之君，不害聖人之受命」，至欲漢帝求索賢人，禪以帝位。霍光惡其祅言惑衆、大逆不道，以誅死。學如江都，其弟子愚昧如此。今之詆劉歆爲國師者，獨不思《公羊》家固有此一類人耶？况今之《公羊》學，又非漢之《公羊》學也。漢之《公羊》學尊漢，今之《公羊》學尊夷。改制之聖人，余知其必不出此。梁卓如來湘，苟務伸其師説〔一〕，則將禍我湘人。吾弟試取《左氏》《公羊》，比例而互證之，則異時發憤箸書，無難持平而得信讞。余向來治學不專守一師之言，教人亦不偏執一己之説，惟於二《傳》之義，因其關繫于近日之利害者鉅，故有不能已于言者，豈專己守殘而好爲是辨難哉！大抵《公羊》之學，便於空疏，沈文起所謂「書短而易習，義淺而易推」者。兩漢《公羊》大師，均不能出此評論。近世所謂微言大義之説者，亦正坐蹈斯病。家無藏書，而欲使海内學人同安於固陋；生已盜名，而欲使天下後世共趨于欺罔。一人唱，百人和，聰穎之士既喜其説之新奇，尤喜其學之簡易，以至舉國若狂，不可收拾。蟻孔潰河，溜穴傾山，能毋懼歟？

蓋嘗論之，日中則昃，月盈則蝕。有康、雍之純樸，而後有乾、嘉之文治。有戴、段、畢、阮諸人之實事求是，而後有魏、龔諸人之嗜奇争勝。有東塾之平實，而後有新學之猖狂。有桐城、湘鄉文派之格律謹嚴，而後有今日《時務報》文之藩籬潰裂。古今無百年不變之學，何論文字之粗迹乎？夫不通古今，不得謂之士；不識時務，不得謂之俊傑。班固欲人「通萬方之略」，馬遷譏「儒者博而寡要，勞而少功」，此二者當互觀其通，各救其失。今之視西藝若仇讎者，一孔之儒也；藉時務爲干進者，猥鄙之士也。深閉固拒，問以環海各國之政教，茫然不知謂何，所謂不通萬方之略者也；襲高郵王氏之頹波，理倉山主人之舊業，所謂「博而寡要，勞而少功」者也。

吾弟具有通識，年來習聞諸名流之議論，于學之有益于己者，當博觀而約取之；于學之有用于世者，當兼收而並蓄之。用夏變夷，則必入穴以探虎；援儒入墨，則將買櫝以還珠。《公羊》之學，以之治經，尚多流弊；以之比附時事，是更啟人悖逆之萌。昔桓譚有言：「《公羊》依經立傳，彌失其本事。」說經而至失其本事，七十子之大義固如此乎？離去本事又數萬里，今之學果古之學乎？其書空言改制，有害于道；其學謬于聖人，不切于用。余非如沈文起之肆口憤争，而實見其學之不能自立，故據理以斥之也。

若以孟子爲《公羊》羽翼，其説更泛濫無宗。戰國之世，荀、孟並稱。荀之爲人有儒行，其書亦樸致深微，在諸子之上；孟子識力甚高，而立言不無偏激。荀子以性惡一語，召後儒之譏彈。孟子一生師尊仲尼，遂代聖統。不知性有善有惡，猶天有灾有祥。儒者立論，正人心，昭法戒，諱言性惡之旨，同于鄙斥符瑞之旨。此聖賢之微意也。孟子之書，北宋諸賢猶疑之刺之，迨理學之幟張，而道統之傳立。孟子以距楊、墨有功，宋儒自任爲闢異端，其尊孟子，非尊孟子也。而荀子乃以李斯滅學之故，爲蘇氏所詆諆。烏乎，冤矣！天下事果如蘇氏之論，則冉求附益季氏，亦將苛斷孔子之教不善，有是理乎？此知人所以貴乎論世也。

【校勘記】

〔一〕「梁卓如來湘苟務伸其師説」，《郎園論學書札》作「梁卓如人尚篤實信其師説」。

葉吏部與劉先端黄郁文兩生書

前日過訪，見几案間有康有爲《孔子改制攷》，兩弟必檢讀一過，其中可行、不可行，世固有知者。余有恒言，《公羊》改制且不能行於漢，何論今日？若輩一鬨之市，真可憫笑者也。

康有爲平日慨然以孔教自任，其門下士持論，至欲仿禮拜堂儀注拜孔子廟。此等猥鄙之事，楚鬼越機則有之，豈可施之于大成至聖之前乎？且中人孩提入塾，無不設一孔子位，朝夕禮揖，至于成人，但求不悖於人倫，以對越孔子在天之靈。處則爲孝子，出則爲忠臣，雖不祀孔子，孔子亦豈汝咎？若以施之於鄉愚，則孔廟不能投杯筊，而鄉愚不顧也；若以施之於婦人女子，則孔廟不能求子息，而婦女不顧也。夫中國淫祀多矣，其所以若存若亡者，以禁例森嚴，不敢爲惑世誣民之事耳。西人一天主、一耶蘇，教會之名，至盈千萬。此其結會相仇，兵連禍續，西人未嘗不痛恨之。

康有爲隱以改復原教之路得自命，欲删定六經，而先作《僞經考》；欲攪亂朝政，而又作《改制攷》。其貌則孔也，其心則夷也。乘此國家多事之時，使其徒黨四出，遍謀天下膏腴之館而據之。朝傳一電報曰：康有爲賞五品卿銜，遊歷各國，主持弭兵會；夕傳一電報曰：湘撫陳寳箴入軍機，黄遵憲督辦鐵路大臣。招摇撞騙，彰彰在人耳目。其前電至時務學堂也，同年友汪誦年編修爲余言之，余笑曰：「此康謡耳，不足信。」數日，往詢其弟子梁啟超，則言之忸怩。梁固篤信康教，終身不欲背其師，而亦不能爲其師諱。其平日困躓名場，故詆時文尤力。通籍後朝考卷不列高等者，卷爲李約農侍郎籤摘，同閲卷者或爲請託，李持不可。後康有爲刻朝考卷以辱李，李則舉其在都鑽營張蔭桓之事，遍告于人。此湘、粤京朝官所共知者。其初至都門也，余友吴雁舟太守時官編修，爲之延譽。蓋吴喜禪宗，康有爲與之機牙相合。旋其《新學僞經考》奉明旨禁燬，吴猶爲之太息。異學之惑人如此！余與吴文字之好甚深，屢得聞其持議。中原士大夫不求實際，厭常喜新，積五六年，遂成今日之變局。虎兕出柙，誰之咎與？

當此舉國瞑眩之時，兩弟尤宜立定脚根，自占于不敗之地。從古以巧成者，必以巧敗。「周公恐懼流言，王莽謙恭下士」，此一語最爲流俗所稱道，亦足以發人深省者也。天姿高明之人，無書不可讀，張子逃墨歸儒，遂爲千古佳話。若守一書而即爲所迷惑，聽兩議而又爲之調停，其人必進退無據，非獨不能爲君子，亦且不能爲小人。如余邑易生者，始則爲合種、通教之説，以迎合長官，後作《湘學報》又謂西教與西政無涉，以蓋前愆，可謂無耻之甚。再歷三、四年，風氣又變，渠欲圖一館局安身而不可得矣。

梁啟超持論痛詆時文，比于女子纏足之害，而又潛往會試，此真無可解于人口者。聞其都中告人，謂父命之往。夫父命之會試，父命之作時文也。不知其父有是命而痛詆之，是謂大愚；知其父有是命而故痛詆之，是謂不孝。聞康有爲之應試也，則曰奉母命。師弟沆瀣一氣，絶世奇談，以至不肖之時文，加之其父母，而己乃享清高之名。吾知其平日之申民權爲無君，而不知其今日之應試爲有父也。康有爲之公車上書，詆西人以耶蘇紀年爲無正統，而其徒衆又欲廢大清統號，以孔子紀年。無論其言行之不相顧也，即言與言亦不相顧，何其謬邪？

「超回」「邁賜」之名，遍于吴楚；《公羊》《孟子》之教，横于湖湘。蒙馬以虎皮，沐猴而冠帶，中無所有，徒竊其聲音、笑貌，以鼓煽三尺之童子，而乃夸大其辭曰：異日出任時艱，皆學堂十六齡之子。顔之厚矣，得非喪心之尤乎！且夫西人之勝我者，輪船也，槍礮也，製造也，非回也、賜也、《公羊》也、《孟子》也。所學非所用，夫子自道也。天津水師學堂、上海方言館、福建船政局，粤逆平定後，即陸續創開，主之者皆一時名臣大僚。三十年來，人材寥落，豈今日十六齡之子，異于往日十六齡之子？亦豈今日之一二江湖名士，異于往日之名臣大僚？然則人材與學堂，截然兩橛，略可知矣；然則學堂與書院，弊之一律，又可知矣。

余固不欲兩弟爲博學能文之人，但欲兩弟爲謹言慎行之人，居恒少發議論，少上條陳，凡盜虚聲、騙館地之舉，一切不可習染。若以余言爲過激，請以質之兩弟之父兄及鄉里之長者。總之，立身行己，當爲終身計，不當爲目前計。世局有變更，天理、人心之公無變更。謂天下皆愚人而已獨智者，適以自愚而已。至若學問一途，不必有門户，不得無主宰。嘗告人曰：胸中當分間格，某書庋某格，毫不可亂，迨取用時，擇其善者用之，是爲讀書良法。區唐界宋不可，舍己芸人尤不可也。餘詳去歲與醉六書，兩弟取閱之，可以與此互證。少年血氣未定，無所適從。中年以後，讀書與更事既多，而後知余言之爲長久之策也。

葉吏部與南學會皮鹿門孝廉書

昨讀世兄大箸《醒世歌》，詞淺而意明，語長而心重，想見我公庭訓時，具有維持桑梓之苦心，遠慮近圖，良足欽佩。近世時務之士，必欲破夷夏之防，合中外之教，此則鄙見斷斷不能苟同者。《春秋》大同之説，吾邑王代豐《公羊例表》言之。此論發於二十年以前，今日萬口雷同，變本加厲，至謂地球列國環峙，并無夷夏之防；又謂春秋時之吴、楚，即今日之江蘇、兩湖，是當日之夷狄，即今日之中國。此論似是而實非，久欲一辨，而苦無暇晷。昨讀世兄歌辭，有「若把地球來參詳，中國并不在中央」「地球本是渾圓物，誰居中央誰四傍」等句，敢以管見所及，一明其是非，乞公詳辨焉。

夫《春秋》之所謂夷狄者，以其異於堯、舜、禹、湯、文、武、周公之教也；今世之所謂夷狄者，則有黑、白、紅、棕之别，而種類異也。《春秋》之教，謂「夷而進於中國，則中國之」，正欲其進而同教耳。今日之吴、楚，教化同矣，種類亦一，自不得謂之夷狄。我聖清爲古肅慎氏之區，同種同教，三代已然，亦不得謂之夷狄。國初吕留良之徒，狂吠無知，殆不足辨。日本島居，本中國遺種，其國政教、風俗，一視他人爲轉移，時唐時宋，時中時西，遷喬入谷，若不自主，而中原士大夫未嘗鄙夷之也。

地球圓物，不能指一地以爲中，但合東西南北考之，南、北極不相通，則論中外當視東西矣。亞洲居地球之東南，中國適居東南之中，無中外，獨無東西乎？四時之序先春、夏，五行之位首東、南。此中西人士所共明，非中國以人爲外也。五色黄屬土，土居中央。西人辨中人爲黄種，土耳其亦黄種，即突厥徙居于此。是天地開闢之初，隱與中人以中位。西人笑中國自大，何不以此理曉之？若以國之强弱、大小，定中外夷夏之局，則春秋時周德衰矣，何以存天王之名？魯之弱小遠於吴、楚，何以孔子曰「我魯」？此理易明，無煩剖辨。堯、舜、禹、湯、文、武之教，周公成之，孔子大之。三代以下，異教之爲聖教漸滅者，不可殫述。即以文字論，佛法盛於六朝，而其梵夾之經典，反藉中文而後傳；遼、金、元人憑陵宋室，可謂至極，迄今三國國書不存一字。此第聖人糟粕中之糟粕而已，潛迻默運，掃蕩異教於不覺，何論旁行詰屈之書乎？故藉保護聖教爲名以合外教者，巧言也。考耶蘇教旨較天主爲近人情，故得行於泰西文教之國。孔子之與耶蘇，孰得孰失，西國通儒，猶且能辨之。將來西教即行於東方，亦不過釋、老而已，何必爲孔教過慮，并中西爲一談乎？

孔教者，人心之所繫也；士大夫者，又孔教之所繫也。今日當官之人，但求朝廷無事，於教案之事，實爲不得已而爲。小民無知，以爲抑中而尊西，始而駭然，繼而譁然，終且囂然，囂然不已，而仇殺相尋。此天發殺機，雖聖人復生，不能以微詞弭此奇禍。是則有心人所不忍聞見者也。鄙見以爲，勸誡士民，當以佛、老相喻，謂其無礙於天地之寬，不當謂其教力大於孔子，激人以攻擊之口。中國服聖人之澤久矣，雖不識字之農夫牧豎、婦人幼子，無不有「孔子」二字横於胸臆間。蓋聖人之教，先之以人倫，而以神道輔其不及；耶蘇之教，先懾之以鬼神，而又專主一祀，抑倫理於後。其間次第、淺深，地球開通之時，自有定論，鄙人何必於舉世波靡之中，徒肆舌戰乎？及門中有以中西政教利害相質者，鄙論以爲中國政寬而教實，西國政實而教虚。又論五常之性，以爲中國本之於仁信，而以禮實之；西國本之以義智，而亦以禮貫之。禮者，聖人之教，人心之所同也，孔教何患不行於西國哉？

數日前，同邑易生有《中國以弱爲强論》，爲通教、合種之説，同邑之士群起而攻之。有來告者，鄙人告以易生所論，并非出於本心，乃襲時務議論中之殘唾，參以癸巳年《申報》

宋存禮所上合肥相國書，識者當鄙其學之陋，不當訝其論之新。此生本無所知，不過急於求名，冀聳一時之聞聽，若舉邑與之相持，是快其意也。合種一説，譬如鷄、鶩同塒，不相雌雄；犬、豕共途，不相牝牡。人性靈於鳥獸，此言亦不足爲厲階。聞者乃一笑而起，鄙人可謂談笑而却兵戎矣。

《湘報》箸録之論，公論爲最博通，而斷斷於耶蘇傳教之辨，言多必失，故或爲道路所譏評。世兄歌詞，亦有聞而議之者。鄙人於公文字之好，不可謂不深，雖其間學有異同，而一得之愚，或亦公所未及。天下事凡張皇太過者，則潰敗愈速。今日時務，張皇之過也。鄙人嘗持一議，以告天下曰：維中西，莫如理政教。政何以理？曰求實。教何以理？亦曰求實。實則無空談之病，而人心一矣。近日制科，亦將有所變更。時文久爲通人所詬病，通人多不能時文。高才博學，坐是困於場屋，而揣摩之士，乃捷足得之。然易之以策論，其弊等耳。不見今日之試卷，滿紙只有「起點」「壓力」「熱力」等字乎？同一空談，何不顧溺人之笑？武科改試槍礮，持槍持礮之武生，即能禦敵乎？國有征調，武生能實兵額乎？中國之事，無不誤於空談。不求立學，徒以策論易時文；不求考工，徒以槍礮易弓馬。法則變矣，其如弊之未去何？

今以湘事論，勿問其他，講學託名于開民智、伸民權，則試問今日之民，誰肯居于不智？

又試問不智之民，何必更伸其權？況所講之學，爲康有爲之學乎！夫康有爲改制、僞經，其狂悖駭俗，與吾邑易生同，而其襲人之説以爲己説，亦復相類。通核所箸之書，武斷是其本色。凡有所僞，大抵不出舊人及國朝人之書，特各書散而難稽，彼乃彙而爲一耳。六經既僞，人不知書，異教起而乘其虚，豈非孔子之大禍？居恒與友人戲談云：寧可以魏忠賢配享孔庭，使奸人知特豚之足貴，斷不可以康有爲攪亂時政，使四境聞鷄犬之不安。其言即有可采，其人必不可用。蘇氏之《辨奸》曰：「凡事不近人情者，鮮不爲大奸慝。」康有爲殆其人與？

鄙人舊籍吴中，行將彷徉乎具區之間，長爲漁人以没世。若運丁陽九，則黄冠道服，埋骨包山。此間地無五金之礦，境僻不足以通商，眈眈虎視者，或棄而不顧焉。敬謝故人，勉事聖君，毋以爲念。

葉吏部答皮鹿門書

頃奉手書，敬悉尊指。前函臚舉近日之議公、謗公者，將以覘公去就之心，破公依違之見，言之過激，不覺雜以詼諧，然本意無他，不過欲公之去而已。否則，以十年文字之交，無故而操戈同室，此亦何爲者耶？

宋人講學，感慨時事則有之，未有牽合儒、墨，不顧倫理者。公之景況，鄙人知之；鄙人之景况，人亦知之。與公相難，决非争館；事關公論，亦非争名。若謂湘人無鄉誼，好自相攻擊，鄙人以爲此正湘人至公、至大之處。中興戡亂之臣，曾文正與左文襄不合矣，左文襄又與郭侍郎不合矣。此三公者，皆當世之大賢君子，而處事、持論各不相侔。和而不同，古人之義。必欲私黨横行，同鄉援引，而後謂之有鄉誼，此事鄙人斷不敢出，請以俟之後賢。

此下節删數語。

公之學問，兼通漢、宋，鄙人之學問，則並漢、宋而亦忘之。亭林、船山之世，漢學之幟未張，論世而後知人，不必横生議論。聖教之大，不在君民平等（一）。舍舊圖新，在實事不在空談。口説流傳，語氣之抑揚，言詞之出入，誠哉是言，然大旨既乖，則其咎不在抑揚，亦不在出入也。

救焚拯溺，非登屋呼號、臨水鼓譟所能畢事。若僅以筆舌號於衆曰：我之毛髮焦矣，我之手足濡矣。以此濟人，是不如從井之爲愈。公何所見之迂乎？

來諭又謂：今人要人一事不辦，坐以待斃。鄙人既不敢謂湘中無辦事之人，亦更不敢自居於待斃之子。公等所辦之事何事？請一一示知。若以講論爲辦事，則鄙人甘居於少見多怪之列，公不必進而教之。

鄙人前函謂從公説者亂也，詛公説者亦亂也，是謂之開民亂。所謂亂者，争亂之謂也。

公不按上下文氣，執一語以責人，并牽及漢、宋學家攻擊之詞，多方而援之敵，非鄙人之所謂敵也。《時務報》初出一二册，見者耳目一新，非獨湘人愛之，天下之人愛之；迨其後閲時既久，訕笑朝政，呵斥前賢，非獨湘人惡之，天下之人惡之。《湘學報》外間指摘者，大抵吾邑易生之類，初尚未及其餘。《湘報》謬論既多，宜乎召人攻擊。人人皆有君父，豈得謂之文人相輕？公誤矣，誤矣！

漢學家謂明亡於講學者，蓋謂國家危急之時，一二賢者當實心實政，共濟時艱，豈有號召生徒，紛紛辨論，長浮囂之氣，開挾制之風，如明季諸君子之所爲者？芝房先生服膺宋學，爲此仇報之詞。平心論之，明亡於講學，則竟亡矣；洪逆起於漢學，洪逆實不知考据。天父、天兄之説，非平等者乎？公思之，當亦啞然失笑耳。

鄙人評詞，「梨州」條下，原有「儒者立言不慎，則害隨之矣」二句，非專詆梨州也。又謂拙箸詆《公羊》、詆《孟子》，則是公讀拙箸不明，欲横被以毁經之罪。不知「公羊」下尚有「家」字，又有「之學」「之徒」等字，何曾爲詆《公羊》？「孟子」下尚有小註，乃朱子所已言，何曾爲詆《孟子》？又經學「公羊」條下小註，亦云「三《傳》皆尊聖人」，豈復自相矛盾？鄙人畏人之攻，則斷不敢宣布。

公有恒言，學不辨不明，但相約不辨，至無父無君，當北面而執弟子之禮。苟以東海師門，持公庭拜爵、私室受恩之説進，則鄙人將掩耳而不聞。公今行矣，舉世亦誰與辨者？

禹入裸國而同裸，惟禹則然。公之德似不如禹，則何如被服儒者不裸之爲得乎？鄙人重公、愛公，故激公，激公以激其行，則又何必再辨？獨惜平等之説，爲公喬梓蛇足，此則真不必宣布者矣。

近世士大夫，每謂尊漢學、斥宋學，自紀文達倡之。考《欽定四庫全書提要》一書，無論爲漢、爲宋，其有流弊者，皆一一辨别其是非，而其立詞則曰講學家，又曰其末流如何，皆沿班《志》《隋書》《崇文總目》之例。其於漢學亦然，並不斥其初祖。乾、嘉以後之人，讀《提要》不通，致有河間尊漢抑宋之論説。不謂通識如公，其視拙作，亦蹈斯病。若以此尋隙，則是非不辨而自明。雖有起而攻者，不過王肅之攻鄭、陸子之攻朱而已，何足論哉！何足論哉！

附　來書

拜讀手書，並惠大箸，不以弟爲不可教而再諄諄誨所不及，且感且愧。顧區區之衷似有未諒，而用流俗人之言以相訾謷，敢略陳其愚，惟公詧焉。

漢、宋之儒，講學規模不同。漢儒所講皆經學，問答皆弟子，宋儒所講兼及時事，不皆經學，問答不皆弟子，觀《鄭志》及朱、陸之書可見。學會講學，是宋人規模，只可講大義，不可講訓詁。弟所學本兼漢、宋，服膺亭林、船山之書，素主變法之論。今講已十餘次，所説非一端，其大旨在發明聖教之大，開通漢、宋門户之見，次則變法開智，破除守舊拘攣之習，如是而已。登堂説法，即録付報館，非但不能如箸書，字字斟酌，並不足以言文，其語氣之抑揚、言詞之出入，自不免有過當之處。言多必失，誠如前諭，然口説只能如此，聽者勿以辭害意可也。講學爲人詬病久矣。百年以來，不聞此事，少見多怪，無論是不是，必舉國譁然。弟明知之而不避者，以時急如救焚拯溺，即焦毛髮、濡手足，所不辭也。

文人相輕，自古已然。湘人無鄉誼，好自相攻擊，見《時務報》則譽之，見《湘學報》則毁之，《湘報》訾議尤甚。湘人結習，本不足怪，至於聯語醜詆，更屬無賴所爲。此下節删數句。呼我爲馬，應之爲馬；呼我爲牛，應之爲牛。牛皮、馬皮，有何辨焉？鹿泉，辦事之人，未嘗開口，而人亦詆之，然則詆人者，並非必因所講不是，不過要人一事不辦、坐以待斃而已。

太平洋不安瀾，公既已知之矣，猶曰天下無事，竊所未喻。以南學會爲開民亂，此漢學家謂明亡於講學之舊説。孫芝房先生嘗反其説，以洪逆之亂爲漢學所致矣。明果亡於良知，洪逆果起於漢學耶？

大箸因惡康氏之學，並遷怒於古人，詆《孟子》，詆《公羊》，詆梨洲《建都》啟二百年後洪秀全都金陵之逆志。將來二百年後，更有洪秀全出，可援梨洲之例，坐弟開亂之罪，惟公與弟必不能親覩二百年後事而斷斯獄也。奉春建策，留侯演成，如公所言，亦可以爲啟千八百年李自成都關中之逆志，然歟？否歟？以公之學識閎通，作書攻人，未能盡其蘊，而多可乘之隙，殆一時激論，未及深思耶？前勸公勿刊行，未蒙采納，恐逼人太甚，人將反戈攻公。王鳳洲謂湯生標塗吾文，異日必有標塗湯生之文者，此勢所必至也。弟與康未謀面，徐、梁到此始見，皆無深交。與公文字交已十年，愛公甚於徐、梁，又兩承公忠告之言，敢仍貢其一得之愚，勸此勿宣布；若宣布未廣，或再收回更定，何如？弟講義已刊行，有誤無從追正。公書尚可設法，願公平心而細審之。

將有江右之行，本不欲久居此。禹入裸國而同裸，公既居此，欲不同裸，得乎？行色匆匆，未及面罄所懷，俟歸再當奉教。手復，即請譔安。

【校勘記】

〔一〕「民」，原誤作「母」，據廣東嶺海報館排印本改。

葉吏部與戴宣翹校官書

日間晤談甚快，所論儒、墨、道之旨，極爲精透，但鄙人所見在出入分合，執事所見在源流正變，義當並行，無須辨論。今日學術潰裂甚矣！戰國之世，患在楊、墨，孟子闢之。八代以降，患在佛、老，韓子、朱子闢之。今日之世，患在摩西，無人闢之，且從而趨之，以至異説横流，謬論蠭午，衣冠世族，廉耻道亡。我生不辰，吾爲此懼，豈有絲毫意氣於其間哉？

夫人心争勝，自古已然。異教之水火，不必論矣。即以儒家論，荀子非孟，宋人則尊孟而駁荀；朱子疵韓，後人又謂朱子争道統。至于朱子之學，宜乎無病，而陸子攻之；陸既攻朱，朱子之徒又復攻陸。人言漢學家今、古文之學好争，不知宋學家朱、陸之學更争。元、明以後，宋學之盛已數百年，國初鉅儒，如顧亭林、閻百詩諸先生，其初皆出于宋學，而兼爲訓詁、考訂之事，遂爲漢學之胚胎。漢學之名，古無有也，倡之者三惠，成之者江慎修、戴東原。然此數君者，皆未化宋學之迹者也。余藏有戴氏《詩經補註》原稿，采宋人説最多，《遺書》及學海堂皆删去。迨乎王、錢、孫、段之倫，二王、三孔之族，精研文字，穿貫兩京，漢學之幟，由是縱横上下，通於百年。顧當極盛之時，已伏就衰之理。其時若劉申受之於《公羊》，陳恭甫之於《尚書大傳》，淩曉樓之於《春秋繁露》，宋于庭之於《論語》，漸爲西京之學。魏默深、龔定庵、戴子高繼之，毅然破乾、嘉之門面，自成一軍。今日恢劉、宋之統者，湘綺樓也；振高郵之緒者，俞曲園也。東塾似接亭林之傳，而實非亭林之正脈。亭林之世無漢、宋，則有意兼通漢、宋者，不得謂之師法亭林。東塾之學本出儀徵，何以微變其旨？蓋由乾、嘉諸儒晚年亦侵宋學故也。戴東原之《原善》，孫淵如之論先天卦位，儀徵之《釋心》《釋性》，皆明避宋學之途，暗奪宋學之席。學既有變，争亦無已。由實入虚易，由虚入實難。有漢學之攘宋，必有西漢之攘東漢，吾恐異日必更有以戰國諸子之學攘西漢者矣。

學旨不明，學術將晦，開門揖盜，可不慮乎？夫不讀東京諸儒傳注之全經，而讀後人掇拾之殘經，不讀文完義足之内傳，而讀斷章取義之外傳，其心非盡滅全經，以入於異氏之室，必猶有不能息喙者。觀於《毛詩》本出西京，亦謂西京無此學派，則其意固非主張西京可知。其端開于魏默深，晚病風魔，雖由於好佛，佛亦豈可好者？其死而因毁《毛詩》也者，則言者無罪；其死而非毁《毛詩》也者，則聞者足戒。當其撰《海國圖志》也，抵排異端，不遺餘力，祇以前後易轍，是非改觀，虚憍之氣積於中，知人之失，而不知己之失，晚節末路，人羞稱之。

康有爲何足以言學？一二徒黨，攀援朝貴，簧鼓無學之人。其門徒之寓上海者，恒稱其師爲孔、墨合爲一人。有人言孔者孔方兄，墨者墨西哥，聞者無不笑之。迹其平生，無一日一時不奔走譸號於天下，既不容于鄉里，又不齒于京師，其流毒獨吾湘受之。此則鄙人争所必争，而不僅在於學術矣。

湘人尚志節，粤人尚忠義，地本接壤，風氣多同，唇齒之依，當在異日，而斷非一二浮薄少年所能聯屬，此可據理以斷者。鹿門在漢學中，所謂章句之儒，性情尤爲敦厚，入祼國而同裸，無怪其然。鄙人愛之重之，是以必欲去之。古人云：「近朱者赤，近墨者黑。」居恒持以笑鹿門，謂其近朱子則赤，近墨子則黑。執事聞之，得無囅然乎？

葉吏部答友人書

遠辱賜書，謬承獎譽，寸心惶悚，感佩難名。今日之時局，法誠弊矣，士不知兵，百里之外，風俗不通，九州以内，地利未盡。製造興，則仕途多無數冗員；報館成，則士林多一番浮議。學堂如林，仍蹈書院之積習；武備雖改，猶襲洋操之舊文。凡泰西之善政，一入中國，則無不百病叢生，故鄙人素不言變法而祗言去弊，弊之既去，則法不變而自變矣。若謂去弊非易，則變法亦豈易乎？

孔子改制，乃《公羊》後學之言。顔淵問爲邦，折衷四代；子張問十世，推知繼周。聖賢坐論一堂，猶是各言其志，時務之士，豈得援以藉口？況三月大治，不聞改周之文；一變至道，無非復魯之舊。經文雖可緣飾，聖迹豈得誣附耶？

凡人有自私自利之心，不足與議國事；人具若明若闇之識，不足與論民權。日本維新，初亦爲舊黨所沮，卒之器械精，人心一，奮興東亞，平視西球，良以地狹民雄，風同道一，轉移之速，遂如大力者負之以趨。此非天之所與，實以其國政教自來因襲于他人，故變之易爲力耳。中國自同、光以來，亦頗采用西藝，要非全不變法者，何以中東一戰，遘此奇變？則以軍械不備，上下離心故也。今人動言日本變法驟致富强，不知日本幸遇我恤兵愛民之中國耳。向使以區區三島，抗行於窮兵黷武俄、法之間，吾知成敗之數，且有不可逆覩矣。又使中國雖敗，而陸戰持久，終不言和，則勝負兵家之常，亦不知鹿死誰手矣。夫强鄰逼處，勢利之口亦烏足憑？甲申之役，法敗而中勝，則中國進於文明；甲午之役，中潰而日興，則中國淪於半教。驢鳴狗吠，詎曰知時？蠶食鯨吞，無非肉弱。非我族類，仇視宜然。獨怪今之談時務者，若祖若父，本中土之臣民，若子若孫，皆神明之嫡脈，而亦幸災樂禍，人云亦云。問之此心，天良胡在？更可笑者，筆舌掉罄，自稱「支那」；初哉首基，必曰「起點」。不思「支那」乃釋氏之稱唐土，「起點」乃舌人之解算文。論其語則繙譯而成詞，按其文則拼音而得字，非文非質，不中不西，東施效顰，得毋爲鄰女竊笑耶？今人言儒分爲二，一曰儒家，一曰非儒家。此即西書格致家金類非金類、流質非流質之陋習。不知彼之所云，因其與本物相反，故別之曰非，而其文則中國繙譯之語，非西文如此也。九流有分于儒者，有合于儒者，有與儒相反者，有與儒相成者，概曰非儒家，豈足盡之耶？

鄙人評語之作，乃不得已而然。湘學肇于鬻熊，成于三閭。宋則濂溪爲道學之宗，明則船山抱高蹈之節。迨乎乾、嘉以後，吴、越經學之盛，幾于南北同宗，湘人乃篤守其鄉風，懷抱其忠義。經世之作，開風氣之先；講學之儒，奏戡亂之績。流風廣衍，本不以考据爲能。

近日無知之夫，乃欲依附康門，表章異學，似此無父無君之學，天下之人皆得而攻之，又奚怪鄙人之摇唇鼓舌乎？聞其徒衆在學堂時，恒以微言大義之説，高自標舉。嘗考康有爲之學，出于蜀人廖平，而廖平爲湘綺樓下樓弟子，湘綺嘗言廖平深思而不好學。淵源所自，咸有聞知。乃或因其流毒而轉咎湘人，則是李斯滅學，罪墮荀卿，莊生毁經，獄歸子夏。揆之情理，夫豈其然？

三《傳》互有短長，前人論之詳矣。至以專門而論，則湘綺實上接胡、董真傳，觀其所爲《傳箋》，並不拘守任城之例，遺經獨抱，自有千秋。此鄙人至公至允之評，後世必有讀其書而知其人者。劉申受之于《公羊》，初亦自成宗派，祇以門户太過，斥班僞《左》，禍成于墨守，害切于坑灰，覆瓿不足以蔽辜，操戈奚足以泄憤。此藥中之烏附，食品之醯醢，非止如古人所譏賣餅家也。南皮制軍向來推宗《左傳》，而尤重洪氏《左傳詁》一書。洪書拾服、賈之遺，持論絶不攻擊《公》《穀》，人服其疏證之閎博，余服其學養之深醇。孔氏《公羊通義》一書，界畫不如劉書之分明，而大旨在采《左》《穀》之長，以糾本傳之失。南皮制軍表章之者，所以救《公羊》末流之弊耳。鄙人評語成于倉卒，就事論事，自不能暢所欲言，惟語語持平，却可覆按。

通經貴于致用，讀書貴于知要，及門之士，嘗有所聞。康有爲之徒，至欲舉天下之學問一掃而空，以肆其言佛、言天之毒，則其與今文、崇孔氏，皆假託之詞，心迹不如此也。鄙人一日在湘，一日必拒之，赴湯蹈火，有所不顧。來諭外似謙柔，内懷恫喝。蜃樓海市，吾見亦多，雖無風教之權，實有匹夫之責。孔子居鄉惡原壤，出仕誅聞人。凡有害于風俗、人心者，不能禁鄙人之不言也。來書奉繳，毋或貽羞。

葉吏部與俞恪士觀察書

昨日函件，諒已詧入。頃見官電録上諭，裁汰冗員，删併各衙門官守，薄海臣民，無不頌聖明之乾斷。馮、郭有知，榮於方干賜第矣。曩聞葵園先生言，近日新政若早行於中、日講和之後，至今必粗具成效，外人不敢輕視，膠州、旅、大之患，可以隱消。今又以康、梁之故，使天下譁然不敢言新，恐終難收自强之效。蓋憂時之君子，未有不知法之宜變者，惟是朝廷不言而草茅言之，未免近於亂政。南皮制軍《勸學篇》且遜順其詞，即康、梁亦必託於孔子改制，而後大暢其説，此亦中國君權至尊之效也。

人之攻康、梁者，大都攻其民權、平等、改制耳。鄙人以爲康、梁之謬，尤在於合種、通教諸説。梁所箸《孟子界説》有進種改良之語，《春秋界説》九論世界之遷變，隱援耶穌《創世記》之詞。反復推衍，此等異端邪説，實有害於風俗、人心，苟非博觀彼教新、舊之書，幾不知康、梁用心之所在。近日三五少年，逞其狂談，悍然蔑視名教而不顧，推原禍始，即在《界説》諸條，第《界説》亦有所因，乃至變本加厲。

西人言全體學者，喜格致腦氣筋之理。彼言腦氣筋之靈、之細，惟黄、白二種相同，其餘棕、黑、紅種皆所不及。其論性之善惡，又有本於父母之性之説。彼言種之善者、靈者，不可與惡者、蠢者合。譯者衍爲進種改良，已失其本旨；康、梁乃倡爲合種、保種之説，幾若數千百萬中國之赤子無一可以留種者，豈非瘈犬狂吠乎？通教亦西士之常談。花之安嘗云中士深閉固拒，於異氏之書，一概加以誣謗，故其所箸性理論説多引儒書，而尤喜引朱子。彼以爲能通我教也，然自彼通之，謂之用夏變夷；自我通之，謂之開門揖盜。此中界限，持之不可不堅。彼談時務者，乃敢昌言於衆，曰「通教以保教」，抑何喪心乃爾也。中、西異教，近今不無强弱之分，《勸學篇》言保國即以保教，國强而教自存。此激勵士夫之詞，其實孔教之存亡，并不繫此。大抵地球之世，君主興則孔教昌，民主興則耶教盛。邇來泰西立國，民主之制居多。摩西立誡，以敬天、孝親、愛人爲宗，希臘、天主、耶穌三教本之。其於忠君愛國，無明約也。彼書偶亦有之，乃其教士得見儒書以後所增，非彼經原文如此也。故俄羅斯、英吉利之亂民，時時倡民主之議，所以然者，敬天、孝親、愛人之理，中、西所同，獨忠君爲孔教特立之義，西教不及知也。如其易民主而爲君主，則必勸忠而後可以息民，於時孔教之昌明，必有勝於今日之日者。西俗合衆公主之法，由於無君臣之倫。其無君臣，由於無父子；其無父子，由於無夫婦；其無夫婦，由於女權過重。妻可去夫，夫不得出妻，陰陽反常，爲人情之大不順。故路得之創復原教，因循英主去后之意而得大行。異日孔子之教，安知不因申君臣之義而亦大行乎？嘗聞天主教士之言曰：「天主是天，孔子是人。」意固抑孔而尊天，不知孔子敬天，而所敬非天主也。又聞耶穌教士之言曰：「孔子是聖人，耶穌是善人。」此則持平之論，毫無損於耶穌也。嘗攷耶穌之書，其切於人事處，頗勝於釋氏之空談，惟因靈魂不朽之説，而以天堂、地獄爲賢智説法，則不如釋氏之以天堂、地獄爲愚民説法者，使人深信而不惑，宜乎爲格致學家所攻擊而無以自解也。方今泰西格致之學日進，西教亦因之而式微，然耶穌所轄之地，視天主稍多，則以天主多不近人情故耳。觀於耶穌所轄之廣，不益見將來孔教所轄之廣哉？

至於衣冠、服色能否畫一，則不可知。顧世宙日進於文明，則人情日趨於簡易。衮冕之煩重，且變爲大清之冠裳，則自今以後之文章，何不可以臆斷？惟是談時務者，以爲變法必先變服，則又昧本之談。日本改效西裝，且貽西人以口實，堂堂中華秉禮之國，何必襲彼族之皮毛？況中國欲圖自强，斷非振興製造不可。若舍此不顧，非獨易服色不能强，即不纏足，亦豈能强也？又有蒿目時艱者，見民教之不安，以爲異言、異服之炫目，改從西制，則教士之入内地者，可以與百姓相安，此尤一隅之見也。今之教士居中國者，要皆長衣辮髮與中服同，而碧眼紫須，雖三尺童子皆能識别，而謂改從西服，得以雜處無分，斯亦必無是理矣。湘中去冬初開學堂，士紳亦頗踴躍。惟鄙人以梁之師承太謬，遇事不肯與聞，適有宛平督學來湘，亦逆知其流毒必甚。今歲正月，得見梁代宛平所作《輶軒今語》，主張康教不遺餘力，并引陸子静「四方各有聖人」一語，默推西方之人。不思陸氏此語，即惑於異氏之學之深，學使爲風教之官，豈可以之垂訓？其尤謬者，以孔子之作《春秋》，比西士之作公法，駸駸乎以通教之意明詔學人，誠不知其出身何途，甘爲彼教之奴隸？鄙人雖以師門之故，亦斷不能含默無言，否則月旦鄉評，交相譏刺，不目爲耶氏之奴隸，或目爲康黨之門人，則鄙人將見外於鄉人，而終身不能言學矣！評語之作，亦烏能已乎？要之，中原士夫人人知學，則可以不攻康、梁；湘中子弟人人能學，則可以不作評語。知我罪我，聽之天下之人，若夫一世之仇讐，一身之利害，則固未遑計及也。

葉吏部與段伯猷茂才書

近日學堂漸次廓清，人心亦已安靖，戚友子弟爲康、梁邪説所惑者，從此可以覺悟。此在湘紳，固有萬不可辭之責也。吾邑有某生，投一匿名書函至居宅，大旨表章康教，趨注宛平。因其蠢然無知，付之一笑，初不知其爲誰氏之子也。昨有以刻稿見示者，始得識其姓名。適有人自校經書院來，言講堂牆壁粘貼此函，執事見之，立時揭去。執事以爲彼之毁我也，鄙見以爲不然。天下事必有真識力，而後有真是非；亦必有大學問，而後有大文章。今日士習游惰，目不知書，是以邪説横流，人人喪魂奪魄。清班如宛平，貴介如瀏陽，耳目旁皇，猶且隨波逐流，又何論碌碌餘子乎？彼函乃其黨拉雜而成，意某生尚不至昏憒若此。彼其言曰「南海先生二千年來未有之絶學」，此等聲口，殊不類邑人之言。譬如鴝鵒調舌，初祇能自呼其名，其他姓李、姓張，不必盡識，此可揣情而得者也。執事於彼函固未深思，彼言《輶軒今語》本於康有爲之《桂學答問》，此不過極言宛平之無學，與鄙人並無所損。彼方疑宛平亦康門弟子耳，所謂坐井觀天，豈復知井外之事？自云不求進取，而阿諛獻媚，是何居心？彼欲得一高等以食餼，亦何必費此九牛二虎之力哉！嘗笑唐才常、畢永年、蔡鍾濬諸子，竭力阿附康、梁，康、梁且唾棄不顧。京師特保經濟，之數子者，皆寂然無頌聲。陶穀、危素，人人得而鄙夷之。此非天理之公，而亦人情之正。彼函反復剖辯，無非爲彼護法，稍能識字之人，固知其用心之所在，唯吾邑之士猶有不知其陋者，因爲執事約略陳之。

彼言口説即在傳記之中，則是口説藉傳記而存，得失重輕，較然明白。《公羊》《戴記》，皆漢儒之傳，口説所遺，不知幾歷年世，其間見深見淺，讀者正宜分别觀之。彼何以信四五傳之口說，而斥孔子同時之傳記？劉歆僞造，已爲彼黨常談，今姑不具論，但《公羊》《禮記》《春秋繁露》皆係漢人雜纂之書，彼乃奉爲孔氏真命脈，幾何不爲劉歆所竊笑耶？三世之說，曰「所見」，曰「所聞」，曰「所傳聞」，傳有明文，屢自申其義例。何休衍爲「據亂」「昇平」「太平」，雖《公羊》家舊說流傳不爲無本，然祇可謂經師家法，不得謂聖作精神。春秋之世，何曾一日太平？聖人作《春秋》，以垂法後人，豈以此高深要眇之談，使讀者迷惑其本旨？果如此類議論，則是六經之精意，同于文士之神思，于義則高，于世何補？此大謬不然者也。《傳》云：「内其國而外諸夏，内諸夏而外夷狄。」中外夷夏之界，至明且嚴。又云：「王者欲一乎天下，曷爲以内外之辭言之？言自近者始也。」此言治天下之次弟本末，語意顯明。何休推至太平世遠近大小若一，以爲聖人用心尤深，亦謂聖人大道爲公，望夷狄之治，無異望諸夏之治，而内外、華夏四者，何嘗不分別言之？彼不深究傳文而死讀注字，是彼于傳注尚未了然，何足語于經義乎？《禮運》一篇，言世運之轉環，大同之世，盜賊不作，是以外户不閉，無一語及《春秋》，更無一語及夷夏。聖人望治之意，六經皆可會通，斷不能武斷小康爲昇平，大同爲太平。此好學深思，所以貴乎心知其意也。此非余一人之言也。嘉善鍾文烝曰：「如鄭君説《禮運》『天地爲本』至于『四靈爲畜』，以爲『《春秋》始于元，終于麟』包之，則固非《禮運》之本旨。且十二公皆有元，諸史書亦莫不有元矣。」人讀死書，彼之持論可謂讀活書者耶？《周禮》一書，于民閒之事巨細必舉，管子得其大略，遂以治齊。康門因其爲古文，一概誣爲劉歆之作，意在毁歆，不知轉以譽歆。鄙人嘗言：一部西政書，可惜爲古文掣肘，真彼觖事也。某生于康、梁之門泥首至地，何以忽背其師承？若假託於持平之論，則《左傳》風俗逐卷可稽，近人林伯桐有《左傳風俗考》一書。彼何以于三《傳》中，僅知康、梁之《公羊》？豈彼于五經尚未卒讀，而止讀《輶軒今語》耶？儒教非創于孔子，而成于孔子。《説文》：「儒，柔也，術士之稱。从人，需聲。」造字之先，亦不必以儒爲貴。《周禮·太宰》「儒以道得民」，又《大司徒》「四曰聯師儒」，則儒之立教，必自周公時始矣。鄙人因《周禮》《説文》皆康門所目爲僞書，故不援引而引《論語》，儒教果爲孔子所立，豈及身、及門即分君子、小人兩黨？此可按經文而思其理者。馬融以「明道」訓「君子」，以「矜名」訓「小人」，與《漢志》之意相合。鄙人據以發近人之錮病，明吾教之真傳。彼乃斷章摘句而求之，其讀死書，與□□□等耳〔一〕。然鹵莽讀鄙人之書可也，鹵莽讀孔氏之書不可也；支離背鄙人之旨可也，支離背康門之旨不可也。人既不能自立，拜佛則拜一尊。時東時西，莫衷一是，所謂既不能爲君子，又不能爲小人，得毋龜茲王所謂非驢非馬者耶？黄梨州《明夷待訪録》，其《建都》篇海山仙館本有之，别有顧氏小石山房本删去，蓋其時禁網猶密，忌諱必多，此讀書者所以宜通考据，搜輯古書者所以宜通目録。彼既胸無尺寸之書，宜乎不足語此。亭林無子，有命在天，古人如此者不可勝數。默深病狂，由于喪心，其病發于本原，塙有至理。鄙人非論因果報應，不過欲人引爲喪心之戒而已。龔定庵從劉申受受學，平生經史論説，大抵根據三世之義爲多，而又沈溺於内典之中，知其人而不知其出，故學術詭僻，不足以教人。今之自命深通三教者，又定庵之重儓。其他依草附木之人，更可置之不議不論矣。十三經中，《書》有僞傳，《孟子》有僞疏，治學之士，皆知其詳。顧《書》之僞傳，閻、惠以後，已如鐵案之不可動摇，後之護經者，猶且百計彌縫，恐其廢墜，何況兩京諸儒傳注之書乎？

凡事當持公道，不必人云亦云。如某生者，能讀康門之書，胡不進而讀古人之書？迨至讀書愈博，見理愈明，而後可云通經，可云致用，較之仰鼻息于道途之人，其利害損益，必有能辨之者。僅以化質論，則鄙人尚可化一顔習齋，恐彼並不能化一康有爲也。《公羊》家以《論語》證《春秋》，始于何休之傳注。近儒如劉申受、宋于庭、戴子高，竭力開通，幾于《論語》《春秋》可以存一廢一。而民主之説，本經無之，傳註亦無之，不知某生所讀何本？殆誤以馬可之書，而記爲幼時所誦習之《論語》耶！若其羨生人之富貴，摭彼教之糟粕，胸懷委鄙，言者心聲。今康有爲疊次被人糾參，許尚書、文御史兩疏，狀其鑽營齷齪之形，如畫如話。似此無耻之鄙夫，依其門牆，亦復有何光寵？執事若識某生，當勸其歸家讀書，自成其士君子之行。熱中奔走，前路茫然，在康門視之如螻蟻之微，在鄙人視之如蚍蜉之小。曾記有一少年，自命爲新學黨人，鄙人告以「汝並無學，何有于新；彼亦非人，何有于黨」。如某生者，妄思攀附宛平，毋亦有類于此？嗟乎！青衿佻達，城闕蒙羞；曲學阿世，古今一轍。吾願舉國上下之人，孜孜向學，而後是非之界得明，學問之途日廣也。餘詳《明辨録》中，兹不複述。

手此，即頌纂安。

【校勘記】

〔一〕按，原文作空框，有意不名其人，《郋園論學書札》作「皮鹿門」。

附一卷

梁啟超上陳中丞書時務學堂鈔稿

侍郎世丈閣下：

入湘以來，已逾一月，所懷欲陳者無慮千萬。初以公王事賢勞，未敢瀆擾，學堂開學以後，又自劬於功課，旦夕罕暇。昨於九日爲學堂假期，即思造膝請見，嗣以諸公會商學會事，又不克矣。托庇彌邇，而侍教疎逖，良用自責也。月之望日，伯嚴約諸公集於堂中，坐次述世丈之言，謂時局危蹙，至於今日，欲與諸君子商一破釜沈舟、萬死一生之策。彼時同坐諸公，咸爲動容。啟超聞是言，心突突不自制，熱血騰騰焉將焰出於腔。蓋振蕩迅激，欲哭不得泪、欲卧不得瞑者，迄今六晝夜。徑欲走見，有所陳説，而吶於言語，弗克自達，用敢以筆代舌，披瀝肝膽，爲我公一言之。

啟超以爲天下事，思之而己之力量不能爲者，勿思焉可也；言之而所與言之人權力不能行者，勿言焉可也。嗚呼！今日非變法，萬無可以圖存之理，而欲以變法之事望政府諸賢，南山可移，東海可涸，而法終不可得變，然則此種願望之念，斷絶焉可也。願望既絶，束手待斃，數年之後，吾十八省爲中原血、爲俎上肉，寧有一幸？故爲今日計，必有腹地一二省可以自立，然後中國有一綫之生路。今夫以今之天下，天子在上，海内爲一，而貿然説疆吏以自立，豈非大逆不道、狂悖之言哉？雖然，天下之事變既已若此矣，决裂糜爛，衆所共睹，及今不圖，數年之後，所守之土，不爲臺灣之獻，即爲膠州之奪。彼時挂冠而逃，固所不可，即拒敵致命，粉身碎骨，何補於國？何補於民？一人之粉焉碎焉，猶可言也，天下由兹荼毒，大局由兹陸沉，虚懷忠義之名，實有陷溺之罪。故啟超以爲今日之督撫，苟不日夜孜孜存自立之心者，雖有雄才大略，忠肝義膽，究其他日結局，不出唐景崧、葉名琛之兩途，一生一死，而其爲天下之人萬世之唾駡者一而已。偉哉，竇融！天下大亂，乃注意河西，指爲移種處，卒能捍衛一隅，佐復漢室。偉哉，鄭成功！流賊遍地，大師掃境〔三〕，乃能以海外孤島，存明正朔垂四十年。夫使天下大局，苟尚有一綫之可以保全，則亦何取於此？而無如不爲竇氏、鄭氏之布置，即步唐氏、葉氏之後塵，二者比較，孰得孰失，不待智者而决矣。且啟超之爲此言也，豈有如前代游説無賴之士，勸人爲豪傑割據之謀，以因利乘便云爾哉！今之天下，非割據之天下，非直非割據之天下，抑且日思所以合十八省爲一國，以拒外人，猶懼不濟，而况於自生界畫乎！此其義也，雖五尺之童，莫不知之。啟超雖戇愚，豈昧於此？所謂日夜孜孜存自立之心者，謂爲他日窮無復之之時計耳，豈曰爲目前之言哉？而無事則整頓人才，興起地利，其於地方之責，亦固應爾，而終不必有自立之一日，此豈非如天之福乎？脱有不幸，使乘輿播遷，而六飛有駐足之地；大統淪陷，而種類有倚恃之所，如是焉而已。

今以明公莅湘以來，吏治肅清，百廢具舉，維新之政，次第舉行，已爲並時封疆之所無矣。而啟超必謂非存自立之心不足以善其後者，蓋以治一省與立一國，其規模、條理一切絶異。本無所謂異也，西人各行省之自治，其規模、條理皆與一國同。惟今日中國之省，則大異耳。以今日尋常各封疆之行徑施之〔二〕，雖苦心孤詣，而於捍他日之大難，則猶未足也。以一省荷天下之重，以一省當萬國之衝，則將以民與人相見，以學與人相見，所以練其民、興其學者〔三〕，固非尋常之力所能有濟也。自昔日本至幸也，獨惜我中國數十年以來，累受挫辱，而封疆之中，曾無一人思效薩、長二氏之所爲者。己實不競，而何人之尤？嗚呼！使胡文忠公生於今日，其所措施，蓋必有以異於人矣。我公明德耆碩，爲后、帝所倚重，政府所深知，德澤在湘，婦孺知感，有所興舉，如慈母行令於其愛子。脱一句。公度、研甫，皆一時人才之選。殆若天意欲使三湘自立以存中國，而特聚人才於一城，以備公之用者。天下豪傑之士，慷慨悲歌，且汗且喘，是天下思自救而不得其塗，則咸注目於瀟湘、雲夢間，冀獲竇融所謂移種處，其嗎焉願效死力以待公之用者，蓋不乏人也。

啟超雖拙陋，竊窮數日夜之苦思力索，極其條理及下手之法，以爲若使德人膠州之禍不息，今歲即成瓜分之勢，斯無可言矣；若能假以五年，則湖南或可不亡也。然明公必於他日自立之宗旨，樹標既定，摩之極熟，不令少衰，然後一切條理，乃因而從之。敢先以一書專論此義，上塵清聽，倘不以爲狂悖之言也，則將竭其芻蕘之所及者，更次第陳焉，無任待命之至。

啟超誠惶誠恐，頓首謹上。

【校勘記】

〔一〕「師」，原誤作「帥」，據文義改。

〔二〕「各」，原誤作「名」，據《覺迷要録》卷四改。

〔三〕「興」，原誤作「與」，據文義改。

梁啟超等與康有爲書粤東譚制軍從康有爲家查鈔得之，原書咨送軍機處

前脱甫之子譚服生，才識明達，魄力絶倫，所見未有其比，惜佞西學太甚，伯理璽之選也。因鐵樵相稱來拜，公子之中，此爲最矣。有陝西書院山長劉光蕡，自刻强學會兩序，旁注：京師、上海。於陝倡行，推重甚至。此人想亦有魄力，聞已在陝糾貲設織布局矣。輒以書獎導開諭之，並餽以《僞經考》，視其他日何如，或收爲偏安帝都之用也。駿事入報，辨誣最無謂，當

以無事治之，彼豈能持「莫須有」三字屈人邪？此後宜置之。

又

前脱視一切事，無所謂成，無所謂敗。此事弟子亦知之，然同學人才太少，未能布廣長舌也。如此，則於成敗之間，不能無芥蒂焉矣。尚有一法於此，我輩以教爲主，國之存亡，於教無與，或一切不問，專以講學授徒爲事，俟吾黨俱有成就之後，乃始出而傳教，是亦一道也。弟子自思所學未足，大有入山數年之志，但一切已辦之事，又未能拋撇耳。近學訴、讀史，又讀内典，旁注：讀小乘經，得舊教頗多，又讀律、論。所見似視疇昔有進，歸依佛法，甚至竊見吾教太平、大同之學，皆婆羅門舊教所有，佛吐棄不屑道者，覺平生所學，失所憑依，奈何？

屬勸長者勿行，某亦頗以爲然，然某於西行之説頗主張者，某意以爲長者當與世相絶，但率數弟子以著書爲事。此外復有數人，在外間説世間法。此乃第一要事。粤中既難安居，則移家入桂，計亦良得。今既如此，可罷論矣。

又

某宗旨頗與同門諸君不同。諸君開口便勸人傳教，新學小生入館未及數月，即令其發揮宗旨[二]，令其向人述先生之道。夫己之學且未成，安能發揮他人？其敝也，必入乎耳，出乎口，日日摭拾聽講之餘文，而居然以通學自命。其初也，猶乘其乍發之氣，詆斥流俗，志尚嘐嘐然，一二年後，内學未成，而客氣已沮，必疲敝與常人等。豈惟如此，自借其一二高論，以巧爲藏身之地，謂一切小節皆不足爲我累，必卑污苟賤，無所不至。吾黨中蹈玆阱者，蓋十之五六，真可憤恨。此非某故爲苛論，此阱某曾自蹈之。去年在都，幾成無賴，瞎馬深池，念之猶慄，故深知牆高基下之爲大害也。某昔在館，亦曾發此論，謂吾黨志士皆須入山數年，乃可出世，而君勉諸人大笑之，謂：天下將亡矣，汝方入山，人寧待汝邪？某時亦無以對。不知我輩宗旨，乃傳教也，非爲政也；乃救地毬及無量世界衆生也，非救一國也。一國之亡，於我何與焉？且吾不解學問不成者，其將挾何術以救中國也？即多此數年入山之時日，亦能作何事乎？今我以數年之功成學，學成以後，救無量世界。下脱

又

夫子大人函丈：弟十六次應言之事，條列於下，敬請道安。弟子元頓。六月七日。

第三書及《四上書記》前後各序，録副寄上。第四書，粤中云已開刻，則無須更寫。第一書及朝、殿文，南中皆有定本，尤無須更寫矣。

此間希顧前交與古香閣印，云本之大小如《公車上書記》，彼恐不能獲利，請改用小本，如《策府統宗》。此則萬不可，故提取其稿，商之別家，議復同彼。蓋嘗詢之諸書賈，据云自强學會敗後，《公車上書記》已不能銷，恐此書亦不能銷云云。當直語之曰《公車記》已銷數萬部，度買此書之人亦不過數萬人，人有一部，自無購者矣。而彼執迷如故也，此事或俟之他日，報館自買機器印之。粤中能刻最佳，刻本必務精雅，若如《救時芻言》，則文字減色矣。四月廿七日信，羽子世伯收到，數月不以送來，真大異聞，昨以信追之，乃始送至。信内所言各事，皆成明日黄華矣。此後有書來，望即直寄此間，勿由人轉交。切盼，切盼。

容純甫在此見數次，非常才人也，可以爲勝、廣。

又

幼博世叔、君勉學長：昨得書，言股不足，欲由上海撥款云云。聞之大驚，豈潘、黄皆不願附耶？旁注：世叔不欲收潘股，超謂收之便。惟超在港，不聞潘有它言。黄與超言，固云月杪交一半。信來時不過十八日，消息亦似未定，或君勉過慮耳。上海頃擬自造房屋、置機器，存款數實不足資挹注，穰卿亦不願也。頃在此擬一招股章程，試往招之，冀有應者，今録呈上。澳報久開，而不聞有集股章程，又無股份簿。此亦太無條理，宜速爲之，即以股份簿十本寄我，望或有成也。今日在此做得一大快意事，説人捐金三千，買都老爺上摺子，專言科舉。今將小引呈上，現已集有千餘矣，想兩日内可成也。請公等亦擬數篇，各出其議論，不然超獨作十篇，恐才盡也。此事俟明春次亮入京辦之。次亮此次乃請假，非改官也。伍秩庸苦相邀，以二等參贊相待，旁注：無頭等缺，惟李合肥出使有之耳。頃已應之，旁注：二月行。頗欲要挾之，令多帶同志一二人，惟彼自言初放日即有條子三百餘，恐不能容也。惟彼能來苦邀一不送條子之人，亦難得矣。渠今日入南京，仍慮超不往，已先送裝千兩來矣。穗田書已買一二，俟買齊寄上。《四上書記》印成，由鴻安棧寄上。此信由海關寄，凡超所來信，請皆呈長者，若已南行，即請寄去。敬承起居，啟超頓首，十一月廿六夕五更。

又

前脱中國今日非變法不能爲治，稍有識者，莫不知之。然風氣未開，人才未備，一切新政無自舉行，故近日推廣學校之議漸昌焉。雖然，科舉不變，朝廷所重不在於是，故奇才異能鮮有應者，殫心竭力，求在京師、上海設一學堂，尚經年不能定，即使有成，而一院百人，所獲有幾？惟科舉一變，則海内洗心，三年之内，人才不教而自成。此實維新之第一義也。惟天聽隔絶，廷臣守舊，難望丕變，若得言官十餘人，共昌斯義，連牘入陳，雷動風行〔二〕，或見采納。昔胡文忠以四萬金賄肅順，求賞左文襄四品卿督師，於是中興之基定焉。豪傑舉事，但求有濟。伊尹之志，子輿所取。今擬聯合同志，共集義款，以百金爲一分，總集三千金，分餽臺官，乞爲入告。其封事，則請同志中文筆優長者擬定，或主詳盡，或主簡明，各明一義，各舉一法，要其宗旨，不離科舉一事。務使一月之内，十摺上聞，天高聽卑，必蒙垂鑒，則人才蔚興，庶政可舉，數百年之國脉，數百兆之生靈，將有賴焉。

右梁啟超六函

又

夫子大人侍右，弟子昭焱叩禀：穆承師瀕行諄督，深維自圖，罔知所措。數日勤於習算，兼讀學案，理會身心，或有所得，惟師命外遊讀書，惘惘不知何往，家非富積，力甚緜薄，頻承堂上之命，促焱謀就講席。焱以年未及冠，本無學問，如何遽爲人師也？以此故庭邇之間，極多違德，咎難自遣。昨聆師誨，檮昧奉禀，仍覈前議〔三〕，大責危牾〔四〕，震驚悼泣，自罪行將下天堂而入地獄也。昔嘗底悉堂上歡心之故，以得科第爲第一義，以營財利爲第二義，然自以里閭族黨多不相能，憍蹇陵侮，苦莫可堪。焱亦嘗以見大風諫〔五〕，未獲垂諭，故至於此，躬自悼矣。憂緒棖觸，事非今日，徒以難言之故，久未上陳。師命歸還讀書〔六〕，非不甚善，但絫年或承隨，或伏處，除習舉業外，更無它事，威令如霜，一晌半晷未嘗暇也。今年讀書，未敢云求通大道，直以習舉業爲辭耳，旁注：今每月堂上仍督作八股，限應六課。書院通年皆如是，此實不堪。儻仍遽歸，必是陷重囚也〔七〕。旁注：仍慮堂上促命歸還習舉業，憂已從中來矣。見當暫忍隱在館，小心事友，諸君或將不我棄乎？卓如學長專督以變化氣質，心甚感之。明年欲作上海之遊，非是萬不能有自立。不知《時務報》能相容否？旁注：讀書，焱或習西文。不便爲梁君言也。肅肅上書，密陳悃款，敬請道安，暇更乞示行止。《春秋》二千三百七十六年冬十月四日。

右孔昭焱一函

又

夫子大人函丈：十月上二稟，由廣仁善堂投，想登師覽矣。弟子現諏本月十三日，安葬先人于邑西鄉距祖居四里之下樟村大嶺，年底石工可完，明春可出侍席前矣。孔子會近又開闢疆土若干方里，有若干人？周游南洋，是否決意？卓如謂門人成就者少，慧儒謂師至香港三日，西人皆知，意在請緩日再去，何也？桂地近又一變其局，唐薇帥與弟子等見則談學，與岑雲階及官場則談博談戲，與曹馴、李受彤則談古董、書籍、字畫。曹、李攻之不克，旁注：唐初歸。乃降之。其精力太過人，譏刺、非議，絶不動心。師如能來，必可使之日進。前課問礦學，末云有不知者進見詢問，由是見者日多。弟子約其開會已允，摩厲激發，未嘗不可與爲善也。肅此敬稟，跪請道安。弟子澤厚謹呈。孔子卒後二千三百七十四年十一月朔二日。

士人請謁必見，仍可進言。去年得滬電時，曾有助金捐書之約，但視京局爲進止。今既欲聯公呈寄京請代奏，事或可辦。頃禫祭禮成，尚未見，當急圖之。旁注：劉嘉澍已北行。岑雲階京卿已返，亦頗見人，聞其議論尚近。此種爲敵者，有侍御唐椿壽，旁注：以憂回省。然不久即去耳。學會由高伯慈約遜業堂多數人矣。伯慈向不識吾學大意〔八〕，去年冬始復來，即爲曹阻，旁注：其時諸學適停，不許與吾輩交。數月不往還，近乃大動，讀諸子最喜墨書，偶與之發明吾道，大服，且深信改制，大駡曹公。因伯慈合學侶十數人言事，曹大惡之。曹教人只許閉户讀書，不准有朋遠來。昨院課，竟以改制、《公羊》説經矣。弟子頗悔數月中之不往交也。泰西教士雖遭殺戮，仍進而不止，思之滋愧。伯慈有弟。又近遜業堂新甄别來者多有志，非復從前矣。日夜摩厲，必能得人。前論謂二月已奉旨令各省辦商務，尚不得其詳，屢向撫署探之，仍未有見，蓋留心此道者寡矣〔九〕。藉此以合大衆，法至善，但弟子愚昧，尚不知所爲，乞再示下手工夫，俾有遵守。晴皋、小峰精鋭不已，必可大成。弟子近窮理似益有得，游心於諸天之間，從容於人境之内，别開地界，可告師前。《桂學答問序》，贊叔早已帶來交君勉，碑刻飭刷即呈。餘當續稟，敬叩道安，厚謹呈。孔子卒之二千三百七十四年五月十五日。

右龍澤厚二函

又

孔子紀年，黄、汪不能用。後吴小村父子來〔一〇〕，又力助張目，仍不能用。蓋二君皆非言教之人，且有去年之事，尤爲傷禽驚弦也。去年南局之封，實亦此事最受壓力〔一一〕。蓋見者以爲自改正朔，必有異志也。四月廿七書云改朔爲合群之道，誠然，然合群以此，招忌亦以此。天下事一美一惡，一利一害，其極點必同比例也。今此館經營拮据數月，至今仍有八十老翁過危橋之勢，旁注：謂經費。若因此再蹶，則求復起更難矣。故諸君不願，弟子亦不復力争也。來書謂：「再蹶再興，數敗不挫，斯法立矣。」然我輩非擁朱、頓之貲，事事仰人，欲集萬金以就一事，固不易易，故毋寧稍諧衆論，俟局面既定，然後徐圖。此事惟公度一人全力舉之，而公度於弟子以非常相待，此館全權時時可以在我。日内弟子病，公度疑其太勞，覓同門襄其事。弟子思文字之任，弟子一人能舉之，其料理局中，下脱。

右梁啟超一函

又

前脱雷武子果是在日本處曾見伊藤博文，云窺其行徑，大約有聯英、日以拒俄之説動英、日政府〔一二〕。中朝託俄爲腹心，正犯英、日之大忌。彼在美國，大約亦見尼希利黨人，與之同病相憐矣。又及。

又

閏五月二十日由京來信得讀。治國是最粗淺事，今日之當如何變法，無論仕學院人知之，即洋傭亦多知之，但中國之自命爲儒者乃昧昧耳〔一三〕。通經所以致用，博古而不知今，必不可致用。譯言者，象胥之職也，能讀《周禮注疏》而屏外國之語言，是求通經而不求致用矣。農務化學者，草人土化之職也。現今所謂種種西法，皆《易·繫詞下》第二章之支派耳。治漢學者，尚考据者，通經而求致用者，愈當研究現今之西學。中國最易變法，是在權要者之暗中轉移耳。恭默聖諭是重典也，可以變爲具文，抄之而已，雖君子敦品者亦抄之。是則此二篇八股、一首試帖，可以恭默聖諭者例之。重之即所以輕之，而專注意於經古一場，而又以「通經致用」四字塞天下之口，使人不敢議。童生者，生員、舉人、進士之所從出也。童生之所學一變，則天下學校變矣。爲軍機者，平日當媚上，招權納賄，傾害異己之人。爲窮編修，鑽營學政差使。使十八省之督學使者皆我私人，皆體我通經致用之旨者〔一四〕，行之十年，格致書院、美華書館所用之書，必如《小題指南》《約選墨中》之通行，八股、詩賦之重大，有如恭默聖諭矣，不言變法而法自變。童生變，天下之學校變，則無一不變矣，惜乎大臣莫有能如是也。先生爲何等人，貪污、佞諂，斷不可避，注意於大同國，勿注意於大濁國，以大濁爲開筆襯筆可耳。旁注：知其不可，尚爲之耶？先生平日得罪於人而不自知者多，安知人不思報復也？口蜜腹劍，切須隄防，有言遜于我，志必求諸非道而已。先生爲公卿所忌必甚，南歸後恐復有參奏者。有肝膽之人，當結以爲援，李鑑堂、張香濤等，不妨順道見之也。樹學無所成，祘術亦粗淺之極，自問無可值世之重金者，幸身累尚輕耳，而平日受家兄恩惠，今家兄年已半百，精力衰耗，不能致財，姪兒五人，俱乏才藝，大有不能自立之勢，思之未免惻然，謀食之心，過於謀道。大濁國必將大亂，爲人所瓜分，正如村夫鬭龍船爭標，彼行急者，此更行急，有惟恐落後失機之心。獨夫之家産物業何足惜〔一五〕，所難堪者，我之親戚、兄弟、友生耳。神山之新屬島亂後當治，狡兔謀窟，宜在於東。我有志焉，但行事殊不易耳。普度大師倚教弟子，六月十三日。

右何樹齡二函

又

夫子大人函丈：來書敬悉。報事所須之人，見尚未定，遲日商定再稟。《上書記》廿一二便可刷印。臬司示禁賭博，城中所謂老師館者，旁注：即賭館，翰林、進士爲之。已徹去八九。聞杜學課已發，前數日樹園復患血，今幸無恙，仍精神未完復。君勉未來，孺博返鄉。學使已初九到省，十八日開考南海，廿一日考番禺，廿三日考順德，廿五日考新會。同門諸君已大集，但爲試事所擾，故講求甚少矣。澳門之地，弟子以爲以善堂爲第一義，以其能收拾人心，徹上徹下也。報館亦未嘗不可，但恐閲報者少，不能永久。故立不敗者，莫如善堂也。肅此，并請萬福。弟子碩稟。

右梁碩一函

【校勘記】

〔一〕「宗旨」，原誤作「學者」，據《覺迷要録》卷四改。

〔二〕「動」，《覺迷要録》卷四改作「厲」。

〔三〕「仍」，《覺迷要録》卷四作「乃」。

〔四〕「大責」，《覺迷要録》卷四無。

〔五〕「見大」，《覺迷要録》卷四作「己意」。

〔六〕「還」，原誤作「遠」，據文義改。

〔七〕「是」，原誤作「更」，據《覺迷要録》卷四改。

〔八〕「向」，《覺迷要録》卷四作「尚」。

〔九〕「寡」，《覺迷要録》卷四作「寥」。

〔一〇〕「父」，原誤作「文」，據文義改。

〔一一〕「壓」，原脱，據《覺迷要録》卷四補。

〔一二〕「英」，《覺迷要録》卷四無。

〔一三〕「儒」，《覺迷要録》卷四作「士」。

〔一四〕「旨」，《覺迷要録》卷四作「學」。

〔一五〕「物業」，《覺迷要録》卷四無。

上海書局石印本附刻

來書一〔一〕

頃奉手書，厚若梵夾，伸紙發誦，懽喜無量。經説異同，從來儒先所共有，固欲得通博大儒是正而箴砭之，俾知得失。執事不棄其妄謬，所以教誨之甚至，此僕所樂於請業就正者也。而書末所云少談經而多讀史，勖僕以爲胡安定而勿爲管幼安，感時事之方艱，望人才之有用。嗚呼！僕之狂愚，何以得承大君子之愛摯教誘如此哉！

僕南北往來，天下之元夫巨人，亦未嘗不得見焉。其冗暠者不復言，其號稱學人志士，亦大都聲音、訓詁、詞章、金石之爲學，相與習於無用。士節既不可言，其謹厚寡過者，亦惟婞妸囁嚅，而罕有清明峻發，緯繣天下國家之務，日夜搆之以任先聖之道而拯生民之禍者。求之草野，既寡有聞，進求之朝廷爲多士所集者，亦罕覯焉。間有其人爲僕所知識者，如梁節盦、屠枚君、盛伯羲、黄漱蘭其人者，亦復嗚則斥去。若執事，其一人也。朝野相習，靡然成風，若有人焉一講求國事民艱而論列之，則群嗥而共謗之，務使無所掂足而後快於其心，而無相形之不美。

僕嘗聞於大賢之論，側聞風義，激於時事，哀夫民艱，十年來竭精而講畫之。遊京師時，不量愚賤，當發憤上書〔三〕，冀一悟堯、舜之主。此誠草野之狂，冥於行邁，爲獻曝之愚者也。不悟時風衆勢，遂爲中朝大臣所見遏抑，呈監、呈察院，皆不得達。訕議風起麻集，目爲中風狂走，上不爲公卿所容，下爲鄉人所逐。窮而還山，鑒惕於前事，緘口不敢言。雖明知棟折榱壞，僑將不免，然既大聲疾呼而不見聽，亦將同飲狂泉而生，同其隕斃。故毅然絀心塞耳，聞氛亂而若不知焉。非能忍也，勢不得已也。

南歸以來，授徒以就口食，無所用心，惟將宿昔所誦之經深思默誦，以娱吾日。其有所見，筆之於書，不能復已，又將與門人，言先聖之道所在。此亦不忍人之心未能盡遏，故態復萌，流露於不自知者也。今執事復教以講求世用，其有所進，亦不過效節盦、枚君及執事，終歸於罷黜，游於四方而止，則亦與僕今日同耳。其無所用，則僕爲卞和再刖之足，豈敢復求辱哉？是用抑心低首，謝絶人事，聊以暇日發明遺經，以教童蒙。其未能去文場者，則以太夫人在堂，欲娱其親耳，非復有它云云也。非素講風節若足下之教督，僕亦不復發狂言也。今進昔年儗上之摺及代屠侍御所草摺稿已上者四事，又《與沈刑部子培書》一首、《闔辟篇》一首，令憙事小吏諷之，亦足以知其疇昔之所存。其它文稿固多，未敢遽上。惟足下之高義，故敢稍自竭也。其今、古文異同之說，俟異日獻其愚。改制之說，創立更奇，且草稿甚亂，未能呈政，惟亮之〔三〕。

（《義烏朱氏論學遺札》，光緒乙未菁華閣刻本）

【校勘記】

〔一〕按，上海書局石印本《增廣翼教叢編》卷七增收康有爲三通書札，各題「附刻來書一」「來書二」「來書三」，但文字訛誤較多，故本書另據他本補入。

〔二〕「當」，應作「嘗」，抄本《朱蓉生康長孺往來書札》及《朱蓉生駁康學書札》作「常」。

〔三〕此句下，抄本《朱蓉生康長孺往來書札》另有「敬問蓉生先生興居不勝悚息祖詒再拜新學僞經考二本長興學記一本謹呈上暇當趨聆大教也又啓」。

來書二

蓉生先生：

前承教誨數千言，懇懇諄諄，若以祖詒爲可與言者而深責之，非大君子忠告之誠、愛摯之篤，何得聞此言乎？去年承教以「讀書窮理，足以自娱；樂行憂違，貞不絶俗」，勿爲石隱，勿爲猖狂，每念吾子造道之深〔一〕，贈言之厚，誦之不忘。近世交友，只有酬應，不聞逆耳之言。今幸不棄於吾子，復存古人之義。僕雖不敏，頗自力於聞過知非之學，是用忭喜以受。

惟區區此心，公尚未達之，似以爲有類於乾嘉學者，獵得瑣文單義，沾沾自喜，日事諛聞而敏其論，果有關於風俗、人心者則無有。若是，則爲君子之擯斥也固宜。故不敢默而息之〔三〕，而欲稍陳其愚陋。連日下痢，故闕然久不報。頃搦管伸紙，滔滔言之，則近於逆指而文過。未信而諫，其言不入，故今亦不復及古、今真僞之學。但僕之爲教，亦不敢以考據浮夸領率後生。今將門人功課部繳呈一二，覽之亦可見鄙志之所存。蓋皆宋儒之遺法，非敢薄之也。

足下謂：今之學者，義利之不明，廉隅之不立，身心之不治，時務之不知，名爲治經，而但治目録；名爲窮理，而但講應酬。大哉言乎，深切著明。鄙人雖不肖，竊於此數言，頗能提倡之，躬行雖未至，竊喜足下與之合符，而門人興起者亦頗有人，雖未能大治身心，亦頗淡榮利而講時務。似未軼乎規矩法度外也。推足下相規之深，謂僕於宋儒有未滿之論，故諄諄以新奇爲戒，以平澹爲歸。苦口良藥，至哉言乎！然昔朱子有云：「每讀古人書，輒覺古人罅漏百出。」僕不幸頗與朱子同病，隨舉一學，多有不滿前人者。蓋朱子最能精思窮理，窮至其極，則縋幽鑿空，力破餘地，雖有堅城嚴壘，亦無立足之所。僕雖愚，於窮理之學，竊有一日之長，故推陳出新，登峯造極。後生可畏，來者難誣，正不能以「榮古虐今」了却也。

蓋天下義理，無非日新。足下所戒，雖是儒先之讜言，然實非天理也。既非前人所言，自近新奇矣。學者論學，但當問義理之何如。義理以求仁爲主，若其不仁，時各有宜，學各有主。

安知平澹者之不特無益，佛是大醫王，教者自當因病發藥。當大病之時，而以茯苓、甘草解之，平澹亦何益耶？而且以害人乎？言不可若是其幾也。牛毛、繭絲，析之至細；條理、枝葉，敷之至繁。博大精深，前儒惟朱子有之，它不能也。僕生平於朱子之學，嘗服膺焉，特儒先有短，正不必爲之諱耳。朱子教人以持敬之學，最美矣，而於經義何嘗不反覆辯論？即《詩序》之偏，亦諄諄日與吕伯恭、陳止齋言之，豈亦得責朱子舍義利、身心、時務不談，而談此《詩序》乎？蓋學問固當本末兼舉，未可舉一而廢百，亦不能舉空頭之高論抹摋一切也。朱子之學所以籠罩一切而爲大宗者，良以道器兼包，本末具舉，不如陸子、止齋之倫滯在偏隅，如耳、目、鼻、口之各明一義，不舉大體也。孔子之學所以師表萬世者，更以道器兼包，本末並舉，不如諸子之各鳴一術也。且公之書院，豈能不言經義哉？有一經解題目〔三〕，當必有以斷定之，豈可坐令淆訛乎？今、古不明，雖欲不坐視訛謬而不可得。若西京先儒，皆讀秦未焚之書，爲孔子之後學四五傳，舍此不信，將誰信之？

然此猶經解之空言，無關實事，誠可勿辯。若足下謂「未聞東漢興古文以來，世遂亂而無治」，則未之思也。《春秋》之指數千，皆爲二千年之治法所出，但恨未能盡行之。今不能偏舉，惟舉閹寺一政。《春秋》於閽弑吴子餘昧，特嚴不近刑人之戒。故同子參乘，袁絲變色。《後漢書·襄楷傳》曰：「臣聞古來本無宦官，武帝末，春秋高，數游後宫，始置之。」然未嘗垂於經典，後世人主不敢法也。自劉歆僞《周禮》，上因漢制而存閹宦。後此常侍弄權，黨人戮辱，高名善士先受其禍，而國步隨之而亡。唐則神策握政，門生天子，甘露之變，慘被將相，而唐祚隨之。明則神廟假權，熹宗昏弱，忠賢柄國，戮辱東林，杜秩獻城，明亦隨而亡。今則李連英復弄政矣，後此忠賢復出，清流之禍方長。是劉歆一言喪三朝矣，古今之禍，孰烈於此！今吾國家尚未知息肩之所，即此一端，僞經之禍，已不忍言。足下亦未嘗深思今古變制之由，宜以古文無罪而欲保護之也。

至於後世，君日尊侈，「惟辟玉食」之言，葉水心早已疑之，僕亦意此爲古文家亂入者。然未有如《周禮・天官》之侈供張者，甚非「樹后王君公，惟以亂民」之義。「惟王及后、世子不會」之說，胡五峯亦大疑之。於是靈帝乃善作冢，西園成市；魏明帝築華林，至使群臣負土。六朝之敗，蓋不足言。若乃隋煬西苑，宋徽艮嶽，明皇之梨園三千，莊烈之脂粉百萬，試問今學民貴君輕之義，有竭天下以供一人之義否？其它今、古大義方多，今日不能具與人言，姑將其真僞之故同於考據之學者，微示之意，令天下凡知學之士咸得講求之。講求既入，自能推孔子之大義，以治後之天下。生民所攸賴，更有在也。若誠如今日之破碎荒陋，則彼《新約》《舊約》之來，正恐無以拒之。諸賢雖激厲風節，粉身碎骨，上爭朝政之非，下拒異教之入，恐亦無濟也。若慮攻僞經之後，它日並今文而攻之，則今文即孔子之文也，是惟異教直攻孔子，不患攻今學也。遺文具在，考據至碻，不能翻空出奇也。彼教《舊約》，去年彼教亦自攻之。只分真僞與否，不能如此黑白不分也。昔朱子謂呂伯恭論多騎牆，兄是通於今學者，又作騎牆之論，何其似伯恭耶？

若謂僕妄竄《史記》以成其説，據《讀書雜誌》，以爲今本《史記》出於王肅。肅爲古文家，此其確據，可勿論。少昊、少康見於《左傳》，非僻書也；事關一朝，非細事也，而《史記·五帝》《三王本紀》無少昊、少康事。后羿、寒浞雖是篡位，然四十餘年，過於政、莽及朱温、石敬瑭、劉知遠、郭威等矣。若今日修何承天之《通史》，輯司馬之《通鑑》，而舍却政、莽、五代，成何書也？史公雖陋，豈至是乎？正統相承，事關興亡，不著之本紀，而著少昊於《律書》，存羿、浞、少康於《越世家》，有是理乎？史公雖不計史裁，亦無此理。兄能下一語解之否？若必黨護劉歆，而攻史公爲陋，其誰信之？《史記》多竄，終無解於揚雄之語。其他條緒尚多，《經義述聞》《讀書雜誌》《廿二史劄記》《二十二史考異》可考。固貴於多聞闕疑，亦貴好學深思。孟子最長於《詩》《書》，而不信《武成》，且又取其二三册，又攻其血流漂杵，以爲非武王之事。是固賴於論古有識，若僅循文守義，則三尺學僮能之，豈望於知言大君子乎？足下豈謂此孟子之《武成》，非古本《武成》耶？私行金貨以改經文，經文猶改，何況史也？竊以爲足下之篤信，過矣。劉歆之僞經，既造僞文，又僞鐘鼎、僞簡册以實之，藉中秘之力，以抑外學之愚陋，惟同時學者知之。傳之百數十年，鐘鼎、簡册益加古澤，使僕今日幸列校書，遇此異學，亦必爲惑。故雖在李育〔四〕、何休，亦祇攻《左氏》之義，不能攻其僞，何況馬、鄭之篤信古文者乎？

且辨別經學，不能以愚智論，是有時焉。朱子能爲窮理之學，馬、鄭所不能比者，然朱子亦不能知今學。「今學」二字之淺，朱子猶不知，豈得謂朱子爲愚耶？國朝顧、閻、惠、戴諸人，用功於漢學至深，且特提倡以告學者，然試披其著述，只能渾言漢學，借以攻朱子，彼何嘗知今、古之判若冰炭乎？不惟不知其判若冰炭，有言及今、古學之別乎？夫兩漢之學皆今學也，故自鄭君混一今、古之文，而實以古文爲主。魏、晉立博士，皆主古學，而今學亡。《晉書·荀崧傳》所敘之十四博士，《易》則王氏、鄭氏，《書》則古孔氏、鄭氏，《詩》則毛氏，《禮》則云《三禮》鄭氏，《春秋》則云《左傳》杜氏、服氏。崧請立《公》《穀》，時議以爲《穀梁》膚淺，不足立，許立《公羊》。後以王敦之亂，卒不立，而今學諸經皆亡於永嘉。《公》《穀》雖存，久無師説。沿及隋、唐，定爲《正義》。宋世定《十三經注疏》，即今本也。唐人尚詞章，而不言經學，昌黎、習之以古文言道，推本於經。穆修繼之，傳之尹洙以及歐陽，亦由古文以及經説。於是劉公是、王介甫、蘇東坡，各抒心得以爲經義，皆不由師授，各出己見爲説。宋之經説遂盛，而朱子集其成。元延祐、明洪武立科舉，皆以朱子爲宗。國朝因之，凡御纂之經，皆宗朱者也。總而言之，孔子作六經，爲後世之統宗。今學博士自戰國立，至後漢止，諸凡五百年而亡。劉歆作僞，行於魏、晉，盛於六朝、隋、唐、宋初，凡五百年而息。朱子發明義理解經，行於元、明及本朝，亦五百年而微。國朝閻、毛、惠、戴之徒，極力主張漢學，能推出賈、馬、許、鄭以攻朱子，實僅復劉歆之舊。所謂物極則變也。然乾嘉之世，漢學大行，未有及今學者。諸老學問雖博，間輯三家《詩》及歐陽、大小夏侯遺説，亦與《易》之言荀、虞者等，所以示博，非知流别也。至嘉道間，孔巽軒乃始爲《公羊通義》，然未爲知《公羊》也。近日鍾文烝爲《穀梁補注》，然未爲知《穀梁》也。直至道咸，劉申受、陳卓人乃能以《繁露》《白虎通》解《公羊》，始爲知學。則今學息滅廢絶二千年，近數十年間乃始萌芽。所謂窮則反本也。條理既漸出，亦必有人恢張今學而大明之，以復孔子後學之緒，而因以明孔子之道者，亦所謂惟此時爲然也。外論聞僕之言，每以爲狂，以爲二千年大儒輩出而莫之知，而待康某於二千年後發之，豈不妄哉？雖然，試問二千年中何如哉？賢者不能爲時，此固無可如何者也。道者，天下之公，非一人之私。雖蚩蚩者不足與言，以兄之明達，豈能無望也？

今日之害於學者，科舉之外，先曰訓詁。此劉歆之學派，用使學者碎義逃難，窮老盡氣於小學，童年而執一藝，白首而後能成。必除掃之，使知孔子大義之學，而後學乃有用。孔子大義之學，全在今學。每經數十條，學者聰俊勤敏者，半年可通之矣。諸經皆無疑義，則貴在力行，養心養氣，以底光大。於是求義理於宋明之儒，以得其流别；求治亂興衰、制度沿革於史學，以得其貫通；兼涉外國政俗、教俗，講求時務，以待措施，而一皆本之孔子之大義以爲斷。其反躬之學，内之變化氣質，外之砥礪名節，凡此皆有基可立，有日可按。若復格以古學，則窮讀兩部《皇朝經解》，已非數年不能，而於孔子之大義尚無所知，冥行擿埴〔五〕。凡僕所見今日學者皆是，而彼能作經解，臨深爲高，已自俛視一切矣，欲其成學，豈不難哉？況真僞不容不分，而僞經之亂道貽禍如是耶？

願各捨成見，虚心以求義理之公，並商略教術，以求有裨於國家風俗、人才之際，通達彼己，無爲閡礙。若其乖謬，幸更正之。足下居高明之地，於轉移人才尤爲易易，豈能無少有垂採乎？書不盡言，言不盡意。敬布區區，悚息悚息，不任主臣之至。伏候興居。祖詒再拜。

（《義烏朱氏論學遺札》，光緒乙未菁華閣刻本）

【校勘記】

〔一〕「吾」，原誤作「君」，據下文及抄本《朱蓉生康長孺往來書札》改。

〔二〕「之」，抄本《朱蓉生康長孺往來書札》作「言」。

〔三〕「一」，原脱，據抄本《朱蓉生康長孺往來書札》補。

〔四〕「育」，原誤作「商」，據史實改。

〔五〕「埴」，原誤作「植」，據文義改。

來書三

曩辱大教，纚纚數千言，伸紙發誦，閎衍博實，如遊滄海，倉卒奉答，不能攝舉機要，顓顓愚憒，並陳其夙昔呈其論説，淺中妄言，甚自悔也。歲暮凋寒，頗困人事，是用闕然久不能報，然區區之私，猶有訐者。以鄙人創説少異儒先，今茲故人學士詰難紛起，是動天下之兵，而以孤師陳境上，以壘禦之，甚知其難也。與時流之説頗多鑿枘，謗詬之人易以得罪。故竊以爲大道從容，待人之自悟也。然暇輒諷賜書，研辨經義。誨以爲有用之學，其詞甚直，其愛甚厚，此誠大君子好善之誠、誘人之篤也。通人之識與常士殊，能受直言，不爲逆指，默而息乎，是失君子接引之意。故不敢隱其戇謬，已摧燒而復書之，輒用陳辭，惟寬其狂愚而垂察焉。

足下信壁中古文，謂罪止城旦，恐史文之不具，竊以爲未之察矣。秦法焚書不及博士，博士弟子多人，如叔孫通即已百餘，他即可知。博士員有七十，七十博士之弟子蔓衍流布，即六經之副本湧溢四出，不能缺佚，無疑也。如謂讀《詩》《書》者止容博士，則諸博士何得樹徒聚黨至於百餘，以顯犯偶語之禁？則諸博士六經之本〔一〕，均得傳於其人，又無疑也。然則謂特博士所藏未焚，而疑書有缺佚，不可也。夫罪止城旦，兩見《始皇紀》及《李斯傳》

皆同，豈得謂史文弗具乎？且城旦之刑限以三十日，棄市之誅及於偶語，此不過爰書從嚴之詞，未必按實。觀高祖圍魯，猶講習禮樂，魯世世諸儒，猶講《禮》鄉飲、大射於孔子家，則立法嚴而行法恕，古今大畧相同。是不獨博士弟子得以翱翔法外，即齊、魯諸儒，亦未嘗懾於威勢而棄其本經，事至明也。漢興，去秦焚書至近，諸儒耳目相接，而以傳六經竟有亡失，豈情理哉？且孔光以諛佞之徒，歆奏立古文，又表彰其家業，而猶不肯助，毋亦以安國固無其書，不能妄從者乎？孔子之書藏於廟中二百餘年，至漢不絶。安國以孔門世胄，猶家無其書，必待於壞壁之稗販，是供詞竟可誣造也？古文爲焚餘之書，獻王、魯共、淹中先後雜出，而篇簡之多寡、文字之異同，不謀而同，乃二千年來猶信而從之，是舊案無妨蒙混也。然則古文之爲僞，重規疊矩，烏可誣也？若猶疑於秦焚不亡之説，更有一譬以喻之。隋煬帝發使四出，搜天下書籍，與讖緯相涉者皆焚之，爲吏所糾者至死。《隋志》至謂「自是無復其學，秘府之内，亦多散亡」。是風行雷厲，與秦焚書不殊。然七緯、諸讖，《隋志》著録，依然具存，況六經尊重，學者傳習保守，豈緯所能相比者乎？是知書之存亡，實非朝廷禁令所能主持。通古今而言，又何疑於秦焚不亡之説哉？

足下云《河間》《魯共傳》不言古文，緣儒術始興，其言闊略，而歆能作僞，不當獨疏於此。夫歆徧僞諸經，轉相證明，固爲巧密，然心勞日拙，亦作僞者之恒情。王肅僞作《古文尚書》，極意彌縫以求勝，而篇目輒與鄭注《書序》所述逸十六篇不合，遂留瑕以待後人之攻，且其採掇剪裁，亦多顛倒脱謬，不得謂王肅若作僞，何此獨疏之甚也。然則歆之偶疏，亦猶是也。《元王傳》不言受《詩》於浮丘伯，在一家傳授，非大義所關，偶爾遺忽，則或有之。若河間、魯共之得書，《毛詩》《左氏》博士之私立，此關六經盛衰存亡之大者〔二〕，若史公竟忘之，則史公爲一愚妄人矣。儒術傳流，戰國大盛，史公著書在學官建立之後，儒學一統，六經尊重，比隆天地，豈得闊略乎？且歆於《史記》，徧竄入古文《左氏春秋》《周官》諸條，《河間》《魯共》固歆所欲竄也，無如鑿空竄入，諸儒熟記其事，據舊本而争，并勞竄之古文《左氏春秋》《周官》諸條，必早爲發覆。凡盗賊，行於夜而不行晝，横於僻途而畏於大道。《河間》《魯共》，晝也，大道也，歆不敢竄，何足異也？

足下又謂僕於古書合己説則取之，不合己説則僞之，類近世之言漢學者。謹按「古文」之無既明，則史公之稱述又從何來？此不待辨而知其僞竄者也。且今本雖間有「古文」之語，然以《十二諸侯年表》「古文」一作「國聞」證之，及《史記》中「古文」二字，按以前後文理，每多岨峿，則其不可信據，已可概見。《史記》之經後人竄亂，趙甌北所考者已班班可考。《宋世家》抑宋襄而譽宋宣，用《左氏》説。篇末「太史公曰」又抑宋宣而譽宋襄，用《公羊》説。古人文字先後異論者有之，若同此一篇而矛盾如此，非情理也。然則《宋世家》之

《左傳》竄亂，百喙難解，則其他可知矣。上下手以抑揚古書，僕不敢出此。且僕與《毛詩》《左傳》何仇怨哉，奚事深文周内，以一手揜天下目乎？足下引近時漢學譬之，僕未敢遽受，仍欲足下每條細按其文義也。且足下既謂「《左傳》之可疑，以論斷多不中理，分析附益，自必歆輩所爲」，然今《左傳》不中理之論，足下所指爲歆輩附益者，今本《史記》中往往有之。史公著書遠在歆前，豈得見歆所附益而引之？然則此類之爲歆後竄亂，在足下亦無以解其難矣。又「其處者爲劉氏」及「上天降灾」四十七字，其爲竄亂，足下已敢誦言之。此獨非合己説則取之，不合則僞之乎？而足下敢言之，殆以此爲《正義》《釋文》之舊説，故樂於信從耶？是於古人則信之，非古人則難之。此榮古虐今之見，豈求是之道哉？王充謂「昔人之業瓜果甘甜，今人所造蜜酪辛苦」，其然乎？

足下謂班史謂遷書多古文説，按之誠然。鄙意古文家矯誣古人，隨手變亂，在在皆然；然指鹿爲馬，欺人太甚，未有如此説之甚者。今按《史記》引《書》，皆今文之義，無一條古文家説，即文字亦然。段若膺、陳樸園雖略言之，然問惑於僞説，其詳别見《史記引書皆今文説考》，文多不具録。「多古文説」之説既虚，則問故之事贋；問故之事既贋，則安國得古文之説亦爲情虚，不待能吏而案情盡吐矣。足下通古今學之别，請一一按《史記》考之。

足下能信《左氏》之不傳經，而又反覆辨其不僞，決其非採自《國語》，信其爲張禹等之傳授。夫經之有傳，所以傳經，苟非傳經，而仍冒名此經之傳，非僞而何？是但曰不傳經，則僞不待言矣。今本《國語》非不記事，《左傳》非不記言，義例實同，文體不異，其爲一書，自爲易見。其事多複見者，不過經歆竄改之後，故爲之以滅蹟。歆能增竄既改之《左傳》，豈不能增竄棄餘之《國語》？不足爲難也。《左傳》中細碎之事，未改之《國語》原本或分隸於諸國，或附見於他國，何不可坿麗之有？太史公著《史記》，紬金匱石室之藏，故得見《國語》而引之。非史公及向、歆之徒得窺中秘，不能覩也。夫《史記》爲本朝官撰之書，東平王以藩王懿親，猶待上書之求，朝廷并不肯予，况《國語》之古籍偶存者哉？其人不經見而易於竄改，宜也。歆本傳云「陳發秘藏，校理秘文，以考學官所傳，經或脱簡，傳或間篇」，傳即指《左氏》。歆改《國語》爲《春秋傳》之後縱有一二曾讀舊本之士，執簡而争，歆亦不過詆爲人間之坊本與中書不同而黜之，人亦悴中書之名而惟自咎其舊本之謬矣。《史記·十二國諸侯年表》云「據《春秋》《國語》」，既據《國語》，則十二國者，自是十二國之語，年月事蹟皆可考稽。若據今本《國語》，則九國耳，安得十二國乎？若據《左氏春秋》，又奚止十二國？則史公十二國之例，從何發也？且今本《國語》，如《齊語》則全竊《管子》之《小匡》；《鄭語》僅千餘字，無一條入春秋時；《魯語》爲公父文伯之母語居大半矣；《楚語》自共、靈之後，乃有一二條。陋略如此，何與《十二國表》絶不符也？足下又附會以或史公稱《左傳》

爲《國語》，及《儀禮》《左傳》《國語》《戰國策》皆後人標題，故無定名之説，豈非遁詞乎？王肅僞撰《家語》《後序》一篇，傳授源流亦言之鑿鑿，蓋作僞者必求其似。然則歆僞爲《左傳》，其傳授何不可僞作乎？《家語》之僞，定論久垂。故雖僞造傳授，言之碻鑿，人亦得斥其依託。不知歆之僞古文，亦猶是也。凡疑肅而信歆者，皆知二五而不知十也。且張蒼、賈誼之上既可依托，則其下諸人又何嘗不可依托？若謂「耳目相接，不能鑿空，歆名位未盛，安能朝野從風」，不知賈護諸人，或爲歆之私授，或爲歆之依托，皆未可知，然亦不過信者數人，未見其朝野從風也。歆假借古文，百端矯揉，豈不能欺此數人哉？然范升即已謂《左氏》師傳無人。升去歆未遠，耳目相接，則諸人之傳授亦爲鑿空，固未嘗無發其覆者也。東、西漢之間，議論紛起，皆斥《左氏》之謬經。孝平、光武行以帝王之力，而從風者猶鮮，朝野譁然異其私書，豈非即以傳授無人、鑿空僞造之故耶？《漢書》即歆續修，其即歆僞説可見。然此文即非出於歆手，班固生當歆後，歆學大行，固即述歆説爲耳〔三〕。

至足下謂「《左氏》不傳《春秋》之義，何嘗不傳《春秋》之事」，其説尤爲不然。《左氏》果傳《春秋》之事，則傳事、傳義，要皆經之羽翼。《公》《穀》二傳中，亦多傳事者，諸儒不以爲不傳《春秋》。《左氏》果傳《春秋》之事，諸儒未有誣爲非傳經者。《穀梁》立學之時，不無異論，然董江都之難，不過争經説之是非，未嘗辨傳經與不傳經也。諸儒之排《左氏》，果持門户之見，亦當斥其條例之誤、論斷之差，斷不能以爲不傳《春秋》，誣而毀之也。不傳《春秋》，此漢儒之初讞，最可據者。若後漢李育、何休之難，則亦爭經説之是非矣。蓋前漢諸儒於僞經初出，惑世未深，故得知其始末；後漢之季，僞學大行，諸儒既入其中[四]，而辨之自不能探其底蘊也。足下既知《左氏》不傳《春秋》爲漢儒至當之言，而以爲歆所附益，可謂達識矣，而又曰《左氏》傳《春秋》之事，何未達也？且《左氏》果傳《春秋》之事，則自當依經立義，斷限獲麟。今則記事纂言下至悼之四年，與《春秋》了不相涉；其中記述又多蔓延於經外，與經渺不相關。傳《春秋》之事者，果如是乎？故「《左氏》不傳《春秋》」一語，即可爲《左氏》與《春秋》絶不相關之明據。足下以此書既不傳經，自非編年，又非《國語》，自不分國，而又與《國語》同出丘明一手，是何體例乎？其不合史公所稱，且勿論也。真則真，僞則僞，究何所歸？昔朱子謂伯恭好作騎牆論，足下頗亦類之，得毋敗績失據乎？

足下存僞《毛詩》，而欲躋與三家並。按《毛詩》與《周官》《左傳》同爲歆所請立，《周官》《左傳》僞，則《毛詩》之僞，自不掩耳。且足下亦知爲晚出矣，何不能推廣思之乎？三家《詩》雖亡，然遺説可考者亦得大概，雖訓詁未詳，而篇義不甚缺焉。以爲百不逮一，郢書燕説，似未核實也。且三家爲孔門之真傳，正統雖微，豈可與僭僞並列？正當敵愾除殘，以扶正室。乃因三家之亡，而毛倖存，遂儕之同列，是猶懾操、懿之彊，而謂其篡逆爲當然也，較加九錫者抑更甚矣。

足下又謂今文與古文多同，亦有今與今異、古與古異。夫論事考古，止能以大概言之。古文與古文、今文與今文同條共貫，亦就大概而言。其今文與今文偶異者，傳述之少殊。古文與古文偶殊者，則故詭以滅跡。《公》《穀》二傳，同出子夏，不能以其少有異同，即謂其非同條共貫。王肅僞爲孔安國《書傳》以佐其反異鄭康成之説，不能以其釋《禹貢》「三百里蠻」、《洪範》「農用八政」諸條與鄭注同，與己説異，皆見《正義》。而謂其非同條共貫也。至今、古文之相同，此蓋作僞不能盡鑿空立義，必略本古人，稍異其説，以爲售之地，亦不能以其與真説同而遽信之。王肅僞孔安國《書傳》，與馬、鄭同義者過半，豈孔《傳》亦非僞耶？

足下言《易》與《春秋》爲聖人微言大義之所萃，知言哉！非深於孔氏之經者，豈及此哉！然信改制而反疑《王制》，尊六經而界畫六經，規僕勿爲新奇，而預戢惑經之風，言則深愛我厚矣。雖然，僕不敢陽受之而不言也。「六經各有大義，亦各有微言」，此説似是而非。聖人微言大義，其文著於經，其説授於其徒之傳。故通三統之義，五經家皆傳其説。《詩緯》，《詩》之學也，而推度灾祥，備著三統之義。伏生《尚書大傳》，《書》之學也，而《略説》一篇暢發通三統之説。《禮記》《禮緯》，《禮》之學也，而多備三代之制。《易》之通變，理周百王，尤不待言。若以其通三統之義經無明文，不知諸經微言大義即寄於傳。即三統之説，《春秋》亦豈有明文哉？「王正月」「王二月」「王三月」，略示微言，亦待董生之徒始發揮大義耳。然則《大傳》《禮記》之傳述者，不猶《繁露》之闡發乎？《春秋》三統之義述於後儒之傳者，信而從之；餘經三統之義述於後儒之傳者，疑而排之，無亦以《公羊》之學近世漸行，老師宿輩傳述者衆，故因於人而樂從之耶？不然，何以通滯各半也。六部之官分職雖殊，而奉行《會典》，則必出於一。豈謂出於一而合，六部不妨爲一部哉？然則六經同體，相次而行〔五〕。《春秋》既爲改制，則四經亦當同義。所以必作六經者，以體用不同，而制度則歸於一統也。《王制》一篇，如公田藉而不税，葬不爲雨止，二伯之制，百里之封，大夫不世禄爵，公家不畜刑人，皆《公》《穀》之説，與古制反異，其餘制度無一條與《公》《穀》相背者。《王制》之義既通於《春秋》，必《春秋》非改制，而後《王制》可以爲非改制之書。今足下於《春秋》之爲改制則信之，於《王制》之爲改制則疑，何矛盾也？《論語》爲聖人日常酬酢之言，庸德庸言，異義實鮮。子張問十世，哀公問社，亦即通三統之義，爲邦之兼及《韶舞》。蓋言三統者，莫詳於董生，其著書且以《三代改制質文》篇爲名。是專發三統之義，而推排制度亦及於《韶舞》，亦得以董生爲非言三統哉？三者，數之成。先王制禮，凡不能盡者，以三爲之節，如三加、三推是也。詳汪容甫《述學·釋三九》篇。然則聖人之説統也，夫亦以數窮則變，聊示通方，懸三代以著其例耳，豈欲學者之死於句下哉？觀董生專言三統而及於虞樂，此亦三不必泥之明據也。《論語》雖不必如劉申受、戴子高之附會，然三統之旨，亦何能全没乎？漢儒多《公羊》之學，宋儒多《四書》之學，此從後儒得力處言之，非言孔子改制作經之朔也。聖人舉動，不能以後儒例之。足下既信改制託王，尚何「爲下不悖」之稱述乎？足下不信《春秋》改制之説則已，不知《易》尚通變則已，既通大旨，而泥單詞以相質，爲無謂反覆之文，恐進退皆失所依據也。宋儒講求義理，其功大矣，然患其鑿之過深，揚之過高，其弊將不切於人道，則亦幾與佛、老同矣。故欲舉孔子經世之學發明，乃以補其偏而歸之正也，豈謂晦之？學者苟明於《春秋》經世之義，存三統以通其變，孔子易天下之心，可以師其意而不泥其跡，聖道庶幾存焉。此切於人事者，非過高之比也。諸經咸定於一，無復紛紜，何惑之有乎？

足下又謂古學行之無弊，僞經亦不妨並存。按：古學行而今學廢，而孔子之道亦因而盡廢，而曰古、今並行，未有大失，豈孔子、劉歆亦爲兩得耶？《周官》《左傳》苟人人皆悉其僞，則其書雖存，亦不過如僞《歸藏》《三墳》，留爲故簡，如僞孔《書傳》之例，於經義亦未爲大害。然今二書，雖高明之士，猶持兩端，則辨之宜亟矣。經文真僞既分，兩造之讞詞已備，豈可使孔子抱沈冤而不雪，尚欲爲和事老人哉？

足下云「六經切於世用」，「凡學貴於濟時」，大哉言乎！近世破碎之學日盛，相率而爲無用，足下大聲疾呼以拯斯弊，僕何幸聞此昌言也！然足下之意則是也，而所以考聖人之道，似昧没而不得其途。故矯爲治史之論，斥三統，優宋儒，則號非也，道亦非也。國朝經學之盛，自乾隆來百餘年矣，其下者攷據、訓詁，皆爲譁世取寵之具；中者牽守膚末，不免於腐爛叢碎之譏；其上二、三通識之士，深覩時事，皆隱然知古今勢殊，以經學爲無用矣，然以爲聖人者，二千年之所尊奉者也，不憑藉遺經，不可以爲儒，不略鑽其義，不足以明尊聖之義，於是名義相持，鑽仰誦習，而叩其故，則相奉者名而已，徒建空名於諸侯之上，而土地、正事亡焉，孔子之道幾敗亡哉！不知六經大義，揭於日月，綱紀古今，有若旦暮。足下所稱「功利卑鄙，必折衷於六藝」者，固未易爲一二數。即足下所謂不急之微言，如通三統之説，蓋爲切於世務之大者。夫三統之道，有如循環，文質不同，窮則思變。聖人預示變通之意，以待三隅之反，不過舉隅之意耳。孔子之告子張，必明損益，豈一旦素王新制，雖正朔、服色、徽號、器械，亦必一一舉三代陳迹以復之？宋、元、明之制，已不能全仿於漢、唐。聖人作經，爲萬世法，必强三千年之後，一反於三代之制，孔子豈蘇綽哉？後世此義不明，於是六經之作既等無用，講經世者又不能上援經義，下切時變，徒因循末俗，務苟且之政，昧興革之宜，淩夷衰微，以底於滅亡。必由是也，豈不痛哉！

夫宋儒所講明者，《四書》之義，號得不傳之學於遺經，誠難也，誠可貴也。然觀孟子述孔子繼四聖之功，一則曰：「王者之迹熄而《詩》亡，《詩》亡而後《春秋》作。」一則曰：「孔子懼，作《春秋》。」孟子之尊《春秋》也如此。孔子大聖主德，而可尊者在此。漢儒既傳孔子之《春秋》，孟子尊孔子繼四聖之《春秋》，而謂宋儒不知《春秋》之學乃獨優焉，僕愚竊未敢從也。以宋儒比於賈、馬、杜、鄭言新學者，誠爲優焉；比之董生及《鹽鐵論》諸賢良、文學，亦未見其必優也。然推足下之爲此説者，似未會通六經之大指，以得其長民輔世之方，而爲近世經義之脞碎所惑，滯於語言文字之下，而又畫而限之，不得其意，而惡其繁博而無統，迂遠而不切，積厭生叛，故不憚決然舍去也。此其不溝通六經之害也。夫泥跡而不求其意，則豈特三代爲述而不可用，即近世漢、唐、宋、明之史，亦豈可用於中西大通之局哉？朱子之言禮也，曰：古禮不可盡用，後世必有大大本領人出來洗刷一番。方今時變日新，國勢日蹙，民生憔悴，僕雖駑下，然棟折榱壞亦將不免，安定則何敢當？然撥亂世反之正，思易天下以濟生民，亦必有道也。

足下畜德既深，感時日積，身雖退黜，猶居高明之地，操教化之權，察《春秋》改制之由，推大《易》通變之義，則《詩》《書》《禮》《樂》之發明有所在，生民託命必有以任之者。僕之枯槁，彈琴誦書，聊假著述以娱貧賤，豈能與斯任乎？不於足下而誰望也？《孟子》曰：「不直，則道不見。」我且直之，幸不憚往復以明斯道也。

復候興居，爲道自愛。

（《義烏朱氏論學遺札》，光緒乙未菁華閣刻本）

【校勘記】

〔一〕「六」，原誤作「大」，據文義改。

〔二〕「六」，原誤作「大」，據文義改。

〔三〕「爲」下，抄本《朱蓉生康長孺往來書札》及《朱蓉生駁康學書札》均有「之」。

〔四〕「儒」，原誤作「僞」，據文義改。

〔五〕「次」，抄本《朱蓉生康長孺往來書札》作「須」。

附録

跋翼教類編

此書爲長沙王益吾先生所編。先生於逆犯康有爲毒燄方張之時，首先掊擊，致與附康之徐仁鑄等意見不合。今逆狀敗露，公論昭然，三湘人士，皆服先生洞燭先機，過於大蘇之著《辨奸論》。

書中采近時名公儒師著述、書札之闢康者彙刻之，康敗以後始出者不采，區爲六卷：朱、洪兩侍御與康、梁書，第一；余、許、文、孫諸公參康摺，第二；張制府《勸學篇》中闢康説之數篇，王吏部《實學報》，葉吏部《正界篇》《輶軒今語評》，汨羅鄉人《學約糾誤》，第三、四；《邵陽逐樊錐告白》《湘紳公呈》《湘省學約》，第五；同人往復書函附電報，第六。刻已刊至十之七八。海内志士，當無不望此書之速成也。

（《申報》光緒二十四年九月廿九日）

石印翼教叢編序

《翼教叢編》曷爲而作也？曰：將以遏異學之横流，而使之聖教昌明，多士咸得涵泳《詩》《書》，不復爲邪説詖詞所惑也。

我朝聖聖相承，皇威彌暢，士生海宇承平之世，無不明正學、守教宗，王道同遵，聲靈永戴。乃有康有爲者，以異學鳴於東粤。其徒梁啟超輩，更一唱百和，推波助瀾。於是教術日非，僞學遙起。少年血氣未定者，輒不免喜新厭故，一經蠱惑，陷溺日深。三湘七澤間，英奇奮興，夙以秉禮守正聞於世，自梁啟超主持時務學堂講席，逞其詭譎，創爲君民平等之説，於是典章廢，制度湮，綱常隳，名教壞，膠膠擾擾，幾不復知尊君親上之大經。有心人盡焉傷之，亟欲挽既倒之狂瀾而歸之於正，而康、梁之燄方熾，見有立論異己者，必恣情傾軋，務使箝口不敢出一語，而後快然於心，坐令聖教漸乖，學術大壞。星星之火，不將馴至燎原乎？

平江蘇君輿，蒿目時艱，逆知蜩螗沸羹，不久必將反側，爰集當世士大夫指斥康黨之篇帙，悉心編輯，名之曰「翼教叢編」，斷自戊戌七月以前，付諸棗梨，以公於世。首駁僞學，次揭邪謀，由是而正學臣邪遁之詞，息謬士囂陵之氣。都計六卷，爲文百數十篇。刊既成，郵寄至滬，鄙人讀而善之[一]，亟商之點石齋主人，俾付石印，以廣流傳。復恭列懲治康黨之諭旨於卷端，末則附以鄙人論説數篇，類皆發於逆黨未叛之前，雖不敢自謂洞燭先幾，然亦碻鑿有據〔二〕。

抑鄙人竊有感焉：康、梁祇草野小儒耳，當其聚徒講學之時，一有司禽治之，已足正其畔道離經、非聖亂法之罪。即至科名倖獲，釋褐登朝，妄肆雌黄，熒惑宸聽，使其時大吏能交章彈劾，苦口以争，亦尚足以息奸謀而殺毒燄。乃諸公袞袞，類若寒蟬之噤而不鳴，僅僅安侍御請禁《新學僞經考》於前，許尚書、文侍御請斥逐亂臣於後，遂致其黨肆無忌憚，益思紊亂朝綱。迨乎羽翼既成，竟釀成矯旨徵兵謀圍頤和園之巨案。需者事之賊，諸公其殆失之需乎？若鄙人則人微言輕，既不敢大聲疾呼，以危言動大人先生之聰聽，僅於日報中微嘲隱諷，陰刺其辯言亂政之非，以視蘇君之薈萃群言，明正厥罪，覺迷闢謬，義正詞嚴，彼此相形，能無愧恧？

今者康、梁已事發遠遁矣，黨於康、梁之譚、林諸逆已懸首藁街矣。洪惟我聖朝，主德日新，聲教四訖，普天率土，當無不知去逆效順，翊戴皇靈。所患康、梁之徒，匿迹瀛東，未伸天討，萬一逆謀未息，依然簧鼓人心，或則潛返宗邦，仍行句結，則他年之禍，安知不在蕭墻？所幸我皇上明並重離，聖謨宏遠，封疆大吏更不乏思深慮遠之才，當必有杜漸防微，不使彼萌孽之潛滋暗長者。草茅下士，正不煩效杞人之憂天也。

至於康、梁學術之乖張，議論之紕繆，有識之士早已辭而闢之。鄙人弇陋無文，更不必如駢枝之贅已。

光緒二十四年十月〔三〕，上海黄協塤夢畹生序於淞北賓紅閣。

（光緒二十四年上海點石齋石印本《翼教叢編》卷首，另先刊於《申報》光緒二十四年十月廿九日）

【校勘記】

〔一〕「鄙人」，《申報》刊文作「申左夢畹生」。

〔二〕「末則」至「有據」，《申報》刊文作「末則附以鄙人前後諸論説及諸名公所紀康梁逆蹟要皆碻鑿有據不類浮光掠影之談」。

〔三〕「十月」下，《申報》刊文有「二十八日」。

重刊翼教叢編題識〔一〕

斯編於今時治學、世道、人心，所關甚鉅，非等尋常時務書也。因仍原本，詳復校讐，重加句讀，俾盡人可讀，以廣流傳而公同好。

光緒己亥夏四月，匯源堂重刊。

（匯源堂重刻本《翼教叢編》扉頁）

【校勘記】

〔一〕此題原無，據内容擬。

排印翼教叢編敘

竊聞木有蠹蠡，禾有螟蟘，獸有蝨蝱，人有幾瑟，四者皆感邪氣而生者也。然蠹蠡所孳，梓材不能勝其用；螟蟘所至，嘉禾不能遂其生；蝨蝱既多，牛馬不能掉其尾。獨至幾瑟，則不足以害人，何也？人爲萬物之靈，其手足可以自衛，其心思善於自謀，有形之物宜不能爲害也。天下有大爲害於人者，惟邪説是耳。充塞仁義而莫之見，誣謗聖賢而莫之知，顛倒六經而莫之辨。所言者經術，所衷者逆謀。一人倡之，百人和之，豈非天下之大害也哉！

昔宋王安石始得盛名，蘇洵作《辨奸論》刺之，及安石用事，其言皆驗。然安石執拗不曉事，又急功利，故更張無序，退君子，進小人，至釀建康之禍，揆其平日，實未嘗包藏禍心，覬覦非分，謂之奸臣可也，謂之逆臣則不可也。乃蘇氏能於微時辨之，其論至今不朽。况有巨蠹神奸百倍安石，而人能先事以發其覆，非所謂豪傑之士耶！而其言又安可廢耶！

南海康有爲，素有逆志，專以邪説詖行，蠱惑人心。其非聖無法，蓋不止私立名號，妄比孔、顔已也。其始講經學，拾宋、劉、龔、魏四家餘唾，以言《公羊》而加造帝制自爲之説，狂悖不軌，已見萌芽。既通籍，逆謀愈堅，議論愈誕，傅會耶蘇、佛氏之説，紛然萬端，倡自由，言平等，稱頌邪教，詆毁聖朝。夫自由則無君，平等則無父。西國雖有平權之論，而生殺予奪，何一不出自朝廷？康逆所以狂逞此説者，實欲奪民忠愛之心，使之囂然犯上作亂而不疑也。乃浮薄少年，亦從而信之，曰南海有聖人。爾時粤之賢哲，雖灼然或知其非，而未有爲書以詰駁之者。緣康逆在粤黨徒雖盛，自知見惡於正人，故稍斂迹，粤人亦姑坿之不議不論之列耳。

自梁啟超講學湖南，衍其師説，譚嗣同爲之内助，黄遵憲、徐仁鑄更羽翼之，一時靡然嚮風，從者甚衆，如通教、合種之説，《春秋》公法之言，不可殫舉。故其間名儒志士起而攻之，或就本説相詰難，或撰他文爲斥駁，類皆詞嚴義正，洞燭其奸，未幾而謀逆之事發。夫朝廷斧鉞威嚴，布告天下，大義所在，昭彰無疑，乃無知之輩，溺於歧邪，尚爲康氏解説。蘇君輿等心然憂之，懼黑白之未明，難以口舌争也，於是裒集歷年辨奸之文，以爲一書，名曰「翼教叢編」。蓋楚南忠義之邦，風氣醇茂，彼都人士多能卓然自立，其言之梗概如是也。夫聖教與邪説，若苗之有莠，若粟之有粃，機有獨盛，勢不兩全。距邪説，即所以翼聖教；攻康逆之黨，即不愧爲聖人之徒。諸公之志與蘇氏同，而有功名教則大矣。

是書粤東無刻本，亟排印之，以廣其傳，非有黨同伐異之私，亦將爲風俗、人心之助云爾。光緒己亥孟夏，陳同穀六微甫識。

（光緒二十五年廣東嶺海報館排印本《翼教叢編》卷首）

重刻翼教叢編序

《翼教叢編》者，平江蘇君輯以破湘人士之惑者也。曹仲銘觀察得而覽之，反復不忍釋，喟然曰：「此可以救時弊矣。」持示榮昌，榮昌讀而嘆曰：「嗟乎！不圖今日見此書也，匪但破湘人士之惑，天下人士皆當讀此書以破其惑。滇雖僻處天一隅，得風氣較晚，然亦漸有濡染者，得是書提撕之，使不至於惑焉，則幸矣。」觀察曰善，遂捐廉二百金重梓之，屬榮昌爲序，榮昌乃言曰：

平江蘇君之序詳矣，予復何贅？雖然，予昔嘗一至長沙，信宿而去，然竊聞湘人士多有經術明大誼者，心向往焉。及官京師，見同年彭少湘清操艱卓，雖仕宦猶不免斷炊，心折其爲人。因少湘，獲交吴鉅年儀部。鉅年服膺宋儒書，舉止不苟，亦愛之重之。以是益信湘人士多賢者，恨不盡識也。予既自都歸，每與吾滇人士言：「洞庭以南，羅、胡、曾、左之流風未沫，士氣未衰，必更有成就卓卓可觀者。彼亦人耳，我何讓焉？」欲以是爲吾滇人士勵。

及去年，湘有時務學堂之設，有《湘學報》之刻，橫議日出，其人士靡然從風，較他省尤甚。人或謬予前日之言，予曰：「此其新進小生爲人惑者也。老師宿儒猶在，當不令此輩橫行。」未幾，吴鉅年以汨羅鄉人《學約糾誤》見寄，予讀之喜甚，出以示人，曰：「學不患有弊，有救弊者斯已矣。此其是耶！」又未幾，復得《翼教叢編》於曹觀察所，都爲六卷，而所謂《學約糾誤》者亦在焉。雖其書不皆湘人士作，而出於湘人士者居多，王祭酒、葉吏部諸君子，其卓卓者也。予前日之言固不謬，彼亦人耳，我何讓焉？益欲以是爲吾滇人士勵，而觀察適重梓是書，以提撕吾滇人士，其盛心何可没也，亦何可負也！

滇既僻處天一隅，得風氣較晚，然風氣之佳者得之晚可恨，其惡者得之晚猶可喜。湘之得惡風氣早於滇，尚賴有人焉起而角之，大聲疾呼而救止之。然吾聞當是時，康黨方熾，在位者主張其學，諸君子幾不免於禍。康黨既以逆謀敗，諸君子之説乃大伸。在諸君子衛道之力，固昌黎所謂滅死無恨者，然不滅死而又卒得伸其説，豈非大幸哉！滇人士得于風氣未大壞之日，先見是書，伏而讀之，仰而思之，昭然而黑白分，毅然而從違決，終其身不爲所惑焉，較湘人士之已受其惑而後破之者，尤易爲力，斯又幸之幸者也。

榮昌不肖，忝居講席，與有風教責，復感於觀察誘掖滇人士之心拳拳不已，雖不文，固不能默爾息矣。

光緒二十五年夏五月，昆明陳榮昌序於經正書院。

書石印增補翼教叢編後

（光緒二十五年雲南官書局翻刻本《翼教叢編》卷首）

嗟乎！康、梁之徒，何竟罪惡滔天至於如此哉！

原康有爲不過一草野小儒耳，當其講學於粤之長興里中，著爲《新學僞經攷》《孔子改制攷》之類，亦不過逞其臆見，自以爲是，冀以惑衆斂錢耳。至於梁啟超，更曲學支離，不能自樹一幟，乃依附康之門下，拾其牙後慧，創爲君民平等之説，妄思蠱惑愚民。其刊行《時務報》於申江也，無非揚西抑中，矜其别有一得之見，雖無識者交口推許，而在稍有見地者，早已知其無甚伎倆，唾而棄之。乃不意康一朝釋褐登朝而奔競鑽營，漸漸得以邪説詖詞熒惑大人先生之聽聽。大人先生悮入其彀，有爲之獎借揄揚者，既而薦剡迭登，奉旨著在總理各國事務衙門行走。因之其勢漸熾，其黨漸多，結納言官，肆其攻訐，偶有異己者，即指爲守舊之黨，多方傾軋，使之無地容身。蓋至開保國會於都中，改《時務報》爲官報局於上海，而熏天之燄，遠近震驚，雖以持重如許尚書，侃直如文侍御，猶且一經觸忤，鐫級隨之，而下焉者更無復敢攖其鋒矣。

至梁啟超之在申江，雖立論偏僻奇衺，其惡蹟尚未顯著。迨大吏聘主湘中時務學堂講席，知湘人士性情爽直，而又平日深閉固拒，風氣迄未大開，遂逞其簧鼓之詞，借振興新學以煽惑，結交譚嗣同、樊錐、易鼐、唐才常諸敗類，暢談平權、互種，及《春秋》爲中國公法，行新法必以改服色爲先諸謬説，致三湘子弟靡然從風，澧蘭沅芷之鄉，幾變爲狉狉榛榛之俗。其批時務學堂課卷也，指本朝爲大貊、小貊，斥國初爲「殺戮世界」，詈中國爲「上無禮，下無學，賊民興，喪無日」，甚且謂「君統太長」。跡其無父無君，直足令普天率土之民髮指眦裂，而陳中丞、徐學使、黄廉訪輩，猶昏昏如在醉夢中，相與激其頹波，幾致日下江河，無可挽救。淫辭羹沸，禍延寰區，雖大逆不道如洪秀泉，亦未有如若輩之肆無忌憚者。奈之何化日光天之下，而容此魑魅罔兩恣其狂嗸之行爲哉！

平江蘇孝廉輿，慨然憂之，爰遍蒐守正不阿之諸君子排斥康、梁論説，以及名臣奏牘、紳士書函，薈萃成編，名以「翼教」。其意蓋謂若輩行事之紕繆，由於教術之乖張，但使正教昌明，則凡矜奇弔詭之流，自能戢羽潛鱗，不敢公然肆行無忌。噫！是非識見超卓、正直剛方者，而能於舉世汶汶之秋，獨抒偉論若此乎！刻甫竣，適康有爲以矯旨徵兵謀圍頤和園事發，遁而之海外，梁啟超亦自知法無可宥，匿蹟東瀛，譚嗣同等則明正典刑，藁街懸首，於是人咸服蘇君果有灼然先見，而三湘七澤向之被若輩煽成狉狉榛榛之壞俗者，至是仍返其澧蘭沅芷之休風。蘇君之功，不其偉歟！

乃康有爲釜底游魂，苟延殘喘，猶且騰其口説，謗及宫廷；梁啟超更恃有護符，在東瀛創爲《清議報》，恣其狂吠，污衊宗邦。申左夢畹生聞之，拂袖而起曰：是可忍，孰不可忍！我既無聲罪致討之責，所當暴其逆蹟，使天下咸曉然於若輩雖稽顯戮，要皆罪不容誅。爰將是書重付印人，俾得廣爲流布。工未及半，欽奉諭旨，在康有爲原籍搜出逆黨來往信函多件，悖逆之詞連篇累牘，甚至推譚嗣同爲伯里璽之選，謂朝廷爲不足輔，各函均不用光緒年號，但以孔子後幾千幾百幾十年大書特書等因，而後知康、梁實爲亂臣賊子之尤，雖百喙亦難辭其罪。彼愚妄無知之各報，猶欲曲爲解免，豈非昧昧於地義天經之大，而自忘其爲戴高履厚之人乎？或曰：諸逆中惟譚嗣同最愚而無識，康之推爲伯里璽者，實欲俟其僭制之後，弋而取之，以避背叛聖清之大罪也。是説也，非局外人所得而知，姑弗深論。

（《申報》光緒二十五年三月廿九日）

書翼教叢編湘省學約後

前者大逆不道南海康有爲之徒梁啟超，爲湘省學堂總教習，大張其師之邪説，推尊摩西，主張民權，效耶蘇紀年，言素王改制，甚謂合種以保種，中國非中國，且有君民平等、君統太長等悖逆之語，見於學堂評語、學會講義及《湘報》《湘學報》者，不勝僂計。湘人士之無識者爲其蠱惑，翕然從之，附和隨聲，幾不知君臣、父子之大倫，聖經賢傳之大義，而一惟以莠言亂政、結黨營私爲當今識時務之豪傑。有心世道之士，惄焉憂之，於是聯合三湘人士，創爲《湘省學約》，屏黜異說，無許再行揚播，煽惑人心。其學約七條，一曰正心術，一曰覈名實，一曰尊聖教，一曰闢異端，一曰務實學，一曰辨文體，一曰端士習。今《翼教叢編》中備載其語，余讀而善之，嘗曰：正心術，尊聖教，闢異端，辨文體，端士習，夫人而知之矣，而爲今世所不可忽、亟宜體諸身心者，則尤莫要如覈名實、務實學兩條。

其言曰：「今日議論，動言守舊、維新，而於新、舊之實，或未盡知。所謂舊者，研經史，闡義理，以及詞章、訓詁，致力顓精。此吾人應修之業，言學者不廢也。而株守帖括、迂腐尠通者，託之曰：『吾守舊也。』彼其講求西學，皆異教也。』如是而舊之實湮，舊之名病。所謂新者，講工藝、製造之理，通環球政學之要，擇善而取，不耻相師，亦吾人應修之業，特以風氣初開，從事方衆，故别之曰新耳。而爲改制創教之説，持平等、民權之議，涅一切悖謬之談者，託之曰：『吾維新也。』彼其詆我者，皆阻撓新政者也。』如是而新之實湮，新之名病。故非揭明新、舊兩宗，學者仍恐誤會，徒啟紛争，無裨要務。今特辨析新、舊之名，俾有志之士，進覈其實，嚴杜假冒，以正歧趨。」

又曰：「中學以致用當務爲要，以博聞强記爲能，然時勢已亟，義主濟世，綜經、史、諸子、理學、政治、地理、辭章、小學各門，雖或從簡，烏可棄捐？張尚書《勸學·内篇》條舉分明，有限有程，可爲模範。宗旨既正，根基自立。西學如五洲政治、專門藝能，均須實力研求，洞見原本，不必存菲薄之心，亦無蹈張皇之習。至於綱常、體制、國俗、民風〔一〕，西國遠遜中華者，不得見異思遷，致滋流弊。」云云。

嗚呼！我中國之所以不强者，在徒務乎名，而不知務實也。故數十年來，雖亦步武泰西，有心振作，而終孱弱如故，非不知變法，不知變法之實也。觀於俄羅斯自大彼得即位後，游歷泰西，歸而變政，興工場，務耕種，開諸礦，多設黌舍以教國人，而民以利，而國以强，遂有今日。德意志列國分治，無所統紀，當法皇拿破崙第一在位時，又大遭蹂躪，幾乎不國。迨普王弗得利嗣，有志振興，於伯靈京及柏子六墨地方，開設商埠，興工藝，撫流亡，改兵制，而民以利，而國以强，遂有今日。日本東方小國也，德川氏末造，美船自浦口入下田，俄船自大坂入唐太，英艦自涵館入長崎，岌岌乎可危矣。明治立，下詔開兵庫港，諸侯無敢議者，誓曰一洗舊習，一從公道，又曰求智識於海内，不三十年，而民以利，而國以强，遂有今日。之三國者，其强在變法，然非徒在變法也，在能知變法之實也。

變法之實奈何？曰：在留心製造，實力行之，而非徒以議論聳動天下也。善夫！王益吾祭酒之言曰：「中國學人大病，在一空字。理學興，則舍程、朱而趨陸、王，以程、朱務實也；漢學興，則詆漢而尊宋，以漢學苦人也；新學興，又斥西而守中，以西學尤繁重也。至如究心新學，能人所難，宜無病矣。然日本維新從製造入，中國求新從講論入，所務在名，所圖在私，言滿天下，而無實以繼之，則亦仍然一空，終古罔濟而已。」斯言也，可謂握其要矣。我中國而欲求强也，不在多言，莫如務實；欲務實，舍製造何由哉？試觀日本，可以興矣。

（《申報》光緒二十五年五月初五日）

【校勘記】

〔一〕「體」，《翼教叢編》作「禮」。

書翼教叢編後

去歲八月變政，黨魁康氏敗，未幾而《翼教叢編》一書刊行於武昌。序曰：「采獲、序次，悉出同人。」而書内並無同人姓名，究出誰氏之手，莫得而知也。紀書成年月，則曰光緒二十四年八月，查出書之期，實不在八月，意其取中國官場倒填年月之法耳。

或問於余曰：是書之輯，爲陽攻康氏，而暗尊王氏也。予知之矣，然有不解者二：一、不列同人姓名；二、既攻康氏之學，康氏講學非一日，何以此書不出於八月以前，而出於八月以後，所謂落井下石者非乎？

答之曰：大凡大人先生著一書，或立一說，均切乎己之利害，如張氏之《勸學篇》、端氏之《勸善歌》是也。故必表己姓名，使國家知爲某也愛國忠君，某也安分守己，以冀日後陞官發財。《翼教叢編》一書，似近時陞官發財之靈符。諸君獨不列姓名，豈淡然於功名富貴乎？蓋有深意焉。吾故曰：采獲、序次者，非出於賣康氏之友，即出於畔康氏之徒也。於何斷之？即於其不列姓名而斷之。

夫人苟有特識，欲獨抒所見以自立門户，則「彼亦一是非，此亦一是非」，明白曉暢以攻之可也，何瞻前顧後爲哉？其必生平不滿意於康氏，初欲依附末光而從之，既見康氏一敗塗地，而遂現其頑固之心，乘危而毀之，猶慮康氏未死，萬一變政有機，康氏再起，雖置此等事於不問，終不免人情反覆之誚，故不得不謹慎以出之。小人之用心出人意料，大都如此也。不然，去歲當康氏見用時，舊黨之疾視康氏，何止千百，類皆存於心而不宣於口，屏聲息氣以觀動静。廷臣尚然，其下無論。間有非之如許、文諸氏，其所以然，乃爲私耳。苟無相涉，問顯與康氏作難者有幾人哉？及敗後，不旋踵而此書出。己亥二月，汗血主人著《國聞新語録》以繼之，其用意一也，然終不若此書成之速，則可知平日久有毀康氏之心矣。曰「斷自七月」，曰「剞劂將成，而康、梁以逆謀事覺」者，何其巧耶！在其意無非欲竭力表己先見，將誰欺？欺己乎？聞之往事，有一人寄人籬下，欲挾制主人，逐日録其陰事，以備一旦緩急之用。采輯此書之議論者，亦何異於是？一付手民，剋日可待，宜其成之速也。是此書之作，非賣康氏之友，即畔康氏之徒，復奚疑？

至書中所論，則所謂「彼亦一是非，此亦一是非」。閱此書而辨者亦多多矣，奚容費筆墨以爭之哉！

（《知新報》第一百册，光緒二十五年八月廿一日）

翼教叢編書後

章炳麟

是書駁康氏經説，未嘗不中窾要，而必牽涉政變以爲言，則自成其瘢宥而已。且中國學者之疑經，亦不始康氏也。非直不始康氏，亦不始東壁、申受、默深、于廷也。王充之《問孔》，劉知幾之《惑經》，程氏之顛倒《大學》，元晦之不信《孝經》，王柏之删《毛詩》，蔡沈之削《書序》，是皆漢、唐所奉爲正經者，而捍然拉雜刊除之。其在後世，亦不饜人心。夫二王、劉、蔡無論矣。程、朱則以理學爲闔捭者，方俛首鞠躬之不暇。不罪程、朱，而獨罪康氏，其偏枯不已甚乎！苟曰生心害政邪？以去歲變法諸條，使湘人平心處之，其果以爲變亂舊章，冒天下之不韙乎？抑不過盱衡厲色而詆之乎？且説經之是非，與其行事固不必同。昔歐陽永叔痛諆河雒，韓魏公見之，未嘗與言《周易》。使魏公如湘中老儒之見，以説經、行事同類而並譏之，則當早尸永叔於兩觀矣。

雖然，詆其説經而並及其行事，此一孔之儒之迂論，猶可説也。乃必大書垂簾逐捕之詔以泄私憤，則吾所不解也。明臣倪元璐《論三朝要案》曰：楊漣輩之争三案，不必盡是；逆閹所引當時之與辯詰者[一]，亦不必盡非。顧其藉是以誣陷善類，則是非不足論也。今康氏經説諸書，誠往往有誤，其誤則等於楊漣爾。苟執是非以相争，亦奚不可，而必藉權奸之僞詔以爲柄，則何異逆閹之陷東林乎？吾懼《翼教叢編》方爲《三朝要案》之續矣。

是書又引義烏朱侍御與康氏辯論經義諸札，侍御故金華學派，亦上窺兩漢古義，其説經誠與康氏絶異，乃其請誅孽宦以罷官，則行事又未嘗不合也。元晦與水心平時講學則相攻，及讒臣以道學之名傾軋元晦，則水心又力救焉。使侍御在今日，見康氏之遇禍，方流涕邑僾而道之，豈以其力庇賈、馬之見，轉用之以力庇權奸哉！

今之言君權者，則痛詆康氏之張民權；言婦道無成者，則痛詆康氏之主男女平等。清談坐論，自以孟、荀不能絶也。及朝局一變，則幡然獻符命、舐癰痔，惟恐不亟，並其所謂君權、婦道者而亦忘之矣。夫康氏平日之言民權與男女平等，汲汲焉如鳴建鼓以求亡子，至行事則惟崇乾斷、肅宫闈，雖不能自持其義，猶不失爲忠於所事。彼與康氏反唇者，其處心果何如耶？噫！使侍御有知，其必當以朱絲縈社而攻之也。

（《五洲時事彙報》第三册，光緒二十五年九月初十日）

【校勘記】

〔一〕「闈」，原誤作「闔」，據文義改。

讀翼教叢編書後

楊以德

庚子之春，茶陽楊以德於友人案頭見《翼教叢編》一書，丐歸讀之，既而嘆曰：吁，天之未喪斯文，其在兹乎！是書也，輯於平江蘇孝廉輿，上海黄君夢畹序而付之石印，復恭列懲治康黨之諭旨於簡首，俾天下後世咸知逆黨之名而正其罪，誠有如戊戌十一月十六日上諭所云「凡屬本朝臣子，以及食毛踐土之倫，應曉然於大義之所在，毋爲該匪逆邪説所惑，以定國是而正人心」者。自兹以往，遏異學之横流而殺奸人之毒燄者，其在斯乎！

鄙人竊爲之贊一詞曰：是書之以「翼教」名篇者，將以扶持吾教之正宗，而力闢異説之乖謬也。吾教之宗，堯以是傳之舜，舜以是傳之禹，禹以是傳之湯，湯以是傳之文王、周公、孔子，孔子傳之孟子。自漢以降，闡明正教，代不乏人。洪惟我朝聖主迭生，文風丕振，聖學之昌，於今爲烈。二百餘年以來，率土之士，靡不率由正路，而絶離經畔道之辭，降而至於愚夫愚婦，亦莫不懔然於綱常名教之不容紊。邇者時事多艱，需才孔亟，皇上以講求時務之故，進通達治體之才，初非謂聖賢名教不足取，典章制度可盡委也。何康有爲者，秉天地之戾氣，蔑吾教之大防，潛煽其間，大張狂啄，倡平等、平權之説，墮君臣、上下之綱，著僞經、改制之書，翻古來大成之案，引外人無稽之説，亂吾門正大之宗，惑世誣民，支離怪誕。其徒梁啟超輩，復從而和之，於是遯不知耻之徒，病狂喪心之輩，視爲新奇，争先依附，獨不思今日之得以相安於化日光天之下者，無非國家正學昌明有以培其根本，而乃任意簧鼓，不復知吾教之大防。二三君子，目擊情傷，力不能盡誅辯言亂政之徒，口不能遍告昏聵無知之衆，不得不形諸筆墨，或摘其學術之謬，或斥其立論之乖，大聲疾呼，冀挽狂瀾於萬一，殆所謂有心於世道者耶。獨是諸公之言，或各著於章牘簡册，或散見於書札往來，無以裒而集之，不能使天下共聆悉數康學之僞，吾教之不爲其蒙而晦者幾希矣。蘇君見之深，知之切，博採衆説，彙成一編。黄君復弁以綸音，使人咸知康黨之逆狀，而所附諸論説，尤能斥邪闢妄，洞燭先幾，持以示天下，垂將來，庶幾邪説以消，人心以正，維持名教之功，不亦永久不朽歟！

是編也，斷自戊戌七月以前，康逆之燄方張，二三君子，僅就其邪説而駁正之，初未知其將來之變。迨至釀成巨禍，矯旨徵兵，謀圍頤和園，幸賴天子聖明，國家洪福，早經覺察，未至一發難收。逆黨之尤，典刑明正。雖康有爲、梁啟超輩聞風潛遁，未就顯戮，然已生不能履中國帝王之土，死不能依祖宗墳墓之鄉。率土普天凡受康逆之愚者，應亦懷刑知畏，翻然自新，不復陷其黨與牢籠之術。伏讀八月十四日上諭：「現在罪案既定，允宜宣示天下，俾衆咸知。我朝以禮法立國，如康有爲之大逆不道，人神所共憤，即爲覆載所不容。鷹鸇之逐，人有同心，至被其誘惑、甘心附和者，黨類尚多，朝廷亦皆察悉。朕心存寬大，業經明降諭旨，概不深究株連。嗣後大小臣工，務當以康有爲爲炯戒，力扶名教，共濟時艱。」又讀十一月十六日上諭：「朝廷政存寬大，不欲深究株連，特將原信悉數焚燬。前因康有爲首倡邪說，互相煽惑，不得不明揭其罪，以遏亂萌。嗣聞無知之徒，浮議紛紜，有謂該逆僅止意在變改考試〔二〕，證以抄出函件，當知康有爲大逆不道，確鑿可據。」等語。皇恩浩蕩，覆幬包容，如綍如綸，應爲天下所共聞共見，乃迄今餘風未殄，受康逆之蠱惑者，居然自稱新黨，信口雌黄。試問新黨者，果黨誰歟？黨康逆而已。康逆以新説誣天下，其説之邪，是編中已盡摘之；其黨之罪，朝廷顯有以正之。今之自稱新黨者，其果愍不畏死耶，抑以康學爲善也？如謂朝廷未必株連，無妨逞其私辯，是明視我皇上之諄諄告誡爲空談，是目無君上也。如謂康學爲可從，是直視君父爲弁髦，易衣冠爲禽獸，蔑無人心，至於斯極。故康逆之爲患猶淺，而其患之所流者較深。竊嘗憫之，以爲得一人焉提而出之，庶不至溺而不返乎？夫乞人有犬，豢而馴之。其於乞人，昂頭摇尾自若也，見貴客過，則狺狺焉吠不休，非乞人之遠勝於貴客也，受乞人之養而已，貴客從而叱之，未有不曳尾而去者。然則今日之戀戀於康、梁者，未必甘心黨逆也，浸溺既深，無以振聾而啟聵，遂不復知康學之謬，並昧吾教之宗。今之《翼教叢編》，其爲崇正闢謬至矣。康黨中人苟取而讀之，應恍然於吾教之宗旨，而藉以爲藥石鍼砭，一療其沈痼之疾乎！

來信附登

未挹芝儀，久殷葵向。素懷御李，莫遂識荆。慕甚，慕甚。

僕嶺海寒儒，申江寄客，值江湖之潦倒，幸山斗之當前。伏惟先生風雅主持，斯文宗匠，感懷時事，慷慨抒詞。屢思趨赴龍門，祗聆鴻誨，竊恐門墻數級，未容以升堂入室許之，雖有高山景仰之思，亦惟望海興嗟而已。我聞其聲，不見其人，何古人之先得我心也。

頃讀《翼教叢編》一書，具有扶持名教之意，而先生之序與所附論説，則意尤深焉。孟子所謂「正人心，息邪説，距詖行，放淫辭」者，非先生莫與屬也。抑又聞之：「同聲相應，同氣相求。」僕讀是書，覺快然有得於心者，既喜先生之有功於名教，又冀盡人之能讀是書而有以破其邪説也，因書數語以質之先生，其許我乎，其哂吾乎？倘不以爲鼻鄙而有以教之，則所謂文字三生之幸者，於僕有焉。

肅候教言，泐此布悃，統惟青照，即候撰安。

茶陽楊以德道之頓首。

（《申報》光緒二十六年八月廿三日）

【校勘記】

〔一〕「變改考試」，上諭本作「變法者試」，此處誤據黄協塤翻印本卷首所録諭旨。

續修四庫全書總目提要

孫光圻

《翼教叢編》六卷，光緒二十四年刻本。

清蘇輿撰。輿字厚康，湖南平江人，舉人，著有《春秋繁露箋》。

光緒二十三年丁酉，湖南巡撫陳寶箴設時務學堂，聘梁啟超主其事。湘人守舊者，王先謙、劉鳳苞、汪槩、蔡枚功、張祖同、葉德輝、鄭祖焕、孔憲教、黄自元、嚴家鬯諸人號爲正紳者，力攻之，與張之洞遥相呼應。此書成於戊戌政變以後，以「翼教」爲名。首録朱一新、洪良品與康、梁論學書。康、梁盛倡今文學説，徒肆議論，本不通經，而朱、洪掇拾乾嘉成説以相抵，故不相下。其實所争者，並不在此也。葉德輝駁徐仁鑄所爲《輶軒今語》，梁啟超所爲

《春秋界説》《孟子界説》《長興學記》《西學書法》《幼學通議》。德輝本不知新學，乃泛濫及於漢、宋之争，皆不足以鉗康、梁之口。復摘録張之洞《勸學篇》及中外攻訐新黨奏章、公呈、學約，及德輝等與人往復論新學書。就中録德輝所作爲最多，而書之體例，又與德輝所撰《覺迷要録》相類。中有德輝致皮錫瑞書，頗肆醜詆。蘇輿爲錫瑞弟子，不應集矢其師，故當時多疑此書爲德輝所撰，而嫁名於輿者，德輝力辯無之，疑莫能名也。其書列目後，有輿識語，僅言五卷，而目有六卷。附一卷，今本無之。蓋隨時復有增省。

啟超講學湘中，啟新舊之争，爲當時一大公案。《輶軒今語》及《長興學記》所倡新論，影響後來學風甚大。專紀其事者，惟此一書，足資參攷。故以之入雜史，蓋從其類也。

（齊魯書社一九九六年影印本《續修四庫全書總目·史部·雜史類》）

覺迷要録

目録

覺迷要録卷二

奏摺類

公牘類

覺迷要録卷四

附録

覺迷要録敘

康、梁逆黨竄身海外，所箸《清議報》《戊戌政變記》等逆書，僞造密詔，誣搆兩宫，閲者無不髮指眦裂。今年復於坎拿大地方創設保皇會，斂資巨萬，勾結内地會匪謀亂，於七月間在長江一帶破案，湖南北搜獲逆黨信札、僞檄，訊明正法者數十人之多，而以士林厠名其間者，湘人爲尤夥。蓋自梁逆主講時務學堂以來，士風敗壞陵夷，而有今日之變，斯亦學校之奇禍也。

中丞山陰俞公，首改時務學堂爲求實書院，重聘教習，邪説亦已廓清。此次謀逆諸人，大都昔年學堂被逐之人，及出洋學生之無歸者。俞公不忍不教而誅，命編是書。恭遵世宗憲皇帝《大義覺迷録》之旨，名曰「覺迷要録」。煌煌聖訓，逆案昭然，此無待臣民之贅述矣。卷一恭録戊戌八月以後懿旨、上諭，其因臣工奏請明發者，則以原摺附後。卷二奏牘，分録奏摺、公牘。自奉諭禁閲逆報，至查拿富有票匪，凡摺片、告示、批札，依類編次。其文或登於報章，或見諸案牘，各據原文，可資覆案。卷三公論，凡中人、外人論二逆罪狀者，按各報年月先後入載。日本深山虎太郎一書，大坂《毎日新聞報》一則，尤爲深切著明，不留餘地，斯誠直道之公矣。彼梁逆狂吠之報，竊名《清議》，不適足貽外人非笑哉？·卷四逆蹟。二逆徒黨遍於京師、東南各省，其平日居心行事，並無忠愛之忱，惟日以「亡國」「瓜分」等危詞，傾動觀聽。今將所箸保國、保皇各會章程，及師弟講學信札、湖北起事逆函，分子目五，一曰京師逆蹟、一曰廣東逆蹟、一曰湖南逆蹟、一曰海外逆蹟、一曰湖北逆蹟，俾中外士夫覽是書者，即以知逆黨一切語言文字，皆不足以假託維新，藉名皇國，因此身膺顯戮，以快人心。則謂是編爲康、梁逆案之定讞，不亦可乎？

長沙葉德輝序

上俞中丞書

日昨得見胡鼎臣方伯，垂詢整頓學校之事，據云：公因康、粱謀逆，士林脅從者衆，思將《學政全書》中訓飭士子一門與卧碑並刻，頒發各學官。典至重也，意至善也。輝謂此本百數十年士林共習之書，今日附逆諸生，豈皆不曾寓目者？祇以康、粱學術陷溺人心，當其煽亂朝野之時，廷臣、疆臣、搢紳士林，無不受其蠱惑，而後生小子、儇薄少年，其被毒爲尤甚。所以然者，其根荄皆託於自强，而繼之以維新，中國爲西人輕侮久矣，忠義之士無所措手，於是一二寡學無識之樞臣，好名立異之疆吏，奉爲大師，以釀成今日之禍。彼之赴市曹、蹈水火者，方且自命爲日本、意大利之義俠，不自知其爲謀逆也。故論今日教士之法，惟有將「新、舊、順、逆」四字剖析明白，使士林咸曉然於逆黨之所爲，無所謂義，亦無所謂俠，則病根可以剗除，而後士習可返於純樸也。

輝昔致書友人，云：朝廷應行之政，不得謂之新；吾人應守之學，不得謂之舊。又云：皇上上奉慈宫，以孝治天下，臣民效之，謂之順；康、粱假託新政，以言亂天下，臣民和之，謂之逆。如此，則界劃清晰，而保國、保皇等會名目，不能奪我視聽矣。夫維新，美名也，逆黨攘之，以掩亂蹟；守舊，習聞也，迂儒持之，以攻異己。輝昔周旋其際，灼見居閒之人，非深閉固距，即見卑識陋，致使血氣之士返於枯寂，文學之子流爲會匪。此在當日主持兩家之人，亦未必知有今日之貽害也。

輝自戊戌攻散學會之後，凡與友朋書札，從不涉及「新舊」二字，誠以彼等之所爲乃逆也，非新也；吾輩之所争乃順也，非舊也。天下豈有無父之國？離閒兩宫，何謂保皇？妄希民主，何謂保國？且日本變法，其黨多赤心爲國之人。中國戊戌政變一事，如譚嗣同、楊深秀、林旭之流，其平日皆甘心爲亂臣賊子，該逆黨豈得假藉，以傾動海内、約連外部？今據唐才常兄弟及各犯親供，亦自認逆謀不諱。然則彼所謂保國、保皇之旨，果安在耶？

今各學士子見聞狹陋，自戊戌至今，尚有不知康、梁宗旨所在者。惟有將戊戌上諭及各報紀載康、梁逆蹟編纂成書，益之以湖南北各憲署公牘，刊布各州縣。各學于月課獎賞之外，加獎此書，庶人人得知其謀逆情形，並非維新，並非保國，並非保皇，似與照例頒發書籍較爲切用。

是否有當？乞候鈞裁施行，不勝禱企之至。

俞中丞復書

頃承手示，批却導窾，詞嚴義正。昔人謂韓文公攘斥佛、老，功不在禹下。若足下之攻散學會，復殷然佐弟等以教士之法，此其功又豈在文公下哉？「新、舊、順、逆」經足下剖析，至明至當，可謂迷津之寶筏，遒人之木鐸，惜前此之崇尚新學者見不及此也。

尊恉將康逆亂政始末及康黨謀逆情形編纂成書，頒發各書院，俾士林知所警惕，誠爲近日急務。弟公事冗繁，無暇詳檢，仍求足下以教士之苦心，成緝書之盛業，一俟鉛槧告竣，即爲刊發，想足下必不以爲煩也。謹將近日奏牘各件並逆據名單，送呈備查，儻别有所需，乞示知再檢。

手此，復請箸安。

覺迷要録卷一

諭旨恭録

戊戌八月二十一日奉上諭附陳寶箴奏釐正學術造就人才摺

戊戌八月二十一日總理各國事務衙門奉旨附鄂督張之洞奏裁撤湘省南學會銷燬會中各書
並將保衛局裁歸保甲局辦理情形摺

戊戌八月二十三日奉上諭附王錫蕃奏保人才摺

戊戌八月二十三日奉上諭附福建道監察御史黃桂鋆禁止莠言摺

戊戌八月二十三日奉懿旨

戊戌八月二十三日奉懿旨

戊戌八月二十三日奉上諭附大學士管理吏部事務徐桐遵議大學士榮禄處分摺

戊戌九月初二日奉上諭

戊戌八月二十三日奉上諭附大學士管理吏部事務徐桐遵議内閣學士張百熙保送康有爲使才
處分摺

戊戌九月初二日奉上諭

戊戌八月二十三日奉上諭附宗室會章奏請除逆褒忠摺

戊戌八月二十六日奉懿旨

戊戌九月初一日奉懿旨

戊戌九月二十五日奉懿旨

戊戌九月三十日奉懿旨

戊戌十月初三日奉懿旨

戊戌十月二十一日奉硃諭

戊戌十一月十六日奉上諭

己亥十一月十八日奉上諭

庚子正月十五日奉上諭

庚子正月二十一日奉上諭 附内閣侍讀學士陳夔龍奏請整頓學校提倡正學摺

諭旨

戊戌八月初五日奉上諭〔一〕

現在國事艱難，庶務待理，朕勤勞宵旰，日綜萬幾，兢業之餘，時虞叢脞。回溯同治年間以來〔二〕，慈禧端佑康頤昭豫莊誠壽恭欽獻崇熙皇太后兩次垂簾聽政，辦理朝政，宏濟時艱，無不盡美盡善。因念宗社爲重，再三籲懇慈恩訓政，仰蒙俯如所請。此乃天下臣民之福。由今日始，在便殿辦事。本月初八日，朕率諸王大臣在勤政殿行禮，一切應行禮儀，著各該衙門敬謹豫備。欽此。邸抄

【校勘記】

〔一〕按，據《光緒帝起居注》，此上諭爲初六日頒發。

〔二〕「回」，《諭摺彙存》作「恭」。

戊戌八月初六日奉旨

工部候補主事康有爲，結黨營私，莠言亂政，屢經被人參奏，著革職。並其弟康廣仁，均著步軍統領衙門拿交刑部，按律治罪。欽此。步軍統領衙門奉到，見刑部請派大臣摺

戊戌八月初六日奉上諭

御史宋伯魯，濫保匪人，平素聲名惡劣，著即行革職，永不敘用。欽此。邸抄

附宋伯魯奏改時務報爲官報摺

爲請將上海《時務報》改爲官報，進呈御覽，並頒發各省官署、學堂，以廣耳目而開風氣，恭摺仰祈聖鑒事：

竊臣聞爲政之道，貴通不貴塞，貴新不貴陳，而欲求通、欲求新，則報館爲急務矣。昔日本維新之始，遣伊籐博文等游歷歐美，討論變法次第，及歸，則首請設官報局於東京，報章一依西例，而伊籐自著筆記，乃至舉西人一切富强之原，皆歸功於報館。臣竊查泰西各國報館之多，美國至一萬八千餘種，英、德各一萬三千餘種，法國九千餘種，俄國五千餘種，日本二千餘種。大抵報館愈多者，其民愈智，其國愈富且强。其中如英之《泰晤士報》，美之《地球報》，法之《巴黎時報》，俄之《森彼得時報》，日本之《東京報》《每日報》，皆國家所立，號爲官報，風行天下。《泰晤士報》每日印行至七八萬張〔一〕，他報稱是。各國上自君主，中及士大夫，下逮婦女、傭匠，無人不閲報，無日不閲報，而其國家政府或舉

行新政遇有疑難，輒旁採報館之言以取決焉。其重之也如此！

臣竊考之，報館之益，蓋有四端：首列論説，指陳時事，常足以匡政府所不逮，備朝廷之採擇。其善一也。臚陳各省利弊，民隱得以上達。其善二也。繙譯萬國近事，藉鑒敵情〔二〕。其善三也。或每日一出，或間日一出，或旬日一出，所載皆新政之事〔三〕。其善四也。故德相俾士麥之言曰：「與其閲奏疏，不如閲報，奏疏多避忌〔四〕，而報皆徵實也。與其閲書，不如閲報，書乃陳跡，而報皆新事也。」此報館與民智、國運相關之大原也。

竊見一月以來，屢奉明詔，力舉新政，雷厲風行，天下懸望〔五〕。臣惟唐、虞有明目達聰之典，三代有謗木諫鼓之條。自古創業定難之君，必賴廣聽兼納之益〔六〕。況今萬國交通，時局大異，變法之始，條理至繁，雖皇上聖明天亶，然欲坐一室而知四海，舍閲報無由。中外諸臣半屬守舊，不諳外務，無以奉行新政，欲變法而誘導之，亦舍閲報無由。至於各省學堂生徒造就之爲他日之用者，尤必以周知四國爲當務之急，又不待言矣。惟中國前此一統，閉關不講外事，故只有邸鈔，奉揚綸音，記載奏牘，而其他未之及。乙未以後，始有《官書局彙報》，然未能悉用西國體例，多所忌諱，無有論説，所譯西報率多删節，平淡無奇，似不足以啟沃聖聽，發揚耳目。且視各國官報，規模相去遠甚，非所以崇國體、廣民智也。

臣竊見廣東舉人梁啟超，嘗在上海設一《時務報》，一依西報體例，議論明達，繙譯詳明〔七〕。其中論説，皆按切時勢，參酌中外，切實可行。所譯西報詳言兵制、學校、農礦工商各政，條理粲然。迭經兩江總督劉坤一、湖廣總督張之洞、山西巡撫胡聘之、湖南巡撫陳寶箴、浙江巡撫廖壽豐、安徽巡撫鄧華熙、江蘇學政龍湛霖、貴州學政嚴修、江西布政使翁曾桂等，通札各屬及書院諸生悉行閱看，或令自行購買，或由善後局撥款購送。兩年以來，民間風氣大開，通達時務之才漸漸間出，惟《時務報》之功爲最多。此天下之公言也。聞自去歲九月該舉人應陳寶箴之聘，爲湖南學堂總教習，未遑兼顧，局中辦事人辦理不善，致經費不繼，主筆告退，將就廢歇，良可惋惜。臣恭讀邸抄，該舉人既蒙皇上破格召見，並著辦理譯書局事務，准其來往京、滬。臣以爲譯書譯報，事本一貫，其關繫之重，二者不容偏畸，其措辦之力，一身似可兼任。擬請明降諭旨，將上海《時務報》改爲《時務官報》，責成該舉人督同向來主筆人等實力辦理，無得諉卸，苟且塞責，其中論説、繙譯各件，仍照舊核實，無得瞻顧忌諱。每出報一本，皆先進呈御覽，然後印行。仍請旨飭各省督撫，通札所屬文武實缺、候補各員一律購閲。依張之洞所定原例，其報費先由各善後局墊出，令各員隨後歸還。其京官及各學堂諸生，亦皆須購閲，以增聞見。其官報則移設京都〔八〕，以上海爲分局，皆歸併譯書局中，相輔而行。梁啟超仍飭往來京、滬，總持其事。

至各省民間設立之報館，言論或有可觀，體律有未盡善，且間有議論悖謬、紀載不實者，皆先送官報局，責令梁啟超悉心稽核，撮其精善進呈，以備聖覽。其有悖謬不實[九]，並令糾禁。其官報局開辦及稽核各報詳細章程，即令該舉人妥擬，呈總理衙門代奏察行。似此廣收觀聽，於新政裨補量非淺鮮。

至上海《時務報》創辦之始，本由諸官紳捐資而成，既因辦理失人，漸慮不支，今若改爲官局，似應量撥官款，以資經費。查上海道洋務局開銷人浮於事，其坐領薪水、無事可辦之員甚多。此項糜費，每歲不下數萬，而大率爲位置冗員、應酬情面之用。與其浪費以養閒曹，不如量移以辦新政。擬請飭下兩江督臣，札令該道裁減洋務閒員，撙節糜費，每月提撥五百兩，爲京師時務官報局之用。可否之處，出自聖裁，如蒙採擇，乞立下明詔，風示海内，俾知皇上之聖，猶且好察邇言，周知四海，拳拳以閱報爲重，則天下官吏、士民，莫不濯磨於新學，勸厲於實用矣。

臣爲開廣風氣起見，是否有當？伏乞皇上聖鑒。謹奏。

【校勘記】

〔一〕「八」，《諭摺彙存》作「千」。

〔二〕「情」下，《諭摺彙存》有「知己知彼」。

〔三〕「政」，《諭摺彙存》作「近」。

〔四〕「避」，《諭摺彙存》作「拘」。

〔五〕「懸」，《諭摺彙存》作「想」。

〔六〕「聽」，《諭摺彙存》作「聰」。

〔七〕「明」，《諭摺彙存》作「博」。

〔八〕「報」下，《諭摺彙存》有「局」。

〔九〕「悖逆」，《諭摺彙存》作「非違」。

戊戌八月十一日奉上諭

刑部奏「案情重大，請欽派大員會同審訊」一摺。所有官犯徐致靖、楊深秀、楊鋭、林旭、譚嗣同、劉光第，並康有爲之弟康廣仁，著派軍機大臣會同刑部、都察院嚴行審訊。其張蔭桓雖經有人參奏〔一〕，劣跡昭著，惟尚非康有爲之黨，著刑部暫行看管，聽候諭旨。至康有爲結黨營私，情罪重大，業將附和該犯徐致靖等交部研訊〔二〕。此外官紳中，難保無被其誘惑之人，朝廷政存寬大，概不深究株連，以示明慎用刑至意。欽此。邸抄

附刑部尚書崇禮等奏案情重大請派大臣會審摺

爲案情重大，請旨欽派大臣會同審訊，以昭慎重，恭摺仰祈聖鑒事：

本月初六日，步軍統領衙門奉密旨：「工部候補主事康有爲，結黨營私，莠言亂政，屢經被人參奏，著即革職。並其弟康廣仁，均著步軍統領衙門拿交刑部，按律治罪。欽此。」旋經該衙門恭録諭旨，將康廣仁先行解部，並聲明康有爲一犯俟緝獲到案，再行奏聞。臣等正在派員辦理間，初九日該衙門續奉上諭：「張蔭桓、徐致靖、楊深秀、楊鋭、林旭、譚嗣同、劉光第均著先行革職，交步軍統領衙門拿解刑部審訊。欽此。」經該衙門將官犯張蔭桓等七名悉數拿獲，於初十日一並解送到部，臣等當飭提牢廳員將該官犯等分别收監。查臣部向辦重大案件，均經奏派大學士、軍機大臣會同審訊。今此案該革員康有爲結黨營私，莠言亂政，牽涉大小臣工多名〔三〕，案情極爲重大，相應援案奏請欽派大學士、軍機大臣會同臣部審訊，以昭慎重。

是否有當？謹恭摺奏聞，伏乞皇太后、皇上聖鑒。謹奏請旨。

奉旨：欽此。

【校勘記】

〔一〕「雖」，《諭摺彙存》作「屢」。

〔二〕「研」，《光緒帝起居注》作「嚴」。

〔三〕「涉」，原誤作「設」，據文義改。

戊戌八月十一日奉上諭

朝廷振興庶務〔一〕，籌辦一切新政，原爲當此時局，冀爲國家圖富强，爲吾民籌生計，並非好爲變法，棄舊如遺。此朕不得已之苦衷，當爲天下臣民所共諒。乃體察近日民情頗覺惶惑，蓋緣有司奉行不力〔二〕，未能仰體朕意，以致無識之臣妄求揣測〔三〕，議論沸騰〔四〕。即如裁併官缺一事，本爲沙汰冗員，乃外間不察，遂有以大更制度爲請者。舉此類推，將以訛傳訛，伊於胡底？若不開誠宣示，誠恐胥動浮言，民氣因之不靖，殊失朕力圖自强之本意。所有現行新政中裁撤之詹事府等衙門，原求將應辦之事〔五〕，分别歸併以省繁冗，現在詳察情形，此減彼增，轉多周折，不若悉仍其舊，著將詹事府、通政司〔六〕、大理寺、光禄寺、太僕寺、鴻臚寺等衙門照舊辦事〔七〕，毋庸裁併；其各省應行裁併局所冗員，仍著各該督撫認真裁汰。至開辦《時務官報》，准令士民上書，原以輔明目達聰之用〔八〕，惟現在欲廣開言路〔九〕，凡内外臣工條陳時政者，言苟可采，無不立見施行，而疏章競進，輒多摭拾浮詞，雷同附和，甚至語涉荒誕，殊多厖雜。嗣後凡有言責之員，自當各抒讜論，以達民隱，詳宣國事〔一〇〕；其餘不應奏事人員，概不准擅遞封章，以符定制。《時務官報》無裨於治〔一一〕，徒惑人心，並著即行裁撤。大學堂爲培植人才之地，除京師及各省刻已次第興辦外，其各府州縣議設之小學堂，著該地方官察酌情形，聽民自便。其各省祠廟不在祀典者，苟非淫祀，著一仍其舊，毋庸改爲學堂，致於民情不便。此外業經議行及現在應行各事〔一二〕，如通商、惠工、重農、育材，以及修武備、濬利源，實係有關國計民生者，亟當切實次第舉行；其無裨時政而有礙治體者，均毋庸置議，著六部及總理各國事務衙門詳加核議，據實奏明，分別辦理。方今時勢艱難，一切興革事宜，總須斟酌盡善，期於毫無流弊。朕執兩用中，不拘成見，爾大小臣工等，務當善體朕心，共矢公忠，實事求是，以副朝廷勵精圖治不厭求詳之至意。將此通諭知之。欽此。

邸抄

【校勘記】

〔一〇〕「庶」，原誤作「商」，據《諭摺彙存》改。

〔一一〕「蓋」，《諭摺彙存》作「總」。

〔一二〕「臣」「求」，《諭摺彙存》作「徒」「相」。

〔四〕「沸」，《諭摺彙存》作「紛」。

〔五〕「求」，《諭摺彙存》作「議」。

〔六〕「司」，原誤作「使」，據《諭摺彙存》改。

〔七〕「舊」，《諭摺彙存》作「常設立」。

〔八〕「輔」，《諭摺彙存》作「寓」。

〔九〕「欲」，《諭摺彙存》作「朝廷」。

〔一〇〕「詳」，《諭摺彙存》作「而」。

〔一一〕「於治」，《諭摺彙存》作「治體」。

〔一二〕「應行」，《諭摺彙存》作「交議」。

戊戌八月十四日奉上諭

已革户部左侍郎張蔭桓，居心巧詐，行爲詭秘〔一〕，趨炎附勢，反覆無常，著發往新疆，交該巡撫嚴加管束；沿途經過地方，著各該督撫等遴派妥員押解，毋稍疏虞。已革翰林院侍讀學士徐致靖，著刑部永遠監禁。翰林院編修、湖南學政徐仁鑄，著革職，永不敘用。欽此。

邸抄

附徐致靖保薦人才摺

奏爲國是既定，用人宜先，謹保維新救時之才，請特旨破格委任，以行新政而圖自强，恭摺仰祈聖鑒事：

竊臣伏讀本月二十三日上諭，以國是不定則號令不行，外察時局，内審國勢，斥守舊迂謬之見，求通經濟變之才。此誠窮變通久之大經，轉弱爲强之左券。明詔一下，海内忠義之士翹首拭目以觀新政，海外各國亦知我皇上發奮振厲，中國之强指日可待。此孔子所謂一言興邦者也。然臣愚以爲皇上維新之宗旨既定矣，而所以推行新法，乃皆委諸守舊之人。夫非變法則不能自强，而非得其人，亦不能變法。昔日本維新之始，特拔下僚及草茅之士，如木户孝允、伊藤博文、大久保利通等二十人，入直憲法局以備顧問，不次擢用，各盡其才，新法皆數人所定，用能新政具興，臻於强盛。今日言變法而不能收變法之效者，則以維新之才尚未見用故也。臣聞泰西各國富强之由，其根原甚遠，其條理甚繁，非經講求，不能通貫。今吾大臣内自尚侍，外自督撫，率皆循資按格，垂髦以得今官。其中亦非無公忠體國、通達世變之人，特以論議不一，趨向各殊，非相與同術同方講求而切究者，故於一切致富致强之由，或畏阻而不願更張，或震驚而未得要領，於是言守舊者固泥古而誤今，言開新者亦逐末而忘本。今夫國家之有大臣，猶行旅之有鄉導也。鄉導苟不識途，行旅必受其害。今欲舉行新政，而委諸不講新學以及模棱兩可之人，是所謂求前而却行也。故臣以爲不欲變法則已，苟欲變法，必廣求湛深實學、博通時務之人而用之，而後舊習可得而革，新模可得而成也。

臣竊見工部主事康有爲，忠肝熱血，碩學通才，明歷代因革之得失，知萬國强弱之本原，當二十年前，即倡論變法。其所著述，有《彼得變政記》《日本變政記》等書，善能借鑒外邦，取資法戒。其所論變法，皆有下手處，某事宜急，某事宜緩，先後次第，條理粲然，按日程功，確有把握。其才畧足以肩艱鉅，其忠誠可以託重任，並世人才，實罕其比。若皇上置諸左右以備顧問，與之討論新政，議先後、緩急之序，以立措施之準，必能有條不紊，切實可行，宏濟時艱，易若反掌。湖南鹽法長寶道黄遵憲，歷充出使日本、英、美各國參贊官，遊海外二十年，於各國政治之本原，無不窮究，器識遠大，辦事精細，其所言必求可行，其所行必求有效。近在湖南辦理時務學堂、課吏館、保衛局等事，規模宏遠，成效已著。若能進諸政府，參贊庶務，或畀以疆寄，資其歘歷，必能不負主知，有補大局。江蘇候補知府譚嗣同，天才卓犖，學識絶倫，忠於愛國，勇於任事，不避艱險，不畏謗疑，内可以爲論思之官，外可以備折衝之選。刑部主事張元濟，現充總理衙門章京，熟於治法，留心學校，辦事切實，勞苦不辭，在京師創設通藝學堂，集京官大員子弟講求實學，日見精詳，若使之肩任艱大，籌畫新政，必能勝任愉快，有所裨益。廣東舉人梁啟超，英才亮拔，志慮精純，學貫天人，識周中外。其所著《變法通議》及《時務報》諸論説，風行海内外，如日本、南洋島及泰西諸國，並皆推服。湖南撫臣陳寶箴聘請主講時務學堂，訂立學規，切實有用。若蒙皇上召置左右以備論思，與講新政，或置諸大學堂，令之課士，或開譯書局，令之譯書，必能措施裕如，成效神速。

臣聞資格用人之法，行之承平之世，可以止奔競；行之多事之日，必不足以濟時艱。蓋行非常之政，必待非常之才。昔咸豐之末，天下雲擾，文宗顯皇帝宸綱獨斷，操縱群才，動之以不次之擢，臨之以不測之威。同治初年，皇太后訓政，亦遵此法，破除資格，有才必用。故咸、同之間，得人最盛。劉蓉以諸生而洊膺專寄。左宗棠以舉人賞三品卿，督辦軍務。沈保楨以在籍道員，而擢撫江西。此外立功將帥，亦每起自草茅，不次拔擢，故能兼資群力，共濟艱難。此破格用人之成效也。今日者事變紛乘，需才正亟。皇上既知法之不能不變矣，特恐盈廷之臣，雖奉明詔，仍不知下手之次第、施行之緩急，或且草率從事，覆餗見譏，坐失事機，終無實效，徒爲守舊之所藉口。雖有良法，誰與任之？臣是以慮不得其人，亦不能變法也。

臣學識淺薄，不足以仰贊睿慮，裨助新法，顧伏念荷蒙聖恩，擢置侍從，深維舉爾所知之義，敬効以人事君之誠。所舉五人，臣實知之甚深，是用不揣冒昧，臚列瀆陳。查康有爲、張元濟現供職京曹，梁啟超會試留京，可否特旨宣召奏對，若能稱旨，然後不次擢用。其黄遵憲、譚嗣同二員，可否特諭該省督撫送部引見，聽候簡任之處，出自聖裁，非臣所敢擅請。

伏願皇上既定國是，益矢以怵惕惟厲之心，堅決不摇之志，虚衷側席，廣集英賢，早作夜思，如飢如渴，天下之才，必將聞風興起，争自濯磨，以仰副朝廷亟亟維新之至意，新政幸甚！天下幸甚！謹恭摺具陳，伏乞皇上聖鑒訓示。謹奏。戊戌七月十一日《知新報》

【校勘記】

〔一〕「爲」，《諭摺彙存》作「踪」。

戊戌八月十四日奉硃諭

近因時事多艱，朝廷孜孜圖治，力求變法自强，凡所設施，無非爲宗社、生民之計。朕憂勤宵旰，每切兢兢，乃不意主事康有爲首倡邪説，惑世誣民，而宵小之徒群相附和，乘變法之際，隱行其亂法之謀，包藏禍心，潛圖不軌，前日竟有糾約亂黨謀圍頤和園、挾制皇太后、陷害朕躬之事〔一〕，幸經覺察，立破奸謀。又聞該亂黨私立保國會，言保中國不保大清，其悖逆情形，實堪髮指。朕恭奉慈闈，力崇孝治，此中外臣民之所共知。康有爲學術乖僻，其所著述〔二〕，無非離經畔道、非聖無法之言。前因其講求時務，令在總理各國事務衙門章京上行走，旋令赴上海辦理官報局，乃竟逗留輦下，謀爲不軌〔三〕。若非仰賴祖宗默佑，洞燭幾先，其事何堪設想？康有爲實爲叛逆之首，現已在逃，著各省督撫一體嚴密查拿，按律懲治〔四〕。舉人梁啟超，與康有爲狼狽爲奸，所著文字語多狂謬，著一併嚴拿究辦〔五〕。康有爲之弟康廣仁，及御史楊深秀，軍機章京譚嗣同、林旭、楊鋭、劉光第等，實與康有爲結黨，陰謀互相煽惑〔六〕。楊鋭等每於召見時欺蒙狂悖，密保匪人，實屬同惡相濟，罪大惡極。前經將各該匪犯革職〔七〕，拿交刑部訊究。旋有人奏，若稽時日，恐有中變。朕熟思審處，該犯等情節至重〔八〕，難逃法網，倘語多牽涉，恐致株累，是以未待覆奏，於昨日諭令將該犯等即行正法。此事爲非常之變，附從奸黨均已明正典刑〔九〕，康有爲首創逆謀，罪惡貫盈，諒亦難逃顯戮。現在罪案已定，允宜宣示天下，俾衆咸知。我朝以禮法立國，如康有爲之大逆不道，人神所共憤，即爲覆載所不容，鷹鸇之逐，人有同心。至被其誘惑、甘心附和者，黨類尚多〔一〇〕，朝廷亦皆察悉，朕心存寬大，業經明降諭旨，概不深究株連。嗣後大小臣工，務當以康有爲爲炯戒，力扶名教，共濟時艱，所有一切自强新政，胥關國計民生，非特已行者亟應實力舉行，即未興辦

者，亦當次第推廣，庶以挽回積習，漸臻上理，朕實有厚望焉。將此通諭知之。欽此。邸抄

【校勘記】

〔一〕「挾制皇太后陷害朕躬」，《諭摺彙存》作「劫制皇太后及朕躬」。

〔二〕「所著述」，《諭摺彙存》作「平日著作」。

〔三〕「謀爲不軌」，《諭摺彙存》作「搆煽陰謀」。

〔四〕「按律」，《諭摺彙存》作「極刑」。

〔五〕「究」，《諭摺彙存》作「懲」。

〔六〕「結黨陰謀互相煽惑」，《諭摺彙存》作「結黨隱圖煽惑」。

〔七〕「匪」，《諭摺彙存》無。

〔八〕「至」，《諭摺彙存》作「較」。

〔九〕「從」，《諭摺彙存》作「和」。

〔一〇〕「和」「尚」，《諭摺彙存》作「從」「繁」。

戊戌八月十六日奉上諭

已革工部主事康有爲，學術乖謬，大悖聖教，其所著作，無非惑世誣民、離經畔道之言，

著將該革員所著書籍版片，由地方官嚴查銷燬，以息邪説而正人心。欽此。邸抄

戊戌八月十七日奉旨

已革主事康有爲，已革舉人梁啟超，現經革職拿辦，所有該革員等原籍家産，著譚鍾麟督飭該地方官迅速嚴密查抄。該家屬例應連坐者，一併嚴拿到案。一面根究康有爲、梁啟超下落，一面懸賞購緝，尅日電奏。欽此。兩廣總督譚鍾麟接總理衙門電

戊戌八月十九日奉上諭

李端棻奏濫保匪人懇請懲治一摺(二)。該尚書受恩深重，竟將大逆不道之康有爲等濫行保薦，並於召對時一再面陳。今據事後檢舉，實屬有意取巧，未便以尋常濫保之例，稍從末減。禮部尚書李端棻，著即行革職，發往新疆，交地方官嚴加管束，以示懲儆。欽此。邸抄

附李端棻濫保匪人自請懲治摺

奏爲濫保匪人，自請懲治，恭摺仰祈聖鑒事：

竊因時事多艱，需才孔亟，臣或謬採虚聲而以爲足膺艱鉅，或輕信危言而以爲果由忠憤，將康有爲、譚嗣同奏保在案。本月十一、十四等日恭讀上諭，康有爲所爲，誠非臣夢想所及，雖凡被誘惑之人，聖恩寬大，概不深究，惟臣職分較崇，知人不明，萬難原宥。比擬具疏陳請，又恐事後檢舉，或以引咎爲邀恩之計，悚惶迫切，病勢益增，姑續假期，静以待罪。乃泥首數日，朝廷尚無譴責，鴻慈高厚，欽感莫名，而臣内疚於心，終覺難安寢饋，惟有請旨治臣以應得之咎，以爲大臣之濫保匪人者戒。

理合恭摺自陳，不勝伏枕待罪之至，伏乞皇太后、皇上聖鑒。謹奏。邸抄

【校勘記】

〔一〕「奏」，原脱，據《諭摺彙存》補；「懇」，《諭摺彙存》作「自」。

戊戌八月二十日奉上諭〔一〕

都察院奏遵查四品京堂王照並無下落一摺。該員畏罪避匿，實難姑容。候補四品京堂王照，著即行革職，交步軍統領、順天府、五城一體嚴拿務獲，並著順天府尹督飭寧河縣知縣，將該革員原籍家産一律查抄，無任隱匿。欽此。邸抄

附都察院左都御史懷塔布等奏聞請旨摺

奏爲奏聞事：

本月十七日，軍機處片交軍機大臣面奉諭旨：「候補四品京堂王照寓居何處？現在是否在京？著都察院飭令五城坊官確切查明，迅即具奏。欽此。」臣等遵即飭令五城坊官迅即查明，旋據該坊官等面稱：當即赴順治門大街直隸會館查訪，該館長班李姓呈出直隸京官住址單，註明王照住打磨廠瞿家口路西祝宅，復至瞿家口祝宅訪問，據候選訓導祝華春、試用鹽大使祝楷結稱：「職等與王照係屬親戚，今年正月曾在職楷宅院居住兩月〔二〕，嗣後移居南横街自立之學堂，遂未往來。」又赴南横街西頭八旗順直值年一號小學堂詢之，學堂管事人劉鑑泉等據稱：「該學堂自閏三月設立，係直隸京官經理，王照亦在經理之内。至七月下旬，王照辭退學堂事，即出學堂，司事等實不知移居何處。」等語。又查其弟吏部主事王焯、其兄右營參將王燮，均係職官，應否請旨飭令吏部、步軍統領衙門傳詢王照住址及是否出京之處，伏候聖裁。

相應遵旨，將查訪情形據實奏聞，伏乞皇太后、皇上聖鑒。謹奏。 邸抄

【校勘記】

〔一〕「戊戌」，原無，依文例補。

〔二〕「宅」，《論摺彙存》作「叔母」。

戊戌八月二十一日奉上諭

湖南巡撫陳寶箴，以封疆大吏，濫保匪人，實屬有負委任。陳寶箴著即行革職，永不敘用。伊子吏部主事陳三立，招引邪黨〔二〕，著一併革職。候補四品京堂江標、庶吉士熊希齡，庇護奸黨，暗通消息，均著革職，永不敘用，並交地方官嚴加管束。欽此。邸抄

附陳寶箴奏釐正學術造就人材摺

奏爲請旨釐正學術，以期造就人材、維持風教，恭摺仰祈聖鑒事：

竊維自古國家登進人材，内以裨補主德，外以經綸庶務，其德行、事功之所表見，言論、風采之所流被，天下之士慕而效之，學校奉爲楷模，草野寖成風俗。是以群材有奮興之幾，國家無乏材之患，此賢聖之君所以陶冶人倫、鼓舞一世之微權也。臣竊見數月以來，皇上軫念時艱，鋭意作新之治，通飭京外設立大小學堂，變更科舉，改用策論試士。伏

讀光緒二十四年四月二十三日及五月初四日上諭，諄諄誥誡，深切著明，所以振國是〔二〕，作士氣，同風俗，其道舉莫能外。跪誦再三，誠慶誠忭，宇内冠帶之倫，靡不感激涕零，欽仰宸斷，誠千載一時，振興之機也。又恭閱邸抄，五月初四日康有爲、張元濟預備召見，尤仰見皇上鋭意求材，不拘資格，群情鼓舞，迥異尋常。

臣嘗聞工部主事康有爲之爲人，博學多材，盛名幾遍天下，譽之者有人，毁之者尤有人。譽之者無不俯首服膺，毁之者甚至痛心切齒，誠有非可以常理論者。臣以爲士有負俗之累而成功名，亦有高世之行而弋虚譽，毁譽不足定人，古今一致。近來屢傳康有爲在京呈請代奏摺稿，識略既多超卓，議論亦頗宏通，於古今治亂之原、中西政教之大，類能苦心探討，闡發詳盡，而意氣激昂慷慨，爲人所不肯爲，言人所不敢言，似不可謂非一時奇士。意其所以召毁之由，或即其生平才性之縱横、志氣之激烈有以致之。及徐考其所以然，則皆由於康有爲平日所著《孔子改制攷》一書，此書大指推本《春秋公羊傳》及董仲舒《春秋繁露》。近今倡此説者爲四川廖平，而康有爲益爲之推衍攷證。其始濫觴於嘉道一二説經之士，專守西漢經師之傳，而以東漢後出者概目爲劉歆僞造。此猶自來經生門户之習，逮康有爲，當海禁大開之時，見歐洲各國尊崇教皇，執持國政，以爲外國强盛之效實由於此，而中國自周、秦以來，政教分途，雖以賢於堯舜、生民未有之孔子，而道不行於當時，澤不被於後世，君相尊而師儒賤，威力盛而道教衰，是以國異政、家殊俗，士懦民愚，雖以嬴政、楊廣之暴戾，可以無道行之，而孔子之教散漫無紀，以視歐洲教皇之權力，其徒所至皆足以持其國權者，不可同語。是以憤懣鬱積，援素王之號，執以元統天之説，推崇孔子以爲教主，欲與天主、耶蘇比權量力，以開民智，行其政教。而不知聖人之大德配天，聖人之大寶曰位，故曰雖有其德，苟無其位，不敢作禮樂焉。歐洲教皇之徒，其後以横行各國，激成兵禍，戰爭至數十年，而其勢已替，及政學興，格致盛，而其教益衰。今之僅存而不廢者，亦如中國之僧道而已。當康有爲年少時，其所見譯出西書有限，或未能深究教主之害，與其流極所至。其箸爲此書，據一端之異説，徵引西漢以前諸子百家，旁搜曲證，濟之以才辯，以自成其一家之言，其失尚不過穿鑿附會。而會當中弱西强，黔首坐困，意有所激，流爲偏宕之辭，遂不覺其傷理而害道。其徒和之，持之愈堅，失之愈遠，囂然自命，號爲康學，而民權、平等之説熾矣。甚或逞其横議，幾若不知有君臣、父子之大防。《改制》一編，遂爲舉世所忿疾。其指斥尤厲者，擬爲孟氏之闢楊、墨，而康有爲首爲衆射之的，非無自而然也。第臣觀近日所傳康有爲呈請代進所輯《彼得變政記》摺稿，獨取君權最重之國以相擬議，以此窺其生平主張民權，或非定論。獨所譔《改制》一書，傳播已久，其徒又類多英俊好奇之士，奉爲學派，自成風氣。即如現辦譯書局事務舉人梁啟超，經臣於上年聘爲湖南學堂教習，以嘗受學康有爲之門，初亦間引師説，經其鄉人鹽法道黄遵憲規之，謂何乃以康之短自蔽，嗣是乃漸知去取。若其他才智不逮，誠恐囿於一隅之論，更因物議以相忿競，有如四月二十三日諭旨所謂「門户紛争，互相水火，徒蹈宋、明積習，於時政毫無裨益」者，誠可痛也。

自古畸人才士，感事傷時，嫉悒痛憤，其所述作，每多偏詖不平之弊，及其出爲世用，更事漸多，學亦日進，因而自悔少作者不一。其人好學近智，知耻近勇，有獨至之氣者，必有過人之長。我皇上陶鑄群倫，兼收博採，康有爲可用之才、敢言之氣，已邀聖明洞鑒。當此百度維新、力圖自强之際，千人之諾諾，不如一士之諤諤，謂宜比之狂簡，造就而裁成之，可否特降諭旨飭下康有爲，即將所箸《孔子改制攷》一書板本自行銷燬，既因以正誤息争，亦藉可知非進德，且使其平日從遊之徒，不至咮咮然膠守成説，誤於歧趨，於皇上變通學校、轉移人才之至意，亦可以風示朝野矣。如康有爲面從心違，以欺蒙爲唐塞，則是行僻而堅、言僞而辯之流，將焉用之？竊揣康有爲必不至此。

臣爲釐正學術，以期造就人材、維持風教起見，謹專摺具陳，是否有當？伏乞皇上聖鑒訓示。謹奏。撫署案卷

【校勘記】

〔一〕「邪黨」，《諭摺彙存》作「奸邪」。

〔二〕「是」，《虚受堂書札》作「勢」。

戊戌八月二十一日總理各國事務衙門奉旨

湖南省城新設南學會、保衛局等名目，跡近植黨，應即一併裁撤，會中所有學約、界説、札記、答問等書，一律銷燬，以絶根株。著張之洞迅即遵照辦理。欽此。邸抄

附鄂督張之洞奏裁撤湘省南學會銷燬會中各書並將保衛局裁歸保甲局辦理情形摺

奏爲遵旨撤裁湘省南學會，銷燬會中各書，並將保衛局裁歸保甲局辦理情形，恭摺覆陳仰祈聖鑒事：

竊臣承准總理各國事務衙門電奏，上年八月二十一日奉旨：「湖南省城新設南學會、保衛局等名目，跡近植黨，應即一并裁撤，會中所有學約、界説、札記、答問等書，一律

保衛局即日裁撤，當經電奏在案。臣仍一面飭將學約、界説、札記、答問等書版片，全數查銷燬，以絶根株。著張之洞迅即遵照辦理。欽此。」遵即飭據湖南藩、臬兩司，將南學會、調來鄂，一律銷燬。

至保衛局之設，飭兩司切實查覆，經升任湖南撫臣俞廉三，前在布政使任内，會同署按察使夏獻銘詳稱：「前署臬司黄遵憲，以原設保甲局員紳懈弛，因參酌各通商馬頭捕房條規，添設大小各分局，派委員紳，設立巡捕，更名保衛，擬定章程，均以緝捕盜賊、清查户口爲主。其附於保衛局之遷善所，凡失業流民犯有賭竊等事，即收入所内看管，延請工匠，教習手藝，令其改過自新，藝成限滿，察看保釋，與他省之自新所章程相同。惟湘省民情不免驚異，浮議頗多。迨試辦數月，城廂内外晝夜有人梭巡，凡宵小之徒皆爲斂跡，廛市一清，商民翕然安之。惟與保甲名異實同，實屬多立名目，設局太多，經費過鉅，勸令民捐，力有未逮。現擬裁歸保甲局，撙節用款，核實辦理。」等情，詳請核辦前來。臣復於湘省來鄂官紳詳加詢考，據稱：「保衛局係變保甲之名，而行保甲之實，頗有成效，尚無植黨情事。」等語。臣查保衛局既係辦理保甲局務，其兼辦遷善、習藝，亦地方應辦之事，原不必另立保衛之名，且辦事期在核實，亦不必示奇異，自應仍用舊日保甲局名，而力埽濫支敷衍之積習。現在迭次欽奉諭旨整頓保甲，臣已嚴飭該司將所有局章，參考民情，斟酌妥善，酌減捐數，督飭員紳認真巡緝，務期事有實效，款不虛糜，以仰副朝廷綏靜閭閻之至意。

所有裁撤南學會，銷燬會中各書，暨將保衛局裁歸保甲局辦理情形，理合恭摺覆陳，伏乞皇太后、皇上聖鑒。謹奏。

奉硃批：知道了。即著嚴飭湖南保甲局認真辦理，毋得有名無實。欽此。邸抄

戊戌八月二十三日奉上諭

詹事府少詹事王錫蕃，工部員外郎李岳瑞，刑部主事張元濟，均著革職，永不敘用。欽此。邸抄

附王錫蕃奏保人才摺

奏爲敬舉通達時務人才，恭摺仰祈聖鑒事：

竊維匡時賴有真才，佐治宜資群策。我皇上勵精圖治，時以人才爲重，數月以來，於内外臣工所保人員，疊次召見，量才録用，一善不遺，古帝王旁求俊彦之隆規，於今再見，自强之道，蓋於此首植其基。臣備員講幄，仰窺宵旰勤勞，欽感莫能言喻，深維以人事君

之義，輒舉其所知，用效壤流之一助。

臣前承恩命，視學閩中，在任數年，於閩省人才時時留意，所知者亦以閩省爲較多。竊見福建興泉永道周蓮，辦事勤懇，心地光明，所至之區，士民皆畏威懷德，忠憤勃發，毅然以奮身報國爲心，講求中外政務，實能周知利弊，洵屬傑出之才。四川候補道沈翊清，係原任兩江督臣沈保楨之孫，長才偉略，不墜家風，在船政局十有八年，辦事精詳，於製造之學，具有心得，經理各事，均能措置裕如，喬木世臣，庶幾不愧其選。北洋水師學堂總辦候選道嚴復，本船政駕駛學生，出洋學習，於西國典章、名理之學，俱能探本溯源，精心研究，中學亦通貫群籍，著述甚富，水師情形尤其所熟知專習，久在北洋供差，奉公之外，閉户寡合，其立品尤爲高卓。内閣候補中書林旭，才識明敏，能詳究古今，以求致用，於西國政治之學，討論最精，尤熟於交涉、商務，英年卓犖，其才具實屬超群。

以上四員，就臣所見，均係通達時務之才，用敢據實保薦。周蓮現居本任，沈翊清尚未往赴四川，此時聞在福建原籍，嚴復在天津當差，林旭在京供職，可否仰求皇上量才器使之處，恭候聖裁。

所有微臣保薦人才緣由，謹繕摺具陳，伏乞皇上聖鑒。謹奏。邸抄

戊戌八月二十三日奉上諭〔一〕

莠言亂政，最爲生民之害。前經降旨，將《官報》〔二〕、《時務報》一律停止。近聞天津、上海、漢口各處，仍復報館林立，肆口逞説，妄造謡言〔三〕，惑世誣民，罔知顧忌，亟應設法禁止，著各該督撫飭屬認真查禁。其館中主筆之人，率皆斯文敗類，不顧廉耻，即飭地方官嚴行訪拿，從重懲辦，以息邪説而靖人心。欽此。邸抄

附福建道監察御史黄桂鋆禁止莠言摺

奏爲禁止莠言以肅綱紀，恭摺仰祈聖鑒事：

竊總理衙門之設，所以辦理各國交涉事務，非總理天下事也。近日取巧之徒，以總署爲捷徑，如保浙會、保滇會、保川會，皆由保國會黨包藏禍心，乘機煽惑，糾合下第舉子，逞其簧鼓之言，巧立名目，以圖聳聽，冀博一准辦之諭旨，便可以此爲攬權生事之計。既經遞呈總署，自謂必代具奏，紛紛得意，胥動浮言，大爲可憂。

竊思我朝舊例，凡有條陳，可由都察院代奏，又可由本署堂官代奏，如近日爲山東即墨縣聖廟被毁，紛紛呈訴，都察院一一代奏，何嘗壅於上聞？乃各省之義舉，皆由都察院

代奏，而各省之利端，皆由總署代奏，非特遞呈總署不勝其擾，代奏時皇上不勝其煩，而該舉人等視總署爲可欺之地，恃總署爲干進之階，已可想見。聞總署收此呈者，只李鴻章、張蔭桓二人，該大臣等外任有年，何於此烏合糾衆、意别有在之呈稿，俱不能覺其奸，可謂糊塗！如其知之而收之，又屬何心？且總署是親王領銜，近日恭王既病，慶王又練兵不能到署，乘此蒙蔽，抑何可笑之甚耶！

夫天下古今，權操於上則治，權分於下則亂。各省皆有舉人，一省許之，各省效尤，是各省督撫均可裁撤，只須各省若干舉人，便可保天下而有餘。皇上無權，督撫無權，各地方官又無權，而惟是不得通籍之舉子，轉因而有權，充其欺罔之心，更可無所不爲，尚復成何事體耶？近日人心浮動，民主、民權之説日益猖獗，若准各省紛紛立會，恐會匪聞風而起，其患不可勝言。且該舉人等無權無勢，無財無位，赤手空拳，從何保起？抵制外人則不足，盜竊内政則有餘。況即如所説，浙人保浙，滇人保滇，川人保川，推而廣之，天下皆爲人所保，天下不從此分裂乎？名則保其桑梓，實則毀其家邦，此風萬不可長。至總署於何日呈遞，臣不可知，然不得不杜之於先，相應請旨嚴飭總署，遵守向章，專辦交涉之事，不得見好舉人，代達蒭言，所有條陳概行發還，並出示嚴禁；以後京員如有條陳，由本署堂官代奏，此外概由都察院代奏，以符定制。

臣爲防亂起見，是否有當？謹恭摺具陳，伏乞皇上聖鑒訓示。謹奏。

奉旨：該衙門知道。欽此。光緒二十四年閏三月二十七日總理衙門案卷

【校勘記】

〔一〕按，據《光緒帝起居注》，此上諭爲二十四日頒發。

〔二〕「報」下，原衍「局」，據《諭摺彙存》删。

〔三〕「妄」，《諭摺彙存》作「捏」。

戊戌八月二十三日奉慈禧端佑康頤昭豫莊誠壽恭欽獻崇熙皇太后懿旨

從來制治未亂，保邦未危。我朝聖聖相承，憲度修明，盡美盡善，至於深仁厚澤，似難枚舉〔一〕。水旱偏災，無不立施蠲賑；江河漫溢，深恐累及窮黎。遇有軍務，並未抽派丁役；宮中使女，亦未選及民間。仁民之政又如此，宜其上下一德，朝野相安〔二〕，以期共享昇平之福。乃有大逆不道之徒，聚黨密謀，辯訕亂政〔三〕，而士大夫中竟有不明大義者，援引匪人，心懷叵測。言念及此，能勿憤懣！朝廷屢示寬大，姑免株連，爾諸臣等受恩深重，具有天良，際此邪説朋興之際〔四〕，自當以名教綱常爲己任，以端學術，以正人心，共矢公忠，勤修職

業。各部院堂司各官，均應常川進署，認真辦事，痛戒因循，力求振作，事無鉅細，凡有益於國計民生者，皆當實事求是，一洗泄沓之習。至於物力匱乏，理財之道固在開源，尤貴節流。凡在官者，皆有表率士民之責，務宜尊崇節儉〔五〕，力戒奢靡，但使官場能省一分浮費，即可爲閭閻多養一分元氣，藏富於民，誠爲根本至計。自此次宣諭之後，中外臣工務當激勵悃忱〔六〕，各思奮勉，仰體朝廷殷殷垂訓之意，凡事必講求實際，勿託空言，以期共濟時艱〔七〕，同臻上理〔八〕。予實有厚望焉。將此通諭知之。欽此。邸抄

【校勘記】

〔一〕「似難」，《諭摺彙存》作「難以」。
〔二〕「朝野」，《諭摺彙存》作「耕鑿」。
〔三〕「訕」，《諭摺彙存》作「言」。
〔四〕「際此邪説朋興之際」，《諭摺彙存》作「際茲邪説暴行之繁興」。
〔五〕「尊」，《諭摺彙存》作「敦」。
〔六〕「務當激勵悃忱」，《諭摺彙存》作「皆當激發忠忱」。
〔七〕「濟」，原誤作「際」，據《諭摺彙存》改。
〔八〕「同」，《諭摺彙存》作「漸」。

戊戌八月二十三日奉慈禧端佑康頤昭豫莊誠壽恭欽獻崇熙皇太后懿旨〔一〕

國家以四書文取士，原本儒先傳注，闡發聖賢精義〔二〕，二百年來得人爲盛。近來文風日陋，各省士子往往剿襲雷同，毫無根柢。此非時文之弊，乃典試諸臣不能釐正文體之弊。乃論者不揣其本，輒以所學非所用，歸咎於立法之未善。殊不知試場獻藝，不過爲士子進身之階，苟其人懷奇抱偉，雖沿用唐、宋舊制，試以詩賦，亦未嘗不可以得人。設使論説徒工，心術不正，雖日策以時務，亦適足長囂競之風。用特明白宣示：嗣後鄉試、會試及歲考、科考等，悉照舊制，仍以四書文試帖、經文、策問等項，分別考試。經濟特科易滋流弊，並著即行停罷。朝廷於掄才大典，斟酌至再，不厭求詳，嗣後典試諸臣及應試士子，務當屏斥浮華，力崇正誼〔三〕，毋負朝廷作育人才之至意。至富强之術，固當講求，惟必須地方官認真舉辦，方不至有名無實。所有農工商諸務，亟宜實力整頓，惟總局設在京城，文牘往還，事多隔膜，一切未能靈便，仍應責成各督撫在省設局，分門别類，詳加考核，俾有實際。著直隸總督選派妥員，督率辦理，以爲各省之倡。京城現設之局，著即裁撤。欽此。邸抄

【校勘記】

〔一〕按，據《光緒帝起居注》，此懿旨當在二十四日頒發。

〔二〕「義」，《諭摺彙存》作「藴」。

〔三〕「誼」，《諭摺彙存》作「學」。

戊戌八月二十三日奉上諭

陳寶箴雖已革職、永不敘用，榮禄曾經保薦，兹據自請處分，榮禄著交部議處。欽此。邸抄

附大學士管理吏部事務徐桐遵旨議處摺

奏爲遵旨議處具奏事：

内閣抄出光緒二十四年八月二十三日奉上諭：「陳寶箴雖已革職、永不敘用，榮禄曾經保薦，兹據自請處分，榮禄著交部議處。欽此。」欽遵抄出到部。查定例：九卿保薦人員不實，「照濫舉匪人例，降二級調用，私罪」，等語。此案，大學士榮禄以曾保薦陳寶箴，自請議處，欽奉諭旨交臣部議處，應請將大學士榮禄照「濫舉匪人，降二級調用，私罪」例，議以降二級調用，係私罪，毋庸查加級紀録議抵。

所有臣等遵旨議處緣由，理合恭摺具奏，伏乞皇太后、皇上聖鑒。謹奏。邸抄

戊戌九月初二日奉上諭

吏部奏遵議處分一摺。大學士榮禄，應得降二級調用處分，著加恩改爲降二級留任。欽此。邸抄

戊戌八月二十三日奉上諭

張百熙保送康有爲使才，實屬荒謬，著交部嚴加議處。欽此。邸抄

附大學士管理吏部事務徐桐遵旨嚴議張百熙保送康有爲使才摺

爲遵旨嚴議具奏事：

内閣鈔出光緒二十四年八月二十三日奉上諭：「張百熙保送康有爲使才，實屬荒謬，著交部嚴加議處。欽此。」欽遵鈔出到部。查臣部定例：「官員濫舉匪人者，降二級調用，私罪；又由降調加等者，自一級至五級酌量遞加，不得加至革職；又例無正條，又

無可比照之例，將案情詳細察覈，公同定議，於本内聲明請旨。」等語。此案，内閣學士張百熙保送康有爲使才，實屬荒謬，欽奉諭旨交臣部嚴加議處，未便僅照濫舉匪人本例加等覈議，此外又别無可比照之條，應否將内閣學士張百熙從嚴議以革職、私罪之處，恭候欽定。

所有臣等遵旨嚴議緣由，理合恭摺具奏。戊戌九月十五日《中外日報》

戊戌九月初二日奉上諭

吏部奏遵議處分一摺。内閣學士張百熙應得革職處分，著加恩改爲革職留任。欽此。邸抄

戊戌八月二十三日奉上諭

會章奏敬陳管見一摺，據稱：「逆犯康有爲結黨煽亂，外間浮言，頗有以誅戮悉屬漢人，遂疑朝廷有内滿外漢之意。」等語。前因楊深秀等黨附康有爲，同惡相濟，情正罪當〔一〕，特明正典刑，並諭以此外概不株連。朝廷執法，豈有滿、漢歧視之理？今會章妄以私意揣測，果何所據而云然？大小臣工通達事理，自不致爲浮言所惑。總之，有犯則懲，國家一秉大公，毫無成見也。欽此。邸抄

附宗室會章奏請誅逆褒忠摺

奏爲敬陳管見，仰祈聖鑒事：

竊以逆臣康有爲結黨煽亂，幸賴我皇太后、皇上大奮乾綱，俾薄海臣民披雲霧而見青天。此聖德神功之在萬世者也。乃近日外間浮言，頗有誅戮皆屬漢人，遂疑朝廷有内滿外漢之意。夫我朝之於滿、漢，本無歧視，即今日辦理逆黨，我皇太后、皇上豈有成心？無如康黨藉此謡傳，於大局實有關係。此際株連，則非朝廷寬大之意；明白宣示，又似近於描畫，更適以實康黨之言；惟有擇漢人中之忠正不撓者，褒奬數人，則群情定矣。蓋附逆者既有顯誅，則效忠者自應厚賞。擬請於四月初一日以來，所有封奏條陳，其能論變法之非宜、斥僞學之亂政者，分别褒揚録用，則正氣常伸，邪説自解〔一〕。夫公忠大義出之漢人，則所全者尤大。此中樞紐，諒在我皇太后、皇上洞鑒中也。

奴才知識庸陋，顧慮滋多，竊以浮言既未盡息，即人心猶未大定，謹就管見所及，恭摺具陳，伏乞皇太后、皇上聖鑒。謹奏。邸抄

【校勘記】

〔一〕「正」，《諭摺彙存》作「真」。

〔三〕「説」,《諭摺彙存》作「黨」。

戊戌八月二十六日奉慈禧端佑康頤昭豫莊誠壽恭欽獻崇熙皇太后懿旨

聯名設會〔一〕,本干例禁,乃近來風氣,往往私立會名。官宦、鄉紳,罔顧名教,甘心附和,名爲向人勸善,實則結黨營私,有害於世道人心,實非淺鮮。著各省督撫嚴行查禁,拿獲入會人等〔二〕,分别首從,按律治罪;其設會房屋,封禁入官。該督撫務當實力查辦,勿得陽奉陰違,庶使奸黨寒心,而愚民知所儆懼。將此通諭知之。欽此。邸抄

【校勘記】

〔一〕「設」,《諭摺彙存》作「結」。

〔二〕「入」,《諭摺彙存》作「在」。

戊戌九月初一日奉慈禧端佑康頤昭豫莊誠壽恭欽獻崇熙皇太后懿旨

國家制治保邦,綱常名教,亘古爲昭,至於條陳損益,隨時變通盡利,本無一成之法。前

因中外積弊過深，不得不因時制宜，力加整頓，而宵小之徒，創變法之説〔一〕，爲煽亂之謀，業經嚴拿懲治〔二〕，以遏横流。至一切政治有關國計民生者，無論新舊，均須次第推行，不得因噎廢食，迭經明降諭旨，剴切宣示，大小臣工，諒能仰體此意〔三〕。惟言事諸臣，往往胸無定識，即如亂謀方張之日，内外章奏能灼見先幾、防其流禍者〔四〕，並不多見，迨至事後，或且以意旨揣合希榮〔五〕。須知朝廷用人行政〔六〕，一秉大公，執兩用中，不偏不倚，用特再行申諭，嗣後内外臣工〔七〕，務當清白乃心〔八〕，一化新舊之見，凡所建白，但期有裨時局，不得妄意揣摩，倘或挾私攻訐〔九〕，是非所在，自難逃洞鑒也。將此通諭知之。欽此。邸抄

【校勘記】

〔一〕「創」，《諭摺彙存》作「竊」。

〔二〕「業」，《諭摺彙存》作「當」。

〔三〕「諒」，《諭摺彙存》作「當」。

〔四〕「防其流禍」，《諭摺彙存》作「防微杜漸」。

〔五〕「以意旨揣合希榮」，《諭摺彙存》作「仰窺意旨揣測希榮」。

〔六〕「須」，《諭摺彙存》作「豈」。

〔七〕「嗣」，原誤作「前」，據《諭摺彙存》改。

〔八〕「清」，《諭摺彙存》作「精」。

〔九〕「倘」，《諭摺彙存》作「甚」。

戊戌九月二十五日欽奉慈禧端佑康頤昭豫莊誠壽恭欽獻崇熙皇太后懿旨

從來君民一體，上以誠求，下以誠應，郅治之隆，罔不由此。近因時事多艱，深宫宵旰憂勞，無日不以教兵、養民爲念，迭次所頒諭旨，如訓練兵勇，勸課水利、蠶桑，興辦保甲、團練、積穀各事宜，無非爲海宇策富强，爲閭閻謀樂利。至於闢邪教，則禁奸徒之私立會盟；清庶獄，則戒愚民之輕罹刑辟。所爲訓俗型方者，尤屬無微不至。各封疆大吏等，果能誠心宣布，實力奉行，何難朝野一心，日臻上理？乃聞向來各省於奉旨應辦之件，並不認真遵辦，不過由院發司、由司交府發縣，一行了事，以致恩膏不能下逮，視詔令若具文，積習相沿，所宜切戒。著各省將軍、督撫等通飭各府州縣地方官，將以上所奉諭旨，一律刊刻謄黄，遍行曉諭，務使咸知。以後詔旨中，凡興利除弊、有關民生休戚者，俱著照此辦理。學政有教化之責，並著督率教官，會集紳耆，隨時宣諭。各營弁勇，由該管將領勤加訓練，傳宣德意，勉以忠義。經此次申諭之後，大小臣工，均宜振刷精神，以實心行實政，毋蹈因循之習。其紳衿士庶，亦當激發天良，申明大義，父詔兄勉，任事勸功。平時勿懷畏難苟安之私，臨事自獲眾志成城之效，於以固政本而振國威，不負予諄諄誥誡之至意。將此通諭知之。欽此。邸抄

戊戌九月三十日欽奉慈禧端佑康頤昭豫莊誠壽恭欽獻崇熙皇太后懿旨

禮部奏取士之法亟宜切實申明舊制一摺。我朝取士之法，具載於《欽定科場》《全書》〔一〕。列聖斟酌損益，祖制煌煌，實已盡美盡善。該部請切實申明舊章，自係爲維持風會、培植人才起見，著照所請，由該部知照各直省學政及鄉會試正副考官，務當恪遵《學政全書》《科場條例》內載各條款，實力奉行，以挽士習〔二〕。餘依議。另片奏試官闈中查閱書籍〔三〕，請一以欽頒各書爲則等語〔四〕，均著照所請行。另片奏各省書院請照舊辦理、停罷學堂等語。書院之設，原以講求實學，並非專尚訓詁、詞章，凡天文、輿地、兵法、算學等經世之務，皆儒生分內之事，學堂所學，亦不外於此。是書院之與學堂，名異實同，本不必另行更改〔五〕。現在時事艱難，尤應核實講求〔六〕，不得謂一切有用之學，非書院所當有之事也。將此通諭知之。欽此。邸抄

【校勘記】

〔一〕「欽定科場全書」，《諭摺彙存》作「欽定科場條例欽定學政全書」。
〔二〕「挽」，《諭摺彙存》作「端」。
〔三〕「試」，原脱，據《諭摺彙存》補。
〔四〕「書爲則」，《諭摺彙存》作「種爲斷」。
〔五〕「另行」，《諭摺彙存》作「定須」。
〔六〕「核」，《諭摺彙存》作「切」。

戊戌十月初三日奉慈禧端佑康頤昭豫莊誠壽恭欽獻崇熙皇太后懿旨

從來致治之道，首在破除成見，力戒因循。自古有治法，無治人〔一〕。蓋立法之初，未嘗不善，迨積久弊生〔二〕，不得不改絃更張，以爲救時之計。然或徒務虚名，不求實際，則立一法即又生一弊，於國事仍無裨益。故弊去太甚，其於可行者〔三〕，必須慎始圖終，實事求是，乃能有濟。深宫宵旰焦勞，勤求治理，無時不以力圖自强爲念，而内外臣工，大率畏難苟安，不知振作，國家所賴以共濟艱難、補救時局者，果安在耶？如泰西各國風俗、政令，與中國雖有不同，而其所行工商諸務〔四〕，類能力致富强，確有明效，苟擇善而從，次第興辦，自可日起有功。第淺識之徒妄爲揣測〔五〕，或疑朝廷蹈常襲故，不復爲久遠之謀，殊與勵精求治之心大相刺謬。總之，興利除弊，責在疆臣，指陳得失，責在言路。嗣後内外臣工及有言事之責者，務當各抒所見，凡有益於國計民生者，切實陳奏，以備採擇施行，毋得徒以空言塞責，致負殷勤求治之意。將此通諭知之。欽此。邸抄

【校勘記】

〔一〕「有治法無治人」，《諭摺彙存》作「有治人無治法」。

〔二〕「生」，《諭摺彙存》作「深」。

〔三〕此二句，《諭摺彙存》作「弊去其太甚法期于可行」。

〔四〕「所行」，《諭摺彙存》作「兵農」。

〔五〕「爲」，《諭摺彙存》作「生」。

戊戌十月二十一日奉硃筆

翁同龢授讀以來，輔導無方，從未以經史剴切敷陳，但以怡情適性之書畫、古玩等物，不時陳説，往往巧藉事端，刺探朕意。自甲午年中日之役，主戰主和，意存遷避〔一〕，信口侈陳，

並任意慫恿，辦理諸務，種種乖謬，以致不可收拾。今春力陳變法，密保康有爲，謂其才勝伊百倍，意在舉國以聽。朕以時局艱難，亟圖自强，於變法一事，不憚屈己以從，乃康有爲乘變法之際，陰行其悖逆之謀。是翁同龢濫保匪人，已屬罪無可逭。其所陳奏重大事件，朕間有駁詰，翁同龢輒怫然不悦，恫喝要求〔二〕，無所不至，詞色甚爲悍悖。其跋扈情形，事後追維，深堪痛恨。前令其開缺回籍，實不足以蔽辜。翁同龢著即行革職，永不敘用，交地方官嚴加管束，不准滋生事端，以爲大臣居心狡詐者戒。欽此。邸抄

【校勘記】

〔一〕「意存遷避」，《諭摺彙存》作「甚至議及遷避」。

〔二〕「求」，據《諭摺彙存》當爲「挾」。

戊戌十一月十六日奉上諭

昨據兩廣總督譚鍾麟奏，康有爲本籍抄出逆黨來往信函多件，並石印呈覽。查閲原信，悖逆之詞連篇累牘，甚至推譚嗣同爲伯里壐之選〔一〕，謂朝廷爲不足輔。各函均不用光緒年號，但以孔子後幾千幾百幾十年大書特書。跡其種種狂悖情形，實爲亂臣賊子之尤。其信件往還，牽涉多人，朝廷政存寬大，不欲深究株連，特將原信悉數焚燬〔二〕。前因康有爲首倡

邪説，互相煽惑，不得不明揭其罪，以遏亂萌。嗣聞無知之徒，浮議紛紜，有謂該逆僅止意在變改考試〔三〕，證以抄出函件，當知康有爲大逆不道，確鑿可據。凡屬本朝臣子，以及食毛踐土之倫，應曉然於大義之所在，毋爲該逆邪説所惑，以定國是而正人心〔四〕。將此通諭知之。欽此。邸抄

【校勘記】

〔一〕「推」，《諭摺彙存》作「稱」。

〔二〕「特」，《諭摺彙存》作「已」。

〔三〕「變改考試」，《諭摺彙存》作「變法者」。

〔四〕「正」，《諭摺彙存》作「靖」。

己亥十一月十八日奉上諭

世道人心之患，莫患於是非、順逆之不明〔一〕。是以古聖賢有僞辯之誅，有横議之戒，爲其惑世誣民也。朕自沖齡入承大統，篤荷皇太后恩勤教育垂三十年。自親政以來〔二〕，時事艱難，益貧益弱，朕宵旰焦急，恐負慈闈付託之重，思纘前聖文武之謨，每冀得人以資振作，而翁同龢極薦康有爲，並有「其才勝臣百倍」之語。孰意康有爲密糾邪黨，陰煽逆謀，幾陷朕躬

於不孝，並有保中國不保大清之謀，遂其改君主爲民主之計。經朕覺察，諄請聖慈訓政，乃得轉危爲安。而康有爲及其死黨梁啟超先已逋逃，稽誅海外，猶復肆爲簧鼓，刊布流言，其意在蒙惑眾聽，間離宫闈。迨譚鍾麟查抄康逆等往來信函，有譚嗣同堪備伯里璽之選。是其種種逆迹，殊堪髮指。凡我中外臣民，知其狂悖者固多，而受其欺愚者，千百中不無一二，不但不察是非，兼亦不明順逆，所當相戒而明示之也。自去秋訓政以來，上下一心，宫府一體，勤求治理，絶無異同，而康逆等猶詡爲維新、守舊之論，煽惑狂躁喜事之徒。殊不知我朝聖聖相承，祖法昭垂，永宜遵守，且朕躬圖治之意，但孜孜於强兵富國爲急。今慈聖垂訓之言，仍諄諄以修政交鄰爲急〔三〕，爰特明申誥誡，坦示朕心。凡我臣民，勿得輕聽流言，妄行揣測，倘再搆煽邪説，群相附和，去順效逆，邦有常刑。至康有爲、梁啟超大逆不道，漏網吞舟，果爾稽誅，是無天理。近聞該逆狼心未改，仍在沿海一帶倏來倏往，著海疆各督撫懍遵前諭，懸賞購綫，無論紳商士民，有能將康有爲、梁啟超嚴密緝拿到案者，定必加以破格之賞，務使逆徒明正典刑，以申國憲；即使實難生獲，但能設法致死，確有證據，亦必從優給賞。總之，邪説雖煽，而忠臣孝子必不忍聞；憲典雖寬，而亂臣賊子必不能貸。將此通諭知之。欽此。邸抄

【校勘記】

〔一〕「患」，《諭摺彙存》作「甚」。

〔二〕「親政」，《諭摺彙存》作「甲午」。

〔三〕「修政」「急」，《諭摺彙存》作「保境」「念」。

庚子正月十五日奉上諭

前因康有爲、梁啟超罪大惡極，迭經諭令沿海各省督撫懸賞購綫，嚴密緝拿，迄今尚未弋獲。該逆等狼子野心，仍在沿海一帶煽惑華民，並開設報館，肆行簧鼓，種種悖逆情形，殊堪髮指。著南洋、閩浙、廣東各督撫仍行明白示諭，不論何項人等，如有能將康有爲、梁啟超緝獲送官，驗明實係該逆犯正身，立即賞銀十萬兩；萬一該逆犯等早伏天誅，只須呈驗屍身，確實無疑，亦即一體給賞。此項銀兩，並著先行提存上海道庫，一面交犯，即一面驗明交銀，免致展轉稽延。如不願領賞，願得實在官階及各項升銜，亦必予以破格之賞。至該逆犯等開設報館，發賣報章，必在華界，但使購閱無人，該逆犯等自無所施其伎倆。並著各該督撫實力嚴查，如有購閱前項報章者，一體嚴拿懲辦。此外如藏有該逆等從前所著各逆書，並著嚴查銷燬，以伸國憲而靖人心。欽此。邸抄

庚子正月二十一日奉上諭

内閣侍讀學士陳夔龍奏「士風日漓，請飭整頓學校，提倡正學，以祛積惑而儲真才」一摺。從來保邦制治，首重求才，而人才之興，端由學校。不儲正士，試場安得真才？現在鄉、會試已復舊制，衡文校士之法，昨已剴切宣示。文體既正，不致有奇衺之作出於其間，第恐士習安於固陋，又蹈從前積習，揣摩剿襲，不求實學，是因噎而廢食矣。朝廷所望於多士者，果安在乎？該學士奏稱校士、興教，其道相爲表裏，校之於一旦，要在校之於平時，自是探本之論。京師管學大臣，各省督撫、學政，凡有教士之責者，務令宣明聖學，加意提倡，嚴定課程，寬籌經費，多備正經、正史、一切經濟性理有用之書，慎選生徒，專門肄業，俾成有用之才，不得但工帖括，弋取科名，貽人口實。書院山長，務擇經明行修、品望素著之儒，盡心訓迪。官師考藝之時，專以敦尚品行爲重。諸生中果有品端學粹，志在匡時，自應從優奬勵，務底於成。其或内行不修，鄉評不洽，放言高論，氣質囂張，沾染康黨惡習者，嚴斥而痛懲之，不稍假借。至於朔望釋菜，宣講《聖諭廣訓》諸儀節，尤當敬謹將事，不得視爲具文。學術既正，士習自端，人心、風俗亦必因之轉移。强國之道，端基於此。譽髦斯士，宏濟時艱，朝廷有厚望焉。欽此。邸抄

附内閣侍讀學士陳夔龍整飭學校提倡正學摺

奏爲士風日漓，亟應整飭學校、提倡正學，以袪積惑而儲真才，恭摺具陳仰祈聖鑒事：

竊維堯、舜、周、孔之道，燦著經傳，炳如日星。人倫之範圍，家國之矩矱，胥於是乎在。我朝聖聖相承，心傳遥接，文謨武烈，千古昭垂。凡所以正學術、端士習者，久已布在方策，纂入科條。承學之士，果能實事求是，身體力行，何至見異思遷、動爲奇衺所中？

近今學校之弊，其實病在專習浮文而不求實學，名爲代聖賢立言，實則揣摩剿襲，無關要道。學者半生精力悉耗於此，以致無暇讀書，叩以經史，茫然不知，以之從政臨民，安得有濟，無怪乎爲世詬病也。矯其失者，又託於治經，自命漢學，箋注蟲魚，分門立户，其蔽至於釋《堯典》「粤稽」二字，引徵累數千萬言，支離破碎，毫無心得。此輩倖列朝籍，互相標榜，隱負清流，一旦任以艱鉅，罔不僨事，貽誤大局，甚或踈弛自放，蕩檢踰閑，無益國家，有壞風氣，安用此賈、馬、許、鄭爲哉！咸豐、同治之間，士大夫踵魏源、何秋濤、徐繼畬等餘習，專言時務，而以諸子文飾之，學派又爲之一變。履霜集霰，寖淫至於康有爲、梁啟超二逆，變本加厲，喪心病狂，乘朝廷力求自强之際，悚以危言，竟欲删改聖經，崇尚異學。浮薄之士，靡然從風，怯盧旁行之字，幾徧天下，一若不通外教，不效舌人〔一〕，舉不得爲士者。士風至此，敗壞極矣，實爲古今奇變。非聖無法，罪通於天，雖兩觀之誅尚稽，而其僞言僻行〔二〕，與其悖逆罪狀，疊經宣布明綸，早已顯暴於天下，稍知順逆者，莫不有寢皮食肉之思。可知是非邪正之好惡〔三〕，秉彝所同。是宜提倡正學，闡揚聖教，以滌其舊染而定其指歸，庶幾聖道大光，群言盡熄，以復我國家稽古右文之盛治。

本年正月初六日欽奉上諭，諄諄於釐正文體、嚴定校士之法。臣跪聆之下，實深欽佩，薄海士庶，自必幡然嚮風，往日奇衺之辭，斷不敢再爲嘗試。是校士之道，已復大中至正之規矣。臣愚以爲校士與教士，其道相爲表裏。校士憑一時之去取，祇能辨文藝之純疵；教士在平日之栽培，必能知人品之邪正。學校不儲正士，試場安有真才？是術序黨庠，爲人才升降所關，不可不加之意也。恭讀聖祖仁皇帝聖訓，於學校教士之法，反覆誥誡，勒爲卧碑。書院章程，載在令典〔四〕，亦復深切著明。試官雖係糊名，而學政職司風化，輶軒所至，有採訪懲勸之權。下至司訓一官，亦有舉優注劣之責。果能實力奉行，則膠庠皆謹飭之儒，應試斷無邪詖之士，又安有離經畔道如康、梁二逆者出乎其間哉？是學校爲儲才根本，不於此認真教育，譬如源之不清，而欲其流之不濁，得乎？

抑臣更有慮者：往年遘康、梁之亂，舉國若狂，人人競言新學而不軌於正，幾貽宗社之憂，懲羮吹虀，不得不歸本正學，以救其失。今試士既復舊制，誠恐安於固陋者，又蹈從前積習，相率剿襲雷同而不求實際，是因噎而廢食矣。朝廷所望於多士者，果安在乎？擬請飭下京師管學大臣、各省督撫學政，凡有教士之責者，務各宣明聖學，加意提倡，嚴定課程，寬籌經費，多購正經、正史、一切經濟性理有用之書，慎選生徒，專門肄習，俾成有用之才。經史果能淹通，時文自有根柢，不得但工帖括，弋取科名，貽人口實。書院師長，務擇經明行修、品望素著之儒，盡心訓迪。官師考藝而外，專以篤尚品誼爲主〔五一〕。諸生中果有品端學粹、扶翼聖教、志在匡時者，隨時從優奬拔，俾底於成。其有内行不修，鄉評不許，放言高論，氣質囂張，沾染康、梁惡習者，嚴斥而痛懲之，不稍假借。至於朔望釋菜，宣講《聖諭廣訓》諸儀節，尤當敬謹將事，不得視爲具文。禮教以束其躬，《詩》《書》以擴其志，此教士之本也。世變亟矣，非昌明聖學，無以袪積惑而挽横流；不拔取真才，何以濟時艱而培國脈？聖經賢傳之所在，即人倫風化之所關。學術不謬，士習自端，人心自正。菁莪、棫樸，無非楨幹之真才矣。

臣爲崇正抑邪、挽回風氣起見，是否有當？理合恭摺具陳，伏乞皇太后、皇上聖鑒訓示。謹奏。邸抄

【校勘記】

〔一〕「舌」，《光緒朝東華録》作「西」。

〔二〕「僞言僻行」，《光緒朝東華録》作「言僻行堅」。

〔三〕「是非邪正之好惡」，《光緒朝東華録》作「是非之正好惡之公」。

〔四〕「令」，《光緒朝東華録》作「會」。

〔五〕「篤」，《光緒朝東華録》作「敦」。

覺迷要録卷二

奏摺類

公牘類

檀香山正領事官楊副領事官古禁入逆會示

鄂督張查拿自立會匪謀逆及准匪徒自新示

湘撫俞禁康黨造謡惑衆示

湘撫俞諭誤受富有票再行開導准其首悔示

湘撫俞諭富有票匪赴團投繳飄布准予首悔自新示

江督劉嚴拿匪徒曉諭軍民示

常鎮通海道兼鎮江關監督長勸諭匪黨繳票示

九江府孫勸諭匪徒繳票示

江督劉查拿康梁二逆犯札

湘撫俞查拿自立會匪札

湘撫俞嚴拿康黨匪首札

湘撫俞行長沙縣稟馬岳松首悔批

湘撫俞行兩司詳龍陽縣革生陳應軫即曉源交保批

長沙府趙飭拿富有票匪札

鄂督張勸誡上海國會及出洋學生文

奏摺類

湘撫俞奏設立求實書院摺

奏爲湖南省城設立求實書院辦理情形及籌撥經費緣由，恭摺仰祈聖鑒事：

竊臣准禮部咨：光緒二十四年九月三十日欽奉慈禧端佑康頤昭豫莊誠壽恭欽獻崇熙皇太后懿旨：「禮部片奏各省書院照舊辦理、停罷學堂等語。書院之設，原以講求實學，並非專尚訓詁、詞章，凡天文、地輿、兵法、算學等經世之務，皆儒生分内之事，學堂所學，亦不外乎此。是書院之與學堂，名異實同，本不必定須更改。現在時事艱難，尤應切實講求，不得謂一切有用之學，非書院所當有事也。將此通諭知之。欽此。」仰見皇太后振興實學，造就人材，凡屬士林，莫不鼓舞，自當欽遵懿旨，切實奉行。

查湖南省城各書院所設齋房，僅敷各本院肄習生所居，未能歸併，惟有就前經裁撤之時務學堂原籌經費，另設求實書院，延中學教習三人，算學一人，西文、譯學一人，分調通省各府州考選保送聰穎循謹生童，共以一百二十名爲率，嚴立課程，分科分班，朝夕講貫，定期考校，務求有裨實用，冀成遠大之材。從前所設時務學堂，亦係中西兼習，初意本期爲有用之學，無如教習不得其人，致滋邪説，幾敗士風。此次設立書院，係屬別創規模，延教習必以品行爲主，選生徒則以沈静爲先。中文所授，不外經史大義、賢哲格言，俾正本源而端心術；算學、西文，均係華人之兼通者，亦必求名教中人，不許稍參異端之説，庶不致貽誤生徒，有妨正學〔一〕。查覈新議章程，均屬妥協〔二〕，仍由臣隨時詳加查考，不容稍涉歧途，致蹈覆轍，以仰副朝廷育材致用之盛意。其經費即就前此設立學堂時奏准之款，撙節支用，無庸另籌，合併聲明。

除分飭通省各書院一律講求實學並咨部外，謹恭摺具陳，伏乞皇太后、皇上聖鑒。謹奏。

奉硃批：知道了。即著顧名思義，認真辦理，以儲有用之材。欽此。

【校勘記】

〔一〕「有」，《諭摺彙存》作「致」。

〔二〕「屬」，《諭摺彙存》作「尚」。

鄂督張鄂撫于奏康黨謀逆創設自立會勾結各會匪作亂摺

奏爲康黨謀逆創設自立會，勾結長江兩湖會匪同時作亂，先期被獲擒誅渠魁〔一〕，現派營四路剿捕，飭令繳票解散，恭摺馳奏仰祈聖鑒事：

竊查自北方開戰以來，各省匪徒，咸思蠢動。臣等欽遵諭旨，保守疆土，欲防外侮，必須清内匪，當即增募營勇，分路籌防。七月初間，湖北巴東、長樂等縣，果有會匪糾衆，豎旂起事。正在派兵剿捕〔二〕，旋聞安徽大通已有大股會匪突起焚劫，其勢甚熾。湖北沔陽州之新隄、蒲圻縣之羊樓峒、湖南臨湘縣之灘頭，均有會匪接踵而起，民間大爲驚擾。荆州之沙市以及嘉魚、麻城等縣，均有會匪謀亂情事。各匪聚衆點名，打造刀械，製造號衣，儲備米糧，一似錢財甚爲充裕者，並聞有私運外洋軍火之説。當經遴派員弁營勇，分路密查剿捕。以武穴向爲下游門户、會匪之藪，並派營勇、兵輪，前赴該處查拿防遏。同時各省拿獲各匪，皆係領有富有票。此票乃倣照哥老會散放票布之辦法，其票係上海洋紙，石印寫刻，篆印皆極精工，上横書「富有」二字，直書「憑票發足典錢一串文」，前有編號，後有年月，背有暗口號圖章二顆；用在湖北者，又鈐「楚」字圖章。其命名蓋暗寓「富有四海」之意，實爲悖妄已極。凡領票者，均係勾串一氣，互爲聲援。據匪首散票者告人云：「持有此票，即可向該匪首處領錢一千文，以後乘坐怡和、太古輪船，不索船價。」並云：「中國即將大亂，持票即可保家。」以故各省會匪，趨之若鶩。旋經查出，此乃大逆康有爲一人主使，調度其夥黨，分布各省，輾轉煽惑。其巢穴即在上海，於租界内設有國會總會，入會者亦不盡康黨。沿江沿海各省，皆有國會分會，而分會之中，以漢口之分會爲最大。因武漢當南北適中之地，居長江之上游，而兩湖會匪又最多，故先於武漢舉事。其會名曰「自立會」，其軍名曰「自立軍」，勾煽三江、兩湖等處哥老會匪，糾衆謀逆，定期七月二十九日，武昌、漢口、漢陽三處同時起事，約定新隄、蒲圻之匪速起大股前來接應，岳州、沙市之匪遥爲聲援。先於二十七日訪有端倪，密飭員弁，在漢口地方李愼德堂及寶順里内，拿獲兩湖分會總匪首唐才常、匪首林圭、李虎生等三十餘名。唐才常係督辦南部各省總會，又督辦南部各省軍務處；林圭係統帶國會中軍，李虎生係總窩户。當時在唐才常寓所，起獲軍械、火藥、僞印、僞札、僞示及富有票多張，又入會各匪姓名簿，又購買洋槍刀械用款、雇募奸細分往各城各營各局充當内應月支薪水用款、招募會匪自稱發餉用款各項帳簿。又各省匪黨往來逆信，又洋文自立會辦事規條，皆在唐才常屋内搜獲。並同時在漢口、漢陽拿獲逆謀之哥老會匪首瞿河清、向聯陞等，發交營務處司道、武昌府、江夏縣公同審訊。該匪等供認開設自立會〔三〕、勾結哥老會、散放富有票、同夥逆謀不諱，當即將該匪首唐才常等二十名正法示儆。旋在嘉魚縣拿獲匪黨蔣幗才，搜獲富有票、黄旂及各匪口號、名單，及正副會長康、梁僞諭，暨供出各匪姓名。續據湖南拿獲會匪頭目李英、譚翥等供稱：康有爲在上海開富有山，正龍頭係康有爲、唐才常、梁啟超、李金彪、楊鴻鈞、師馬炳等，唐才常派爲上海總糧臺；聽説康有爲、孫汶派人會合大刀會，孫汶已到山東。此事是康有爲爲總，康有爲以唐才常爲總，唐才常以辜仁傑即洪恩、師馬炳即師襄爲總。湘省聞拿自盡之汪鎔，派爲長沙總糧臺，各糧臺之錢均是康有爲接濟，等語。查蔣嶑才匪單内，係康有爲爲正龍頭，梁啟超爲副龍頭。並據唐才常供，上海國會總會頭目係廣東人容閎。此外各處所獲哥老會匪供詞，供出康有爲、唐才常爲首者不計其數。查獲逆信、僞札及各匪供，尚有沈克諴、陳讜、林杰即林邦威、容閶、李松芝、蔡鍾浩、汪楚珍、張堯卿、戴保廷，均爲謀據兩湖之大頭目；秦俊傑即秦立三，又名秦鼒，即大通滋事首匪。復經密札密咨鄂省、各省查拿，並照會各國領事在案。並准大學士直隸總督臣李鴻章電咨、湖南巡撫臣俞廉三咨，查出、訊出康有爲、唐才常、容閎等勾匪作亂、私運外洋軍火情形，大略相同。暨准兩江總督臣劉坤一、安徽巡撫臣王之春咨富有票匪擾亂長江、派兵剿捕起獲匪票僞示、私運軍火各情形，與鄂省所查皆相符合。

查此項自立會匪唐才常等，以康逆死黨，竄穴上海，設立總會，自爲總糧臺，往來沿江沿海各處，廣散銀錢，購誘會匪，計謀兇狡，黨夥紛繁。其匪黨往來書信，大指因北方有警，乘此煽動沿江沿海各省各種會匪，同時作亂。其同謀勾結之人，各省皆有。其購械募匪之款，查簿内存款計洋銀一萬五千餘元，用去已將及萬元。聞康有爲詐騙斂集之款，共有銀六十萬元，安排以二十萬元用之長江。所散放之富有票，就兩湖地方查出、供出者，已有兩萬餘張。事發後兩三日，尚有人向李慎德堂投遞匪黨逆信，經税務司郵政局拿獲數起。其僞札有曰「指定東南各行省爲新造自立之國」；其華洋文規條内，有曰「不認滿洲爲國家」；

其僞印文曰「中國國會分會駐漢之印」，又曰「中國國會督辦南部各省總會之關防」，又曰「中國國會督辦南部各路軍務處之關防」，又曰「統帶中國國會自立軍中、左、右、前、後等營各關防」；其逆信内有曰「以湖北爲中軍，以安徽爲前軍，以湖南爲後軍」。其唐才常身邊小篋内，搜出僞號令、告示稿，有云「焚毁各衙署，佔奪槍礮廠，劫掠局庫，佔踞城池，焚戮三日，封刀安民，派將固守，再籌征進」；其逆信内有曰「沿途亦可劫掠」；其開用僞關防札稿内，有曰「業經報明滬會，篆刻關防一顆，内刻『中國國會督辦南部各省總會』字様，於庚子年七月初八日開用」等語。唐才常到案，一一供認不諱。至平空造言，捏誣狂吠，詆毁兩宫，悖逆凶悍，筆不忍書，令人髮指。該會匪等以自立爲名號，以焚戮劫掠爲條規，以富有票爲引誘，以哥老會、紅教會及各省各種會匪爲羽翼，意欲使天下人心同時摇動，天下民生同時糜爛，實爲兇毒已極。又查僞札有云「本國會深懔危亡」等語，實屬狡詐譫妄。該匪首倡爲國會，造此詭辭，冀以誑誘躁妄之文士，鼓動無知之愚民，尤爲可惡。

竊惟目前時事雖棘，苟能上下同心，力圖振作，尚可勉籌補救之方，若該會匪各省蠭起，外人乘之，則中國真將有危亡之勢矣。今該會匪既已自稱爲「新造」之國，公然自立，不認國家，是明言不爲我皇上之臣子矣。乃尚敢託「保國」之名，以逞其亂國之謀，不獨中國忠義臣民不受其欺，凡各國明理曉事之人，恐亦不受其欺也。近日鄂、湘、江、皖各省之匪，查其逆信、票據、供詞，皆係自立會匪之黨，皆係領富有票之人。其合夥約期、濟械助費、分據地方、安排接應，均經查有實據。查李慎德堂前門在英租界之内，當日查獲各匪之時，係有英領事簽字，派巡捕協同往拿，當場眼同起獲各種逆謀作亂器械、憑據，華洋人等衆目共睹。因此各國領事，皆深知此輩實與哥老會合夥，必應查拿，以免擾害地方。除湖南、湖北兩省隨時密查嚴拿外，此外沿江沿海各省皆有分會，其往來於上海者尤多，應由各省自行查拿，已將先後疊次查出、供出緊要各匪首姓名、籍貫，陸續開單，分咨各省，一體嚴密懸賞查拿，務獲懲辦，以懲罪逆而安大局。至唐才常供出同會同謀之人甚多，凡係查無實據者，概不株連。其軍民人等誤領富有票者，准其向官司營局、團紳首士繳票銷燬，即免追究，予以自新；若觀望藏匿不繳者，查獲匪票，定行重辦。

自漢口匪首伏誅後，各路匪徒聞之震慑奪氣。惟富有票放出太多，其悍黨匪首尚多漏網。現已訪知仍復潛蹤往來上海、長江一帶，别設狡謀，力圖糾衆報復。沙市、岳州、常德、澧州一帶，匪徒尚在煽惑窺伺。新隄之匪，竄擾湖南之臨湘、巴陵，及監利之朱河等處。其監利、沙洋、麻城、嘉魚、崇陽、巴東、長樂之匪，仍飭各營分投搜剿解散。其襄陽、棗陽、隨州、應山等處，界連豫邊，素多刀匪。豫省年來旱荒，飢民頗衆，亦遂有會匪開堂放票之事，自七月以來，藉鬧教爲名，嘯聚焚劫。自立會匪滋事，復查有匪目潛往孝感、應山、河南信陽州一帶，謀劫北上諸軍軍火，並煽誘飢民來漢滋事。現又訊出有匪目潛往襄樊一帶，煽動刀匪，已添募馬步各營，沿邊防遏，入境即擊。八月内，四川巫山縣有匪千餘人滋事，亦經派營，會合川軍，相機剿捕。

臣等伏查康逆近年遁逃海外，布散邪説，久思煽動奸人，擾亂中國，以逞其報復之志。兹因各國搆衅，中國兵力不振，以爲有機可乘，遂敢遣其黨羽，分布沿江沿海各省，勾匪作亂，而湖北尤爲該匪注意所在。值此時局危急，一經煽動，立即四路響應。兩月來，武漢商民惶擾遷徙，一夕數驚。幸仰賴朝廷威福，先期被獲，擒誅渠魁巨黨多名，各處聚集援應之匪先後驚散，陸續擒斬匪目數十人。目前人心粗定，惟有仍一面督飭各軍、各州縣嚴防密拿，解散脅從，一面照會各國領事，布其逆亂罪狀，囑其遠告外部〔四〕，勿爲所惑。目前據各領事言，從前謂康、梁爲志士，今已知康、梁爲匪徒，各國斷不幫助庇護。此實由該逆等稔惡窮兇，天奪其魄，爲悖亂盗賊之事，布悖亂盗賊之言，奸謀逆跡盡行敗露，從此已爲各國所屏棄，誅殛之期，當不遠矣。惟是湖北數月以來，自北方有警，長江人心惶惑，各匪四起，陸續增募勇營數十營，上游則界川之宜昌，下游則界江西之武穴，南則界湘之荆州〔五〕，北則界豫之襄陽、隨州、棗陽、應山、麻城，中路則沔陽、新隄、沙洋、嘉魚、蒲圻、崇陽、監利，皆爲會匪出没之所，皆須派營駐守，隨時相機剿捕，並派營前赴湖南之岳州、河南之信陽州，越境剿捕巡防，以固藩籬。各屬請兵請械，應接不暇，羅掘多方，增兵既多，增餉尤鉅，種種艱難急迫，晝夜不遑。惟有竭力鎮撫，相機籌辦，隨時與湖南撫臣、兩江、江西、安徽督撫臣互相知會，合力辦理，以維上游大局。

至此次查訪擒獲自立會匪渠魁，暨分路防剿捕獲領放富有票逆匪首要，各員弁發奸弭亂，俾沿江沿海各省得以周知爲備，似尚有裨大局，合無仰懇天恩，俯准臣等查明，奏請優獎，以示鼓勵，出自鴻慈。

所有擒誅自立會匪總頭目、查拿各匪目、各路剿捕沿江沿邊會匪各情形，臣等謹合詞繕摺馳奏，伏祈皇太后、皇上聖鑒。謹奏。

【校勘記】

〔一〕「被」，王樹枏編《張文襄公全集》作「破」。

〔二〕「捕」，《張文襄公全集》作「辦」。

〔三〕「認」，原誤作「應」，據《張文襄公全集》改。

〔四〕「遠」，《張文襄公全集》作「轉」。

〔五〕「湘」，原誤作「襄」，據《張文襄公全集》改。

鄂督張奏分咨各駐使知會各國外部領事勿得容留各匪首片

再，康黨謀逆創設自立會，勾結兩湖、三江會匪同時作亂，業經拿獲匪首唐才常等多名正法，派營四路剿捕，飭令繳票解散；其在逃各匪首，咨行各省嚴拿，業經於八月内奏陳在案。其時准大學士李鴻章電稱：「致駐英使臣羅豐禄電云：康、梁布散徒黨，暗結廣東著匪區新、三合會首潘新桂、劉福等，聯各省會匪，約在兩湖、三江、兩廣起事，名爲保國，陰圖擾亂。前月大通、漢口唐才常等作亂事發，經江、鄂兩督嚴辦，起獲軍械等據，直認康黨不諱，中外共知。粤省亂黨尤多，均在香港余育之花園、澳門知新報館密謀拜會，最著者有何連旺、何懋齡、徐勤、劉楨麟、麥孟華、陳宗儼、容閎，往來港澳，勾結盗匪，訂期起事，槍礮由南洋用棺裝運入粤。若不查辦，有礙東南商務大局。羅豐禄迅速密商英政府，電飭新嘉坡、香港總督，嚴密查拿拘禁。旋據羅豐禄電復，稱已達外部，允轉藩部，電飭新嘉坡、香港總督查辦。至康逆潛往漢口等處，亦經電飭各該領事勿得收留。」各等語。臣查康、梁逆黨奸謀逆蹟，現已爲各國共見共聞。惟查富有票係用《千字文》編號，就查獲親見者，最前有「地」字號，最後者有「職」字號，「職」字已有七百九十四號之票。查「職」字係第三百一十字，是每字一千張，已有三十一萬張。近據湖南拿獲康才常之弟唐才中，供稱「上海刊印富有票三十多萬，分散夥黨，「招匪起事」等語，正與湖北查獲逆票號數符合。現在查獲呈繳者不及一萬張，其自行銷燬及未經散出者，或亦有數萬張。要之散在民間者，尚有二十萬張以外，醜類實繁，深爲可慮。近由湖南省郵政局搜獲逆信多件，該匪黨深恨湖北發其奸謀，誅其渠魁，志在報復，現又另遣悍匪，攜帶重貲，前來兩湖勾煽，再圖大舉。又聞廣東惠州府會匪作亂，亦供係康黨所爲。此項匪徒謀逆未息，後患方滋，不可不嚴爲防遏，惟有整頓各路防營，嚴爲戒備，不敢稍涉鬆懈。臣查開最要匪首名單，並摘敘自立會匪緊要情節曉諭地方告示稿，及另勸戒國會文，分咨各出使大臣照會各國外部，請其查照英國政府辦法，電飭其本國駐華各口領事，於所在租界遇有此等謀亂匪類，勿得容留；一面將告示稿、勸戒國會文，就外洋各埠旅寓華商，及外國文士之能通漢文者，廣爲散布，俾曉然於該匪黨所爲，實係悖逆凶殘，專欲擾亂中外大局，所言中國之事，皆係捏造謠言，所勾結同夥作亂之人，皆係無賴會匪，所有對各國人議論，假託保國之辭，皆係狡詐欺人，自不致爲其所愚。仍飭駐洋各埠領事官，傳諭各華商切勿誤聽康、梁邪説，枉助貲財，用以伐狡謀而杜亂源。並飭江漢關道照會漢、滬各領事查照辦理，務期多殲渠魁，解散黨羽，以安大局。理合附片具陳，伏祈聖鑒。謹奏。

硃批：知道了。即著電咨三江、兩廣，一體密訪嚴拿，殲厥渠魁，解散黨羽，務期盡絕根株，以遏亂萌。欽此。

湘撫俞奏逆犯康有爲糾黨滋事查拿懲辦情形摺

奏爲漏網逆犯創立會名、糾黨滋事，查拿懲辦情形，恭摺仰祈聖鑒事：

竊查湖南地方，素多匪類，然皆軍營散勇、無業游民，結會放票，偷竊劫搶，聚集稍衆，或竟拒捕抗官，不過苟圖得財。其聯盟簿據，語句雖多悖逆，行徑亦極兇强，然手無利器巨資，胸無遠謀大志，是以旋起旋滅，未至蔓延。自逆犯康有爲等包藏禍心〔一〕，搆造邪説，創爲自立、民權種種妄語，迷亂人心，一時儇薄少年、挑達士子，罔弗被其摇惑〔二〕。迨該犯等逆蹟敗露，亡命海隅，仍復怙惡不悛，布散流言，謬立黨會，誆騙資財，爲數甚鉅。本年因聞北方多事，伺隙思逞，於上海地方將所立保國會易名自立會，造爲富有匪票，分遣黨羽，於沿江沿海各省到處散放，鼓其猖狂悖謬之語，誘致昔被迷惑文人，出其外洋騙得資財，勾結江湖會匪。沿江各省莠民痞匪，靡然從風。此自立匪徒始事之緣由也。

臣於本年六月初間，微有風聞，因其間多涉宦裔士林，頗出尋常意計之外，未經得有實據，不便即時宣颺。疊次密電督臣暨鄰近各省詢問消息，適安徽之大通、湖北之新隄同時起事，新隄匪黨於七月二十二日竄擾湖南臨湘縣屬灘頭地方，拒斃防勇二名。臣聞報，立飭駐紮岳州之信字旂參將陶廷樑，加派統帶新軍健字營提督張慶雲帶隊馳往，會合鄂省派出之武愷、靖威等營，毋分畛域，圍攻兜捕。並飭署岳常澧道顔鍾驥，及委候補直隸州知州陳國仲前往，督同署臨湘縣知縣趙從嘉，將保甲事宜認真整頓，清團清族，實力稽查。該匪等驚惶潛遁，復竄至臨湘縣沅潭地方，縱火焚掠，延及鼇金、督銷各分卡，並將司事傷斃。張慶雲等帶勇馳剿，始各潰散。張慶雲等隨各營在於臨湘縣境，及鄂屬與湘省交界之崇陽、監利等縣，分路排搜，先後擒獲匪首黄南陽、李壽全及僞稱青岡王之曾廣文、僞金剛王王昌平等多名，訊據供認俱係紅教會匪，聽從自立匪黨，勾結滋事，隨於軍前正法梟示，收繳富有匪票及紅教匪飄布數百張。現仍嚴緝在逃匪首王秀方等，務獲懲辦。此剿捕新隄等處業已起事匪黨之情形也。

其散放富有票之匪黨，臣前經風聞，即飭管帶親兵衛隊、現署臣標右營游擊劉俊堂，選派精壯勇丁，暗地探訪，查獲匪目李英一名。臣即親提到署，督率委員悉心研訊，稍得端倪。復獲匪首譚翥一名，磨審三晝夜，匪黨秘計陰謀，遂皆盡情透露。維時鄂省亦已破案，准督臣電咨前來，臣復加派新募緝勇，並委候補知縣沈瀛，暨密飭訊出匪黨藏匿地方文武員弁，上緊緝拿。旋據派出弁勇陸續拿獲僞充富有山幫辦之徐崑、僞充巡風之譚桂林、僞稱坐堂之逃勇陳保南、在匪中探聽消息之易瑞林、散放匪票之李廣順到案，發交藩、臬兩司，督同長沙府研訊明確，並究出先犯匪案、飭發湘陰縣監禁之莫海樓復有通匪情事，又據湘潭縣拿獲散放富有匪票及另犯拒捕傷勇案内之仇愷即仇長庚等，署岳常澧道顔鍾驥拿獲著名匪首李如海，均各隨時就地正法。續據委員沈瀛在於武陵縣獲匪石竹亭〔三〕，跟緝至龍陽縣，弋獲蔡鍾浩，瀏陽縣訪獲唐才常胞弟、文生唐才中，益陽縣拿獲方成祥、徐德，慈利縣拿獲姚小琴，九溪營拿獲李生芝、汪葆初即汪楚珍，先後押解來省，發交司府推鞫，以唐才中、蔡鍾浩、方成祥、徐德四名所供最爲詳悉。蓋康有爲竄伏外洋，時或潛至濱海地面，改立自立會，散放富有票。其勾結會匪，即稱富有山，倚梁啟超弟子、湖北已獲正法之唐才常，糾合内地各項匪徒，私分地段，僞設官職，漢口曰賓賢公，襄陽曰慶賢公，沙市曰致賢公〔四〕，荆州曰集賢公，岳州曰挹賢公〔五〕，長沙曰招賢公。其餘各處，皆立有名目，僞稱「新造自立之國」，分立五軍。唐才常僞稱欽差，爲湖北、湖南、江蘇、安徽、江西等省各軍總統。已獲正法之林圭，僞稱武昌中軍總統。在逃之湖北試用縣丞沈克諴即愚溪，僞右軍總統。陳讜即桃源縣已革廩生陳猶龍，僞左軍總統。龍山縣人唐仰吾即唐桂林，僞右軍幫統，專辦常德一帶之事，與現獲之唐才中同爲僞右軍幫統，唐才中兼稽查會員，催辦餉械事，權較重於唐桂林。在逃之鳳凰廳附生朱茂芸、湘鄉人龔超，同爲僞左軍營務會員〔六〕。蔡鍾浩即樹珊，詭名松陰次郎，同逸匪唐仰吾在常德一帶煽誘，兼辦匪中僞文案。其餘皆各有僞職，容再細加研究，分别懲辦。至僞充湖南糧臺之安徽桐城人、浙江試用巡檢汪先炘即堯臣，本名汪鎔，詭名金容四郎，業已聞拿自盡。大抵此項匪徒中有二等，一係文人，皆曾在各處學堂肄業，及曾經出洋學生，與康有爲等交往素密；一係痞匪，即内地舊有之會匪痞徒，貪利與之聯合。臣業將在逃首要匪犯姓名詳開清單，懸立重賞，咨行通緝，並示諭被誘愚民繳票首悔。前有匪首譚鰲，悔過投營，將譚翥、李廣順指拿到案，臣立准免罪，一體給賞，仍節敘事由，張貼告示，俾匪黨觀感自新，且使互相猜忌，務在嚴辦首要，解散脅從，雖經供及姓名查無確據者，概不株累。此查拿散放富有匪票之情形也。

伏查逆犯梁啟超，先年充當湖南時務學堂教習，傳播邪言，餘燄所及，以常德及澧州屬之慈利縣爲甚，故匪黨以湘籍爲最多。其蔡鍾浩與逸匪文生趙必振、何來保、陳猶龍、陳應軫等，皆常德府屬之人，而李生芝於事敗之後，擬於慈利縣糾合沙市匪徒〔七〕，成十餘營，意圖再舉。匪中至有「慈利官班子」之號，徒黨繁猥，可以概見。似此浸淫蔓延，誅不勝誅，以臣愚昧之見，惟有先將保甲一層切實辦理，先行别清良莠，方有措手之處。至團練丁壯，前曾有稟請自備薪糧練團募勇、冒領軍火者，均經嚴詞駁斥。竊恐不逞之徒，暗圖藉此滋事，暫從緩辦，俟保甲確有成效，次第舉行。一面會同學政臣吴樹梅，將書院章程詳籌更正，講明正學，專以程朱爲主，以滌污俗而正人心。端本澄源，莫要於此。

至此次匪徒本約各府州同日起事，牽制兵力。七八月閒長沙、岳州等處謠言繁興，人心惶惑，幾有不可安居之勢。蓋其黨羽既眾，資用復饒，布散極廣，用計極毒，實爲歷來所未有，設非仰賴天威，及早破獲，其貽患殆將不可勝言。所有出力員弁，可否容臣擇尤酌保數員，以示獎勵，出自逾格鴻施。

謹會同湖廣總督臣張之洞恭摺，由驛馳奏，伏乞皇太后、皇上聖鑒。謹奏。

【校勘記】

〔一〕「逆犯」，《光緒朝東華録》無。

〔二〕「挑達」「被其摇惑」，《光緒朝東華録》作「佻健」「被惑推戴」。

〔三〕「石」，《光緒朝東華録》作「沈」。

〔四〕「致」，《光緒朝東華録》作「制」。

〔五〕「挹」，《光緒朝東華録》作「益」。

〔六〕「左」，《光緒朝東華録》作「右」。

〔七〕「擬」，《光緒朝東華録》作「復」。

粤撫德奏報惠匪剿平摺

奏爲廣東惠州會匪被外匪勾結起事，派營剿辦獲勝，並仍飭搜捕餘匪情形，恭摺具陳仰祈聖鑒事：

竊照惠州會匪肆擾，欽奉電旨垂詢，奴才將康、孫各逆勾結土匪起事，及咨飭水陸各軍剿辦情形，於閏八月十八日先行電奏。二十三日欽奉電旨：「此起土匪，仍著督飭何長清等各營合力痛剿，迅速撲滅，毋任蔓延。欽此。」欽遵嚴督剿辦。嗣據該文武先後禀報，屢次接仗獲勝，大股匪類業已撲滅等情，續經奴才於九月初七日電奏。十一日欽奉電旨：「惠州土匪辦理尚爲迅速，仍著嚴飭搜捕，毋留餘孽。欽此。」又經恭録轉行，並嚴催各營欽遵辦理在案。兹將該土匪勾結起事及派營剿辦詳細情形，謹縷晰陳之。

查廣東惠州府屬民情强悍，聚衆拜會，械鬬搶擄，習爲故常。近海之歸善、海豐等縣，尤多洋盜、鹽梟，以故嘯聚甚易，動輒滋事。即歸善一屬，十餘年來，稔山會匪黄亞春、煙墩會匪黄狂成拒敵官軍，搶劫墟市，屢經派營剿散，迄未盡絶根株。本年閏八月初間，奴才訪聞歸善縣屬三洲田地方，有孫、康逆黨勾結土匪起事，並在外洋私運軍火，至隱僻海汊轉入内地，當以逆黨主謀，意圖大舉，實非尋常土匪可比。且查三洲田地方山深林密，路徑紆迴，南抵新安，緊傴九龍租界，西北與東莞縣接壤，北通府縣二城，均可竄出東江〔一〕，直達省會。東與海豐毗連，亦係會匪出没之處，非多派營勇，面面顧到，難期迅速撲滅。爰咨水師提督何長清，抽撥新舊靖勇及各臺礮勇，共足一千五百餘人，先由新安之深圳墟向北兜截，直搗三洲田老巢，防擾租界，復派大小兵輪在洋面遊弋，斷賊接濟。西北一路，派介勇一營駐紮歸善、東莞交界要隘，又派總兵黄金福所統信勇一營，提督刁經明所帶廣安水軍一營，分扼東江水陸，防竄江面。東路爲海豐、陸豐二縣，原派都司吴祥達帶哲勇左營駐紮，即飭回顧歸善，並移潮州信勇一營填紮海豐。三面兜截，而以惠州府、歸善縣二城爲進兵之路。陸路提督鄧萬林原統哲字中左右三營、練兵正副兩營、廣毅軍一營，分赴惠州十屬，辦理緝捕。在歸善者，僅哲勇、練兵數哨，一聞匪警，各屬震動，不能抽回。奴才先派補用副將莫善積管帶喜勇一營，由省馳往會剿，一面知會鄧萬林添募一營，名曰立捷軍。又派北海鎮總兵劉邦盛另募一營，名曰静字營。均由府城直攻巢穴。莫善積喜勇於閏八月初十日馳抵歸善，維時匪黨未齊，猝聞兵到，遂定於十三日竪旗起事，先以數百人猛撲新安沙灣墟，欲擾租界，幸何長清靖勇已抵深圳，乃回攻横岡，進踞龍岡。喜、哲各勇連次接戰，互有勝負，兇燄益張，警報日至。奴才以總兵黄金福所統信勇已撥兩營分駐東西兩路，因令再帶一營由府城進剿，並令記名總兵陳維熊帶烈勇兩營繼進，以壯聲援。此奴才添調營勇分投防剿之情形也。

逆首孫汶伏處香港，時施詭計。而三洲田匪巢，則以鄭士良、劉運榮等充僞軍師，蔡景幅、陳亞怡等充僞先鋒，何崇飄、黄育幅、黄耀庭等充僞元帥，黄楊充僞副元帥，旗幟僞書「大秦國」及「日月」等悖逆字樣。各匪頭纏紅巾，身穿白布鑲紅號掛，甫於閏八月初八、九日聚集，既踞龍岡，四出焚搶，附脅日眾。總兵劉邦盛新募靜勇成軍，惠州府知府沈傳義募土勇二百名，委歸善縣縣丞杜鳳梧管帶，二十二日會同喜、哲各軍齊赴前敵。行至距城十餘里之平潭地方，賊隊麕至，莫善積奮勇當先，陣斬僞先鋒蔡亞生、陳亞福等，斃匪數十名。正期得手，詎附近匪鄉糾約千餘人，各帶快槍、牌刀齊來助匪，分路包抄，我軍被困，陣亡勇丁數十人，縣丞杜鳳梧被擄，府縣兩城同時戒嚴。幸是日都司吴祥達帶哲字左營由海豐來，鄧萬林所招立捷新軍亦同時抵惠之横瀝，森柏洞團練適又誘獲僞副帥黄楊，訊明正法，兵氣稍振。連日匪竄附城之梁化雷公嶺，意圖直出東江，各軍力扼其前，不得上竄。此閏八月二十六日以前歸善匪勢猖獗之情形也。

匪既不得竄出江面，乃折而向東，欲與海豐、陸豐股匪聯爲一氣。三多祝者，歸善著名匪鄉，與海豐交界之要隘也，先派哲勇、練兵，預防勾結。二十六日，匪攻三多祝相近之黄沙洋，管帶練兵營副將朱義勝竭力救援，吴祥達亦由間道趕到，而匪已進踞三多祝。二十七日黎明，吴祥達率哲字左營及哲字中右營各哨並立捷軍，三路進剿，莫善積率喜字營勇援應，匪亦分路拒敵，自辰刻戰至日昃，槍礮齊施，匪不稍却。吴祥達持槍血薄，當場殺斃僞軍師劉運榮、僞元帥何崇飄、楊發等多名，匪勢漸覺披靡，遂揮眾掩殺，斃匪五六百名，奪獲旗幟、馬匹、槍礮無算，救拔縣丞杜鳳梧及被擄婦孺數百人，乘勝克復三多祝、黄沙洋兩處。查驗陣斬匪屍，内有一具係服外洋衣袴，詢之生擒各匪，均指爲僞軍師鄭士良，未知是否確實。同日，何長清率隊進攻三洲田，覆其巢穴，搜獲槍枝、紅巾等件，餘黨潰散。此閏八月二十七日剿辦歸善會匪獲勝之實在情形也。

當歸善匪勢鴟張之日，海豐縣大樟山衆匪數千，河源、和平兩縣亦有匪千餘人、數百人不等，同時撲城，意欲乘我惶遽之際，逞彼狡謀。幸海豐先派信勇填紮，又調署碣石鎮總兵莫善喜率隊兜剿，匪遂聞風潰散。河源、和平兩屬，先派參將石玉山帶廣毅軍策應。閏八月二十五夜，匪攻河源縣城，經知縣唐鏡沅竭力抵禦，匪退黄沙磚瓦窑。二十七日黎明，石玉山帶隊掩至，縱火圍攻，斬馘百餘，焚斃無算。和平本駐廣毅軍勇一哨，匪首曾金養率衆焚燒南門城樓，營勇、兵團齊出力戰，陣斬匪首曾金養，生擒數十名，匪始潰散。此又惠州各屬會匪響應、各營勇先後獲勝之實在情形也。

奴才伏查逆首孫汶，以漏網餘兇，游魂海外，乃敢潛回香港，勾結惠州會匪，潛謀不軌，軍火購自外洋，煽誘徧及各屬，竪旂叛逆，先擾逼近租界之沙灣墟，意在挑啟中外釁端，從中取事。其兇險詭譎，實與康、梁逆黨勾結長江、兩湖會匪同時作亂情形遥遥相應。雖官軍乘其未定，先已兜截，使各路之匪不能聯合一氣，歸善之匪不能竄越一步，然猶豕突狼奔，横厲無比，戕殺弁勇，擄捉印官，各路會匪仍敢同時並舉，雲集響應，罪大惡極，無以逾此。仰仗朝廷威福，將士用命，旬日之間，群兇授首，脅從逐漸解散，地方轉危爲安，城池、租界均未擾及，不致貽外人口實，尤爲始料所不及。其僞軍師、僞元帥等半已伏誅，而首逆孫汶與同謀之康、梁各黨，初則伏匿港澳，繼聞竄跡外洋，前已照會港澳各洋官密拿懲辦，即不能剋期就網，當亦不敢潛回。惟是惠州各屬本多匪鄉，散則爲民，聚則爲匪。此次當會匪猖獗之時，竟敢樹旂助戰，甘心從逆，尤爲狂悖。現在大股匪徒雖已擊散，仍當懔遵電旨，嚴飭搜捕，已分咨水師提督何長清、陸路提督鄧萬林，督率營勇，分赴各鄉，挨村清查。如有當時助匪之犯，擒獲嚴辦，無留餘孽，務使根株悉除，以仰副聖主綏靖海疆之至意。

至此次出力員弁，衝鋒陷陣，擒斬渠魁，實有微勞足録，且於外釁方張之日，力除內患，其裨益大局，尤非淺鮮，可否俟事竣後，由奴才查明，擇尤奏請優獎，以示鼓勵，出自鴻慈。

除分咨軍機處、吏兵刑三部查明，及俟各屬匪鄉肅清另行奏報外，所有惠州會匪勾結滋事剿辦獲勝情形，理合繕摺具陳，伏乞皇太后、皇上聖鑒訓示。再，廣東巡撫係奴才本任，無庸會銜，合併陳明。謹奏。

再，惠州各屬大股會匪雖已撲滅，而首要尚多逃匿，必須徹底清查，庶絶後患。惟清查之策，首在嚴設海防，以杜內外勾結；詳查匪族，以免萌孽復生。所有沿海一帶汊港、島嶼，擬即責成水師提督何長清，督率靖勇兵輪切實清辦。內地匪鄉，挨村按族，即責成陸路提督鄧萬林，督率各營分投搜捕。倘清查不實，餘燼復燃，即惟該水陸提督是問。至由省撥往營勇，本係各有專汛，移緩就急，權宜調派。現在碣石鎮總兵劉永福已帶福軍回粤，擬俟抵省後，即令調駐歸善之稔山、範和、鹽竈背等鄉，用資鎮攝，俾前派各勇營得以陸續調回，不致顧此失彼。是否有當？理合附片陳明，伏乞聖鑒訓示。謹奏。

【校勘記】

〔一〕「江」，原誤作「洋」，據文義改。

鄂督張奏南洋鉅商悔悟明心報效賑款摺

奏爲南洋鉅商始爲康逆所愚，今經勸導悔悟，報效賑需鉅款以明心蹟，懇恩優予褒獎，恭摺仰祈聖鑒事：

竊查逆首康有爲逋逃海外，誑誘旅居南洋各埠華商，設會斂錢，以供作亂之資。於是僞稱「新造自立之國」，集資數十萬元，散富有票，分遣死黨，勾結會匪，意圖占踞東南各省。自匪首唐才常等在漢口事敗後，本年三月間，又集貲數十萬元，改造回天票，號召各亂黨萃於上海，仍欲糾合鹽梟、游勇、會匪，再擾長江，並賄買奸民徐春山等，及外國流民，包辦沿江各省埋藏炸藥，轟燬官署營局。雖皆先期破獲，未遂奸圖，要其錢財充裕，運用不窮，則皆由海外華商誤信其虚捏「保國」「保皇」之名目，而輸資接濟之。故康逆有恃無恐，爲患不已。

臣於上年擒誅唐才常後，訪悉情形，即刊刻告示及勸誡文，將康有爲、梁啟超逆信、僞檄中，自稱自立之國、不認國家及借遵皇以復民權等語，悖逆狡詐情形，摘發宣布，剴切勸誡，咨送各省及出使各國大臣，飭發外洋各處商埠，廣爲布傳，並另託往來南洋之正經商人，多攜刊本，前往散給各商閲看。由是各華商始知康有爲陽託保皇，陰圖自立，確係悖逆之尤，絶非忠義之士。迨上年十二月間，欽奉明詔，變法自强，海外聞風，莫不歡欣鼓舞，益知康有爲從前獲罪，實因其圖爲逆亂，於變法毫不相關，群起詆斥而遠避之矣。

查上年唐才常破案後，搜獲匪單内有邱菽園姓名，並據匪魁唐才中供，有「邱菽園資助錢財」之語，經臣刊入緝匪單，分咨各省查拿在案。旋臣訪知邱菽園即邱煒萲，係福建海澄縣舉人、内閣中書銜，向在南洋新嘉坡一帶經商，開設恒春公司，家資百餘萬，且文理頗優，夙負才名，素爲各華商之望。因思該職商身爲舉人，自必讀書明理，何至附和逆謀？因託出使大臣羅豐禄，轉飭新嘉坡領事，並託兩廣督臣陶模，就近在粤託人向之開導，諭以是非順逆。現據邱煒萲禀稱：「該職天南僻處，孤陋寡聞，前此康、梁輩逋逃過坡，始以文人窮竄海濱，偶與往還談論，嗣聞其有藉會斂錢、煽黨惑衆之事，立即深非痛恨，與之絶交，不意冤被株連，名罹匪籍。該職豈無人心，何肯甘心從逆，悖妄狂愚一至於此？幸荷明察遠莅，曲予自新，用敢輸誠陳訴，報效賑捐銀一萬兩，懇予奏明銷案免累，俾得瑕玷重磨，以後如有資財助逆之事，斧鉞刀鑕，所不敢辭。」等語，託古把總領事陳綱，呈交兩廣督臣陶模，轉寄來鄂。臣查閱來稟，情詞痛切，悔悟實出至誠。屢次電詢陶模，亦謂其情可原，其言可信。近閱上海《新聞》等報，載有該職商表明心跡告白，於康有爲陰賊險狠之行徑，攀陷異己之狡謀，痛斥不留餘地，具見該職商確與康逆絶交，坦然明白。該職商素爲南洋各埠華商所信重，今有此舉，各商必相隨覺悟，從此無復有資助康逆之人。康逆無財可斂，其計立窮，即再欲謀亂，而資無所出，其黨羽亦勢必涣散離心，釜底遊魂，困斃可坐而待。是邱煒萲此舉，非但深明大義，實足默挽人心，關係極爲重大。且聞該職商現因福建原籍水灾，已捐助賑需銀二萬兩，另由閩浙督臣具奏。茲以秦晉荒旱，復據報效庫平銀一萬兩，於賑務不無裨益。是其急公好義，惓惓不忘宗國之心，尤堪嘉尚。合無仰懇天恩，明降諭旨，將其輸誠拒逆各節，優予褒獎，以勸自新而弭巨患，出自逾格鴻慈。

除由臣通咨閩省暨各省准予銷案免累，並將報效賑需銀兩，分交秦晉賑捐局兑收充賑外，理合恭摺具陳，伏祈皇太后、皇上聖鑒訓示。謹奏。

奉上諭：張之洞奏出洋華商表明心跡請准銷案免累並予褒獎一摺，據稱：福建舉人、内閣中書銜邱煒萲，向在南洋新嘉坡一帶經商，素爲華商之望。上年唐才常在漢口破案，供有邱煒萲資助康逆錢財之語，經該督追緝查拿。兹據該舉人禀稱：初與康、梁二逆往還，嗣聞其藉會斂錢，煽黨謀逆，立即痛恨絶交，懇遠芘曲予自新，奏明銷案免累，並報效賑捐銀一萬兩。康、梁二逆逃出海外，煽惑人心，藉會斂財，似此被其誑誘者必所不免。既據該舉人竭誠悔悟，具見天良，殊堪嘉尚。邱煒萲著加恩賞給主事，並加四品銜，准其銷案，以爲去逆效順者勸。欽此。

公牘類

步軍統領衙門頒發端京卿勸善歌示

爲遵旨刊發歌辭以宣教化事：

恭照本年八月二十五日，軍機大臣面奉諭旨：「端方呈進《勸善歌》，著步軍統領衙門、順天府、五城各行刊印，於京城内外地面各處張貼，俾民間一體周知。欽此。」本衙門欽遵之下，謹即刊印，飭交各地面張貼，爲此示仰一切軍民人等觀讀，用昭誡勸。

特示。

四海昇平民氣和，聽我唱箇《勸善歌》；大清定鼎億萬歲，聖聖相承仁政多。古來賦斂不均平，十分取一又加徵；我朝丁糧不重取，徵了地糧免抽丁。古來加賦真無厭，徵兵調餉民愁怨；我朝減賦至再三，蘇松兩府減百萬。古來動工用民兵，往往十去九不返；我朝發價僱人役，窮人借此得養贍。古來百姓怕當兵，一家三丁抽一丁；我朝招兵有的餉，聽民自便投軍營。古來待官不以禮，作到大官敲折骨；我朝開國去廷杖，要爲臣工養廉耻。古來刑法十分刻，既用非刑又連坐；我朝律例最詳審，若用非刑官職革。古來方物取之民，强買强賣失民心；我朝貨物皆發價，不用民間花一文。古來皇親多擅政，欺君誤國大不敬；我朝祇封承恩公，一公纔得千金俸。古來内監權勢重，賣官鬻爵遂領兵；我朝内監不出宫，私自出宫有重刑。古來宫女三千人，挑選民女民騷然；我朝宫廷有則例，但選八旗無漢官。我朝事事勝前代，百姓人人同感戴；祖功宗德説不盡，再説太后恩似海。太后佛爺真聖人，垂簾訓政愛黎民；官加俸禄兵加餉，豁免錢糧十萬金。當時天下未平静，髮捻擾亂徧行省；太后知人善任人，救民水火全性命。從此天下慶太平，鷄鳴犬吠都不驚；試問此是誰恩德？重生父母還不能。光緒初元遭荒旱，御膳房内曾減膳；省出銀錢去放賑，救活飢民數百萬。其餘水旱遇偏灾，發帑截漕樂不倦；多者發帑三千萬，少者截漕數萬石。及至光緒二十年，中日失和乃交戰；太后深念兵寒苦，立發内帑三千萬。又思彼此須息民，中外邦交日以新；一律均沾相待厚，遠人感惠多歡欣。近年駐蹕頤和園，借此頤養稍息肩；聖心尤爲天下計，憂國憂民常不眠。當今皇帝真聖孝，視膳問安盡子道；躬率臣民同祝嘏，屢爲聖母上徽號。我朝恩德同天地，頑石也應知感激；如何逆黨惑人心，亂民賊子人切齒。官員聽我《勸善歌》，文莫貪贓武莫怯；清廉自有好兒孫，忠勇自受好官爵。兵弁聽我《勸善歌》，謹守營規莫放縱；出營不可犯秋毫，臨陣須當齊奮勇。士子聽我《勸善歌》，架訟包漕均不可；切莫聯盟去結黨，身敗名裂遭奇禍。農夫聽我《勸善歌》，孝弟力田安本分；豐年好好完錢糧，歉歲時時有蠲賑。工人聽我《勸善歌》，勤練手藝莫學嬾；也有一藝能成名，也有發財逾萬貫。商家聽我《勸善歌》，公平交易莫取巧；但能勤儉去經營，應操利權官爲保。衆人聽我《勸善歌》，莫打官司莫械鬥；莫去賭博吸洋煙，莫去冶游濫交友。教民也是良家子，一律相待無歧視；民教彼此要相安，勿爲國家妄生事。會匪有莠亦有良，被脅入會無主張；但能自新速解散，不究既往准安常。人人都説外國好，外國又把中國羨；外國税重中國輕，外國物貴中國賤。我今與你苦口説，字字真切無傳譌；子細聽我《勸善歌》，福多壽多子孫多。

鄂督張鄂撫于禁止購閲悖逆報章示

爲遵旨禁止購閲悖逆報章事：

恭閲邸鈔，正月十五日奉上諭：「前因康有爲、梁啟超罪大惡極，迭經諭令海疆各省督撫懸賞購綫，嚴密緝拿，迄今尚未弋獲。該逆等狼子野心，仍在沿海一帶煽誘華民，並開報館，肆行簧鼓，種種悖逆情形，殊堪髮指。至該逆等開設報館，發賣報章，必在華界，但使購閲無人，該逆等自無所施其伎倆。著該督撫逐處嚴查，如有購閲前項報章者，一體嚴拿懲辦。等因。欽此。」當經恭録札行，欽遵辦理在案。

查康、梁二逆，恃其遠在海外〔一〕，且因洋人不知中國情事，莫能辨其虚實，得以欺朦洋人，任意誣毁，以掩其凶逆之罪。且謬託忠義之名，其逆報大意專詆朝政，誣謗皇太后，顯違皇上諭旨，以有爲無，以無爲有，肆口狂吠，毫無顧忌。其意不過欲内地各匪造謡作亂，外洋各國伺便乘機，使我中國不能一日安靖，以遂其凶逆之隱衷而後已。此報傳入中國，各報館中深明尊親大義，不爲所惑者固不乏人，然有不明事理者，不免以譌傳譌，互相採録，甚至託名京城西友來電，而京城各國使館，並無所聞託名訪事人，來信本省並無其事。長江一帶會匪素多，因之造爲各種揭帖，公然糾衆謀逆，實堪髮指，亟應遵旨嚴禁。爲此示仰官紳軍民人等知悉：

以後沿海各省報章，其恪遵諭旨並無悖逆字句者，仍舊准其閲看；如有語涉悖逆者，一體禁止購閲，並嚴止代爲寄送，嚴行查拿懲辦。並聞華人有擬在漢口續開報館者，當此譌言繁興之時，恐不免摭拾上海及外洋各報傳譌惑衆，將來開報館之人，必至自蹈法網。與其挈辦於事後，不若豫防於事先。如有在華界開設者，禁止購閲遞送，房屋查封入官。即在洋街冒充洋商，亦斷不准購閲遞送，違者一體拿辦。

各宜懔遵勿違，特示。

【校勘記】

〔一〕「恃其」句，苑書義主編《張之洞全集》作「在南洋造爲天南新報在日本造爲清議報」。

贛藩張緝拿逆犯示

爲恭録出示明白曉諭事：

案奉巡撫部院崧牌開：「案准署理兩江總督部鹿咨開：欽奉電傳上諭：『前因康有爲、梁啟超罪大惡極，迭經諭令海疆各省督撫懸賞購綫，嚴密緝拿，迄今尚未弋獲。該逆等狼子野心，仍在沿海一帶煽惑華民，並開設報館，肆行簧鼓，種種悖逆情形，殊堪髮指。著南洋、閩浙、廣東各省督撫再行明白曉諭，不論何項人等，如有將康有爲、梁啟超緝獲送官，驗明實係該犯正身，立即賞銀十萬兩；萬一該逆犯等早伏天誅，只須呈驗屍身，確實無疑，亦即一體給賞。此項銀兩，並著先行提存上海道庫，一面交犯，一面驗明交銀，免致輾轉稽延。如不願得賞，願得實在官階及各項升銜，亦必予以破格之賞。至該逆犯等開設報館，發賣報章，必在華界，但使購閲無人，該逆等自無所施其伎倆。並著各該督撫逐處嚴查，如有購閲前項報章者，一體嚴拿懲辦。此外如尚有該逆等從前所著各逆書，並著嚴查銷燬，以伸國憲而靖人心。欽此。』並奉署督憲札同前由各等因，到司。奉此。」查此案，前奉督撫憲行奉電傳上諭：「有能將康有爲、梁啟超緝拿到案者，加以破格之賞。」等因，當經恭録，札飭地方官出示曉諭在案。欽奉前因，合亟恭録，明白曉諭，爲此示仰闔省各色人等知悉：康、梁二逆，固法令之所當誅；惑世誣民，亦刑章之無可貸。今奉諭旨給賞緝拿，爾等務須各仗忠義，群相奮勉，或留心訪察，或購綫緝拿。如能將康有爲、梁啟超拿獲送縣，驗明解省，即由本司先行給賞。若獲一名，並治死送驗，亦即重賞。至該逆等發賣報章，爾等毋得購閲，致干嚴拿重辦。此外如有該逆等從前所著逆書，並即銷燬，以杜邪説而免煽惑。其各懔遵毋違，特示。

小吕宋總領事府黎禁止華民購閲逆報示

爲出示曉諭事：

案奉欽命出使美日秘國大臣伍札開：「照得逆犯康有爲、梁啟超逃竄海外，經在英、日等國潛匿，復改名易服，希圖混入美國。疊經本大臣札飭各口領事嚴密防範，又承准總理衙門、兩廣爵閣督部堂李電咨，亦經分飭遵辦各在案。兹於光緒二十六年正月初十日，承准總理衙門電開：『接李相電，康逆自港至坡，羅使現擬切商外部驅逐。惟各埠華人，頗有被康逆煽惑，電達本署肆議朝局情事。該僑民雖處外域，莫非中土子民。如果誤聽逆謀，造言生事，實屬違悖大義。各處領事有約束本國人民之責，希飭詳切誥誡該僑氓等，審察順逆，務各安分貿易，勿再輕聽謡言，致取咎戾。仍將遵辦情形電覆。』等因，承准此，除分札各領事外，合行札飭。札到該總領事，即便遵照來電事理，嚴切勸戒僑氓各安本分。仍將辦理情形迅速禀復勿延。」等因，奉此。又伏讀本年正月十五日上諭：「前因康有爲、梁啟超罪大惡極，迭經諭令沿海各省督撫懸賞購綫，嚴密緝拿，迄今尚未弋獲。該逆等狼子野心，仍在沿海一帶煽誘華民，並開設報館，肆行簧鼓，種種悖逆情形，殊堪髮指。著南洋、閩浙、廣東各省督撫仍行明白示諭，不論何項人等，如有能將康有爲、梁啟超緝獲送官，驗明實係該逆犯正身，立即賞給銀十萬兩；萬一該逆犯早伏天誅，只須呈驗屍身，確實無疑，亦即一體賞給。此項銀兩，著先行提存上海道庫，一面交犯，即一面驗明交銀，免致輾轉稽延。如不願領賞，願得實在官階及各項升銜，亦必予以破格之賞。至該逆犯等開設報館，發賣報章，必在華界，但使購閱無人，該逆犯等自無所施其伎倆。並著各該督撫實力嚴查，如有購閱前項報章者，一體嚴拿懲辦。此外如有藏匿該逆等從前所著各逆書，並著嚴查銷燬，以伸國憲而靖人心。欽此。」

查造謡惑衆，最爲國政人心之大害，迭經本總領事嚴密訪查，勸諭華民，見有康逆等所刊逆書、逆言以及報章等件，務即銷燬，切勿爲其所惑。吕島華民素稱謹厚，尚無附和致電肆議朝局等事。兹奉前因，合亟再行出示曉諭，爲此示仰闔島華民人等一體知悉：爾等雖處域外，莫非中國子民。如果誤聽逆謀，造言生事，實屬違悖尊親大義。倘有購閲逆報，實干嚴懲。各宜安分貿易，切勿輕聽謡言，致取咎戾。遵照毋違，切切，特示。

檀香山正領事官楊副領事官古禁入逆會示

爲剴切曉諭事：

現奉欽差出使大臣伍札開：「照得逆犯康有爲、梁啟超逃竄海外，經在英、日等國潛匿，近復改名易服，希圖混入美國。疊經本大臣札飭各口領事嚴密防範在案。兹於本年正月初十日，承准總理衙門電開：『各埠華人，頗有被康逆煽惑，電達本署肆議朝局情事。該僑民雖處外域，莫非中土子民。如果誤聽逆謀，造言生事，實屬違悖大義。各處領事有約束本國人民之責，希飭詳切誥誡該僑民等，審察順逆，務各安分貿易，勿再輕聽謡言，致取咎戾。仍將遵辦情形電復。』等因，承准此，除分札各領事外，合行札飭。札到該正副領事，即便遵照來電事理，嚴切勸戒僑民，勿聽謡言，各安本分。仍將遵辦情形迅速稟復，以憑電復，勿延干咎。切切，此札。」各等因，奉此。

本領事查康有爲、梁啟超係欽奉上諭拿辦之逆犯，自逃竄海外，刱立匪會，託名保皇，以煽動人心；飾説維新，以蒙惑衆聽。其實志在糾黨倡亂，棍騙斂資，逆迹昭彰，中外共見。本領事經於去年十月出示曉諭，凡我華民稍明大義者，當不致受其愚惑。乃自去年十一月，梁啟超改名易服，混入檀境，膽敢刊刻匪會規條，肆議朝局，散布謡言，誘人入會。若有不審順逆，狂妄誤從，國有常刑，恐爲株累。兹奉前因，本領事既有約束僑民之責，不忍吾民無知被誘，身陷非義，合亟剴切曉諭，爲此示仰我華民人等知悉：

爾等須知從逆者敗，國憲難逃。惟望既入會者，及早回頭；未入會者，慎防失足。父兄誡其子弟，紳商勸其後生。如欲翼戴皇朝，振興國勢，則講求商務，即是富强之謀，磨厲人材，即儲報主之用，何必輕聽謡言，致干咎戾？若有甘心從逆，實同化外，一經朝廷查辦，本領事亦不能爲爾等寬貸也。爾等各宜安分，顧惜身家，懔遵無違，勿貽後悔。

切切，特諭。

鄂督張查拿自立會匪謀逆及准匪徒自新示

爲曉諭事：

照得沿江沿海一帶，現有自立會匪，在上海設立「國會總會」，在漢口設立「中國國會分會」。其會名曰「自立會」，其軍名曰「自立軍」，倣照哥老會票布辦法，在上海石印紙票，名曰「富有票」，到處放散，勾煽三江、兩湖哥老會匪，糾眾謀逆，定期在武昌、漢口、漢陽同日起事。其時安徽大通、湖南臨湘、湖北蒲圻、新堤會匪，已經紛起焚掠，均查出富有票。當在漢口李慎德堂及寶順里内，拿獲兩湖分會總匪首唐才常、匪首林圭、李虎生等二十餘名。當時在唐才常寓所，起獲軍械、火藥、僞印、僞札、僞示、富有票多張，及入會各匪姓名簿，又購買洋槍刀械用款、雇募奸細分往各城各營各局充當内應月支薪水用款、招募會匪自稱發餉用款各項帳簿。又各有匪黨往來逆信，又洋文規條，皆在唐才常屋内搜獲。並同時在漢口、漢陽拿獲同夥謀逆之哥老會匪首瞿河清、向聯陞等，發交營務處司道、武昌府、江夏縣公同審訊。該匪等供開設自立會、勾結哥老會、散放富有票、同夥謀逆不諱，當即將該匪首唐才常等正法示儆。旋在嘉魚縣拿獲匪黨蔣蟈才，搜獲富有票、黄旂及各匪口號、名單，暨正會長康有爲、副會長梁啟超僞諭、僞通飭等件。續據湖南拿獲會匪頭目李英、譚翥等供稱：康有爲在上海開富有山，正龍頭係康有爲、唐才常、梁啟超等，唐才常派爲上海總糧臺。聽説康有爲、孫汶派人會合大刀會，孫汶已到山東。此事是康有爲爲總，康有爲以唐才常爲總，各糧臺之錢均是康有爲接濟，等語。查蔣幗才匪單内，係康有爲爲正龍頭，梁啟超爲副龍頭。並據唐才常供，上海國會總會頭目係廣東人容閎。此外各處所獲哥老會匪供詞，供出康有爲、唐才常爲首者不計其數。旋准大學士、直隸爵閣督部堂李電咨，查出康有爲、梁啟超、唐才常、容閎等勾聯會匪，私運外洋軍火，意圖擾亂三江、兩湖、兩廣各省情形，大略相同。並准兩江督部堂劉、安徽巡撫王、湖南撫部院俞咨富有票匪擾亂長江，派兵剿捕，起獲匪票、僞示各情形，與鄂省所查皆相符合。

查此項自立會匪唐才常等，以康逆死黨，竄穴上海，設立總會，自爲總糧臺，往來沿江沿海各處，廣散銀錢，購誘會匪，計謀兇狡，黨夥紛繁。其匪黨往來書信，大指因北方有警，乘此煽動沿江沿海各省各種會匪，同時作亂。其同謀勾結之人，各省皆有。其購械募匪之款，查簿内存款計洋銀一萬五千餘元，用去已將及萬元。所散放之富有票，就兩湖地方查出、供出者，已有兩萬餘張。事發後數日，尚有人向李慎德堂投遞匪黨逆信，經税務司郵政局拿獲數起。其僞札有曰「指定東南各行省爲新造自立之國」；其華洋文規條内，有曰「不認滿洲爲國家」；其僞印文曰「中國國會分會駐漢之印」，又曰「中國國會督辦南部各省總會之關防」，又曰「中國國會督辦南部各路軍務處之關防」，又曰「統帶中國國會自立軍中、左、右、前、後等營各關防」。其唐才常身邊小篋内，搜出規條有曰「焚燬各衙署，劫掠局庫，佔踞城池，焚戮三日，封刀安民」；其逆信内有曰「沿途亦可劫掠」；其開用僞關防札稿内，有曰「業經報明滬會，篆刻關防一顆，内刊『中國國會督辦南部各省總會』字樣，於庚子七月初八日開用」等語。唐才常等到案，一一供認不諱。至其平空造言，捏誣狂吠，詆毁兩宫，悖逆凶悍，令人髮指。該會匪等以自立爲名號，以焚戮劫掠爲條規，以富有票爲引誘，意欲使天下人心同時摇動，天下民生同時糜爛，實爲凶毒已極。又查僞札有云「本國會深懔危亡」等語，可謂狡詐膽妄。該匪首倡爲國會，造此詭辭，冀以誑誘少年躁妄之文士，鼓動昏迷無知之愚民，尤爲可惡。

方今時事雖棘，苟能上下同心，力圖振作，尚可勉籌補救之方，若該會匪各省蠭起，則中國真將有危亡之勢矣。該會匪明明亂國，而反託名「保國」。試思該會匪既已自稱爲「新造之國」，公然自立不認國家，是已明言不爲我皇上之臣子矣，乃尚敢託「保國」之名，以逞其亂國之謀，不獨中國忠義臣民不受其欺，凡各國明理曉事之人，恐亦不受其欺也。又查康有爲、梁啟超會銜通飭，有曰：「本會長開設自立會，欲圖自立，必自借遵皇權始。」明言「借」字，實爲可駭！可見康逆所開「保皇會」，不過借名作亂。其狡謀既已自行吐露，若文人才士尚爲所愚，亦大惑可哀之甚矣。

近日安徽大通焚劫慘殺之會匪，湖南沅、潭焚劫慘殺之會匪，湖北新堤、蒲圻、嘉魚、監利劫掠之會匪，查其逆信、票據，皆即係自立會匪之同夥，均經領有富有票者。其合夥約期、濟械助費、分據地方、安排接應，均係確有實據。查各種會匪，向來專以劫掠焚殺爲事。今該自立會匪用爲黨羽，假使此輩得志，必致各省糜爛，塗炭生靈，中西商民，同受其害。試問外國國會乃國家所設下議院之稱，豈此等會匪之所可冒充乎？查李慎德堂前門在英租界之內，當日查拿各匪之時，係由英領事簽字，派巡捕協同往拿，當場眼同起獲各種謀逆作亂器械、憑據，華洋人等衆目共覩。因此各國領事，皆深知此輩實係與哥老會合夥，合爲盜賊土匪，毫無可疑，必應查拿，以免擾害地方。各國領事因予一公同簽字之據，如以後查有匪徒藏匿租界，即可往拿。若唐才常等非真係亂匪，安能如此辦法乎？除湖南、湖北兩省隨時密查嚴拿外，此外沿江沿海各省皆有分會，其往來於上海者尤多，應由各省自行查拿。已將先後疊次查出、供出緊要各匪首姓名、籍貫，陸續開單，分咨各省，一體嚴密懸賞查拿，務獲懲辦，以懲亂逆而安大局。至唐才常供出同會同謀之人甚多，凡係尚未查出實據者，本部堂概不株連。其軍民人等誤領富有票者，准其向官司營局、團紳首士繳票銷燬，即免追究，予以自新；若觀望藏匿不繳者，查獲匪票，定行重辦。

誠恐該匪等逆亂實情確據，外間未能周知，合亟摘敘緊要情節，出示曉諭，爲此示仰士商軍民人等一體知悉：已入會者，及早悔悟；未入會者，永爲善良。勿信邪説，勿負國家，勿蒙逆惡之名，勿蹈亂賊之誅。

懔之望之，特示。

湘撫俞禁康黨造謡惑衆示

爲出示曉諭事：

照得本部院疊接廣州及東南各省官商來電，近日康黨意欲勾匪，到處煽亂，密派黨魁，在繁盛地方散布飄據，名曰富有票，洋紙石印，每張書「取錢一千文」，印有「立大」字號，並「日新其德」圖章。兩江獲犯，訊有確據。安慶揭得告示，有「保皇會」字樣。現今各省嚴拿，均已破獲解散，斷不至再爲所愚。惟日前長沙縣拿獲票匪，亦據一一供明，情形相同。是湘省已有黨魁，挾巨貲，攜多票，潛來勾煽，確切有據。除查康逆疊奉嚴旨，懸賞緝拿，乃竟敢密遣匪黨，暗入内地勾結，亟應拿辦，以靖地方。除通飭各屬嚴密掩捕外，合亟出示曉諭，爲此示仰諸色人等，一體知悉：

務各守分安常，勿爲所惑。如遇持票散布及暗中勾結之人，即將飄據呈送地方文武衙門驗明，幫同捕拿獲案，一經審實，即予重賞。倘甘心入會，暗通消息，甚至勾結爲患，一經拿獲，定即嚴辦。宦裔士林，尤難寬貸。各宜懍遵毋違，特示。

湘撫俞諭誤受富有票再行開導准其首悔示

爲再行出示曉諭事：

照得逆犯康有爲等分遣黨羽，散放富有匪票，糾衆滋事。江蘇、安徽、湖北各省均經破獲，湖南現亦拿獲匪首李英等多名，正法梟示。並經本部院出示曉諭，准誤被誘惑之人繳票首悔在案。誠恐愚民一時冒昧，收受匪票，心懷疑懼，不敢繳呈。現有匪黨頭目譚鰲即明奎，又名炳耀，前入康犯會内，代爲輾轉糾人，久經指名飭拿。玆據該匪甘心悔過，將著名匪首譚翥即鳳墀捕獲送案，審實後即將譚翥正法。又據譚明奎將匪黨李崑山及蘇麟即漢超、巴陵縣經管錢糧家丁顔裕即錫峯各詭謀蹤蹟盡行供出，本部院當飭准予自新，免其治罪，並給重賞，令其幫同緝匪。合再出示曉諭，爲此示仰誤受匪票人等知悉：須知譚鰲即明奎係匪類渠魁，一經首悔，立予免究，且得賞銀，身家性命均獲保全。爾等所受匪票，務各速赴團族首繳，毋得顧慮遲延，致干查拿。兵役勇丁人等被誘入會者，亦准在本署本營繳悔，概行免究，更能出力緝匪者，立予重賞。

切切，特示。

湘撫俞諭富有票匪赴團投繳票布准予首悔自新示

爲剴切曉諭首悔自新事：

照得富有匪黨商謀反逆，私分地界，僞立官銜，前經刊單密捕，業已弋獲多名，審實懲辦。查匪首康有爲等造作妄言，迷惑文士，不惜重利，誑誘齊民，遂致士林宦裔以及負販傭作之人，被其欺騙罣誤，爲數不少，按律固當誅戮，衡情尚可矜原。本部院上體朝廷覆育之仁，下念斯人被誘之失，特寬文網，俾各自新。除匪黨渠魁康有爲、梁啟超等，並同謀反亂得受僞職、代爲糾人滋事各匪犯，仍應嚴拿重處外，其聽從入會，雖經得受匪票及已獲匪黨供明，並續獲再有供指與搜出匪簿開列姓名者，但無反逆實蹟，概免拿究。所有富有匪票、富有山飄布，均即投繳團族首悔。如因票内著有姓名，心懷疑懼，許用濃墨塗抹，或憑團族燒燬，毋庸顧慮。合行出示曉諭，爲此示仰闔省諸色人等知悉：

凡係曾經被誘之人，若能及早省悟，勉爲善良，決不再行追問株連。倘經此次示諭之後，尚復不知悛改，仍與匪黨交通，則是甘心爲逆，已經正法各犯，即其前車炯鑒。其各懔遵毋違，特示。

江督劉嚴拿匪徒曉諭軍民示

爲出示曉諭事：

照得沿江一帶，近有匪徒散放富有票，陰相煽誘，意圖擾亂地方，業經本部堂密飭查拿，并出示剴切曉諭在案。目前有匪黨在江寧省城黏貼揭帖，語多悖逆，且稱奉各國來諭起事，以圖恐嚇，尤爲荒謬。現准駐寧英領事官孫照會，内開：「近有維新黨匪徧黏揭帖，載係洋人意欲倡首起事，主使散票，招攬入會，以期乘機響應。查義和、哥老、大刀、小刀、白蓮、維新等逆會黨，實爲我國所痛恨，詎甘與其爲伍？除在租界及各輪船嚴密查拿，一有所獲，即送地方官懲辦外，合請出示曉諭。」等因，到本部堂。准此可見此等奸匪，非但爲法律所不容，抑且爲各國所深恨，不過匪徒藉此煽惑，爾等軍民務各安分守己，切勿爲其所愚，致罹法網，後悔莫追。除再密拿匪徒務獲嚴辦外，合再出示曉諭，爲此示仰各色軍民人等，一體懔遵毋違。

切切，特示。

常鎮通海道兼鎮江關監督長勸諭繳票示

爲剴切勸諭事：

照得本道現奉宮保兩江督憲劉札：「以富有票到處煽惑，近又勾引各衙門書役、兵丁入黨，以期消息靈通。札飭：嚴密查察，如有受愚買票情事，即令呈燬免罪，倘仍隱匿不繳，則是甘心從逆，一經覺察，即予從嚴懲辦。」並另奉札飭：「在各鄉村鎮檢查，如有鄉民誤買富有票，限令趕緊繳銷，不問其罪。倘能指拿扭稟賣放富有票頭目，分別大小，定當給予獎賞。若再匿票不繳，即行從重懲辦。」各等因，到道，奉此。

本道復查近畿一帶，前因拳教仇殺，激成中外巨釁，以致地方糜爛，生靈塗炭，慘不忍言。所幸東南各省，仰賴各大憲力任保護，與駐滬各國總領事約定兩不相擾，得以轉危爲安。凡稍有血氣者，莫不感奮圖報。詎有竄身異國之逆犯康有爲等，竟乘朝廷危急之時，僞立國會名目，私造富有錢票，陰遣叛黨，潛至沿海沿江等處，逞其簧鼓，紛紛散賣，不獨勾結匪類爲其爪牙，抑且煽誘書差、兵勇暗通消息，甚以「得有此票，可保身家」之言，聳惑愚民買爲護符，幾於遍處皆有。殊不知此等舉動，係屬去順效逆，召禍必速。即如大通兵匪合變，不轉瞬間，即被大軍剿平。而漢口等處，則逆謀甫起，亦即破獲，正法多名。此外金陵、鎮江一帶，亦陸續訪獲渠魁，斬梟示衆。可見逆惡滔天，不容倖逃顯戮。爾等食毛踐土，具有天良，際此時局艱危，正宜奮身報國，藉圖顯揚。即或才力不及，亦當安分守法，勉爲善良，豈可甘心從逆，置身家性命於不顧？

現奉督憲飭查限繳，准其悔過免罪，係屬法外施仁。本道亦不忍不教而誅，故將順逆禍福，明白曉示。爾等買票之人，無論良莠，當知利害，與其留此僞據，自貽滅門之憂，何如及早繳銷，得安家室之樂？惟爾等既被煽惑於前，勢必疑懼於後，若令當堂首繳，恐多畏縮，特在本道署前及鎮郡四城門口，置設木桶，加封鎖固，蓋留孔洞，限令一月内，將票自投桶中，不究來蹤去跡。凡投票者，即爲悔過之人，務各將投票日期及票填號數自行記出，仍由本官設立印簿，每日清晨親自開桶檢視，先將繳期、號數逐一登記簿内，隨時將票燒燬。倘日後獲匪到案，供扳指拿，爾等如已繳票，即將票期、號數自行投案禀明，若與印簿相符，立即免究釋回，斷不稍事羈累。倘再隱匿不繳，則是怙惡不悛，别經發覺，定當治以大逆不道之罪，決不曲予寬貸。

如此辦法，可謂仁至義盡，爾等能否改過自新，總以有無繳票爲斷。除將本衙門書差、兵丁，另行責成卯首書吏及差頭什長各自稽察取結備查，並分别移行飭屬一體仿辦外，合亟剴切曉諭，爲此示仰闔屬軍民、書差、兵役、諸色人等一體知悉：

爾等如已誤買匪票，務各依限投繳，慎勿觀望遲疑，致貽後患。此後尤宜父誡其子，兄勉其弟，安分謀生，毋再爲匪所惑，自罹法網，徒嗟噬臍。倘能將賣匪票之徒扭送指獲，必當從優給賞；如訊係大頭目，並予詳請保奬，以示鼓勵。本道愛民如子，嫉惡如仇，故不憚煩言，諄諄告誡，切勿視爲具文也。

其各懔遵毋違，特示。

江西九江府孫勸諭繳票示

爲剴切出示曉諭事：

照得沿江一帶，近有匪徒放賣富有票，煽惑愚民。潯郡爲七省通衢，華洋雜處，奸徒易於混迹。前經密飭查訪，當據先後拿獲匪目李炳榮等，審實禀奉上憲，飭令就地正法，以昭炯戒在案。誠恐尚有愚民，一時被其煽惑，誤買匪票，查拿到案，同罹法網，良堪憫惻。本府仰體朝廷寬大之政，不忍不教而誅，爾等須知歷來匪徒結會放票，謀爲不軌，斷難倖逃顯戮。凡我百姓，各有身家，何爲去順效逆，致干大辟？務宜及早省悔，如有誤入其會買得票據者，趕緊邀同族鄰呈縣銷燬，具結悔過，概免深究。倘或不敢親自繳呈，本府已飭縣置就木櫃，安放各門，准爾等即將票上自作暗記，或字或押，聽憑描繪，隨時投入櫃内，便可安然無累。

萬一日後有人報告，許即供明作何暗記、於某日某處投櫃，當即開釋。本府爲爾等保全身命起見，故立此委曲求全之法，若再言諄聽藐，執迷不悟，則是甘心從逆，一經訪聞得實，即行拘案重辦，決不寬貸。除飭縣仍行嚴行查拿外，合亟出示曉諭，爲此示仰闔郡軍民人等一體知悉：

爾等務各安分守業，勉爲良善，切勿受人愚惑，致犯刑章。倘敢故違，定即嚴拿懲辦。其各懍遵毋違，特示。

江督劉查拿康粱逆犯札

爲札飭事：

光緒二十五年十一月十九日，奉電傳十八日上諭：「世道人心之患，莫患於是非、順逆之不明。是以古聖王有僞辯之誅，有横議之誡，爲其惑衆誣民也。朕自冲齡入承大統，篤荷皇太后恩勤教育垂三十年。自甲午以來，時事艱難，益貧益弱，朕宵旰焦急，恐負慈闈付託之重，思纘前聖文武之謨，每冀得人以資振作，而翁同龢極薦康有爲，並有『其才勝臣百倍』之語。孰意康有爲密糾邪黨，陰煽逆謀，幾陷朕躬於不孝，並有保中國不保大清之謀，遂有改君主爲民主之計。經朕覺察，亟請聖慈訓政，乃得轉危爲安。而康有爲及其死黨梁啟超先已逋逃，稽誅海外，猶復肆其簧鼓，刊布流言，其意在蒙惑衆聽，離間宫闈。迨譚鍾麟查抄康逆等往來逆信，有譚嗣同堪備百里璽之選。是其種種逆謀，殊堪髮指。凡我中外臣民，惡其狂悖者固多，而受其欺愚者，千百中不無一二〔二〕，不識是非，兼亦不明順逆，所當儆戒而明示之也。自去秋訓政以來，上下一心，宫府一體，勤求治理，絶無異同，而康逆等猶持維新、守舊之論，煽惑狂躁喜事之徒。殊不知我朝聖聖相承，祖法昭垂，永宜遵守，且朕躬圖治之意，但孜孜富國强兵爲急。今慈聖垂訓之言，仍諄諄於保境交鄰爲急，兹特明申誥訓，坦示朕心。凡我臣民，勿得輕聽流言，妄行揣測，倘再構煽邪説，群相附和，去順效逆，邦有常刑。至康有爲、梁啟超大逆不道，漏網吞舟，果爾稽誅，是無天理。近聞該逆等狼心未改，仍在沿海一帶倏來倏往，著沿海各省督撫懍遵前旨，懸賞購綫，無論紳商士民，有能將康有爲、梁啟超嚴密緝拿到案者，定必加以破格之賞，務使逆徒明正典刑，以伸國憲；即使實難生獲，但能設法致死，確有證據，亦必從優給賞。總之，邪説雖煽，而忠臣孝子必不忍聞；國典雖寬，而亂臣賊子必不能貸。將此通諭知之。欽此。」除分别咨行外，合行恭録札飭。札到該道，即便通飭所屬各府州縣，一體欽遵，出示曉諭。如有將康、梁二逆全行拿獲者，本部堂先行賞銀一萬兩，拿獲一名者，賞銀五千兩，一面專摺奏請逾格恩施，以示優獎。仍將遵辦情形及示稿呈報，並由各地方官隨時查拿務獲，馳禀察辦。

此札。

【校勘記】

〔一〕「千」，原誤作「十」，據卷一《己亥十一月十八日上諭》改。

湘撫俞查拿自立會匪札

爲札飭事：

光緒二十六年八月二十五日，准湖廣督部堂張咨開：「沿江沿海一帶，現有自立會匪，在漢口創立『中國國會分會』，其總會設在上海，其會名曰『自立會』，其軍名曰『自立軍』，散放富有票，勾煽各處哥老會匪，糾衆謀逆，定期起事。當在湖北漢口地方李慎德堂及寶順里內，拿獲兩湖分會總匪唐才常、匪首林圭、李虎生等三十餘名。當時在唐才常寓所，起獲軍械、火藥、僞印、僞札、僞示、富有票多張，及入會各匪姓名簿，購買洋槍刀械、雇募奸細分往各城各營各局充當内應月支薪水、招募會匪等項用款簿。各省匪黨往來逆信，皆在唐才常寓所屋内搜獲。並同時在漢口、漢陽拿獲同夥謀逆之哥老會匪首瞿河清、向聯陞等，發交營務處司道、武昌府、江夏縣公同審訊。該匪等供認自立會勾結哥老會、散放富有票、同夥謀逆不諱，當將該匪首唐才常等正法示儆。旋在嘉魚縣拿獲匪黨蔣㠟才，審實正法。當經將唐、蔣兩匪處搜獲之富有票，及各匪書信、名單暨供出各匪姓名，密咨湘省，並通飭鄂省密拿在案。查此項自立會匪唐才常等計謀兇狡，黨夥紛繁。其同謀勾結之人，各省皆有。其購械募匪之款，查簿内已用銀將及萬元。事發後一二日，尚有人向李慎德堂投遞匪黨逆信，經稅務司郵政局及委員拿獲數起。其僞札有曰『指定東南各行省爲新造自立之國』；其華洋文規條内，有曰『不認滿洲一朝爲國家』；其印文曰『中國國會督辦南部各省總會』，又曰『中國國會督辦南部各路軍務處』，又曰『統帶中國國會自立軍中、左、右、前、後等營關防』。其唐才常身邊小篋内，搜出規條有曰『焚燬各衙署，劫掠局庫，佔踞城池，焚戮三日，封刀安民』；其逆信内有曰『沿途亦可劫掠』等語。唐才常等到案，一一供認不諱，並據供稱總會在上海等語。至其平空造言，揑誣狂吠，詆毁兩宫，悖逆凶悍，筆不忍書，令人髮指。且此項自立會匪大頭目多係文人，尤爲可駭可恨。其匪黨往來書信逆謀，大指因北方有警，乘此煽動沿江沿海各省各種會匪、土匪紛起作亂，叛國害民，以自立爲名號，以焚戮劫掠爲條規，以富有票爲引誘，意欲使天下人心同時摇動，天下民生同時糜爛，實爲凶悖已極。查該會匪所招納勾結者，皆係哥老會匪及紅教會匪。此各種會匪，向來皆專以滅洋爲名，以仇教爲事，以劫掠焚殺爲生。現據蔣幗才供，該匪山頭意在滅洋。今該自立會匪用爲黨羽，假使此輩得志，必致各省大亂，塗炭生靈，中西商民，同罹其害。是該會匪等不過欲效髮捻所爲，希冀非常富貴。乃該匪首等舞弄筆墨，逞其詭辯，粉飾逆跡，誑誘少年之文士，鼓動無知之愚民，尤爲可惡。又查僞札有云『本國會深懔危亡』等語。不知時事雖棘，上下同心，力圖振作，尚可勉籌補救之方，若該會匪各省蠭起，則中國真將有危亡之勢矣。該會匪明明亂國，而反託名『保國』。試思該會匪既已公然自立，不認國家，不知將置我皇上於何地？海内海外明理曉事之人甚多，豈能盡爲此輩會匪所欺乎！近日安徽大通焚劫慘殺之會匪，湖南沅〔一〕、潭焚劫慘殺之會匪，湖北新隄、蒲圻、嘉魚劫掠之會匪，查其僞示、逆信、票據，皆即係自立會匪之同夥，領有富有票者所爲。其合夥約期、濟械助資、分據地方、安排接應，均係確有實據。試問外國國會，豈此等會匪之所可冒充乎？查李慎德堂前門在英租界之内，當日查拿各匪之時，係由英領事簽字，派巡捕協同往拿，當場公同起獲各種謀逆作亂器械、憑據，華洋人等衆目共睹。因此各國領事，皆深知此輩實係與哥老會合夥爲匪，毫無可疑，必應查拿，以免擾害地方。各國領事因予一公同簽字之據，如以後查有匪徒藏匿租界，即可往拿。若唐才常等非真係亂匪，安能如此辦理乎？此單所開之匪目，乃係國會駐漢分會、現在湖北湖南兩省起事叛亂者。此外沿江沿海各省皆有分會，其往來於上海者尤多，應由各省自行查拿。茲將先後查出、供出緊要各匪首姓名、籍貫，無論前次咨札已載未載，統行開單，分咨各省，並通飭湖北各屬，查照單開各匪，一體嚴密懸賞查拿，務獲懲辦，以懲亂逆而安大局。再據唐才常供出同會同謀之人甚多，凡係尚未查出實據者，本部堂概不株連，果能從此悔悟，革面洗心，尚可勉爲善人良士。其軍民人等誤領富有票者，准其向官司營局、團紳首事繳票銷燬，即免追究，予以自新。除分别咨行外，鈔單咨會轉飭，嚴密懸賞查拿。計單。」等因，准此。

查此案，湘省亦經弋獲多名，搜出逆信，悖逆之詞多與來文相同，不復重敘，惟内有「若不於本年内，將天下吝財者殺身破家，以成我事，吾不信也」，又云「我等當存身可滅、此事不可滅之志」等語，足見該匪等兇悖悍頑，愍不畏死。已獲者雖經正法，在逃者人數尚多，若不竭力搜捕，剷絶根株，必將復行煽誘，擾害地方。所有此次咨緝，及前次兩江水師提督軍門黄函送，并湘省現獲各匪供出暨搜獲逆信查出各匪犯姓名，除已獲辦外，其未獲亟行嚴拿懲辦者，一併詳細查明，彙爲總單，除分别咨行外，合行札飭。札到該道，即便遵照，通飭所屬各府州縣，一體照單嚴密查拿，務獲懲辦。

切切，此札。

【校勘記】

〔一〕「南」，原誤作「北」，據卷二《鄂督張查拿自立會匪謀逆及准匪徒自新示》改。

湘撫俞嚴拿康黨匪首札

爲咨明事：

光緒二十六年九月十三日，准督部堂張咨開：「爲照光緒二十六年八月十三日，准欽命全權大臣、直隸爵閣督部堂李元電開：『頃致駐英國羅使電：東南大局，訂約保護，中國官自應力任。惟近來康、梁布散黨徒，暗結廣東著匪區新、三合會首潘新桂、劉福等，聯各省會匪，約在兩湖、三江、兩廣起事，名爲保國，陰圖擾亂。前月大通、漢口唐才常等作亂事發，經劉、張二帥嚴辦，起獲軍械等據，直認康黨不諱，中外共知。粤省亂黨尤多，均在香港余育之花園、澳門知新報館密謀拜會，最著者有何連旺、何楙齡、徐勤、劉楨麟、麥孟華、陳宗儼，往來港澳，勾結盜匪，訂期起事，槍礮由南洋用棺裝運入粤，若不查辦，必爲北方之續，有礙東南商務大局。請速密商英政府，電飭新嘉坡、香港總督，嚴密查拿拘禁，以遏亂萌，中外同受其福。即電復云。』又於八月十六日，准李爵閣督部堂諫電開：『頃接羅使寒電，遵達外部，允轉藩部，電飭新嘉坡、香港總督查辦。至康逆潛往漢口等處，亦經電飭各該領事勿得收留。』等因，到本部堂，准此。查該逆等詐騙錢財，勾串會匪，專爲焚戮劫掠，背叛朝廷，擾害地方，幸逆謀敗露，擒誅渠魁多名，已經查出種種實據，訊出種種確供，出示明白曉諭在案。但首逆逋誅，夥盜甚衆，必仍多設詭謀，煽誘各省，以逞其擾亂大局之計，合亟恭録李爵閣督部堂原電，並將湖北、湖南兩省查出已在兩湖地方謀逆作亂有據之最要匪首，查開清單，分咨各省查拿。此等會匪，擾亂東南商務大局，並應照會各國領事勿得容留，仍請其嚴密查拿拘禁。除札飭江漢關道照會駐漢各國領事，請其一體照辦，並電各國外部及上海總領事查照辦理，實於中外大局有益。並分行南北兩省各司道局，暨咨各省查照訪拿外，相應咨請通飭各屬查拿。單開著名匪首，務獲究辦。計粘鈔匪單一紙。」等因，到本部院，准此。查單開各犯，除師襄即中吉，准兩江督部堂來電，已在上海縣拿獲正法；幸人傑，據江寧鹽道徐道禀，現在楊金龍軍門部下充當哨官，業准首悔；張堯卿、李和生、易敬臣三名，現在上海獲案，電請兩江解湘；兼署兩廣督部堂德來電，已將正龍頭朱香楚在廣州拿獲，訊明正法；汪楚珍、李松之、徐得、徐玉堂，均由湖南拿獲審辦外，其餘未獲各犯，合再通飭緝拿。札到該縣，立即遵照嚴拿。單開各匪犯，務獲馳報。

此札。

湘撫俞行長沙縣禀馬岳松首悔批

前據李英供，有三益錢店少東馬岳松，人呼馬五少爺，係屬同黨。蓋匪類因其小有身家，可以接濟糧餉，誘令入會。其狡謀厚禍，不獨馬岳松之年少無知，爲所愚弄而莫之覺也。查富有票匪奉康有爲、梁啟超爲渠魁，康逆辯言亂政，號召徒黨，無非欲得其死力，遂成逆亂之謀。於是諸色人之被其鼓惑，約有數種：如議論新奇，誣衊經訓，則小有才智之士受其毒，若林旭之類，下而至於何來保等是也；駭以新學，愚以非分，則顯宦子弟受其毒，若譚嗣同之類，下而至於汪鎔等是也；睨其貲財，傾身結納，則富商大賈受其毒，若丘菽園之類，下而至於王慕陶是也；能連大眾，務與勾結，則江湖會匪入其黨，若楊子嚴、李金彪之類，下而至於王秀方等是也。邪說浸淫，至陷刑戮而不悔，其罪可誅，其愚亦可憫矣。兹馬岳松既知首悔，該縣務當切實開導，曉以順逆之理，謂：「爾若非首悔，立挂刑章，爲父兄宗族之大辱，豈不可耻？以後務須痛自刻責，勉爲好人。」勿徒以一時之涕泣如雨，遽信其堅於覺悔也。所有馬岳松一名，應准免罪，交屬領管。此外被惑之人尚多，如有繳票自首，即准一律免罪，但有一綫可原，斷不稍事株累，務使被惑之眾幡然改圖，從此革面洗心，仍不失爲良民善士，萬勿驚疑觀望，自陷身家，後悔無及。仰按察司轉飭該縣，隨時剴切曉諭，盡心辦理。

此繳。

湘撫俞行兩司詳龍陽縣革生陳應軫即曉源交保批

據詳，已悉。查光緒二十六年九月間，本部院據長沙縣稟馬岳崧自首一案，業將諸色人等被康逆蠱惑、准其悔罪自首各情批示，並及林旭、譚嗣同、丘菽園等，言其被誘情形。該革生陳應軫，依附康黨，才學遠不如林旭等，門第遠不如譚嗣同等，鉅富而兼擅文名更不如丘菽園。在林、譚諸人，皆由康逆傾心結納，引爲知己，故甘被誘惑，至死不悔。至丘菽園久處南洋，不知中朝事實，復不深知康逆之爲人，當康逆竄逃海外，無術自固，一遇丘菽園，則其傾心交結，必十倍林、譚。丘亦慕其虛名，聽其巧語，並憫其窮蹙無依，遂相往來。若陳應軫者，康逆無所倚賴，心目中何嘗有此人？乃由林錫圭等而結納唐才常，欲由唐才常以結納梁啟超，而及康有爲，覯一面不能，達一言不得，如此攀援依附，已屬喪盡志氣，何况甘心從逆？皆熱中妄念誤之也。頃見丘菽園致友人書，盡情直陳，大致謂：康逆以學問爲招徠之幟，以大帽子爲牢籠之具，凡屬少年聰俊、好奇喜事之輩，一與之遊，無不入其彀中；及竄逃以後，尚藉口維新，以售其欺人之術，有熱中者稍與周旋，則必推重其名，表揚其義，逢人説項，到處推袁慫恿，報紙臚列，極言其人若何有志，若何明義，若何捐款，冀使内地官場得聞姓字，設法捕獲，則其人進退維谷，不得不依草附木，成爲死黨。凡此康逆陰謀，書中直抉隱黴，傾倒而出。依附諸人見之，當無不爽然若失。陳應軫在江南所供，恃無質證，一切悖逆情形，諱匿不吐。不知此間姚小琴早經供及，指證碻鑿，罪無可逃，即予駢誅，亦屬情罪相當，姑念受人愚惑，准照首悔章程，從寬予令自新。仰即轉飭該縣，遵照司詳所擬，將陳應軫嚴行管束，當堂發交公正團族保領，取具甘結備案，並嚴諭嗣後安分讀書，束身自愛，尚可勉圖上進，仍由縣隨時考察。如該革生尚敢出外滋事，著落原保人送案懲辦，勿謂寬典可屢邀也。

切切，此繳。

長沙府趙飭拿富有票匪札

爲札飭事：

奉撫憲俞札：「光緒二十六年八月初三日，准督部堂張咨開：『爲照安徽大通地方匪徒滋事，前接兩江督部堂劉號電開：大通之亂，實康、梁餘黨，用富有票煽動兵民所致。聞彭桂生包辦長江放票之事，業經攜帶票數千張來鄂，蹤跡詭秘，即行嚴密查拿，以杜滋蔓。等因，當經本部堂懸賞，密飭各營、縣認真偵拿務獲，一面諭禁各營，切勿誤聽匪徒煽惑，輕收匪票在案。茲准安徽撫部院王電開：生擒匪犯朱則徐等，訊據供稱大頭目係蕭紫雲，潛匪長江一帶。又匪刊告示，全係康逆口吻，有保皇會字樣。等因，並據各路探報，此次大通鬧事，即係匪徒混入長江水師舢板所致，且聞江浙北上之軍，受此票者已有多人，其票聞已散至岳州。似此到處勾結煽亂，種種悖逆情形，實屬罪不容誅。因思鄂省陸續新募營勇爲數甚多，難保不有前項散票匪徒溷跡其間，應即責成漢陽、岳州水師，並湖南、湖北兩省防營、練軍、緑營各營將領，各向弁目、弁勇明白開導，切勿誤信誘惑，輕收匪票，自害身家。如已收票在前，准其呈悔繳銷，免其深究，予以自新。一面由水陸各該營將領嚴密稽察，如該弁兵勇中有甘心買票，匿不首悔，或將票轉買多人者，則是怙惡不悛，情節較重，一經查明得實，即行稟請，照軍法從嚴懲辦，以肅營紀而遏亂萌。其彭桂生、蕭紫雲兩名，以及在逃首要各匪犯，並飭地方官、水陸各營，督率弁目、兵勇、人役嚴密查拿，務獲稟報究辦。如有能拿獲蕭紫雲者，亦照彭桂生原定賞格，賞給銀一千兩。儻或知情容縱，致令該匪等勾結爲患，定即嚴參。除照行漢陽、岳州兩鎮，並札飭各防營，一體遵照札飭事宜妥速辦理，仍飭各將遵辦情形稟報查核外，相應咨明查照，嚴飭各地方官文武認真查禁，嚴拿辦理，望切施行。』等因，到本部院，准此，合就札行。札到該府，即便遵照，並督飭所屬一體嚴密查拿，務獲懲辦。此札。」等因，到府，奉此，合就札行。札到該縣，即便遵照辦理。

切切，此札。

粵督陶札行南洋新嘉坡總理事官羅文

爲札飭事：

照得本部堂訪聞：「去年臘杪，有多人由上海、香港前往嘉埠。其人多湘、楚籍，分寓丘菽園、林文慶各處。丘由緬甸、暹羅籌備多貲，遣人陰結粵省會匪。」等情。查丘、林均係閩人，流寓該埠，素未聞有非分行爲。況閩、粵毗連，休戚相關，謂其結匪作亂，圖危桑梓，殊出情理之外，究竟是否實情？合亟札仰該總領事慎密查明，詳細申覆。

抑本部堂更有由衷之言，願爲該黨中人正告者：聞丘菽園係福建舉人，在該埠報館主筆，林文慶在英國厄丁僕喇大學堂肄業有年，考列高等，皆有學問，聲名聞於中外，必因學成未用，是以流寓忘歸。至於湘、楚等省之人此次前往該埠者，想皆求新之士，或從前與康、梁有交，或去年爲唐才常等所牽涉，所以畏罪遠引，抑或以中國未行新政，憤激出游，求遂其志。此不得已之苦衷，皆本部堂所深悉。夫今日時勢至於如此，苟有知識，孰不謂新法之當行？然欲行新法，原以扶危定傾，安我中國。若夫援引匪徒，以求一逞，事必無濟，虛被惡名。且同類相殘，殺機甚酷，紛争擾攘，而外國乘之，試問何以謝天下？無圖亂中國之心，而適爲擾亂中國之舉，轉使守舊諸人援爲口實，概加新黨以叛逆之名，而無辭可以解免，致新政之行，愈求速而愈阻，該黨人士苟念及此，應亦引爲痛心之事。今皇上懲前毖後，力圖自强。恭讀光緒二十六年十二月諭旨，令中外大臣籌議變法事宜，各省大吏陸續封章入告。和議將成，迴鑾在即，新法善政，自必次第舉行，百廢俱興，需才尤急。該舉人等深通新學，懷抱異才，均可備他日國家之用。況得罪朝廷、奉旨訪拿者，祇康有爲、梁啟超數人，其餘人士概無干涉。即當日偶有牽連，但使悔過自新，亦必在棄瑕録用之列，乃受其煽惑，思亂宗邦，誰非父母之遺體，何苦自捐有用之身？本部堂甚爲憫惜。古來儘多賢豪失志，縱不樂見用於時，亦惟閉户讀書，以待來哲。若必勉强行事，鋌而走險，則自待亦薄矣。該總領事駐嘉有年，素爲該處華人所信服，且籍隸閩省，與該舉人等夙有鄉誼，所言自易聽從，務將本部堂之意剴切開導，俾知迪吉逆凶之理，毋逞血氣，以圖徼幸。

是爲至要，特札。

鄂督張勸戒上海國會及出洋學生文

六月間，上海設立國會，其規條甚秘，未經刊布。初聞之，以爲此殆會集同人，考求時事，發爲議論，以備當事採擇，略仿外國下議院之例耳。近日漢口、岳州、長沙諸處，捕獲會匪多名，起出僞印、僞檄、匪簿、逆信、富有票、軍械等物，内有正會長康有爲、副會長梁啟超僞示、僞諭、僞通飭，有「國會總會」「國會分會」及「自立會」「自立軍」各名目，總會設在上海，分會設在漢口。匪首唐才常供詞，頗牽涉國會諸人，其僞札有「報明上海國會總會開用關防」之語。其弟唐才中供詞：「去年康、梁及唐才常設自立會，今年六月將自立會併入國會，在上海刊印富有票三十萬張，分散夥黨，招匪起事。」等語，不勝駭異。國會人數頗多，並非盡係康黨，其皆通謀知情與否，不敢臆斷，要之必非無因。唯事關重大，尚未得有實據，本部堂姑隱其名，不得不爲諸人正告之。

國會中人，就所聞知，大率誦讀《詩》《書》，或且挂名仕籍，其中多才能文、講求時務者，頗爲不少。尊親之義，豈有不聞？順逆之理，豈有不辨？或因目擊中國阽危，憤激不已，而又略知外情，進用無階，懷才自負，在滬又習聞民權之説，遂以變本加厲之心，迫而爲行險徼倖之計。檢閲往來逆信，其持論宗旨，無非襲康、梁之唾餘，曰「人人有自主之權」，曰「不受朝廷壓力」，曰「流血以成大事」。所讀無非慘礉凶險之辭，所傳無非誣罔不道之語，所謀無非犯上作亂之事。不知康、梁以作亂逃亡，故必欲誣謗宫廷，以解其罪；煽亂報復，以逞其毒。彼自爲計耳，於國家何與焉？於士民何與焉？比年以來，康、梁邪説久已腐敗暴露，爲人之所厭聞。而國會諸人，大率本非康黨，忽然驚爲新奇至論，相率信其誑語，然其死灰，字字皆是康説，儼同私淑，併爲一談，如狂如醉。此則至愚極謬、不可不亟思改圖者也。

夫國事艱危，至於此極，凡朝廷政治之闕失，中外大臣之愆謬，舊弊何者必宜除，要政何者必宜舉，苟有所見，婉切指陳，或大聲而呼，或垂涕而道，以自附於工諫、師箴之例，有何不可？乃若自主之權，則亦有之矣。求己之學，是謂自主。果其蒿目世運，立志濟物，不存苟安之心，不爲無用之學，博通外事，多譯西書，研求政術，探討藝數，或朋友講習，或傳諸其人，下開士民之風氣，上備國家之任使，時局至此，藏器待用，不患無時。即使不樂仕進，而出其才智，保安鄉里，爲鄭司農，爲田子春，於人有濟，即是功業。此則君子行藏之正軌，抑亦俊傑建樹之坦途也。今計不出此，而下喬入幽，去順效逆，其知康黨爲亂人而從之耶？抑謂康黨爲志士而和之耶？據唐才常辦事規條，皆奉康、梁僞諭，有云「指定東南各省爲新造自立之國」，「不認滿洲爲國家」。康、梁此會之宗旨如此，不知置我皇上於何地？而以之詐騙商人，斂取錢物，靦然號於衆曰：「我乃保皇會也。」及康、梁僞通飭密教其黨，則曰：「欲圖自立，必借遵皇權也。」欲欺華人耶？已明明放票作亂矣。欲欺洋人耶？此洋文規條數十紙，已爲英巡捕查獲持去，各國領事、教士傳觀矣。天奪其魄，狡謀畢露，雖使巧詞曲説，其爲叛逆之實，何所逃於天地之間。且沿江沿海匪徒，如哥老會、三合會之類，其人皆貪淫無法，獷悍無親，其名目、口號，皆盜賊無賴，專以焚殺劫掠爲事。無論中外，人人痛恨。今不惜委曲，就其名目、口號，用貪淫獷悍無賴之人，以逆叛君父，而美其名曰「勤王」；以賊殺商民，占奪城池，而飾其説曰「保國」；以之自立，不認國家，而矯其辭曰「保皇」。返之於己而不安，喻之於人而不解，驗之於事而不相應，發之於勢而不可行，其萬難徼倖，不待智者而知矣。一旦敗露，幸而脱逃，不過終身匿跡租界，或者假息南洋，跼天蹐地，高厚不容。且諸人父母妻子、祖宗墳墓，亦豈能盡歸化外？苟有人心，安得一無顧慮乎？且即使匪起亂成，亦終是自取其害。嘗記咸豐季年，皖北捻匪分墟角立，出巢千百里、殺掠數月而回，及歸其鄉，則已爲他墟之捻殺掠，乃無歸矣。他墟之捻亦然。因互相嗟歎曰：「反亂紛紛，何日平乎？」近捕獲一湖南人入會者，致其家人密書云：「某月日，難將作，惟居鄉可免。」觀此兩事，自作自怨，抑何其愚！

夫兵猶火也，燎原既成，誰能收之？會匪猶決河也，横流四出，誰能限之？沿江沿海會匪本多，今諸人乃設法鼓煽之，游説之，資助之，果如所謀，群匪並起，各省皆亂，各肆其焚殺，各縱其淫掠，而且輾轉逆流，此討彼竄，或一省之内互相攻剽，或數省之間迭相蹂躪。此輩戰鬬所據之地，劫掠所得之財，豈能拱手獻之國會乎？此郡之人爲亂於外郡，而其鄉已爲他郡之匪陷之；此州之人爲亂於外州，而其家已爲他州之匪戕之。恐自立會僞札之墨未乾，而若輩之鄉里、親戚殘燬盡矣！又況鷸蚌未決，漁人乘之，徒作滔天之惡，終必無立足之地。强國八九，豈有與朝生暮死之流寇，立約通商、使命往來之理乎？且其會以自立爲名，以自主爲教，此數十萬之會匪，自必遵其宗旨，人人皆有大者王、小者侯之思。唐藩鎮王武俊有云：「不臣九葉之天子[一]，而臣叛逆乎？」吾知諸人之僕隸夥黨，亦必將爲彭寵之奴、翟讓之將，而此起事之諸人，率皆文弱書生，自必先就翦屠，不待言矣。唐才常乃康有爲門徒、死黨，其逆亂固不足論，何意耳食康説者，亦復爲之。語云：「卿本佳人，何爲從賊？」吾爲國會諸人思之而不得其解也。嘗考康黨作亂之旨，皆依託公羊家謬説。然《公羊》經師有精言焉，其説曰：「天下愈亂，《春秋》愈治。」今天下並未全亂，而國會諸人乃欲使之大亂，又何其與《公羊》之説相反也！

至各省出洋遊學諸生，費國家之鉅款，賴國家之翼護，資之出洋，俾其就傅，凡所造就，皆出生成。若非藉國家邦交之誼，彼國外部、文部、參謀部、各學校長，誰肯如此盡心，專設華生學額，約定速成課程[二]？苟無人經理培植，倀倀無之，則一流寓覓食之外國人而已。今聞亦有惑於國會之邪説而附和之者[三]，不思朝廷之恩，不念官師之教，乃欣羨逆黨，以爲志士才人之所爲，稍有一藝片長，轉作反噬倒戈之用，謀以自覆其宗國，古今有如此之悖且忍者乎？外國學校以倫理爲第一[四]，既悖且忍，外國將鄙惡之不暇，尚能重我、助我乎？古今有既悖且忍之人，而能成事者乎？

惟願自今以後，國會諸人以及外洋各省遊學諸生，有則改之，無則加勉，自愛其身，自重其名，勿爲康黨所愚，勿蓄異謀，以枉其天才，勿助凶人，以殘其種類。即使真係康黨，亦多由草野寡陋，不曉朝事，受其欺籠，以逆爲忠，致貽絓誤，於是往而不返，入而不出，海島飄篷，亦復何味？夫鳥窮而啄，獸窮而攫〔五〕，豈盡本心？今日除康、梁二人外，其康黨曾與詭謀而逆跡尚未昭著者，果能憬悟改行，勿作非，勿惑眾，官司亦自不株連窮治，何必日行荆棘中，以流血爲身心性命之學，而以殺召殺哉？即使曾經隨同起事，現在刊章逮捕之列者〔六〕，若早能詣官首悔，尚可許其湔洗自新。如其不然，則本部堂粗明大義，有扶植名教之志，忝任疆圻，有保守疆土之責，倘必欲自干法網，又豈本部院所能寬？且各省封疆大吏、文武紳民，孰不知有忠孝，孰不愛其身家，何處可以容此輩之窟穴，任此輩之横行？甚至各國洋官、教士〔七〕，亦皆惡其悖亂，視爲下流。身名俱喪，進退皆非，清夜自思，何苦爲此？

吾聞亞洲極西之地，有猶太國焉，爲土耳其所滅，種人分散，寓處於歐洲各國，不能爲士爲官，以攙和金銀成色爲生業。各國語及猶太人，皆鄙賤之。何以鄙賤之也？爲其宗國已亡，無復君長也。嗚呼！國家多難，至今日而極矣。然而，國雖弱，可望其復强；政雖弊，可望其復理。若會匪魚爛於先，各國瓜分於後，則中華從此亡矣，不能望其復有矣。神祇爲之怨恫，祖考爲之號泣，子孫爲之窘辱滅絶，奴隸牛馬，萬劫不復。從康之禍，一至於此！

吾爲國會中人説，並爲康黨説，是依聽之，是違聽之。在會者迷復不返，未入會者慎之思之。嗟爾康、梁，慎勿猶太我中華也！

【校勘記】

〔一〕「子」，原誤作「下」，據《舊唐書·王武俊傳》及苑書義主編《張之洞全集》改。

〔二〕「約」，苑書義主編《張之洞全集》作「酌」。

〔三〕「今」，苑書義主編《張之洞全集》作「學生中端謹忠純者固不乏人然」。

〔四〕「理」下、「一」下，苑書義主編《張之洞全集》均有「科」。

〔五〕「攫」，原誤作「攖」，據苑書義主編《張之洞全集》改。

〔六〕「章」，原誤作「單」，據苑書義主編《張之洞全集》改。

〔七〕「教」，苑書義主編《張之洞全集》作「西」。

覺迷要録卷三

公論類一

公論類二

【校勘記】

〔一〕正文此篇在上篇之前。

〔二〕按，正文無此篇。

公論類一

江督劉息邪説論

本月初五日，《新聞報》載康有爲逆書，騰其邪説，冀欲離間我兩宫，並欲啟釁於外人，以亂我中國。其用心至毒，其爲計至愚，徒自彰其背叛之罪而已。嗚呼！上天佑我大清，以安中國也；上天生我皇太后以保大清，亦以安中國也。我中國歷代以來，每遇人主幼沖，母后臨朝稱制，垂爲令典，史册昭然。其最賢者，如漢之明德馬太后、宋之宣仁高太后，稱爲女中堯、舜。維時國家全盛，易於守成，未若我皇太后運際多艱，勢成孤立，卒能撥亂反正，以奠磐石而固苞桑，功德之隆，超邁千古也。

咸豐十一年，我文宗顯皇帝熱河駐蹕，龍馭上賓，我穆宗毅皇帝年僅七齡，繼統嗣位，尊聖母爲慈禧皇太后，與慈安皇太后一同聽政。同治改元，肅順諸人，以顧命之重，憑恃親貴，植黨專權，不啻城狐社鼠。京師則有英、法、美各國，甫經議和，人情惶懼。加以洪逆久踞江南，攻陷蘇、杭各省；河南、山東、直隸，捻逆竄擾；陝甘、新疆、雲貴，回逆、苗逆披猖；兩廣、兩湖，又時有土匪出没。天下幾無一塊乾净地，大局岌岌莫支。我皇太后聖明獨斷，毅然回鑾，首鋤内奸，以清根本，脩好外國，以安人心。任用曾、左諸帥，分道進兵，賞罰嚴明，軍情鼓舞，不數年間，蕩平諸逆，克復各城，大功厥成，而後歸政。是皆中國所共見共聞，非我皇太后之力，曷克臻此？同治十三年，我穆宗升遐，天崩地拆，前星未耀，主器無人。我皇太后揮泪擇賢，援立今上，入居宸極，年僅四齡，劬勞之恩，比先朝尤篤。迄今二十四載，兩宫慈孝相孚。

此次變法自强，事體極爲重大，深宫商酌可否，所以慎始圖終。乃狂悖如康有爲、譚嗣同等，敢懷猜忌之私，竟爲劫制之計，變生肘腋，禍起蕭牆。九廟在天之靈，幸而陰謀敗露，我皇上赫然震怒，將譚嗣同等立正典刑。而康有爲漏網餘生，猶敢肆其誣衊，登之日報，意在造謡惑衆，以圖死灰復然。不知是非好惡之公，人所同具，無論中國官紳士庶，見此報者，莫不切齒裂眥。即外洋文明之邦，皆知尊親大義，亦詎信此亂臣賊子之説？

我皇太后訓政以來，於變法諸事，如各處軍營改練洋操，各省添設中西學堂，以及農工商務，莫不勤勤懇懇，飭令認真舉行。其於保護教堂、教士，優待洋官、洋人，不啻三令五申。是皆欽奉懿旨，班班可攷者。而康有爲無端毁謗，實屬自畫招供。其仇視我皇太后，即仇視我大清。觀其結會，謂「保中國不保大清」，中懷不軌，肺肝如見。第以有我皇太后在，則我大清未可圖也。抑知我大清國勢雖弱，國祚方長，謹就上天之所以眷佑我大清迴殊前代者，略舉數端：

自古經營大業，必待長君。我世祖章皇帝以冲齡開刱，我穆宗毅皇帝以冲齡中興，古有之乎？無有也！三代以下，人主在位，不過五十年者，間有享國長久，如梁武帝、唐玄宗、元順帝，而末路不堪。我聖祖仁皇帝在位六十年，我高宗純皇帝在位六十餘年，四海清晏，坐享太平，古有之乎？無有也！西漢、東漢判然兩朝，以後如晉、如梁、如唐、如宋，雖有興復之功，是非偏安，便成殘局。我朝同治年間，次第規復各省及新疆諸城，中外肅清，金甌無缺，迄今三十餘載，依然一統河山，古有之乎？無有也！

我大清上承天眷，取之於賊，非取之於明，除殘去暴，其主中國也固宜。三百年間，深仁厚澤，浹髓淪肌，已於南皮張尚書所著《勸學篇》、端京卿所著《勸善歌》詳言之矣。嗚呼！我大清之撫馭中國如此，上天之眷佑我大清如此，則我大清億萬丕丕之基，方興未艾，則凡覬覦非分者，鑒於康有爲，當廢然自返矣。戊戌九月二十四日《申報》

徐可大紀逆犯康有爲緣起

康有爲原名祖詒，通籍後始改今名，南海西樵山人也。以難廕肄業成均，居京師數年，挾詩文遍干公卿，頗邀名譽。而康素行無賴，日遨遊平康、菊部間，率皆不名一錢。吾鄉某學士，時奉督學浙江之命，耳其名，聘之入幕，關書甫送，借券已來。學士愕然，爲贈百金，婉辭謝之。久之，債券山積，計無所施，遁而南旋，道出滬上，故態復作，一如在京所爲。狼狽返粤，授徒自給，知不爲清議所容，乃剏新學，以炫庸衆，復剽竊前明焦氏之説，作《僞經攷》。狂妄少年，半爲所惑，由是生徒日衆，名譽益張。康甚得計，因其自號「長素」，遂僭擬長於素王，别立「超回」「軼賜」「勝由」「邁參」等名目，以名其弟子。其意蓋謂康氏之學將奪尼山一席，下此如濂洛關閩諸儒，更卑卑不足道也。

未幾，舉孝廉，成進士。康思得大魁，以張其學，賄通要津，意在必得。事爲吾鄉李仲約侍郎所知，侍郎固嫉惡如仇者也，適爲閲卷大臣，抑其卷不進呈。康志不得逞，遂銜侍郎刺骨。通籍後，藉其聲譽，益肆招摇，尤好唆人搆訟，俾得從中漁利。遇碩腹賈，則折枝舐痔，惟恐不及。嘗聞其獎論吾粤人才，云在港得一人焉曰某某，在澳得一人焉曰某某，迹其人，則固賭匪，挾有多資而曾假以數千金者也。

中日之役，償金割地，爲中國第一大辱。康乘人心之浮動也，剏興强學會。凡入會者，人輸十金。其時上則疆臣、搢紳，思開風氣，捐款剏興，下則輿臺皂隸，輸金濯污，亦得濫列其中。名强中國，實便私圖。會中捐資，爲數甚巨，及會散，衹餘七百金。未幾，開設報館，復集巨款，所出報紙獲利甚豐，盈餘之資，悉歸其黨徒揮霍。

凡康之斂財聚衆、結黨營私，大率類是，筆難殫述。至自召見後迄謀逆事，載在國史，詳於各報，兹不具録。

論曰：康有爲以一無賴子，於西學尤非所長，而天下士大夫之言維新者，咸欲攀鱗附翼，奉爲宗主，不亦異哉？假令逆謀不敗，邪説横行，中華文物之邦，不幾淪爲無父無君之國乎？嗚呼，幸矣！方康聲名赫赫時，客有問於余者曰：「康爲何如人？」余曰：「昔蘇老泉《辨奸論》斷王安石曰：『凡事不近人情者，鮮不爲大奸慝。』余則反其説以斷康有爲曰：凡事太近人情者，亦鮮不爲大奸慝。於何見之？漁色，一也；圖富貴，二也；能爲謟諛，三也；背道徇俗而以西學趨時，四也。至學問乖僻，議論狂誕，凡其所以惑世誣民者，皆足以喪身亡國者也。」曾幾何時，不幸言中已。雖然，使康而俛首受刑，視死如歸，凡厥徒黨，猶得藉爲口實，乃狡兔營窟，竟恃鄰國爲護符；猘犬狂嘷，欲煽潢池之兇燄。逆書一首，孽等於吕留良，罪浮於洪秀全。血氣之倫，靡不知其罪大惡極，而喪心病狂之徒，猶復恃有外援，羽翼其説，不知綱常，不顧名教，不惜性命，心中目中口中，祇知有一康有爲，不亦大可哀哉！

戊戌九月二十五日《申報》

梁鼎芬太史駁叛犯康有爲逆書

近見康有爲逆書，獸不擇音，悍悖已極。凡我大清國臣民見之，皆髪指眦裂，思食其肉。

忠臣孝子，人有同心，如此病狂，何煩筆舌？但恐其逆謀奸計未盡周知，今特明白斥駁，以告海内，詞曰：

我穆宗毅皇帝御極之初，我皇太后垂簾聽政，躬行節儉，任用親賢。其時群彦雲興，百廢具舉，於是誅戮肅順大奸，削平洪逆大難，京師以定，天下以安。同治十三年冬，毅廟有天花之喜，明降諭旨，海内所知。臣民不幸，攀龍莫及。我孝哲毅皇后秉性賢淑，最得皇太后歡心，遽遭大喪，悽傷不食。皇太后哀憐備至，數遣内監賜饌，涕泣固辭，未幾遂殉。今已二十餘年，皇太后每念孝烈，猶泣下也。方毅廟晏駕之日，未有帝子，人心皇皇，廷臣私議，意在立嗣，而近支王公，年輩多有未合。惟我皇上天性温孝，神表不凡，無能逮者，幼在藩邸，已承慈眷。皇太后斷自聖衷，遂立我皇上爲文宗顯皇帝嗣子，俟生有帝子，以繼毅廟。詔書煌煌，靡不悦服。是我皇上之入承大統，出於皇太后擇賢之心，豈有如今日逆犯康有爲之所言者？我皇上受深宫愛眷之隆，先帝付託之重，豈有如今日逆犯譚嗣同之所爲者？凡我大清國臣民，皆知之矣。

光緒紀元，我皇上尚在沖齡，廷臣復請依同治朝垂簾故事。皇太后悲哀於心，而上念宗社，下念百姓，不得已始俞所奏。我孝貞顯皇后聖德端重，與皇太后至相愛敬，宫中稱謂，親曰姊妹，國之大事，議定後行。何期七年辛巳，有上仙之痛，皇太后獨臨政殿，泫然傷懷，追思昔年同艱共命，一旦永辭，往往不樂。故待至我皇上大婚禮成後，即頒歸政之旨，聖主泣求、廷臣跪請，皆不許。屠御史仁守忠直通雅，爲諫官第一，奏請歸政後仍擬寫「皇太后聖鑒」字樣，亦不許，且以是革職，永不敘用。屠御史之賢，皇太后豈不知之，而不從其言，且重其罪者，蓋深宮不欲訓政之心，不如是不足以曉諭天下也。逆犯康有爲狂吠而已，安足知此哉！且嘗觀其初上皇帝書矣，有云：「皇太后、皇上聰聽彝訓，樂聞讜言。」又云：「皇太后、皇上端拱在上，政體清明，内無權臣、女謁之弄柄，外無强藩、大盜之發難，宫府一體，中外安肅，宋、明時承平所無也。」又云：「皇太后、皇上敬天勤民，法祖宗，用耆舊，聖德之美，踰越古今。」又云：「皇太后、皇上有光明聖德，可與堯、舜之治。」又云：「皇太后、皇上仁明之德，何弱不振？」又云：「皇太后、皇上高座法宫之中，遠洞萬里之外，何奸不照，何法不立？」中間一段直云：「皇太后聰明神武，臨政二十年，用人如不及，從善如流水，開誠心，布大度，孜孜求治，用能芟夷大盜而致中興。生每伏讀穆宗毅皇帝聖訓，未嘗不感激起舞，至於流涕也。」云云。查此書光緒十四年十一月作，其尊頌皇太后之詞，聯行累句，斑斑耀目，名爲論事，意在乞恩。核以今日狂吠各端，逆犯當時不應有此篇文字。蓋時求富貴，則但有頌揚；身在逋逃，則極意誣謗。反覆狡詐，無耻無理，一口兩舌，人頭畜鳴。千古亂臣賊子，未有此之可駭可恨、可鄙可賤至於斯者。賊心但有官職，但有貨財，但有戈矛，但有徒黨，乘我皇上鋭意求治之日，又爲翁師傅造膝密薦之人，於是逞其奸謀，夾以危論。倚張蔭桓爲羽翼，結內監爲腹心，陽託變法之名，陰行僭逆之事，欺侮我聖主，貽害我百姓。得罪之後，逃在外洋，與逆犯孫文聯爲一氣，無所不至，無所不言。

古之賢人、君子，忠而獲罪者多矣，然皆甫聞嚴旨，即服爰書。臣罪當除，忠魂可補。朝衣東市，碧血西曹，莫非君恩，曾無怨恨。今逆犯不知忠孝，不顧廉耻，既莠言亂政，又畏罪潛逃；既不受刑誅，又廣騰誣謗。「燕雲」二語，意欲將何？狂吠至此，使我皇上見之，有不駭憤痛恨者耶！是逆犯不忠於我皇上至矣。此而可忍，孰不可忍！誠祈誠禱皇天鑒臨，我大清國，我孔子教，我廣東人，不幸有此無父、無君、無人理之逆犯康有爲，罪通於天，願天誅之！毒加於人，願人殛之！天地清明，永永不生此無父、無君、無人理之康有爲。此我大清國之幸也！此我孔子教之幸也！此我廣東人之幸也！戊戌九月十三日《申報》

附穗石閒人讀梁節菴太史駁叛犯逆書書後

月之十三日，梁太史指駁康逆之書，《申報》已登之矣。其逆書之狂悍，駁書之嚴正，人人能知之，不待僕之贅詞也。

僕嘗聞太史入翰林後，初識康，恒有往還。時康在西山，鑽研故紙，不問世事，不特不談西學，亦未治《公羊》學也。及太史上書劾某中堂六大罪，時相皆惡之，必欲重治其罪。皇太后、皇上寬恩，僅交部嚴議，鐫級歸里。康贈長篇五古，又七律一首，有「竟去修門奉佛龕，書來人已解征驂。清泉白石雲淙北，鐵馬戈船瘴海南」之句，太史亦答詩三首。此乙酉年事。後太史主講端溪書院，康來訪，并攜荷花卷子乞題，太史寫絶句三首。康赴順天試不售，流落京師，遍謁朝貴，上書甚多。太史屢函諍之，又寄七律一首云：「悵望江頭日暮雲，詞人絶代御蘭芬。上書不減昌黎興，對策能爲同甫文。可惜平生丘壑願，竟違天上鳳鸞群。倚門慈母今頭白，玉雪如何溷世紛。」末四語蓋惜之，亦譏之也。以上數詩，聞已刻本。

戊子冬，太史出游。康在京久不得意，回里著《新學僞經考》，全以私意譏訶古人，至謂鄭康成經學極謬，太史不然之。時朱蓉生侍御一新主講廣雅書院，與康學術不合，屢書詰駁，并致太史書云：「貴省聰明少年子弟，多爲康引誘壞了。」太史又屢諍康，又與侍御書及五古數首，皆論康學術不正，將來流弊甚大。

日事方亟，南皮張制府移署江督，延太史主講鍾山書院。康得進士，北歸來訪，留住十數日，勸康議論宜平正，做事勿誇張，講西學得其益、無流其弊乃有用。康贈詩，有「海内名山泰華高，南梁北盛并人豪」云云，盛謂宗室伯希祭酒也。於是商開强學會於上海。

時黄仲弢侍講紹箕同客白下，并聞斯舉意在正人心、開風氣，用意甚正。詎料康到滬後，任意出報發議，絶不商量。太史與黄公屢書争之，且詆之。最可駭者，不以大清紀年，而以孔子紀年，名爲尊聖，實則輕慢。太史與黄公深惡之，即日停報，自是與康不合。

去年十月，太史自鄂回焦山，來滬數日，康適在此，來謁二次，未見。及别時，始得一敘，論學術、治術益不合。康主民權，意在散君權，而託名西學，飾詞變法，以愚大衆。太史則言法制已壞者脩之，不足者采西法補之，要在行之以漸，不可孟浪。且勸康曰：「君才如此，宜恭謹遜順，乃能有濟。我但謹守六字：大清國、孔子教。如有欲叛者，吾必口誅筆伐之。」康遂北上。

今年春，康開保國會於京師。太史在鄂聞之大駭，即發電汪穰卿進士云：「康開保國會，章程奇謬。聞入會姓名將刻入《時務報》，千萬勿刻。」汪復云：「康會姓名斷斷不刻。」續見徐致靖薦康等數人，太史與張制府書，言「禍在眉睫」，又屢致陳右銘中丞電，言康之謬。黄遵憲、梁啟超欲借《時務報》行康學，太史不願，屢次函電争之。太史意謂：康學是一事，西學是一事；采西學可行者行之，可以致富强，行康學則適以之召亂。世人不分别，以康學混西學，故有千里、毫釐之失。又以許尚書、文御史皆以劾康得罪，疏内所言，大旨在以正人行西學則有益，其言忠切，遂合刻千本，分散人士。此皆在康逆未叛前之事，有函、有電，兩湖人士皆能言也。

僕因太史來書，并追記春夏以來所聞，縷述於後，可見知人之難，而太史秉正之心之不可及也。戊戌九月十八日《申報》

深山虎大郎與康有爲書

僕在海東之日，聞禹域有南海先生者，豪傑之士也，私心嚮之。及客滬濱，與大同譯書局諸君子辱交，益審足下學問淵博，操行堅固，傾慕倍切，以未得識荆爲憾。既而聞足下承旨督辦官報，來滬有日，屈指待文旌之至，竊冀介大同諸君子進謁左右。不料京師變起，時局反覆，足下有日本之行，曩之西望悵悵者，今乃東望惘惘矣。老杜有言：「文章有神交有道。」一月前足下介宫崎某賜手書敝館主人，拳拳以亞東爲念，憂國情殷，冲冲無已，勉諸同人以戮力國事。僕承乏主筆之末，然心與足下有宿契，敢奉一書，自通左右，後來文章、道義，互相切磋，可乎？但僕資性狷介，疾惡如仇，常與人忤，交友寥寥，湖海間唯有某某一二子，不相疏棄。薄遊海外，任意所適，自謂桂薑之質出於其天，是以不甚悔。今進言足下，未知足下性情何若，加以不文，竊恐言辭冒昧，失禮左右，自致罪戾，臨穎幾躊躇。然念足下爲維新之唱，身繫東亞安危，必能謙虚下士，容納直言，若以尋常應酬之辭進於前，恐非敬長者之道，於是乎言焉不隱情，直敘胸中所見以請教，非敢冒瀆尊嚴以沽直名也。龐士元所謂「不一叩洪鐘，伐雷鼓，則不識其音響」者，僕之意也，幸勿以唐突見罪。

僕近來致疑足下者有三：

足下值遇聖明，言聽計從，不啻拜住於文宗、方正學於建文，以郎署小官，左右大政，亘古以來，未曾有厥例。僕意足下感激之情，宜何如比也？雖肝腦塗地，未足報其萬一也。而一旦事敗，輒奔出國境，以爲自全計，不復問君安危，視諸拜住殉難、正學死節，寧無慚色耶？爲足下回護者，謂譚、楊諸子爲其易，而足下爲其難，引復生訣別書爲據。夫論人不原其心而據其跡爲褒貶，誠非忠厚之至。僕豈不知處於危邦、抱石赴淵之爲愚，然則足下之全身於萬難間，適足見其智有過人者，固不足爲足下病。獨聞足下之去國，因奉有衣帶密詔，故出疆求救云云，則僕懼未足解天下之惑。僕讀密詔，足下所宜哀痛急切甚矣。足下而有程嬰、貫高之勁節也，當單身入闕，謀出君囚，事雖不捷，百代之下，生氣凛然；如有杵臼、田叔之苦心也，當急出都門，裹糧結襪之不遑。乃足下遲遲而去，悠悠而行，如曾不知大禍將及其身。聞舟泊煙台，尚登岸買物，當時微某君仗義釋難，則足下必不免於虎狼之口矣。若曰大人胸中綽綽有餘地，然獨不念貴國大皇帝厚望於足下者乎？愛惜身體、善自調護者何在？誠使足下處是際，知危難將近也，必當直赴朝鮮或香港，以免萬死，何乃赴上海，自冒不測？夫不乘招商局舟，而爲葉斯克號英兵船救去者，天也，非人也！聞葉斯克兵船將弁抵重慶舟，促足下俱去，足下愕然不知所出。西報言是時足下尚不知網羅之將及。嗚乎！果信耶？欲僕無惑於受詔之事，不可得也。近有某某寄書滬上某報，云實無是事。彼固見人墜井而下石者，僕誠不屑引之以作左券，但天下之惑者甚多，雖素傾倒足下者，猶或未涣然於足下。意者烟台買物，乃譌傳耶？不直赴外國而赴上海，別有其不得已之故耶？雖然，未審其爲譌傳與否，未詳其不得已之故，則焉能無致疑乎？是僕之所以致疑一也。

足下謂：艱難萬死，奔走四方，未能輸張柬之之孤忠，惟有效申包胥之痛哭。其意似欲依藉他邦之力，以廢訓政之舉，心非不苦，而僕恐終於空言。夫春秋之世，商局未開，加以用兵權在君主，君主謂兵可出，則頃刻而事可辦，國民莫能阻之，故秦伯得行其義。今歐美諸國除俄外，其權皆移在下民，況列國通商，利害所關，千緒萬端，縱使列國君主中，或有憫足下孤忠，如秦伯之於包胥者，然國民不肯出兵出餉，君主其奈之何哉？或言和戰之權既在下民，若游説黨會間，或可遂願。然中國之事，中國爲之，分也；如他國越俎謀之，則欲保全他人社稷，而使我國反或瀕於不測，今之人不爲也。夫一人能出死力拯他人於難，世固多有之，然未聞有一國同心爲他國而出死力者也。蓋内外之辨，不得不然。昔者法國政府嘗允法朗格林之請，出兵助北美，使其作自主國。其後希臘之反突厥也，英、法義民雖多報效希軍，然其政府則初皆不敢公然助希而討突。近年波蘭志士某者，憤俄人陸梁吞滅其國，游德、美、英、法諸國，求其助彼恢復，竟無憐其志而允其請者。蓋年愈近而干涉他國之舉愈少，殆國家情形不得已也。今雖或有干涉他國之事，然大抵爲利己國起見也，不爲利彼干涉之國起見也。如北美政府藉口西官虐待古巴島人，干涉西班牙内事，與之開戰，其言甚美，然其圖利己國之私心，有不可掩者。今足下爲貴國君民求救他國，僕恐諸國上下議院中人，灼見干涉貴國内事之無利，必不允足下之請，而興弔匡復伐之師矣。且僕竊有爲貴國危者焉：足下走英、日、美求其援，則彼榮禄、剛毅輩，亦必倚俄、法自固，是乃速貴國瓜分之端也。僕以種族爲東亞之民，見貴國政變，不勝悲憤，挺身爲足下之役，固所不辭，然假使我國議允足下之請，出兵與貴國新政抗論，則僕亦不得不作扣馬之諫也。蓋一人之情，與國家之勢必不相合也。若使足下與僕易地而居，度亦如此。今足下乃欲以申包胥自居，冀感動他國之君民，或肯出死力而救其社稷，僕甚惑焉。是僕所以致疑二也。

足下醜詆太后實甚矣，僕輩國外之民且不忍讀，況貴國之臣子乎？夫太后果有失政，如足下言與否，僕未知之，亦不願知之也；即果有之，亦非足下所宜言。足下目太后以僞臨朝，以吕、武〔一〕，凡醜污之稱，無不加之。然太后猶依舊爲天下文母，未至篡立，與夫吕氏、武氏有間矣。夫訓政之舉，在專制之國，以君主上諭出示爲正，他國無問罪之理，無他，出於國家自主之權也。今足下列舉其疑似之跡，公告諸世界，欲使列國政府問其罪，列國豈肯絶赫赫之交，而允逃人之請哉？曩者足下在香港，作文寄各報館，醜詆太后，表白其十大罪，又作《奉詔求救文》，函致列國使臣，發訐椒房陰事，延及太后、皇帝母子之際。若太后、皇帝之猜嫌，果如足下言，則足下之文，適足以增皇帝之危。昔法國變亂，貴族、僧侣相率走國外，其時國王路易十六世囚居孤城中，亡命貴族輩在外國傳檄恫喝，山嶽黨人恐禍及，遂弑路易以絶後患，史家言「弑王者乃貴族，非黨人」。今足下如鴻飛冥冥，弋者不能從，放論縱言，無害於身家，然貴國大皇帝囚在宫中，爲守舊黨人所挾制，可不爲寒心哉？〔二〕足下又言太后於今上無母子之分〔三〕，僕尤不服。夫正位西宫，垂簾訓政，皇帝以天下養，即巍然爲天下父母，尚何嫡、妾之别哉？雖然，足下苟於立朝之日，獨持此義而正言之，則義雖未當，而足下之不畏死，固可與龍逢、比干争烈矣。乃僕聞足下昔者在位，每上書言事，亦未嘗不循例稱皇太后、皇上，一旦去國，乃作惡聲，是樂毅之所羞也。敝國維新之前，德川氏横暴滔天，弁髦萬乘，魚肉忠臣，而尊攘黨諸人，訖於其紀，不失尊禮，以天朝幕府齊稱之。近日朝鮮閔妃蠱惑國王，殺害志士不下數百人，朴泳孝等坐之見逐，瑣尾流離十餘年，未聞其發訐妃陰事以自快也。蓋諱國惡，全臣節也。再者，敝國與貴國皇室互相通問，執敵體禮，足下之所知也。若如足下言，則是我國使臣奉謁僞朝也，將置我皇室於何地耶？而足下不以此略加意。此僕所以致疑三也。

夫古來有關世運之豪傑，其在當時，每與俗忤，動招誹議，僕非不知，但足下所爲，似有未盡善者。雖以僕之平生傾倒於足下，猶不能無少疑焉，況他人乎？聞足下近使門人梁卓如刊行《清議報》，逞其危言崇論。夫天下事非口舌之所能爲，足下豈不知哉？假外人爲護符，嗚攻得天助之貴人以自快，何補於時局？道路傳貴國政府使奸人入敝國以覘足下，欲得而甘心，蓋由足下所宣之《求救文》爲太后所見，益增其怒。又聞新政府有密查江南、兩湖地方，再興鈎黨獄之議，縱足下不自重，豈不恤本國維新黨人哉？

僕欲請教者不止此，姑先舉其大端以奉質，伏祈足下憐其迂愚，垂誨爲幸。至語多冒犯，他日當肉袒負荆，登門謝罪。某頓首。《亞東時報》第五號

【校勘記】

〔一〕「武」下，《亞東時報》本有「以逆后以淫后」。

〔二〕此句下，《亞東時報》本有「或曰太后幽囚皇帝阻廢善政可以大逆目之然竊謂太后之殺六京卿禁百官士民上書失政也非大逆也未可以是貶其尊位」。

〔三〕「太后」下，《亞東時報》有「爲先帝遺妾」。

鄒部郎淩瀚致宗室壽富伯福庶常論康有爲書

横濱送别君，自此遠辭已三月，未通一書，遥企京華，殊深馳系。判襼時蒙殷殷重囑，以康有爲諸人亡命日本，廣布流言，謀危中國，命弟隱加防備，極力抵制康黨，無使逞毒，云云。弟伏念世受國恩，兹事體大，又係邦家之安危，復承密囑，敢不盡心？好在弟夏間游歷，抵日本時，即極力詆斥康有爲浮躁悍悖，狂妄無識。當時日本士大夫，頗訝弟言。至秋八月間，遂有誅康之事，故日人皆以弟爲先見，深信不疑。弟每與日人晤談，抱定諭旨中「康某乘變法之際，陰行其亂法之謀」二語，立論亦正大，亦切時。因康某託辭以變法獲罪，故日人視爲國事犯，照萬國公法以姑容之。今弟斥非變法，實亂法，所謂攻其要害，無處避藏。故自閣下去後，日本各新聞報昔之譽康黨者，轉而詆罵康黨誤國。其中暗爲轉旋之妙，李星使與弟二人不爲無功。康黨志在傾害中國，藉報私仇。弟同星使謀安國家，杜外人干預，其道邪正不同，而用心則極相抵制。康黨在日不得逞志，知星使同弟痛加詆斥之，故亦恨我次骨，屢次上報嫚罵星使與我矣。該逆黨於朝廷尚敢誣謗，何況我輩，一笑置之耳。

弟以思歸甚切，於是月十五日辭星使返國，臨行赴日本外部大臣青木周藏及首相山縣友朋各處辭行，再三申明中東唇齒之誼。渠等感悟，深以弟言爲然，青木大臣并云：「貴國亟須維新，尤以强兵、阜財、造士爲第一義。貴國强，則各國畏之，願爲友邦，否則，己之不振，而欲各國敬待，不可得也。我日本較貴國褊小，然西洋不敢輕視者，維新變法之功也。中國八股文字，所習非所用，何樂固守不移乎？八股之害，汩没人才性靈。」青木又云：「此論非有心譏笑，亦非憑空而發，實由親歷得來。渠少年習漢文時，亦深惡人言新法，及親到歐西肄業，游歷各國後，始大悟昔年之執迷。今中國人惡聞新法者，想亦如我數十年前少年景象，故願貴國之及早醒悟。」云云。弟又稱我皇太后、皇上之聖明，今政府大臣亦多賢良，必能振興中國。渠云：「不可因康黨事，錯誤了國事。」云云。其言如是，敢述之執事。

今康黨在外國流言，以中國不肯變法，逐康有爲後，則中國無復興之望。斯言可惡可恨，吾輩實爲痛心。惟我政府事事振作，如練兵、理財、興學、育才諸政，皆擴充舉行，則該逆黨遂無所藉口，不必弟等在外國以口舌争勝，可以固金甌而消外侮。此固我政府熟知，無俟縷陳者也。

嚴寒料峭，諸惟爲國珍重千萬。戊戌十二月二十四日《申報》

邱菽園論康有爲書

不佞前上陶制府一書，比年以來行誼、心跡，大略躍陳紙上。猥蒙薄海内外各華字報館選録刊登，不佞之志見於是，不佞之言亦詳於是，天下不乏明眼人，固可相觀而喻矣。乃論者不察，以去年康有爲之來星嘉坡，曾一爲延納，遂多以昔年黨康、今日拒康，而中間若留一大段疑訝問題者。噫嘻！如是云云，則前上陶制府一書，豈不是言已盡而志反晦乎？無已，請更爲抱疑團者一剖之(一)。

夫僕産閩中，家居海外，其與康無一面交，無杯酒歡，固薄海内外人所共信矣。所以於其來坡而開閣見之者，固有如前上陶帥書所言，以康爲皇上所識拔之人，又自故國政變中來，欲以一見而藉知朝政耳。至於其人心術，則前粤東學臺張總憲百熙保摺尚有未知何如之言，況不佞與之絶未謀面，而竟於一見之下甘爲其黨哉？而不佞以海邦男子，兩年以來藉蒙康黨之名者，豈真獨無聞見而曾不一爲辯白歟？誠以黨與不黨，我心清白，原自有真，而不圖陰鷙險狠之康有爲，即以不佞兀傲自喜，曾無趨附門下之心，故動輒援借微名，播告天下，極力表暴，或刊各報紙，或印名會單，不惜齒牙，大加贊譽，深恐天下人士不知不佞爲其黨也者。甚至如漢口鄂督所捕之會黨，及粤東德輪所獲之海盜，搜其行篋、身上，亦復徧有僕名。至於在漢臯正法之三十餘人，以及窟穴上海爲康辦事之衆，則平日報章、會單絶無提及而稱道之者。

大抵康之爲人，「結黨營私」四字，乃其死後不磨之謚，而其結黨之法，則以其學問爲招徠之幟，以大帽子爲牢籠之具。凡屬少年聰俊、好奇喜事之輩，一與之遊，無不入其彀中。此則戊戌以前在粤聚徒及在京結黨之手段也。至於亡命出奔以後，則又變用其結黨之法，以維新爲欺人之術〔二〕。其與爲仇者，則攻擊之；其施之以恩者，則愚誘之。若夫豪傑有志，熱心君國，不甘趨附之流〔三〕，則必推重其名，表揚其義，逢人説項，到處推袁，一若此人爲其前生父母、再世知己，而天壤難逢、篤生不偶者，一欲收其入黨之心〔四〕，一欲絶其歸國之路。其用計之狡，弄術之工，至於此極。故凡報紙上所臚列新黨之名及其行事，或登諸各西報，或見諸《清議》《知新》等華字報，極言其人若何有志，若何明義，若何捐款者，大抵皆非其黨而懼終不入其黨，故亂造謡言，冀使内地官場得聞姓字而設法捕獲，則雖有志士，亦若苦於進退維谷，而不得不依草附木，以中其計。此康有爲出走以來結黨營私之心術也。不然，康之死黨、謀事諸人，如王鏡，如徐勤等，凡勾通緑林，接引會匪，皆經其手，而聲名反寂寂無聞，獨於不佞及當世所謂大人先生翁師傅同龢、劉制軍坤一、唐撫軍景崧、岑撫軍春煊、嚴觀察復、陳撫軍寶箴諸公〔五〕，特揄揚萬分於其筆下與口頭哉。故欲知康黨與新黨之分，但觀康之隱揚足矣。其揚之升天者，其人必立志維新，而不肯入黨者也；其隱之埋地者，其人必彼死黨，而甘與之圖謀衺言、倡行自立者也。

噫！君子絶交，不出惡聲。不佞以不設城府待人，被其苦推入黨，誠難與衆辯論，獨惜天下人才墮其奸術之中，無能解脱以再爲國家效力者，良可痛也。故論康如左，以爲世之知言君子共鑒之。

【校勘記】

〔一〕「團」，《北京新聞匯報》作「問」。

〔二〕「以維新」上，《北京新聞匯報》有「以皇上爲保命之方」。

〔三〕「流」下，《北京新聞匯報》有「稍與周旋」。

〔四〕「收」，原誤作「攻」，據《北京新聞匯報》改。

〔五〕「諸」上，《北京新聞匯報》有「黄廉訪遵憲」。

公論類二

中外報二十四則按年月編次

詳紀京都近事

昨得北京西友函云：八月初六日，奉密旨拿工部主事康有爲，已於初五日出京，僅留其弟康廣仁及僕從數人。步軍統領旋將康廣仁帶交刑部，當傳密旨，交天津、上海各處嚴拿。聞康乘坐重慶赴滬，北洋大臣派飛鷹兵船追赴上海。復派王莬生觀察帶同兵役嚴緝，均未弋獲。此初六日事也。

初九日五更，步軍統領復奉密旨，拿譚嗣同、劉光第、楊鋭、林旭解交刑部。劉光第是日軍機值班，於午門外拿獲。譚嗣同交刑部後，慷慨大言，謂：「丈夫做事，自願以一身當任，何必牽涉株連。」云云。張陰桓、徐致靖、楊深秀，於是日下午始奉旨拿問。而已革御史宋伯魯、舉人梁啟超，業於初七日出京，故未拿獲。刑部奏請以案情重大，須欽派王大臣審訊，奉旨著派軍機大臣四人、都察院四人，會同刑部嚴行審訊。此初九、初十日事也。

至十一日，外間傳説有各國公使會議詰問亂黨之説，《國聞報》又載有外人擬來干預之說。同日，各京官奏請速降明諭，遲恐中變。下午，榮中堂祿進京，是夜請安，十二日召見奏對，有兩點鐘之久。

十三日晨，軍機王大臣會同都察院至刑部審訊欽案，各司員及前往聽審者幾二百人。候至午刻，尚未提訊。未刻，刑部奉到密旨，即著將官犯康廣仁等六人提出部中，各官咸鵠立候審，不知此時已綁赴市曹處決矣。監斬官爲刑部尚書剛毅、步軍統領崇禮，沿途官兵擁護嚴密。張蔭桓聞經各國公使求總署代奏，免其重罪，是以有交刑部看管之諭。官犯各人臨刑時，有穿公服者。惟康廣仁襪而登車，身著短衣，面色如灰土。譚嗣同激昂就戮，甘死如飴。林旭先號咷而後笑。有親友饋送紙錢者，約數十人，至夜即有各家屬前來收殮。惟康廣仁無人出名爲之收瘞，經粤東會館出錢，交四川會館僱人代收，瘞於三聖庵側義塚。此十四日事也。

至十五日，明降諭旨：除張蔭桓發往新疆、徐致靖永遠監禁外，其餘亂黨，概不深究。

戊戌八月十五日《申報》

西報云：康有爲奉旨嚴拿，其犯罪之由，雖曰「結黨營私」，究竟莫知實在。若因奏請皇上改行一切新法，則康意欲强中國，未可厚非，英國自應爲之保護；倘別有謀爲不軌情事，英國亦所深惡，決不干預。當俟將康之情罪昭示明白，然後送還中國也。戊戌八月十五日《申報》

康逆被羈

西報云：康有爲自經英兵船載往香港後，現已羈諸囹圄中。按泰西律例，於各國國犯雖當保護，惟須禁錮終身，使不得再謀不軌。英人此舉，殆遵西例乎？戊戌八月十七日《申報》

謀救犯員

《譯文匯報》云：英人保護康有爲出險一事，各西人聞之，異常踴躍，而以美人爲尤甚。有數人於今晨至洋務局，欲謀救黄公度，倘善爲處置，未始不可集事，乃一味鹵莽，刻鵠類鶩，貽笑於人，使黄公度因此一舉，被羈益嚴，不幾愈形危險乎？

至其事之緣起，因有七八人在西客館論及黄公度之事，僉云：目下官場奉有密諭，將渠扣留洋務局中〔一〕。此數人一時心動，擬前往援出〔二〕，送至亮浦鐵克輪船，載往香港。故今晨一二點鐘時，有五人奔赴洋務局，走入花園，見上海縣暨會審讞員及任事各員，均衣冠楚楚，並有道轅親兵三十名，一若預知有西人來劫者，咸鵠立以待。局中本有電綫，英讞員鄭大令發電至老巡捕房，稱有洋人五名，强欲闖入洋務局，祈速派捕彈壓。惟此信捕房並未接到，故無回音。至道臺曾否派撥親兵將洋務局保護，不得而知。惟此五西人進局時，各兵驚惶無措，並不阻止。英讞員鄭大令操英語問五洋人曰：「爾等來此何事？」皆以謀救黄公度對。大令曰：「此事不能如此辦理。」五人不聽，强欲進見，併欲挈之同行。此時親兵及各從人皆戰慄不安，因若不放行，定須破門直入〔三〕，惟手中並未攜有軍械，所恃者惟尋常木杖而已。相持良久，各西人定欲入見，攜之以行。正在爲難，忽憶及英律師擔文近已由古嶺回滬，當即飛請到局。緣擔律師係南洋律法官，洋人闖署乃其分内應辦之事。當時聞信，立即起身，趕至洋務局門外，觀者甚衆，臉上多有倉惶之色，情景殊屬可笑。洋臺站立兵丁、從人，石級上均衣冠各員，階前站有四西人，兩廊所懸紙燈、彩燈無數，並有綢彩張掛，一面係華人，一面惟四五洋人而已，誠絶妙一幅畫圖也。擔文既至，即問：「爾等係何人？因何而至此？」時華兵皆能直立，不作窘狀，静聽擔律師之言。初時各西人皆不對，擔文又問，答曰：「我等欲見黄公度。」擔文曰：「爾等係何人？」内有一人曰：「爾不必問我等，祇須黄公度而已。」擔文曰：「爾等奉何人之命而來？有何權柄？」内有一人曰：「我等奉太后之命而來。」此答誠可笑也。黄公度係奉太后之命扣留，此間各員有看管之責，設有疏虞，惟各員是問，豈有既命華官看管於前，而使西人索取於後乎？擔文於是諭之曰：「洋務局係道臺辦公之地，即使尋常馬路各洋房，爾等亦不能擅入内。」有一人曰：「我等見大門洞開，故而走入。」此可謂所對非所問也。各西人見擔文義正詞嚴，咸退出草地，耳語相商，復回至原處。擔文復問：「爾等有何權柄而來？」西人答曰：「我之兵官自能解明。」擔文曰：「兵官爲誰？」答曰：「隨後即來。」西人亦問擔文：「爾有何權干預此事？」擔文亦不置對。有頃，五西人退至外面，旋即不知所之。擔文見西人已去，亦自旋歸。

聞此事英工部局亦擬干預，欲阻止華官不得解黄公度入城，或往他處，除已派華包探外，並派英捕、印捕多名，暗穿號衣，隨時偵探截留，並擬調撥團練兵，預爲之備。惟此事能行與否，閲者自能裁奪。至團練兵，原爲保護西國婦孺而設，並非爲干預此等情事。倘欲援救黄公度並其他國犯，乃各國公使之事，倘公使調用團練兵，則自有各國擔任，總之不能照今晨情形辦理也。此數人毫無軍器，雖能嚇退華官、華兵，而被一英人憑三寸不爛之舌，已不覺束手而遁，其情形豈非可笑哉？戊戌八月二十八日《中外日報》

【校勘記】

〔一〕「留」，原誤作「流」，據《中外日報》改。

〔二〕「往」，原脱，據《中外日報》補。

〔三〕「放行定」，原誤作「救黄公度」，據《中外日報》改。

罪孥遠颺

天津《國聞報》云：京師訪事人來函云：中國政府接到兩廣總督譚文卿制軍電報，内開：逆黨梁啟超之家屬，已密飭新會縣知縣查拿。據禀，自今年起，久已不在新會居住，廣東省城中亦查無蹤跡。至逆首康有爲之家屬，早已聞風遠遁，先至澳門，隨後即至香港。現據探報，業已抵港，其原籍房屋已經發封，屋内僅存牀几桌椅等件，并破書數十箱，此外則已搬運一空矣。戊戌九月初六《申報》

逆犯抵日

昨日，本埠接得日本電信云：逆犯康有爲，由香港附日本川城丸逃逸。本月初十日之晚，行抵神户。當此船未進口時，即有日官數員，乘小舟往接。不知中國政府將任其法外逍遥耶？抑仍將設法緝捕也？戊戌九月十三日《申報》

逆犯逍遥

日本訪事人云：中國逆犯康有爲、梁啟超、王照等共十有一人，漏網逃生，逍遥法外。

西曆十月十九號，由香港乘大島艦起程，二十一號行抵廣島，登陸後即日赴東京。説者謂中、日交誼甚睦，此等謀爲不軌之逆犯，不利於中國者，未必有利於日本，若能同效鷹鸇之逐，檻送回華，俾伸國法，不益敦與國之誼，而垂人臣貳心之戒乎？戊戌九月二十一日《申報》

日相名言

京友來簡云：傳聞月前日本故侯伊籐春畝相國航海入都，見逆犯康有爲倡言變法，專以喜怒恩怨用事，毫無條理，心甚非之，語人曰：「變法不得其綱領，必致亂。」又曰：「康之所爲，可謂變而無法。」真不刊之論也。戊戌九月二十七日《申報》

領事秉正

逆犯康有爲事敗脱逃之後，曾登逆書於某報，肆口妄談，形同猘犬。當日有識之士，多有辭而闢之者。昨日傳聞英領事某君，傳某日報主人到署，面加申斥，謂其有悖日報章程。可見公道自在人心，凡華人以爲非者，西人亦未嘗以爲是也。或曰：領事因見朝廷有禁開報館之諭，故勸令某日報館諸主筆，以後新聞、論説，皆宜謹慎小心，不可信筆所如，致觸忌諱，並未飭館主之不應爲而爲也。二説未知孰是。戊戌九月二十九日《申報》

逆燄紀餘

京友來函云：八月初四日，逆犯楊深秀上疏，奏稱圓明園有金窖甚多，請准募三百人於初八入内挖取。都人詫爲奇異，實則與康有爲、譚嗣同諸犯同一逆謀耳。張蔭桓被逮之日，連發五電，令其子火速來京，其子竟不覆，亦不來。戊戌十月初二日《申報》

逆犯在日近事

日本報云：康有爲在日本，日政府遣二捕衛之，不令出門，亦不許人往訪。梁啟超稍得行走自如，暗中亦有人監察。聞不日將二人送往美國。戊戌十月初六日《中外日報》

逆黨竄名

日本訪事人云：中國逆犯康有爲之徒黨梁啟超，遁迹日本，自知罪大惡極，不容於禮義之邦，遂竄入日籍，更其姓曰吉田，名晉，僑寓東京牛辻區，與品川子爵訂莫逆交〔一〕，詩酒往還，徜徉竟日，不知曾念及先人廬墓否？戊戌十月十九日《申報》

【校勘記】

〔二〕「品」，原誤作「吕」，據《申報》改。

逆犯赴美

日本訪事人云：中國逆犯康有爲，亡命於日本，近因李星使向日廷辯論再三，謂：照萬國公法，他國漏網之犯，無容留之例，况中朝現與日本已敦睦誼，若貴國庇護我國罪人，不免爲列國所譏。刻經大隈伯周旋其事，由外務局給以盤纏七千元，已於二十三號在横濱乘某商輪船赴美國，轉往英國。未知此後餘生，尚能保其無事否？己亥二月二十一日《申報》

西人不容康逆

香港西報云：吾始以康爲中國奇才，故我國不惜多方保護，到港時又從而迎迓之。迨親見其人，始知其言大而誇，毫無實際，不過於譯出西國諸書善能記誦，即所上條陳諸策，亦祇拾西人唾餘，並非詞自己出。至其一種驕傲荒謬之氣，尤足拒人於千里之外，不獨中國讀書人鄙而賤之，即習西文者亦厭而惡之。似此謬妄之夫，豈特爲中國所擯棄，即投身異國，恐亦終無所容矣。己亥四月初八日《申報》

論梁啟超設會事

《譯文匯報》云：有韓人尹柯汶致函《日本郵報》云：梁啟超在日本横濱設立商務會，其章程業已印出，額會友百人皆由公舉。其公舉之法，苟有五人聯舉，即可充任。今余有二十八人公舉，而梁等商議將余斥去，謂余係異國逋臣，在日本未有權利，云云。該會會友如其人係康黨舉選者，雖不及五人，亦可與選，故吾疑該會並非中國商務會，實康黨之私會耳。己亥七月十八日《中外日報》

無地能容

香港《循環日報》云：當大逆不道之康有爲出亡也，英、日二國士大夫未知底蘊，多有仰慕之者。迨居東數月，逆跡漸著，即同黨亦互相訕謗，謂其罪不容誅。中朝更屢次移文，堅請拿歸正法。日本政府遂贈以川資，逐之出境。康犯不得已，西遊英國，以爲此行如得謁見英皇，可以盡展逆謀，重興波浪矣。何圖既至倫敦，兩見外務大臣，禮貌衰薄，且餽以贐敬，飭即離英。康犯乃返温哥華，煽惑華商，倡建孔子廟，庸詎知又爲華商所斥，於是再整徂東之駕〔二〕。甫抵神户，日官遽頒逐客之令。至此而我瞻四方，蹙蹙靡騁，計惟有遯跡香港，或可殘喘苟延耳。然香港毗連東粤，一葦可杭，萬一再肆狡謀，勾結匪類，豈不重貽中國之隱憂乎？不知群公衮衮，有以制其死命，使免死灰復然否？己亥十月初六日《申報》

【校勘記】

〔一〕「整」，原誤作「征」，據《申報》改。

叛臣赴美

日本大坂《每日新聞報》云：中國大逆不道之梁啟超，刻已逃往美國，臨去時自言六閱月後，須重復來東。至犯父梁連瀉，則暫在香港逗留。按梁逆前在日本東京捌爲《清議報》，詆毁我聖母慈禧皇太后不遺餘力，厥後無端火起，至館屋一炬成灰。今之潛赴美邦，其殆欲騙取資財，重張旂鼓乎？抑見皇上有設法致死之詔，故欲別尋一逋逃淵藪，以圖殘喘苟延乎？然而既干國法，又犯天怒，我恐普天率土，必將無地容身矣。寄語黨惡叛徒，尚其及早猛省，莫再騰其口説，致蹈刑章哉。己亥十一月二十九日《申報》

英人秉正

南洋《實得力太晤士報》曾論及逆犯康有爲之事，略謂：康欲來此避害則可，倘在實得力及英國各屬地藉稱設會，煽動民心，則英國有司斷難容縱，必立下逐客之令，或交還中國，爾時必有噬臍之禍，悔莫能追矣。觀此，是英廷惟憐其窮蹙而姑留之，實未嘗不深惡其謀爲不軌，誰謂外人好納奸邪哉！庚子二月初六日《申報》

逆臣妄語

香港《循環日報》譯登東報云：某日，康有爲語倫敦泰晤士報館派赴新嘉坡之訪事友人曰：「余刻下默觀大勢所趨，斂手不籌畫一事。日後英、搭戰局已定，南阿復靖，則英人必將拓鴻圖於東亞〔一〕。余俟其時，即可挺身出謀，想英國決不余棄。」云云。噫！似此幸灾樂禍，尚得謂之愛國忠君耶？庚子四月初八日《申報》

【校勘記】

〔一〕「拓」，原誤作「括」，據《申報》改。

逆燄宜防

日本東京某日報云〔一〕：頃得長崎電信，悉有人由香港飛函告急，内開：目下廣東省會情形頗不穩妥，所有康有爲之羽黨，逞其勢力，大言炎炎，聲稱欲將中國專主攘外之人剿洗净盡〔二〕，日夜企望兩廣總督李傅相量移，以便乘機竊發。蓋傅相坐鎮東粵，頗能力遏其萌芽也。并聞康黨刻方暗中募集巨資〔三〕，言欲揭竿起事云。庚子七月初五日《申報》

【校勘記】

〔一〕「某」，原脱，據《申報》補。

〔二〕「盡」下，《申報》另有「奉皇上南遷」。

〔三〕「黨」，原脱，據《申報》補。

會匪陰謀

南洋新加坡《叻報》云：西人怡打氏，久居中國，於華人情事，瞭如指掌。今已言旋新金山亞尼埠，某日對衆宣講拳匪擾亂情形，大旨謂：余於三年前在香港啟行時，曾與同學某華人共談衷曲。此人爲廣東圖逆黨之一，其宗旨欲將粵省駐防滿人埽除净盡，並云現在中國會黨中，首領諸人業經約期舉事，非與大清爲敵，而專與外國相仇，以便激怒歐洲，向中朝興師問罪。至時或借西人之力，或即自用其力，埽除一切滿人。蓋此即會黨中人之陰謀秘計也。由是觀之，拳匪之事，已可不言而喻。試觀若輩一意與列邦爲難，肆行殺害，意欲使外人與華人搆釁，俾滿人紛紛擾亂，然後設法唆使營中勁卒，起而殺害西人，以便嫁禍朝廷，

使政府無可諉咎。然則拳匪之亂，謂非悉出若輩之詭謀乎？庚子八月三十日《申報》

蘆中人捫蝨隨録三則

東漢之末，再治鈎黨，或謂李膺曰：「可去矣。」對曰：「事不辭難，罪不逃刑，臣之節也。吾年已六十，死生有命，去將安之？」詣詔獄，攷死。日本安政之獄，幕府再下命長藩檻致吉田松陰，門人皆恐其禍不測，或勸之脱走，松陰不可，慨然上途，竟以身殉於國。是二人者，至今凛凛猶有生氣，康南海亦不免對此有慚色也？《亞東時報》四號

或言：使康、梁等在日本，永爲中國憂，此放虎置深山者，不得不設法去之。余謂：是杞人之憂天耳。日本政府猶有人，豈助一二亡命輩，失歡其與國乎？但以公法之例容之耳。若輩有他謀，政府且輒放逐之不暇，豈有助而爲虐哉？但民間有好事之徒，所謂壯士者，擁康、梁以爲徼名計，大言放論，譸張勢威。自古大言者不能成功，少有知識者視之，已卑陋其所爲矣。康等而在日本，猶不致害中國，所謂疥癬之病，無足異者。《亞東時報》五號

康工部《奉詔求救文》，人謂剽竊駱賓王檄文，不獨其用駢體文字，典故亦且貌似，所謂優孟衣冠也。是特就文章而言耳，即其所言，亦不慊薄海人心。至於「昔晉文復國，則御人之賞徧及[二]；中宗復辟，則五王之伐最高。聖主重興，共兹大業，則爾公爾侯，自有前例。

若屈膝以事僞主，甘心而立牝朝，則萬國攘臂而仗義」，直是誇張之語，以利害得喪歆動人心〔二〕，何取於此？李敬業以克復唐室爲名，而彼志不在於忠義，一旦取金陵，侈然志滿，遂惑讖緯之言，自慫大事，貽後代笑。其人無足稱者，康氏自比敬業。吁，陋矣！同上

【校勘記】

〔一〕「偏及」，《亞東時報》原誤作「偏求」，據姜義華、張榮華編《康有爲全集》改。

〔二〕「歆」，原誤作「欲」，據文義改。

覺迷要録卷四

逆蹟類三湖南逆蹟

梁逆上陳寶箴書

梁逆批時務學堂課卷刻本三則

韓文舉批時務學堂課卷刻本三則

葉覺邁批時務學堂課卷刻本一則〔一〕

梁逆批時務學堂日記手書本六則〔二〕

韓文舉批學堂答問改刻本一則

梁逆批學堂答問改刻本五則

逆蹟類四海外逆蹟

逋臣問答

梁逆去國行

梁逆記康逆出險事

梁逆飲冰室詩話

逆蹟類五湖北逆蹟

蔡鍾浩致漢口慎德堂三函

李民治致瀟湘太郎函

譚翥致西河圭介函

譚鰲徐崑李如海蘇麟等致顔錫峰函

神山三郎致黄荼蓼函

陳讜致唐才常函

楊龍雲致龍舞寰函

唐逆辦事條規

譯逆黨自立會洋文告示

鄂中誅亂記十則

【校勘記】

〔一〕按，正文無此批語。

〔二〕按，正文爲五則批語。

逆蹟類一 京師逆蹟

保國會章程 載戊戌政變記

一、本會以國地日割，國權日削，國民日困，思維持振救之，故開斯會以冀保全，名爲「保國會」。

二、本會遵奉光緒二十一年五月二十六日上諭，卧薪嘗膽，懲前毖後，以圖保全國地、國民、國教。

三、爲保全國家之政權、土地。

四、爲保人民種類之自立。

五、爲保聖教之不失。

六、爲講内治變法之宜。

七、爲講外交之故。

八、爲仰體朝旨，講求經濟之學，以助有司之治。

九、本會同志講求保國、保種、保教之事，以爲論議宗旨。

十、凡來會者，激厲憤發，刻念國耻，無失本會宗旨。

十一、自京師、上海設保國總會，各省、各府、各縣皆設分會，以地名冠之。

十二、會中公選總理某人，值理某人，常議員某人，備議員某人，董事某人，以同會中人多推薦者爲之。

十三、常議員公議會中事〔一〕。

十四、總理以議員多寡，決定事件推行。

十五、董事管會中雜事，凡入會之事及文書、會計一切諸事。

十六、各分會每年於春秋二、八月，將各地方入會名籍寄總會。

十七、各地方會議員隨其地情形，置分理議員約七人。

十八、董事每月將會中所收捐款登報。

十九、各局將入會者姓名、籍貫、住址、職業隨時登計，各分局同。

二十、欲入會者，須會中人介之，告總理、值理，察其合者，予以入會憑票。

二十一、入會者若心術不端、有污會事者，會衆除名〔二〕。

二十二、如有意見不同，准其出會，惟不許假冒本會名滋事。

二十三、入會者人捐銀二兩，以備會中辦事諸費。

二十四、會期有大會、常會、臨時會之分。

二十五、來會者不論名位、學業，但有志講求，概予延納。德業相勸，過失相規，患難相恤，務推藍田鄉約之義〔三〕，庶自保其教。

二十六、捐助之款，寫明姓名、爵里，交本會給發收條爲據。本會將姓名、爵里、學業、寄寓，按照聯票號數彙編存記，聯票皆有總、值理及董事圖章。

二十七、來會之人，必求品行、心術端正明白者，方可延入。會中應辦之事，大眾隨時獻替，留備采擇。倘別存意見，或妄誕挾私，及逞奇立異者，恐其有礙，即由總理、值理、董事諸友公議辭退。如有不以爲然者，到本會申明，捐銀照例充公，去留均聽其便。

二十八、商董兼司帳，須習知貿易書籍情形及刷印文字者充其選，必須考查確實，一秉至公。倘涉營私舞弊，照例責賠。經手之董事會友，凡預有保薦之力者，亦須一律議罰。

二十九、本會用項，概由值、董核發。如有巨款在千數百金以上者，須齊集公議，方准開支。收有成數，擇殷實商號存儲，立摺支取。如存數漸多，亦可議生息，發票之期按幾日爲限，由值、董眼同經理。

三十、總理、值理、董事均仗義創辦，不議薪資。將來局款大盛，須專請人辦理，始議薪水。惟撰報、管書、管器、司事、教習、游歷、司帳，酌量給予薪水。

【校勘記】

〔一〕「常」，原誤作「會」，據《戊戌政變記》改。

〔二〕「衆」，原誤作「中」，據《戊戌政變記》改。

〔三〕「鄉」，原誤作「相」，據《戊戌政變記》改。

會講例

一、會中人數既多，談話難合，外國開會皆有演説，由衆公舉通中外、博古今之才，立題宣講，以便激發而免游談。

二、公推通博之才，大衆公舉，或投鬮密舉。

三、投鬮者席前各置紙筆及墨一椀，聽客書自己姓名及所舉之人，彙齊置中間一案，一人開鬮，一人宣讀。

四、公舉宣講之人，當擬出數題宣講。

五、擬題當關切保國、保教、保民、保種，切近有益之事，不得旁及。

六、凡宣講者，既爲大衆公推，可在中堂宣講，以便聽講者四面環聽，講畢仍就傍坐。

七、每會可公推數人輪講，每講酌定鐘數，以一時爲度。

八、聽講者，東、西、北向三面環坐，其曾被舉宣講之人，講畢復聽講者，亦就聽講之位。

九、講時自一點鐘起，至三點鐘而止。

十、同會有欲問辨者，須待講畢乃問，或分條寫出。惟有意詰難及瑣碎無關大旨者，講者可不答。

十一、辨問可同時二人並問，不得過二人以外。

十二、凡問辨者，起立乃問，問畢乃坐。其望遠者，就席前問亦可。講者起立聽候，問者復坐，聽者不起。

十三、講畢，隨意與同人談論，及入茶室食茶點，去留皆聽自便。

十四、宣講者於講時供茶。

十五、講時客復到者，隨意就坐，不必爲禮，以省繁囂。有事不待講畢而先行者，亦聽。

十六、講時，會中聽者不得談論，致喧譁亂聽。

十七、公推宣講之人，以多者爲先，次者留第二次宣講。

十八、講時，皆立書記人寫所講者，有答問者亦録之，彙登《時務報》，並將每會姓名皆登《時務報》端，並譯登外國報，以告天下。

十九、散講及講前隨意談論者不録。

應擬之例

一、擬定會例推宣講。

二、公推總理、董事筦帳。

三、凡願入會者，皆書姓名會簿中，入否皆聽其便。

四、定捐款。

五、覓會舍。

六、購圖書。

附孫灝駁保國會章程

照依其所擬三十條逐節駁詰，原印分送者處處有之，不並印者，蓋防反噬。京師刻本

一、例禁結社拜盟，斂錢惑衆。若輩顯干憲典，與地方大光棍無異，厚聚黨徒，妄冀非分，務在摇動民心，戕削命脈，形同叛逆。

二、光緒二十一年五月二十六日明發上諭，乃勉勵天下臣民公忠共矢，以期洒雪振興，何嘗有以民保民、以民保地而涉教之一字？謂以君師兼任爲教，諭旨即是教中宗旨。

若輩乃敢詐傳，妄希聳動天下，律有專條，罪無可逭。

三、政權、土地，操之自上，今曰保政權、土地，不知欲置皇上於何地？

四、妄言滅種，聳動愚人。天生五種，猶之五星、五洲、五官、五指，豈能滅去一種？

五、先師孔子垂教以來，參天地而立，所以萬世率由無弊者，首在綱常。今其言皆顯背君爲臣綱，謾云保教不失，非聖無法。

六、專變成法，則是列聖貽謀之良法美政，俱不足守矣。辯言亂政，莫此爲甚。

七、外交之道，不外「内治修，然後遠人服」一言。若輩務思擾亂政治，貽笑外人，轉負能辨外交，大言欺世。

八、有司皆曾蒙簡擢，京員、外員雖不必皆裕經濟，其有不及，内言官、外督撫自能糾治。今云「助有司之治」，豈非欲侵其權？以國家所設之官，必待若輩乃濟，是謂無君。

九、此種議論，大都與《時務報》不甚逕庭，皆以欲立民主爲得計。邪説誣民，此爲首惡。

十、以「刻念國耻」爲宗旨，援主憂臣辱、主辱臣死之義，若輩宜早自填溝壑。不明斯義而曰國耻，實係揚國之短，耀己之長。

十一、明其設會之地，直欲蔓衍天下，以上海一區爲逋逃藪。海西公法以叛逆爲公罪，繼踵孫文，希冀免脱。

十二、創是會者，顯以總理自居。明知來者皆附羽黨，乃以多推薦者爲辭，泯其僭妄之迹。至曰「議員」，叛逆之心，昭然呈露。

十三、曰「常議員」，隱以錫爵、世及自命，大逆不道。

十四、謬稱總理决定，非自擬於民主，即自比於教皇。以國法論，總理皆大典特設之員，何得妄稱？

十五、設董事以管雜事，及夫文書、會計，若輩空談，有何雜事以及文書、會計？

十六、統計入會名籍，與四季編造搢紳略同，直供叛逆。

十七、各地分布七人，僭比大縣設立一正、二佐、四鄉巡檢，私立官制。

十八、聚眾歛錢，供認不諱。

十九、登記姓名、籍貫，會匪故智。

二十、入會須憑介紹，與各邪教有引進無異；發給憑票，極似哥匪放票。

二十一、既入彼會，猶有心術、品行不端者，務須屏棄，略似《萬國通鑑》之於粤逆洪秀全。

二十二、自知智術未足盡惑生民，故以「准其出會」預留地步。

二十三、紋銀二兩，輕而易舉，誘人犯法，藉以肥私。

二十四、會分大、常、臨時，僭擬大朝、常朝、辦事典制，叛逆彌彰。

二十五、來會不分名位、學業，概予延納，不辨薰蕕，以羅致匪人爲務。至云推藍田鄉約「自保其教」，則别創邪教，底裏盡露。

二十六、捐助概給聯票，蓋用圖章，行同駔儈，而實隱僭糧串便民之制。

二十七、恐因斂錢，致誤被牢籠者燭奸生悔，乃加生悔者以心術不正之名，而以没入其貲爲本務。鬼蜮伎倆，至此畢露，實係誆騙人財。

二十八、既誆人財，又以「一秉至公」文飾，務思擅有天下之利，僭擬王章。

二十九、巧取人財，供其揮霍，與二十七條罪同。

三十、現下貲財，未盡誆騙入手，大言「仗義」，仍爲日後巧留地步。至云游歷，其將四出煽亂無疑。

保國會章程來，而保浙會之奏稿亦來，披而讀之，識其隱相狼狽。若輩志在射利，與形同叛逆者有間，但依其所説行之，浙必糜爛。我等浙人，豈可坐視桑梓遭其剥削？惟瀕於原籍除墳墓外，並無室廬，所以爲是區區，是恐同人誤爲妖言所惑。兹謹將摘抉駁飭其疵謬者，録供衆覽。

外釁迭至，猶未可危；内患交乘，若輩爲鉅。

盡變成法，以從海西，是謂客强，而非自强。

利外溢者，官以軍械爲大，民以鴉片爲大，能保不購、不吸否？不能。

權旁掣者，莫大於干國之政令。既欲以政令之權授之於民，是旁掣君上之權矣，若是者無彊理。

内外戰守無備，亦不盡然。今不能禦外侮，猶可靖内亂。若此策行，乃真戰守無備矣。

四百兆之説，未足深據。即以康熙至道光時比之，何由驟增三十餘倍？即謂因攤丁入地，更無匿報名目，是以至於此數，而以男女統計，亦復女逾其半，毋徒狃於此數而爲大言也。

大假民權行之，而民主之説必起，從此天下大亂。

三策逐細詳核於後，兹不統論。

國家緑旂兵額六十餘萬，加以滿、蒙、漢二十四固山[一]，以及步營、京營、各省駐防，及近日留防勇丁，亦已數逾百萬。此猶不知，何敢妄談經濟？

《周禮》改而爲内政，内政改而爲漢吏，役其民者日益以重，勢難再復其故。唐欲以府兵矯之，而亦未能。今承攤丁入地二百餘年，一旦欲進之於古，恐必不能。

戚繼光《紀效新書》言浙人可以爲兵者，惟金華之義烏，紹興之諸暨、嵊縣，但近時粤逆擾亂，僅有諸暨縣民包立身挺身抗拒，餘一無聞。足見古大將物色人材，必因風土，蓋未可讕言也。昔者男子痛哭於唐衢，願罷團練、防禦二使，以息民困。今建斯策，無乃愧對今之學堂？可爲嘆息。即以杭州學堂而論，其一月養生徒之資僅一百五十元，其冗食靡費之人數逾於是，而尚有强入人貲、無罪而坐之弊。案牘新裁，官方未改，可覆按也。

兵爲專門之事，必待操演乃成。風氣初開，製器未能，水陸測繪、船礮等物，必待購求，財從何出？

浙農於種植一道，本無遺力，特苦地不加闢，人不加減，遂至於窮。即以温、紹二府論之，其去爲杭湖客民以墾閒田者，近則成熟頗多，富户亦賾。當日若非無地可墾，何至輕去其鄉？農食有餘，自能留心孳畜。其至於牧，浙本不宜，是以官屯胥給民耕，税其租息。若牧之説起，耕之道先妨矣。

工學、礦務，有現在衢、處之峒丁，無待於教。製造則何處可以設廠？又何來如此資本？

商居闤闠，本有師傳。若但學與海西通商，日積日多，將來人滿，何以安置？

礦産以衢煤、處鐵爲大宗，然運衢州之煤，中隔嚴陵一瀨，四畔高山，中間灘險，開鑿無計，平治無由，治處州之鐵，但可由温州一面行走，而高山大嶺，處處阻隔，鐵木兩路，計算俱窮，不能致遠，開採何爲？至近日嚴州一帶所開坑座，本係灰龍，誤認以爲煤塊，喪其資斧，比比而然，核計三年未有一人獲利者。其餘繅絲、紡紗之廠，杭州、蕭山巨商折閱不少，市面日見蕭條，更有何途可以興利？至於鐵路，無資可措，借款未成，官商束手，莫可如何，安得謾辭以欺君上？

他若書寫錯謬者，於稱皇上處竟不恭擡，稱宗社處又不恭擡，絶無忠愛之忱，已可概見。其妄引孫吴、吴越、南宋割據偏安之事，尤爲剌謬，況兵爲國家大政，誰得專擅？學堂、礦務，均係諭旨飭辦之事，若輩果係一腔忠義，宜各籌捐巨款，以助辦理之官商，并不得借挪海西之鉅款，以杜代行出面而暗送土地。原稿印送極多，茲不再印，以省重贅。現聞其於初六日已呈總署，雖出奏未可得知，而不敢不抉其隱，以杜厥漸。

【校勘記】

〔一〕「固」，原作「圍」，據文義改。

康逆京師保國會第一集演説

吾中國四萬萬人，無貴無賤，當今一日在覆屋之下、漏舟之中、薪火之上，如籠中之鳥、釜底之魚、牢中之囚，爲奴隸，爲牛馬，爲犬羊，聽人驅使，聽人割宰。此四千年中二十朝未有之奇變。加以聖教式微，種族淪亡，奇慘大痛，真有不能言者也。

吾中國自古爲大一統國，環列皆小國，若緬甸、朝鮮、安南、琉球之類，吾皆鞭箠使之，其自大也久矣。故在國初時，視英、法各國，皆若南洋小島。雖以紀文達校訂四庫，趙甌北劄記二十二史，阮文達爲文學大宗，皆博極群書，而紀文達謂艾儒略《職方外紀》、南懷仁《坤輿圖記》如中土瑶臺閬苑，大抵寄託之辭；趙甌北謂俄羅斯北有準葛爾大國，以銅爲城，二百方里；阮文達《疇人傳》不信對足抵行。今人環遊地球，座中諸公有踏徧者，吾粤販商估客，亦視爲尋常，而乾嘉時博學如諸公，尚未之知。

至道光十二年，英人輪舟初成，横行四海，以輪船二艘犯廣州，兩廣總督盧敏肅以三千師船、二萬兵禦之而敗。盧公曾平猺匪趙金隴，宣宗成皇帝詔謂：盧坤昔平趙金隴，曾著微勞，不料今日無用至此。盧敏肅雖言洋船極大，而既無影鏡鐙片，宣宗無從見之，無能自白也〔一〕。暨道光二十年，林文忠始譯洋報，爲講求外國情形之始。裕謙、牛鑑敗於定海、舟山，劉韻珂繼敗，艦入長江，而礮震天津，乃開五口。宣宗乃知洋人之强，在船堅礮利，命仿製之，西人如何，實未知也。道光二十九年，咸豐六年、八年、十年，屢戰屢敗，輸數千萬，開十一口，乃至破京師，文宗狩熱河，洋使入住京師，亦可謂非常之變矣〔二〕。同治三年，斌椿徧遊各國，等於遊戲，無稍講求之者。曾文正與洋人共事，乃始少知其故，開製造局譯書，置同文館、方言館、招商局，文文忠乃遣美人蒲安臣與志剛〔三〕、孫嘉穀出使各國，首用洋人，如古之安史那、金日磾，實爲絶異之事。當時欲遣京官五品以下、正途翰林六曹出身，入同文館讀書，最爲通達，而倭文端限之。自是雖軺車歲出，而士大夫深惡外人，蔽拒如故。甲申之役，張南關之功，日益驕滿。鄙人當時考求時局，以爲俄窺東三省，日本講求新治，驟强示威，必取朝鮮，曾上書請及時變法自强，而當時天下皆以爲狂。壬辰年，傅蘭雅《譯書事略》言上海製造局譯出西書，售去僅一萬三百餘部。中國四萬萬人，而購書乃衹有此數，則天下講求中外之學者，能有幾人，可想見矣。

非經甲午之役，割臺償款，創鉅痛深，未有肯翻然而改者。至此天下志士，乃知漸漸講求。自强學會首倡之，遂有官書局、《時務報》之繼起，於是海内繽紛，争言新學，自此舉始也。然甲午之後，仍不變法，間有一二，徒爲具文。即如電綫、鐵路、船局、船廠，間效一二，然變其甲不變其乙，變其一不變其二，牽連相累，必至無成。其他且勿論，即如被創之後，而兵未嘗增練，鐵艦不再購一艘。吾緑營兵六十餘萬，八旗兵三十餘萬，實皆老弱，且各有業，託名伍籍中。泰西以民爲兵，吾則以兵爲民〔四〕，何以敵之！

若夫泰西立國之有本末，重學校，講保民、養民、教民之道，議院以通下情，君不甚貴，民不甚賤，制器利用以前民，皆與吾經義相合，故其致强也有由。吾兵、農、學校皆不修，民生無保、養、教之之道，上下不通，貴賤隔絶者，皆與吾經義相反〔五〕，宜其弱也，故遂復有膠州之事。四十日之間，要挾逼迫者二十事：其一〔六〕，德之强租膠州，人所共知也。其二，則英欲借我款三釐息，而俄不許矣。其三，欲開大連灣通商，俄不許矣。其四，欲開南寧通商，俄不許矣。其五，借英款不成，而内河全許駛行輪船矣。其六，西貢燒教堂，法索我償款十萬矣。其七，姚協贊調補山東道，德人限二十四點鐘撤去矣。其八，津鎮鐵路過山東，三電德廷，德不許矣。其九，改道過河南，德亦不許，復請英、美使言之乃許矣。其十，聶軍請俄教習，而訂明不歸統領節制矣。其十一，俄教習去留，須候俄皇旨矣。其十二，俄人勒逐德教習四人矣。其十三，直隸、山西、東三省練兵，必須請俄教習矣。其十四，長江左右釐金，盡歸税務司矣。其十五，德人既得膠州百里，復索增廣矣。其十六，既得增廣，又索鐵路矣。其十七，既得鐵路，又索全省矣。其十八，既得鐵路，又索全省商務矣。其十九，俄人要割旅順、大連灣、金州矣。其二十，法人索廣州灣，又訂兩廣、雲貴不得讓與他國矣。此皆今年二月以前之事。其此後英之索威海、日本之訂福建不得讓與別國等事，尚未及計也。

夫築路待商之德廷，道員聽其留逐，是二月以來〔七〕，失地、失權之事，已二十見，來日方長，何以卒歲？緬甸、安南、印度、波蘭，吾將爲其續矣。觀分波蘭事〔八〕，脅其國主，辱其貴臣，荼毒縉紳，真可爲吾之前車哉！必然之事，安能僥倖而免乎？印度之被滅，無作第六等以上人者，自乾隆三十六年至光緒二年，百餘年始有議員二人。香港隸英人，至今尚無科第，人以買辦爲至榮。英人之窶貧者，皆可爲大班，而吾華人百萬之富、道府之銜、紅藍之頂，乃多爲其一洋行之買辦，立侍其側，仰視顔色。嗚呼哀哉！及今不自强，吾恐四萬萬人，他日之至榮者，不過如此也。元人始來中國，嘗廢科舉矣，其視安南之進士，抱布貿絲，有以異乎？故我士大夫設想他日，真有不可言者。即有無耻之輩，發憤作貳臣，前朝所極不齒者，而西人必不用中人，以西人之官必有專門，非專學不能承乏也。若使吴梅村在，他日將並一教官不能得，安敢望祭酒哉！即欲如熊開元作僧，而西教專毁佛教，佛像、佛殿將無可存，僧於何依？即欲蹈東海而死，吾中國無海軍，即無海境，此亦非我乾净土矣。做貳臣不得，做僧不得，蹈海而死不得，吾四萬萬人，吾萬千之士大夫，將何依何歸，何去何從乎？

故今日當如大敗之餘，人自爲戰。救亡之法無他，只有發憤而已，窮途單路，更無歧趨。韓信背水之軍，項羽沈舟之戰，人人懷此心，只此有救法耳〔九一〕。然割地、失權之事，既忌諱秘密，國家又無法人師丹之油畫院，繪敗圖以激人心，薄海臣民，多有不知。或依然太平歌舞，晏然無事，尚紛紛求富貴，求保舉，或乃日暮途遠，倒行而逆施之。《孟子》曰：「國必自伐，然後人伐之。」故割地、失權之事，非洋人之來割脅也，亦不敢責在上者之爲也，實吾輩甘爲之賣地，甘爲之輸權。若使吾四萬萬人皆發憤，洋人豈敢正視乎？而乃安然耽樂，從容談笑，不自奮厲，非吾輩自賣地而何〔一〇〕？故鄙人不責在上而責在下，而責我輩士大夫，責我輩士大夫義憤不振之心。故今日人人有亡天下之責，人人有救天下之權者。

考日本昔爲英、美所凌，其弱與我同，今何以能取我臺灣、滅琉球而制朝鮮，得我償款二萬萬？此日本之兵强爲之耶？非也。其相伊籐、其將陸奥爲之耶？非也。嘗推考如此大事，乃一布衣高山正芝之所爲。高山正芝哀國之衰，不能變法，憤大將軍之擅政，終日在東京痛哭於通衢，見人輒哭，終以哭死。於是林子平、蒲生秀實之流，出而言尊攘，大久保利通、岩蒼具視、太宰純、板垣退助、三條實美、大隈重信，出而談變法，日本乃盛强。至明治以後，日人賞維新之功，乃贈高山正芝四品卿，賜男爵。凡物作始也簡，將畢也鉅。嗚呼！誰知日本之治，盛强之效，乃由一諸生無拳無勇、無智無術而成之耶？

蓋萬物之生，皆由熱力。有熱點故生諸天，有熱點故生太陽。太陽，熱之至者，去我不知幾百萬億里，而一尺之地，熱可九十四馬力，故能生地，能生萬物，被其光熱者，莫不發生。地有熱力，滿腹皆熱汁火汁，故能運轉不息。醫者視人壽之長短，察其命門火之衰旺〔一一〕，火衰則將死。至哉言乎！故凡物熱則生，熱則榮，熱則漲，熱則運動；故不熱則冷，冷則縮、則枯、則乾、則夭死，自然之理也。今吾中國以無動爲大〔一二〕，無一事能舉，民窮財盡，兵弱士愚，好言安靖而惡興作，日日割地削權，命門火衰矣、冷矣、枯矣、縮矣、乾矣、將危矣。救之之道，唯增心之熱力而已。夫能辨大事、復大仇、成大業，皆有熱力爲之；其心力弱者，熱力減故也。胡文忠謂今日最難得者，是忠肝熱血人。范蔚宗謂桓、靈百餘年，傾而未顛、危而未墜者，皆由仁人君子心力之爲。凡古稱烈士、志士、義士、仁人，皆熱血人也，視其熱多少，以爲成就之大小。若熱如螢火、如鐙則微矣，並此而無之則死矣。若如一大火團〔一三〕，至百二十度之沸度，則無不灼矣。若如日之熱〔一四〕，則無所不照，無所不燒。熱力愈大，漲力愈大，吸力愈多，生物愈榮〔一五〕。故今日之會，欲救亡無他法，但激厲其心力，增長其心力。念茲在茲，則爝火之微，自足以争光日月。基於濫觴，流爲江河。果能四萬萬人，人人熱憤，則無不可爲者，奚患於不能救？《知新報》《戊戌政變記》

【校勘記】

〔一〕「能」下，原衍「自告無能」，據《知新報》删。

〔二〕「矣」下，《知新報》有「然而士大夫以犬羊視之，深閉固拒」。

〔三〕「文文忠乃」，原脱，據《知新報》補。

〔四〕「吾則以兵爲民」，原脱，據《知新報》補。

〔五〕「義」，原脱，據《知新報》補。

〔六〕「其」,《知新報》原脱,據《康有爲全集》補。

〔七〕「是」下,《知新報》有「皇上之權已失賈誼所謂何忍以帝王尊號爲戎人諸侯」。

〔八〕「分」,原誤作「今」,據《知新報》改。

〔九〕「此」下,《知新報》有「或」。

〔一〇〕兩「責」字,原誤作「買」,據《知新報》改。

〔一一〕「火」,原脱,據《知新報》補。

〔一二〕「大」,原誤作「火」,據《知新報》改。

〔一三〕「火」,原誤作「小」,據《知新報》改。

〔一四〕「若如日」,原誤作「如日月」,據《知新報》改。

〔一五〕「榮」下,《知新報》有「長物愈大」。

梁逆保國會第二集演説

今日之會,惟諸君子過聽,或以演説之事相督責。啟超學識陋淺,言語樸訥,且久病初起,體氣未復,無以應明命,又不敢闕焉以破會中之例,謹略述開會宗旨,以筆代舌,唯垂覽焉。

嗚呼！今日中國之士大夫，其心力，其議論，與三歲以前則大異。啟超甲午、乙未遊京師，時東警初起，和議繼就，竊不自揣，日攘臂奮舌，與士大夫痛陳中國危亡朝不及夕之故，則信者十一，疑者十九；退而盡然憂，晭然思，謂安得吾國中人人知危知亡，其必有振而救之者。廼及今歲，膠、旅、大、威，相繼割棄，受脅失權之事，一月二十見。啟超復遊京師，與士大夫接，則憂瓜分、懼爲奴之言，洋溢乎吾耳也；及求其所以振而救之之道，則曰天心而已，國運而已。譚及時局，則曰一無可言；語以辦事，則曰緩不濟急。千臆一念，千喙一聲，舉國戢戢，坐待封割。嗟乎！昔曾惠敏作《中國先睡後醒論》，英人烏理西英之子爵，今任全國陸軍統帥。謂中國如佛蘭金仙怪物，縱之卧則安寢無爲，警之覺則奮牙張爪。蓋皆於吾中國有餘望也。今之憂瓜分、懼危亡者徧天下，殆幾於醒矣，而其論議若彼，其心力若此，故啟超竊謂吾中國之亡，不亡於貧，不亡於弱，不亡於外患，不亡於内訌，而實亡於此輩士大夫之議論、之心力也。今有病者於此，家人、親戚，咸謂其病不可治也〔一〕，相與委而去之，始焉雖無甚病，不浹旬必死矣。今中國病外感耳，病噎隔耳，苟有良藥，一舉可療，而舉國上下，漫然以不可治之一語，養其病而待其死亡。昔焉不知其病，猶可言也；今焉知其病，而相率待死亡，是致死之由不在病，而在此輩之手，昭昭然也。且靡論病之必可治也，即治之罔效，及其死也，猶有衣衾棺槨之事焉，猶有託孤寄命之事焉，欲委而去之，蓋有所不能矣。一人之身且有然，而况國之存亡，其所關係、所牽率，有百倍於此者乎！故即瓜分之事已見，爲奴之局已成，後此者猶當有事焉矣。執豕於牢，尚狂躑而怒嘷。今數萬里之沃壤，固猶未割也，數萬萬之貴種，固猶未縶也，而已俯首帖耳，忍氣吞聲，死心塌地，束手待亡，斯真孟子所謂「是自求禍也」。

《論語》之記孔子也，曰：「知其不可爲而爲之。」夫天下事可爲、不可爲，亦豈有定哉？人人知其不可而不爲，斯真不可爲矣；人人知其不可而爲之，斯可爲矣。使吾四萬萬人者，咸知吾國處必亡之勢，而必欲厝之於不亡之域，各盡其聰明才力之所能及者，以行其分内所得行之事，人人如是，而國之亡猶不能救者，吾未之聞也。何謂分内所得行之事？今語人以變法、以辨事，其在上者，必曰下無人才，無所可用也；其在下者，必曰上不變法，無一可言也。以故疆臣則歸罪政府，政府亦歸罪疆臣；州縣則歸罪督撫，督撫亦歸罪州縣；士民則歸罪有司，有司亦歸罪士民。要而論之，相率以不發一論、不辦一事而已。其太息痛恨、涕哭唾罵之言，正以便其推諉卸責、一齊放倒之計，而實非有一毫真心以憂國憂天下者也。如真憂之，則必無以辦事望人焉，以望諸己而已；必無以不辦事責人焉，以責諸己而已。各有不可諉之責分，各有可得爲之權限。願我士、我大夫，皆移其責望人之心以自望自責，則天下事之可爲者未有量也。子曰：「飽食終日，無所用心，難矣哉！」又曰：「群居終日，言不及義，好行小慧，難矣哉！」又曰：「説而不繹，從而不改，吾末如之何也已矣。」蓋天下無論何種人，皆可教，皆可用，惟此死心塌地、一齊放倒、知其不可而不爲者，雖聖賢末由而化之。且此輩者，豈惟自行放倒而已，其見有他人之實心憂天下者，則相與目笑之，鼻嗤之，或摭拾言語、舉動之小小過節，微詞以詆排之，阻撓之，以佐其飽食群居、好行小慧之談資以爲快。嗟乎，痛哉！吾豈不知我中國若此輩者何其多也。孔子一則曰「難」，再則曰「難」，再則曰「末如之何」，誠哉其難，誠哉其末如之何矣！

昔有英人某游高麗，歸而著書曰：「高麗其亡矣！入其國，見其人終日無所事，但攜荈一榼，三五爲群，以清譚於陰樹之下，永日永夕。人人如是，日日如是，國其能國乎！」嗚呼！啟超觀於我京師之士大夫，而竊有感於斯言也。籍於朝者以千計，自一二要津顯宦，疲精力於苞苴鑽競日不暇給外，自餘則皆飽食以待升轉，終日無所事，既不讀書，又不辦事，堂堂歲月，無法消遣，乃相率於看花飲酒、詩鐘射覆、彈棋六博、徵歌選舞，以爲度日之計。若今之公車，闈後、榜前二十日間，集輦轂下者八千人，其無可消遣之情態，視朝士又有甚焉，而此人者，則皆能爲憂瓜分、懼爲奴之言者也。徐而叩其説，則曰：今日事無可爲，正我輩醇酒婦人之時也。嗚呼！「行有死人，尚或殣之。君子秉心，惟其忍之。」我士、我大夫，豈必其有樂於此，無亦以保國之大事，非一手之爲烈，救亡之條理，非舉念之可得；或思救之而不得其下手之法，或獨爲之而苦無相助之人，日消月磨，而因自放云爾。夫同一法也，合群策以討論之，斯易定矣；同一學也，合群智以講求之，斯易成矣；同一事也，合群力以分任之，斯易治矣。然則我士、我大夫之所以自效於無用之地，以求爲消遣歲月之謀，甘爲游民，甘蹈高麗之覆轍而不悟者，殆皆以無會之故。思之思之，鬼神通之；鍥而不舍，金石鏤之。群之習之，摩之厲之，盪之決之，策之鞭之。意者佛蘭金仙，其猶有將醒之時，而曾惠敏、烏西里之言，不終不驗耶！則啟超馨香而祝之，跪膜而禮之〔二〕。《知新報》

【校勘記】

〔一〕「咸」，原誤作「或」，據《知新報》改。

〔二〕「跪」，原誤作「脆」，據《知新報》改。

楊鋭與弟肖巖書戊戌七月二十八日由北京郵政局發

肖巖弟覽：

前半言家事，節删。原擬乘中秋節前到鄂一行，再與弟商辦一切，乃十三日因湘撫陳公保薦，奉旨召見，逮夜始知。於十五早進内預備，改於十六日卯刻，在西苑勤政殿西煖閣召對。面奏數百言，大概詳陳用人、武備各事，天顔甚霽。二十日，遂奉命與劉光第、林旭、譚嗣同三人在軍機章京上行走，即日入直。硃諭云：「昨已命爾等在軍機章京上行走，並令參預新政事宜，爾等當思現在事務艱危，凡有所見及應行開辦等事，即行據實條列，由軍機大臣呈遞，候朕裁奪，萬不准稍有顧忌欺飾。特諭。」聖訓煌煌，祗增戰悚。每日發下條陳，恭加簽譯，分別是否可行，進呈御覽。事體已極繁重，而同列又甚不易處。劉與譚一班，兄與林一班。譚最黨康有爲，然在直尚稱安静。林旭則隨事都欲取巧，所簽有甚不妥當者，兄强令改换三四次，積久恐漸不相能。現在新進喜事之徒，日言議政院，上意頗動，而康、梁二人，又未見安置，不久朝局恐有更動。每日條陳争言新法，率多揣摩迎合，甚至有萬不可行之事。兄擬遇事補救，稍加裁抑，而同志已大有意見，今甫數日，即已如此，久更何能相處？擬得便即抽身而退，此地實難以久居也。此下閒語，節删。

逆蹟類二 廣東逆蹟

梁啟超等與康有爲書 粤督譚鍾麟從康有爲家查鈔得之，原書咨送軍機處

前脱甫之子譚服生，才識明達，魄力絶倫，所見未有其比，惜佞西學太甚，伯里璽之選也。因鐵樵相稱來拜，公子之中，此爲最矣。有陝西書院山長劉光蕡，自刻强學會兩序，旁注：京

師、上海。於陜倡行，推重甚至。此人想亦有魄力，聞已在陜糾貲設織布局矣。輒以書奬導開諭之，並餽以《僞經考》，視其他日如何，或收爲偏安帝都之用也。駿事入報，辨誣最無謂，當以無事治之，彼豈能持「莫須有」三字屈人耶？此後宜置之。

其二

前脱視一切事，無所謂成，無所謂敗。此事弟子亦知之，然同學人才太少，未能布廣長舌也。如此，則於成敗之間，不能無芥蒂焉矣。尚有一法於此，我輩以教爲主，國之存亡，於教無與，或一切不問，專以講學授徒爲事，俟吾黨俱有成就之後，乃始出而傳教，是亦一道也。弟子自思所學未足，大有入山數年之志，但一切已辦之事，又未能抛撇耳。近學詠、讀史，又讀内典，旁注：讀小乘經，得舊教頗多，又讀律、論。所見似視疇昔有進，歸依佛法，甚至竊見吾教太平、大同之學，皆婆羅門舊教所有，佛吐棄不屑道者，覺平生所學，失所憑依，奈何？屬勸長者勿行，某亦以爲然，然某於西行之説頗主張者，某意以爲長者當與世相絶，但率數弟子以著書爲事；此外復有數人，在外間説世間法。此乃第一要事。粤中既難安居，則移家入桂，計亦良得。今既如此，可罷論矣。

其三

某宗旨頗與同門諸君不同。諸君開口便勸人傳教，新學小生入館未及數月，即令其發揮宗旨，令其向人述先生之道。夫己之學且未成，安能發揮他人？其敝也，必入乎耳，出乎口〔二〕，日日摭拾聽講之餘文，而居然以通學自命。其初也，猶乘其乍發之氣，詆斥流俗，志尚嘐嘐然，一二年後，内學未成，而客氣已沮，必疲苶與常人等。豈唯如此，自借其一二高論，以巧爲藏身之地，謂一切小節皆不足爲我累，必卑污苟賤，無所不至。吾黨中蹈此阱者，蓋十之五六，真可憤恨。此非某故爲苛論，此阱某曾自蹈之。去年在都，幾成無賴，瞎馬深池，念之猶慄，故深知牆高基下之爲大害也。某昔在館，亦曾發此論，謂吾黨志士皆須入山數年，方可出世，而君勉諸人大笑之，謂：天下將亡矣，汝方入山，人寧待汝耶？某時亦無以對。不知我輩宗旨，乃傳教也，非爲政也；乃救地球及無量世界衆生也，非救一國也。一國之亡，於我何與焉？且吾不解學問不成者，其將挾何術以救中國也？即多此數年入山之時日，亦能作何事乎？今我以數年之功成學，學成以後，救無量世界。下脱

其四

夫子大人函丈：第十六次應言之事，條列於下，敬請道安。

第三書及《四上書記》前後各序〔三〕，録副寄上。第四書，粵中云已開刻，則無須更寫。第一書及朝、殿文，南中皆有定本，尤無須更寫矣。

此間希顧前交與古香閣印，云本之大小如《公車上書記》彼恐不能獲利，請改用小本，如《策府統宗》。此則萬不可，故提取其稿，商之别家，議復同彼。蓋嘗詢之諸書賈，据云：自强學會敗後，《公車上書記》已不能銷，恐此書亦不能銷，云云。當直語之曰：《公車記》已銷數萬部，度買此書之人，亦不過數萬人，人有一部，自無購者矣。而彼執迷如故也，此事或俟之他日，報館自買機器印之。粵中能刻最佳，刻本必務精雅，若如《救時芻言》，則文字減色矣。

四月二十七日信，子羽世伯收到，數月不以送來，真大異聞。昨以信追之，乃始送至。信内所言各事，皆成明日黄華矣。此後有書來，望即直寄此間，勿由人轉交。切盼，切盼。

容純甫在此見數次，非常才人也，可以爲勝、廣。

其五

幼博世叔、君勉學長：昨得書，言股不足，欲由上海撥款，云云。聞之大驚，豈潘、黄皆不願附耶？旁注：世叔不欲收潘股，超謂收之便。惟超在港，不聞潘有它言。黄與超言，固云月杪交一半。信來時不過十八日，消息亦似未定，或君勉過慮耳。上海頃擬自造房屋、置機器，存款數實不足資挹注，穰鄉亦不願。頃在此擬一招股章程，試往招之，冀有應者，今録呈上。澳報久開，而不聞有集股章程，又無股份簿。此亦太無條理，宜速爲之，即以股份簿十本寄我，望或有成也。今日在此做得一大快意事〔三〕，説人捐金三千，買都老爺上摺子，專言科舉。今將小引呈上。現已集有千餘矣，想兩日内可成也。請公等亦擬數篇，各出其議論，不然超獨作十篇，恐才盡也。此事俟明春次亮入京辦之。次亮此次乃請假，非改官也。伍秩庸苦相邀，以二等參贊相待，旁注：無頭等缺，惟李合肥出使有之耳。頃已應之，旁注：二月行。頗欲要挾之，令多帶同志一二人，惟彼自言初放日即有條子三百餘，恐不能容也。惟彼來苦邀一不送條子之人，亦難得矣。渠今日入南京，仍慮超不往，已先送裝千兩來矣。穗田書已買一二，俟買齊寄上。《四上書記》印成，由鴻安棧寄上。此信由海關寄，凡超所來信，請皆呈長者，若已南行，請即寄去。敬承起居。

其六

前脱中國今日非變法不能爲治，稍有識者，莫不知之。然風氣未開，人才未備，一切新政無自舉行，故近日推廣學校之議漸昌焉。雖然，科舉不變，朝廷所重不在於是，故奇才異能鮮有應者，殫心竭力，求在京師、上海設一學堂，尚經年不能定，即使有成，而一院百人，所獲有幾？惟科舉一變，則海内洗心，三年之内，人才不教而自成。此實維新之第一義也。惟天聽隔絶，廷臣守舊，難望丕變，若得言官十餘人，共昌斯義，連牘入陳，雷厲風行，或見采納。昔胡文忠以四萬金賄肅順，求賞左文襄四品卿督師，於是中興之基定焉。豪傑舉事，但求有濟。伊尹之志，子輿所取。今擬聯合同志，共集義款，以百金爲一分，總集三千金，分餽臺官，乞爲入告。其封事，則請同志中文筆優長者擬定，或主詳盡，或主簡明，各明一義，各舉一法，其宗旨不離科舉一事。務使一月之内，十摺上聞，天高聽卑，必蒙垂鑒，則人才蔚興，庶政可舉，數百年之國脉，數百兆之生靈，將有賴焉。

其七

孔子紀年，黄、汪不能用。後吴小村父子來〔四〕，又力助張目，仍不能用。蓋二君皆非言教之人，且有去年之事，尤爲傷禽驚弦也。去年南局之封，實亦此事最受壓力。蓋見者以爲自改正朔，必有異志也。四月廿七書云改朔爲合群之道，誠然，然合群以此，招忌亦以此。天下事一美一惡，一利一害，其極點必同比例也。今此館經營，拮据數月，至今仍有八十老翁過危橋之勢，旁注：謂經費。若因此再蹶，則求復起更難矣。故諸君不願，弟子亦不復力争也。來書謂：「再蹶再興，數敗不挫，斯法立矣。」然我輩非擁朱、頓之貲，事事仰人，欲集萬金以就一事，固不易易，故毋寧稍諧眾論，俟局面既定，然後徐圖。此事惟公度一人全力舉之，而公度於弟子以非常相待，此館全權時時可以在我。日内弟子病，公度疑其太勞，覓同門襄其事。弟子思文字之任，弟子一人能舉之，其料理局中。下脱

右梁啟超七函

【校勘記】

〔一〕「口」，原誤作「目」，據《翼教叢編》附録改。

〔二〕「序」，原誤作「事」，據《翼教叢編》附録改。

〔三〕「意」，原脱，據《翼教叢編》附録補。

〔四〕「父」，原誤作「文」，據《萬木草堂遺稿外編》改。

夫子大人侍右，弟子昭焱叩稟：穆承師瀕行諄督，深維自圖，罔知所措。數日勤於習算，兼讀學案，理會身心，或有所得，惟師命外遊讀書，惘惘不知何往，家非富積，力甚緜薄，頻承堂上之命，促焱謀就講席。焱以年未及冠，本無學問，如何遽爲人師也？以此故家庭之間，極多違德，咎難自遣。昨聆師誨，檮昧奉稟，乃覈前議危牾，震驚悼泣，自罪行將下天堂而入地獄也。昔嘗衹悉堂上歡心之故，以得科第爲第一義，以營財利爲第二義，然自以里閭族黨多不相能，憍蹇陵侮，苦莫可堪。焱亦嘗以己意風諫，未獲垂諭，故至於此，躬自悼矣。憂緒頓觸，事非今日，徒以難言之故，久未上陳。師命歸還讀書〔一〕，非不甚善，但累年或承隨，或伏處，除習舉業外，更無它事，威令如霜，一晌半晷未嘗暇也。今年讀書，未敢云求通大道，直以習舉業爲辭耳，旁注：今每月堂上仍督作八股，限應六課。書院通年皆如是，此實不堪。倘仍遽歸，必是陷重囚也。旁注：仍慮堂上促命歸還習舉業，憂已從中來矣。見當暫忍隱在館，小心事友，諸君或將不我棄乎？卓如學長專督以變化氣質，心甚感之。明年欲作上海之遊，非是萬不能有自立。不知《時務報》能相容否？旁注：讀書，焱或習西文。不便爲梁君言也。肅肅上書，密陳悃款，敬請道安，暇更乞示行止。

右孔昭焱一函

【校勘記】

〔一〕「還」，原誤作「遠」，據文義改。

夫子大人函丈：十月上一禀，由廣仁善堂投，想登師覽矣。弟子現諏本月十三日，安葬先人于邑西鄉距祖居四里之下樟村大嶺，年底石工可完，明春可出侍席前矣。孔子會近又開闢疆土若干方里，有若干人？周游南洋，是否決意？卓如謂門人成就者少，慧儒謂師至香港三日，西人皆知，意在請緩日再去，何也？桂地近又一變其局，唐薇帥與弟子等見則談學，與岑雲階及官場則談博談戲，與曹馴、李受彤則談古董、書籍、字畫。曹、李攻之不克，旁注：唐初歸。乃降之。其精力太過人，譏刺、非議，絶不動心。師如能來，必可使之日進。前課問礦學，未云有不知者進見詢問，由是見者日多。弟子約其開會已允，摩厲激發，未嘗不可與爲善也。肅此敬禀，跪請道安。

士人請謁必見，仍可進言。去年得滬電時，曾有助金捐書之約，但視京局爲進止。今既欲聯公呈寄京請代奏，事或可辦。頃禫祭禮成，尚未見，當急圖之。旁注：劉嘉澍已北行。岑雲階京卿已返，亦頗見人，聞其議論尚近。此種爲敵者，有侍御唐椿壽，旁注：以憂回省。然不久即去耳。學會由高伯慈約遜業堂多數人矣。伯慈尚不識吾學大意，去年冬始復來，即爲曹阻，旁注：其時諸學適停，不許與吾輩交。數月不往還，近乃大動，讀諸子最喜墨書，偶與之發明吾道，大服，且深信改制，大罵曹公。因伯慈合學侶十數人言事，曹大惡之。曹教人只許閉户讀書，不准有朋遠來。昨院課，竟以改制、《公羊》説經矣。弟子頗悔數月中之不往交也。泰西教士雖遭殺戮，仍進而不止，思之滋愧。伯慈有弟。又近遜業堂新甄别來者多有志，非復從前矣。日夜摩厲，必能得人。前諭謂二月已奉旨令各省辦商務，尚不得其詳，屢向撫署探之，仍未有見，蓋留心此道者寥矣。藉此以合大眾，法至善，但弟子愚昧，尚不知所爲，乞再示下手工夫，俾有遵守。晴皋、小峰精鋭不已，必可大成。弟子近窮理似益有得，游心於諸天之間，從容於人境之内，别開地界，可告師前。《桂學答問序》贊叔早已帶來交君勉，碑刻飭刷即呈。餘當續稟，敬叩道安。

右龍澤厚二函

前脱雷武子果然在日本處曾見伊藤博文，云窺其行徑，大約有聯英、日以拒俄之説動日政府。中朝託俄爲腹心，正犯英、日之大忌。彼在英國，大約亦見尼希利黨人，與之同病相憐矣。

閏五月二十日由京來信得讀。治國是最粗淺事，今日之當如何[一]，無論仕學院人知之，即洋傭亦多知之，但中國之自命爲士者，乃昧昧耳。通經所以致用，博古而不知今，必不可致用。譯言者，象胥之職也，能讀《周禮注疏》，而屏外國之言語，是求通經而不求致用矣。農務、化學者，草人土化之職也。現今所謂種種西法，皆《易·繫詞下》第二章之支派耳。治漢學者，尚考据者，通經而求致用者，愈當研究現今之西學。中國最易變法，是在權要者之暗中轉移耳。恭默聖諭是重典也，可以變爲具文，鈔之而已，雖君子敦品者亦鈔之。是則此二篇八股、一首試帖，可以恭默聖諭者例之。重之即所以輕之，而專注意於經古一場，而又以「通經致用」四字塞天下之口，使人不敢議。童生者，生員、舉人、進士之所從出也。童子之所學一變，則天下學校變矣。爲軍機者，平日當媚上，招權納賄，傾害異己之人。爲窮編修，鑽營學政差使。使十八省之督學使者皆我私人，皆體我通經致用之學者，行之十年，格致書院、美華書館所用之書，如《小題指南》《約選墨中》之通行〔二〕，八股、詩賦之重大，有如恭默聖諭矣，不言變法而法自變。童生變，而天下之學校變，則無一不變矣，惜乎大臣莫有能如是也。先生爲何等人，貪污、佞諂，斷不可避，注意於大同國，勿注意於大濁國，以大濁國爲開筆襯筆可耳。旁注：知其不可，尚爲之耶？先生平日得罪於人而不自知者多，安知人不思報復也〔三〕？口蜜腹劍，切須隄防，有言遜於我，志必求諸非道而已。先生爲公卿所忌必甚，南歸後恐復有參奏者。有肝膽之人，當結以爲援，李鑑堂、張香濤等，不妨順道見之也。

樹學無所成，而術亦粗淺之極，自問無可值世之重金者，幸身累尚輕耳，而平日受家兄恩惠，今家兄年已半百，精力衰耗，不能致財，姪兒五人，俱乏才藝，大有不能自立之勢，思之未免惻然，謀食之心，過於謀道。大濁國必將大亂，爲人所瓜分，正如村夫鬬龍船争標，彼行急者，此更行急，有惟恐落後失機之心。獨夫之家産何足惜，所難堪者，我之親戚、兄弟、友生耳。神山之新屬島亂後當治，狡兎謀窟，宜在於東。我有志焉，但行事殊不易耳。

右何樹齡二函

【校勘記】

〔一〕「何」下，《翼教叢編》附録另有「變法」。

〔二〕「約」「中」，原脱，據《翼教叢編》附録補。

〔三〕「報復」，原倒，據《翼教叢編》附録乙正。

夫子大人函丈：來書敬悉。報事所須之人，見尚未定，遲日商定再稟。《上書記》廿一二便可刷印。臬司示禁賭博，城中所謂老師館者，已撤去八九。聞社學課已發，前數日樹園復患血，今幸無恙，仍精神未完復。君勉未來，孺博返鄉。學使已初九到省，十八日開考南海，廿一日考番禺，廿三日考順德，廿五日考新會。同門諸君已大集，但爲試事所擾，故講求甚少矣。澳門之地，弟子以爲善堂爲第一義，以其能收拾人心，徹上徹下也。報館亦未嘗不可，但恐閲報者少，不能永久。故立不敗者，莫如善堂也。肅此，並請萬福。

右梁碩一函

逆蹟類三 湖南逆蹟

梁啟超上陳寶箴書 時務學堂鈔稿

侍郎世丈閣下：

入湘以來，已逾一月，所懷欲陳者無慮千萬。初以公王事賢勞，未敢瀆擾，學堂開學以後，又自劬於功課，旦夕罕暇。昨於九日爲學堂假期，即思造膝請見，嗣以諸公會商學會事，又不克矣。托庇彌邇，而侍教疎逖，良用自責也。月之望日，伯嚴約諸公集於堂中，坐次述世丈之言，謂時局危促，至於今日，欲與諸君子商一破釜沈舟、萬死一生之策。彼時同坐諸公，咸爲動容。啟超聞是言，心突突不自制，熱血騰騰焉將焰出於腔。蓋振蕩迅激，欲哭不得泪、欲卧不得瞑者，迄今六晝夜。徑欲走見，有所陳説，而吶於言語，弗克自達，用敢以筆代舌，披瀝肝膽，爲我公一言之。

啟超以爲天下事，思之而已之力不能爲者，勿思焉可也；言之而所與言之人權力不能行者，勿言焉可也。嗚呼！今日非變法，萬無可以圖存之理，而欲以變法之事望政府諸賢，南山可移，東海可涸，而法終不可得變，然則此種願望之念，斷絶焉可也。願望既絶，束手待斃，數年之後，吾十八省爲中原血、爲俎上肉，寧有一幸？故爲今日計，必有腹地一二省可以自立，然後中國有一綫之生路。今夫以今之天下，天子在上，海内爲一，而貿然説疆吏以自立，豈非大逆不道、狂悖之言哉？雖然，天下之事變既已若此矣，决裂腐爛，衆所共睹，及今不圖，數年之後，所守之土，不爲臺灣之獻，即爲膠州之奪。彼時挂冠而逃，固所不可，即拒敵致命，粉身碎骨，何補於國？何補於民？一人之粉焉碎焉，猶可言也，天下由兹荼毒，大局由兹陸沈，虚懷忠義之名，實有陷溺之罪。故啟超以爲今日之督撫，苟不日夜孜孜存自立之心者，雖有雄才大略，忠肝義膽，究其他日結局，不出唐景崧、葉名琛之兩途，一生一死，而其爲天下之人萬世之唾駡者一而已。偉哉，竇融！天下大亂，乃注意河西，指爲移種處，卒能捍衛一隅，佐復漢室。偉哉，鄭成功！流賊徧地，大師掃境〔一〕，乃能以海外孤島，存明正朔垂四十年。夫使天下大局，苟尚有一綫之可以保全，則亦何取於此？而無如不爲竇氏、鄭氏之布置，即步唐氏、葉氏之後塵，二者比較，孰得孰失〔二〕，不待智者而决矣。且啟超之爲此言也，豈有如前代游説無賴之士，勸人爲豪傑割據之謀，以因利乘便云爾哉！今之天下，非割據之天下，非直非割據之天下，抑且日思所以合十八省爲一國，以拒外人，猶懼不濟，而況於自生界畫乎！此其義也，雖五尺之童，莫不知之。啟超雖戇愚，豈昧於此？所謂日夜孜孜存自立之心者，謂爲他日窮無復之之時計耳，豈曰謂目前之言哉？而無事則整頓人才，興起地利，其於地方之責，亦固應爾，而終不必有自立之一日，此豈非如天之福乎？脱有不幸，使乘輿播遷，而六飛有駐足之地，大統淪陷，而種類有倚恃之所，如是焉而已。

今以明公蒞湘以來，吏治肅清，百廢具舉，維新之政，次第舉行，已爲並時封疆之所無矣。而啟超必謂非存自立之心不足以善其後者，蓋以治一省與立一國，其規模、條理一切絶異。本無所謂異也，西人各行省之自治，其規模、條理皆與一國同。惟今日中國之省，則大異耳。以今日尋常各封疆之行徑施之，雖苦心孤詣，而於捍他日之大難，則猶未足也。以一省荷天下之重，以一省當萬國之衝，則將以民與人相見，以學與人相見，所以練其民、興其學者〔三〕，固非尋常之力所能有濟。自昔日本至幸也，獨惜我中國數十年以來，累受挫辱，而封疆之中，曾無一人思效薩、長二氏之所爲者〔四〕。已實不競，而何人之尤？嗚呼！使胡文忠公生於今日，其所措施，蓋必有以異於人矣。我公明德耆碩，爲后、帝所倚重，政府所深知，德澤在湘，婦孺知感，有所興舉，如慈母行令於其愛子。脱一句。公度、研甫，皆一時人才之選。殆若天意欲使三湘自立以存中國，而特聚人才於一城，以備公之用者。蓋不乏人也〔五〕。啟超雖拙陋，竊窮數日夜之苦思力索，極其條理及下手之法，以爲若使德人膠州之禍不息，今歲即成瓜分之勢，斯無可言矣；若能假以五年，則湖南或可不亡也。然明公必於他日自立之宗旨，樹標既定，摩之極熟，不令少衰，然後一切條理，乃因而從之。敢先以一書專論此義，上塵清聽，倘不以爲狂悖之言也，則將竭其芻蕘之所及者，更次第陳焉，無任待命之至。

啟超誠惶誠恐，頓首謹上。

【校勘記】

〔一〕「師」，原誤作「帥」，據文義改。

〔二〕「孰失」，原脱「孰」，據《翼教叢編》附録補。

〔三〕「興」，原誤作「與」，據文義改。

〔四〕「長」，原脱，據《翼教叢編》附録補。

〔五〕「蓋」上，《翼教叢編》附録原有「天下豪傑之士慷慨悲歌且汗且喘是天下思自救而不得其塗則咸注目於瀟湘雲夢間冀獲竇融所謂移種處其嵎焉願效死力以待公之用者」。

湖南時務學堂課藝總教習梁啟超批以下刻本

凡賦税於民者，苟爲民作事，雖多不怨，今西國是也。上海租界每季巡捕捐極重，未有以爲怨者也。苟不爲民作事，雖輕亦怨矣。中國之税，至本朝而輕極矣。《孟子》謂：「輕於堯、舜之道者，大貊、小貊也。」何以謂之貊？謂其不足以供幣帛饔飧、百官有司之用也。今之中國是矣。以賦輕之故，乃至官俸亦不能厚。惡知官俸既薄，而彼百官者，仍取之於民之身，而其禍益烈耶？

案：斥本朝輕賦爲「大貊、小貊」，喪心病狂！

今日欲求變法，必自天子降尊始。不先變去拜跪之禮，上下仍習虛文，所以動爲外國訕笑也。

案：此言竟欲易中國拜跪之禮爲西人鞠躬，居然請天子降尊，悖妄已極！

《春秋》大同之學，無不言民權者。盍取六經中所言民權者，編集成書，亦大觀也。

案：民有權，上無權矣。欲附會六經，六經安有此説？

分教習韓文舉批

天下無敵，美國有焉，歐洲不及也。今歐州各國之人，每年隸美籍者，不知凡幾。如戰争之事，與諸國持和局者，多由美國。溯美國由乾隆四十一年，始聯合十三州，至今日所屬邦部已四十餘，近又合併檀香山，將來大一統，必由美國以成之也。

案：欲美國大一統，置本朝於何地？

後世爲臣者，不明以臣佐君之義，皆是爲民作用，而遂甘爲奴隸婦孺，至於國破時，僅以一死塞責，後世遂目爲忠臣。二千年之錮蔽，牢不可破。

案：此教人不必盡忠也，無人心至此！

美國總統有違例〔二〕，下議院告之上議院，上議院得以審問，例能奪其權而褫其職。英國雖君臣共主之國，其議院亦曾廢君。可見舜亦由民公舉，非堯私授也。

案：如此，中國幸不設議院耳。議院設而廢君，大逆不道之事更多矣。

學堂日記梁批以下手書本

屠城屠邑，皆後世民賊之所爲。讀《揚州十日記》，尤令人髮指眦裂。故知此殺戮世界，非急以公法維之，人類或幾乎息矣。

案：三代以後得天下者，皆逆取而順守。聖清之於前明，與國也。《揚州十日記》之言，明季遺老之言也。不思二百餘年之深仁厚澤，而乃執明季一人之言，以爲民賊乎？是亦賊民而已矣。

公法欲取人之國，亦必其民心大順，然後其國可爲我有也。故能興民權者，斷無可亡之理。

汝已見到此層，但未鞭辟入裏耳。

案：興民權只速亂耳，安得不亡？

議院雖創於泰西，實吾五經、諸子、傳記隨舉一義，多有其意者。惜君統太長，無人敢言耳。

案：「惜君統太長」五字，悖逆至此，殆欲人人造反，時時作亂，然後快於心與？

二十四朝其足當孔子王號者〔三〕，無人焉，間有數霸者生於其間，其餘皆民賊也。

案：二十四朝之君主，謂之民賊，而獨推崇一孔子。是孔子之受歷代褒崇，爲從賊矣。

狂吠可恨！

衣服雖末事，然切於人身最近，故變法未有不先變衣服者。此能變，無不可變矣。

案：改朔、易服，皆興王之事，若輩何敢妄言？歷代草寇未有不改制者，黄巾、赭寇，非其人乎！

學堂答問韓批以下改刻本

有伯姬之賢，三國來媵，尚爲非禮，況不如伯姬乎？亦惟有伯姬之善，乃能容之，餘則不能，可知矣。可見僅得一伯姬，而不及伯姬者多矣。此不平等中之平等，聖人居於亂世，不得已也。

案：平等之説，出自釋氏，安得以之附會聖經？自梁啟超來主時務學堂，於是人人言平等，至有某孝廉父子之謬論〔三〕。謹厚者如此，其他可知。傷風敗俗，莫此爲甚。

梁批

一盜案之微，州縣治之足矣，而上勞朝審，皆極可笑。

案：聖人慎刑愛民，所以有朝審。此列祖列宗之成法，而以爲可笑，不知是何居心？日本所以二千餘年不易姓者，由君位若守府，而政在大將軍。凡欲篡位者，篡大將軍之位而已。日本所以能自强者，其始皆由一二藩士慷慨激昂，以義憤號召於天下，天下應之，皆俠者之力也。中國無此等人，奈何！奈何！

案：梁啟超欲興民權，所以藉口於君位若守府；欲尊任俠，所以藉口於日本之自强。童子何知，其不爲此似是而非之論所誤者，鮮矣。

中國舊論，常以能言不能行責人，此最謬論。蓋有立言之人，有行事之人，各有所長，不能相非，必欲以責一人之身，萬無是理。

案：時務學堂之設，育人材也，能言而不能行，天下古今安有此教人之法？果如此等謬論，則學堂之設，專爲若輩言者設矣。他日學僮成立，皆持梁啟超之説以教人，豈非誤盡天下蒼生耶？

臣也者，與君同辦民事者也。如開一鋪子，君則其鋪之總管，臣則其鋪之掌櫃等也，有何不可以去國之義？

案：封建之世，皆天子之臣，故可以去此適彼，非所以論於今日之世也。果如此等議論，則龔效拱之漢奸、姚福秋之肇亂，皆得謂之合於古義矣。三尺童子習聞此類謬説，湘中風俗、人心之壞，恐有不可問之日矣。

漢世武梁祠堂畫像所畫古帝王，多人首蛇身、人面獸身。蓋古來相傳，實有證据也，《山海經》言絶非荒謬。董子引古語云「人當知自貴於萬物」，可知古時人與物相去之率，本不甚遠。若至今日，則誰不知己身之貴於物者，而更待聖人之丁寧告誡耶！西人古書屢出告令，禁人與獸交。然則古時之人與獸交者，必甚多矣。

案：删《書》斷自唐、虞，聖人自有深意。太史公曰：「其文不雅馴，搢紳先生難言之。」西人禁人與獸交，見之彼國載記，安得以之臆斷中國上古之人？學堂與童子所講者此事，毋怪合種之醜論，騰於士夫之口也。此輩願爲《山海經》中之人，何苦率黄種而盡爲獸種乎！

【校勘記】

〔一〕「美」，原誤作「英」，據《翼教叢編》卷五改。

〔二〕「王」，原誤作「至」，據《翼教叢編》卷五改。

〔三〕「某」，《翼教叢編》卷五作「皮」。

逆蹟類四 海外逆蹟

逋臣問答

《循環報》云：上月二十一晚，《德臣西報》採訪人與康有爲會晤，欲查詢中國情形及康出亡原委。見其身材中等，面部豐隆，容貌頗美。查其出京之時，並未得英使及使署人員相助，惟至上海，由重慶輪船下，依士渠礮舶，始得英人保護。當與採訪相會，係由本港著名華商爲之傳語。該商首向採訪人代述康意，謂康蒙英國欽使及各官商保護，甚爲感激。康繼言曰：

我由湖北人高燮曾所薦，翁同龢及禮部尚書李端棻亦留意於我。有謂翁爲守經黨，寔非也，實翁、李二臣屢欲薦我在皇上左右，以備顧問。我自蒙召見，即奉旨在總署行走。西曆今正三號，曾與總署王大臣會議，各大臣皆以客禮相待，會議三點鐘久。當時我祇勸中朝維新政治，步武泰西政教，然各大臣之意，多不主更新之意者。故榮禄當時問曰：「我國何故改變祖宗成法？」我答曰：「列祖列宗皆無總署，今特創設，庸非變政之始基乎？」斯時我首議整頓法律，延聘洋員，會同我及三數官員，删定法律及各官職。蓋此爲最要之著，庶務之更當由此類推，而築車路、立海軍、議學堂暨各新政，亦當次第續辦。但法律、官職若不肯變，則其餘庶務雖變無益。不幸皇上未如所議，先變他政，致有今日之禍。會議翌日，恭王及翁師傅將所議具奏，雖聞恭王深贊我才，然當時所議亦不以爲然，蓋謂祖宗成法不宜驟變；惟翁則深韙其議。

後蒙皇上許我具奏條陳政治，我即奏請皇上將中國舊習及祖宗成法變更，並勸皇上效法日本及俄先皇彼得，又請諭飭各大臣到宗廟矢誓，力圖變政。此我摺内所陳第一事也。至於次件，亦不外勸變法律、政治。其第三事，則請設代遞臣民條奏。我曾詳陳政體，皇如主腦，軍機如舌，御史如目，督撫如手足。今無合宜之律例，如人無心，不能操動静之權，而皇上遂不能周知民隱。我又請皇上簡用少年才智、熟識西學政治人員，與皇上襄議治理，不次拔擢，毋庸拘以資格，並請設十二局，以分理庶務。此疏既上，聞皇上甚爲嘉納，允如所請，發交總署會議。乃恭王、榮禄、許應騤皆以爲非，惟皇上著令再行詳議覆奏。我所條奏，多蒙皇上採納，見諸施行，想亦閣下之所知也。我曾呈二書以供御覽，一爲《日本改革考》，一爲《俄皇彼得振興考》。後復上疏，請皇上速行變政，切勿遲延。皇上答以諭旨，並召見於仁壽宫，垂詢二點鐘之久。時適俄據旅順、大連灣，皇心弗悦，雖則聖躬孱弱，然尚精明。皇上額圓鼻直，眉清目秀，面色青黄，一望而知爲聰明之主。當時面奬以「所呈之書，甚爲有用」，我覆以「中國貧弱，皆由振興遲玩所致」，皇上深以爲然，且謂被守舊諸臣所誤，我復奏以「國勢弱極，然及今補救，尚未爲遲」。即奏陳普法戰後，法國復興情形，且謂：「法之償款，多於中日之款，法之失地二省，而日本祇割臺灣，乃法旋蹶旋興，我國則三年尚不能復振。」皇上答以何故，我答以：「法國既敗，大臣地亞士出示諭民，亟革諸弊，聯合一心，務期盡雪前恥，因是兆庶一心，故能元氣迅復。乃中日戰後，於今三年，守舊大臣匪特不知振興，且阻撓新政，故日復一日，依然故我。」我並請皇上試觀日本變法，歷盡許多艱險，緣日本武備黨其權更大於中國守舊黨，乃日皇能以善法擢用少年新進，且遣聰明子弟肄業泰西，故能變爲强國。後又議論彼得變政，且奏請皇上如慮人材不足用，可聘用英、美名士相助爲理。在皇上以爲中國維新亦已有年，然就我觀之，則實未嘗更變，故用許多譬喻，以啟迪聖心，唯皇上答以「心甚憂懣，無以感化諸臣」。皇上復言「素知諸大臣不肯留心西法及講求振興」，我復奏云：「各大臣或亦有是心，但事務繁多，年力就衰，心有餘而力不足，無可如何。」我又奏請皇上更變科舉，廢棄八股，皇上答以：「深知西學當從，中學當變，是必如奏以更科舉。」我又奏派宗室出洋游歷，以熟習外務。迨皇上垂詢將畢，我復奏尚有多事條陳，當隨時具奏，並勸皇上與各國輯睦，以聯友誼，皇上答以：「各國皆屬教化名邦，甚願與敦睦誼，惜諸大臣未能體此意耳。」蓋當西曆客歲十二月時，我曾勸皇上與英聯盟也。迨後我奏請皇上何不將新法明諭天下，皇上笑而不言〔一〕，我遂陛辭而出。

自西曆六月而後，我迭上封章，惟不再蒙召見。其後皇上降明諭，責我久留京師，不赴上海管理官報局，是皇上知有變而促我離也。我奉此諭，心甚驚疑，至晚復接奉皇上密書。九月初三早，連奉密諭，一次即會議寮屬妥籌善法。旋請美國教士李提摩太代求英使，則英使避暑北大河；繼謁美使，又避暑西山。倘是時英使在京，必能善爲處置，斷不至有今日之事。當我在京，衆情安謐，仍未料有此變。初四日，友人告以事機危急，時我尚在廣東會館，詰早離京，行李交弟照應。我即搭車至塘沽，欲搭渣甸行連陞火船，船人見行李鮮少，言須在行購船紙，方准附搭。我遂向天津投宿，客棧有人勸以剃髮微服，我安於天命却之。初六早，附搭大古公司重慶輪船，祇坐平常客位，因行李少，恐啟人疑也。當將出京，李教士留居彼寓中，惟我因皇上所命，故立意離京，我並未與英使署有信息來往，亦未嘗接英使署函。

當船過煙臺，亦無變動。及抵吴淞，始據英領事請，過依士渠礮舶安居。此事想必李教士商諸英公使，電飭領事保護者也。我深感英領事及重慶輪船主之恩。

皇上命我出外覓人，保護君國，故我意欲親近英國。緣英爲天下最公直之邦，前者兩次助土耳其，雖傷多軍、糜巨餉亦不惜，故我料英國將來必助我大皇帝也。當我在上海，曾請英領事電達外部，求護中國。以愚見而論，英必能助我皇上及維新黨。誠如是也，則英爲我國最好友人矣。倘英不肯助我皇上，吾恐西伯里車路既成，俄人轍跡將徧於中國。如英能護中國，我知皇上及維新黨永遠不忘英國之德也。

談畢，即復言曰：「聞梁啟超之親族被新會縣拘監，伏望英國官商，早爲設法保護也。」

原本多有悖逆之語，概行删去。應抬頭處，亦不空格抬頭，以出自逆臣口中語故也。餘均仿此。戊戌九月初二日《申報》

【校勘記】

〔一〕「上」，《申報》原脱，據文義補。

梁逆去國行

嗚呼！濟艱乏才兮，儒冠容容。佞頭不斬兮，俠劍無功。君恩友讐兩未報，死於賊手毋乃非英雄。割慈忍泪出國門，掉頭不顧吾其東。

東方古稱君子國，種俗文教咸我同。爾來封狼逐逐磨齒瞰西北，唇齒患難尤相通。大陸山河若破碎，巢覆完卵難爲功。我來欲作秦庭七日哭，大邦尤幸非宋聾。

却讀東史説東故，卅年前事將毋同。城狐社鼠積威福，王室蠢蠢如贅癰。浮雲蔽日不可掃，坐令蝘蠖食應龍。可憐志士死社稷，前僕後起形影從。一夫敢射百決拾，水户、薩、長之間流血成川紅。爾來明治新政耀大地，駕歐淩米氣葱蘢。旁人聞歌定同哭〔一〕，此乃百千志士頭顱血泪迴蒼穹。

吁嗟乎！男兒三十無奇功，誓將區區七尺還天公。不幸則爲僧月照，幸則爲南洲翁。不然高山、蒲生、象山、松陰之間佔一席，守此松筠涉嚴冬，坐待春回終當有東風。

吁嗟乎！古人往矣不可見，山高水深同古踪。瀟瀟風雨滿天地，飄然一身如轉蓬，披髮長嘯覽太空。前路蓬山一萬重，掉頭不顧吾其東。《亞東時報》第四號

【校勘記】

〔一〕「定同」，《飲冰室文集全編》作「豈聞」。

梁逆記康逆出險事

嗚呼！先生之被嚴捕而不死，蓋有天焉。

自新政行後，滿朝守舊黨疾先生甚矣，千方百計欲排之，謗誣繁興。親友咸憂及於大禍，皆勸勿言變法，早出京。先生曰：「死生有命。吾嘗在粤城步經華德里，飛磚掠面，幾死。若死，蓋亦無所避矣。中國危亡如此，今躬遇聖主，安可計較禍患而不救？」先生之行政，蓋早舍身亡生矣。

六月，孫家鼐承軍機大臣意，奏請派先生出上海督辦官報局。而先生感激知遇，且聞九月閲兵之謀，深知皇上之危險，義不可捨去，欲留京設法有所補救，故遲未行，而皇上亦令軍機大臣傳旨，命將所編《列國强盛弱亡記》一書盡寫成進呈，然後出京，蓋示意命其留京也。至七月二十九日，而「朕位不保」之密詔忽下，康乃發憤思救護。而初二日旋降明詔，命其迅速馳往上海，毋得遲延矣。先生奉詔後，猶欲布置數日乃行。而初三日又由林旭交到第二次密諭，促行益急。乃於初四日上摺告行，初五日天未明出京。時雖極知事之危險，然仍以爲大變當在九月也，故尚從容而行。及初六日，忽步軍統領衙門率兵役來寓舍逮捕，而先生已在途中，不知事變。當時京師諸同志聞變，爲先生大憂，而無從通遞消息，咸以爲必死。故譚嗣同曰：「皇上既無從救，今先生亦無從救，我已無事可辦，惟有待死期而已。」

初五晚，先生由鐵路至塘沽，搭招商局某輪船赴上海。既已登舟息於艙矣，因無一等艙位，且須翌午乃動輪，心忽動，於是復登岸，宿塘沽一夕，改乘英公司重慶輪船，遂於初六早十點鐘動輪。其夕，榮禄派飛騎在天津塘沽逮捕，大搜不得，知已乘船去，乃發電往煙臺道、上海道，大搜各輪船協拿，又發兵艦飛鷹往追。飛鷹者，每點鐘行二十九海里，比重慶輪船速率倍之，而飛鷹以貯煤不足，僅行六點鐘煤即盡，因追不及。重慶輪船既到煙臺，停泊一點鐘有餘。時先生絶不知政變事，猶登岸游覽，並購五色石子兩筐，徜徉良久乃歸舟。先一時許，煙臺道員某已接到天津密電，適有急事須往膠州，因未將其電信看視，藏之懷中而去。及到膠州，譯而視之，則命其截搜重慶船密拿也。因從膠州馳歸煙臺，則船又已開矣，遂不及。先是，上海道蔡鈞既奉到密拿之電，連日親乘小輪船到吴淞，凡有船自天津到者，必上船搜畢，然後許搭客登岸。當時上海之志士十數人，聞變後共謀設法救先生，密乘小船往吴淞，將相機行事，見此情形，以爲萬無生理，痛哭而返。

初九日下午二點鐘，重慶船將到吴淞，上海道等艤船以俟。乃該船未入口數里許時，先生在船頭與客談笑，方閲浙士姚某奏疏而論議之。忽一英人乘小輪到船，持先生之照片，徧認舟中旅客。見先生，攜手入房，問之曰：「君是康某乎？」先生曰：「然。」又問曰：「君在北京曾殺人乎？」先生曰：「異哉！吾何爲殺人哉？」又問曰：「然則君何爲出京乎？」先生曰：「吾奉我大皇帝密旨令出京。」其人曰：「密旨云何？」先生乃命取筆墨，書以授之。其人乃在懷中出一紙，則北京政府密電諭上海道，謂康某即可密拿〔二〕、就地正法云云也。

先生視畢，駭然泫然。英人曰：「我乃上海領事遣來濮蘭德也，君可即隨我行。」乃攜手下小輪船，登英兵艦，甫到艦，而上海道搜拿之小輪船已到矣。先生與英使館及上海英領事無一面之識，故英人之相救，非惟出中國官吏之意外，並出先生意外也。英領事所以得此消息及先生之照片者，因上海道奉到密旨後，即鈔録數十分，並購先生照片數十分，照會各國領事，請其協拿。英人素知先生爲變法之領袖，故特救之。

先生既由重慶下小輪船，因北京政府密電之語，竊意皇上已爲榮禄所弑，肝腸寸斷，乃成一詩曰：「忽灑龍漦翳太陰，紫薇移座帝星沈。孤臣辜負傳衣帶，碧海波濤夜夜心。」又作訣家人、子弟數書，蓋尚備死所也。英領事又告以皇上之事尚不確，故留此身以有待。

當初六至初十四日之間，榮禄等疑先生尚在北京，凡閉城門兩次，停鐵路車三次，發兵三千，緹騎四出，密電紛馳，大搜數日。至初十日，啟超與日本領事自天津下塘沽，猶派小輪船來追捕，疑爲先生云。幸捕者人寡，不然啟超亦不免。蓋天羅地網，既廣且密，中國數千年捕一匹夫，未有之大舉也，而先生乃從容購石、吟嘯論文，不知事變，未嘗少避。以常理論之，蓋萬無生理矣，而卒獲不死，豈不異哉！

是役也，先生有十身不足死：皇上無兩重詔書敦促，則先生不出京，必死；榮禄之變早作一日，則先生無論在京在途，必死；若先生遲一日出京，則在南海館被捕，必死；若宿天津棧，則不及搭船，必死；若初六日船不開，必死；既搭招商局船，常例必不復登岸，無從搭英船，則英人無從救，必死；飛鷹兵艦速率既倍，若非缺煤，則必追及被捕，必死；或者曰飛鷹船長仗義釋放云，亦未可知。烟臺之道員若非往膠州，則截搜被捕，必死；到上海不遇救，必死；上海道不請各國領事協拿，則英領事不知此事，無從救，必死。有此十必死，當是時也，智者無所施謀，勇者無所施力，愛者無所施恩，人事俱窮，能救其一，不能救其他，死矣，死矣！而竟不死，豈非天哉！豈非天哉！天之曲爲保全先生，曲綫巧奇，若冥冥中有鬼神呵護之，俾留其生以有待者，豈無故歟？

或有責先生不死者，蓋未知先生出京實在事前，先奉詔命而行，非私逃也。及出險後，上又生存，安有舍密詔之重而徇僞命者哉？此不待辨，特於其必死而不死之異可記之，以告天下志士之舍身以救君國者，發起意氣焉。《戊戌政變記》四

【校勘記】

〔一〕「康某」，《戊戌政變記》原作「皇上已大行爲康某進丸所弑」。

梁逆飲冰室詩話一則

太平翼王石達開，其用兵之才，盡人知之，而不知其嫻於文學也。近友人傳誦其詩五

章，蓋曾文正曾招降彼，而彼賦此以答也。

詩云：「曾摘芹香入泮宮，更探桂蕊趁秋風。少年落拓雲中鶴，陳跡飄零雪裏鴻。聲價敢云空冀北，文章今已遍江東。儒林異代應知我，祇合名山一卷終。不策天人在廟堂，生慚名位掩文章。清時將相無傳例，末造乾坤有主張。況復仕途多幻境，幾多苦海少歡場。何如著作千秋業，宇宙長留一瓣香。揚鞭慷慨莅中原，不爲仇讎不爲恩。祇覺蒼天方憒憒，莫憑赤手拯元元。三年攬轡悲羸馬，萬衆梯山似病猿。我志未酬人亦苦，東南到處有啼痕。若箇將才同衛霍，幾人佐命等蕭曹。男兒欲畫麒麟閣，早夜當嫻虎豹韜。滿眼河山增歷數，到頭功業屬英豪。每看一代風雲會，濟濟從龍畢竟高。大帝勳華多頌美，皇王家世盡鴻濛。賈人居貨移神鼎，亭長還鄉唱大風。起自匹夫方見異，遇非天子不爲隆。醴泉芝草無根脈，劉裕當年田舍翁。」

此詩自述履歷，兼述志氣。所云「名山一卷」，「著作千秋」，蓋亦有所自負矣。前後四章，皆不免下里巴人之誚，獨第三章則即以詩論，亦不媿作者之林，且仁人之言藹如矣。至其懷抱帝王思想，不知民權大義，則固不足以責數十年前人物也。又聞石有所作檄文，全篇駢儷〔一〕，中四語云：「忍令上國衣冠，淪於夷狄；相率中原豪傑，還我河山。」雖陳琳〔二〕、駱賓王亦無此佳語，豈得徒以武夫目之耶？梁逆《飲冰室集》卷十六。案：此詩話係逋逃日本作，足見平日居心叛逆，並非忠於我中國，志在變法也。全集悖謬之語極多，録此以見大概。

【校勘記】

〔一〕「儷」，原誤作「例」，據《飲冰室文集全編》改。

〔二〕「陳」，原誤作「王」，據《飲冰室文集全編》改。

逆蹟類五 湖北逆蹟

蔡鍾浩致漢口李慎德堂函 計三信

虎哥大鑒：弟日夜兼進，始於廿三日抵里，然此間又有壞事之輩，詳杰信中。故風聲頗大。然弟即歸，必與趙、何諸君盡心竭力而爲之。惟本地人爲本地事，易於打眼，故有許多棘手之處。且此間又無租界，地方官又極糊塗，乞告之杰哥。漢事望詳告。來函請寫弟别名，或玉林，或松陰次郎。以免一切。俟此間稍有頭緒，即當飛函相告。兄處如有要事，請電告。此請大佳。

堯哥鑒：弟日夜兼進，始於廿三日抵舍。當訪何、趙二君，始知壞於石某之手，故風聲頗大。與省之壞事不同，惟傳揚相類。即弟未歸，早已通國皆知。其中詳細，林信中備敘。弟在省面訂之事，請速與均哥行之，切勿視爲緩圖，致誤大事，弟不勝盼望之至。弟即歸，無論如何，必與何、趙諸君竭力爲之。惟本地人爲本地事，殊覺打眼，故有許多棘手之處。且此地又無租界，地方官又極糊塗。此數層請轉告杰公。餘事俟有頭緒，再行佈告。即頌大安。

杰哥無恙。弟沿途日夜兼進，始於廿三日抵家。沿途東南西北風俱無，故船行甚緩，熱不可當。如再住舟數日，真熱死不值半文錢矣。是日即往謁何、趙二君，聞二公言，始知壞於石竹亭之手，故當現在風聲頗大，不獨何、趙二君爲然。旁注：此函已編號頭，作爲第一號，以便察核。即弟未歸家，已偏傳人口，石爲義卿所用。旁注：此公據何、趙言之，甚無用也。石并非群兄，加以石用人不當，在外張揚特甚，大有逢人偏告之勢。然弟即歸，斷無因此不行之理，必與何、趙竭力爲之。孫極力從公，此間事惟此君可靠。諶君琪山，何、趙并未聯絡，未相聞問。弟明日當與唐仰公訪之，如有可取，即行商議壹是。何現在染瘧疾未愈，弟疾現尚未愈，不甚要緊。兄處如有事，要請電知。趙之辦事，與何更高一籌。漢事近日想已布置清楚，不日將有效驗。弟在此不勝祝禱之至，并望詳告壹是。款項如到，請分潤少許，切盼切盼。此請勝安。

梁逆《飲冰室文集》十六内，載詩話二則。一云：「武陵何鐵笛烈士來保，余未獲識面，顧夙聞譚瀏陽稱其爲人，謂：生平肝膽交，除紱臣外，君爲第一。因此相神交者數年矣。君與唐瀏陽共事〔一〕，而君實任衡湘一切布畫，漢變後死事最烈。頃趙曰生郵寄其絶命詞四章，亟録於下：『銀鐺鐵鎖出圜墻，親友紛紛送道旁。三百健兒齊護衛，萬頭鑽孔看何郎。(鐵笛被捕於辰州,以三百人護衛檻送長沙,故云。曰生泣注。)』『北宋黨人碑甫毁,東林名士獄旋興。千秋公論應猶在,兩廡孤豚愧未能。』『四萬八千蟲出入,五官五藏我原無。無人何苦争恒幹,還我清虚一丈夫。』『痛哭君親恩太厚,百千萬劫不能酬。忠臣孝子今生了,且向龍潭掉臂遊。』一云:「武陵蔡樹珊烈士鍾浩,血性過人,治事機警。余承乏湖南時務學堂時,君始來共學。其後復游學東京,亦以漢難遇害。曰生復録其獄中作四章見寄,詩云:『蟻磨盤舒又一年〔二〕,玄黄争戰幾推遷。寒沙白日淹鸞地,短褐雕弓射虎天。終見蜩螗同水火,那堪環玦在風烟〔三〕。鷄鳴午夜頻搔首,看劍挑鐙意惘然。』『觚棱夢裏寒金雀,諫草堂前起暮鴉。誤國千年仇介甫,通蕃幾道問充華。蜉蝣竟夕成毛羽,螳臂當車挫爪牙〔四〕。西狩無麟天閏爽,逋逃人海豢龍蛇。』『又聞麻達葛山奇,輕重當年類舉棋。貂珥雙簪矜别邸,蘭椒三熱拜西闈。酬天祀典憐鷄寶,排日笙歌駕鳳蜺。詟得菟裘身欲老,克家猶護緑幢兒。』『蕭墻旋起八王戈,麾寇其如召寇何。碧海膏流成赤鹵,紅蓮燄結舞妖魔。九朝典册新鈐散,千騎宫裝老泪多。辜負香衾驚破夢,不因封事動鳴珂。』」按:何來保、趙曰生,即此函中所稱何、趙二君也。

【校勘記】

〔一〕「唐」,原誤作「譚」,據《飲冰室文集全編》改。

〔二〕「舒」,原誤作「紓」,據《飲冰室文集全編》改。

〔三〕「玦」,原誤作「佩」,據《飲冰室文集全編》改。

〔四〕「臂」,原誤作「背」,據《飲冰室文集全編》改。

李民治致瀟湘漁太郎函面書「慎德緘」。田野民治，唐才常之號，此蓋唐才常致沈克誠信也

昨得確電，北京已破，皇上及那拉諸人倉皇西竄。此時此機，絶大題目，萬不可失。此間事已布置妥帖，只俟念九起程。尊處生意，必宜從速開張，以爲策應之師，不然孤軍駐鄂，大是危機，其急圖之。舍弟來堤，已見否？麻城竟推宕不可恃，令人悶殺。大通之師已逾九華山，攻寧國矣，云云。再者，尊處既舉，除策應屯間外，能分枝向荆、沙更妙。蓋兩宫西竄，我不可不預圖向西之策也。至要，至要。蒲圻消息極佳。此間風聲日大，萬不能再緩，再緩則弟等無立足地矣。澤公來此一次，意殊關切。

某致西河圭介函面書「岳言」。此信，譚翥致林圭書，西河係楚郡名

杰兄先生仁大人云云：十九日至岳，生意甚好，各阜册頁追齊一千餘數，各埠派人傳正、副議生意布置。岳有譚、顔、李三君，竭力辦事，催辦甚急，不能遲延。弟到各埠查閲聯絡主事之日，候沈、唐兩公來斟酌大事。廣事，劉永福總統六營義兵，由南省旱道走岳來漢，云云。

譚鰲徐崑李如海蘇麟等致顔錫峰函

錫峰老夫子大人云云：昨念日鳳墀兄亦到，面覩情形，一切聆悉。所有諸務，布置固密，不敢稍鬆。昨傳各埠大衆振刷精神，聽候舉發。軍械已經籌算，日下尚未應手，紅册不日可齊。成局之日，更祈各公餉項如何發給。此乃三軍用命之所，弟等專望之急。岳地一切如恒，云云。貴處籌出軍械若干，我等亦好舉置爲要。此佈。再者，鄂地可有友人問及，可有悶香？祈即專人送來爲禱。

神山三郎自長沙致黄荼蓼函

神山三郎，唐才質之别號。此必致黄鈞侯兄弟輩者

云云：聞該處距古大路頗遠，并不近大路，劫掠尚可。外間事重要者，請電松轉，用兄所説碼，寫信亦可，云云。

陳讜致唐才常函

唐才常號田野民治，故曰田公。杰，林杰。漁，沈克誠。陶即陶癡，陳讜之别號。次臣即唐才中

田公大鑒：杰病甚，黄醫束手，於望日後渡江養息。病根半由辦事勞瘁，半由轉餉維

艱。頃得漁翁相助，署更舊章，旁注：杰、陶原已布置妥當，漁無涉也。裁汰冗散，壁壘一新。弟亦於望日承杰囑漁邀，徙榻本棧，附參末議。惟是細審店務，眉目未清，爰與漁商立預算表，以俾先時調度。前奉來示，囑店事宜縮小云云。弟再四籌商，目下根基已立，各分店業已大開市面，突然收斂，似乎不易，只宜實事求是，不必另立分店，若遽裁撤，禍機立見。公老於營務，詎不知召兵容易散兵難。杰病之日增，此也。略計店款，每月經弟與漁兄裁汰後，尚須五百元有奇。旁注：陳、林仍當再求撙節。本月初旬，杰已託弟在某洋行借得三百元，准約望前歸楚。緣匯兑未至，弟已失言，漁亦同覺減色。二十日，各司事又要關餉，刻公誠信號之款仍未見到，弟與漁亦將病矣。計本月須給六百元，急到方資開銷。嗣後每月望前懇給五百元接濟，庶漢店不至前功盡棄。弟又與漁、杰商得一策，函請裁度。棧房宜收，以座上客常滿之故，轉餉宜通錢店，庶不時可以接濟。又某洋行在申運貨，或即在尊處投款，漢店即在伊洋行支取，似免轉輸之勞，并將緩急相商。公意如何？懇即賜示。且某洋行係弟舊好，不致有倒閉、欺騙等弊。又衆司事聞令弟將來巡閲，旁注：實次丞有信與杰也。人人摩拳厲掌，擬於令弟到時，恭請大閲。約計勁旅三千之譜，旁注：就此間而言，新堤不計。均鵠立本鎮，翹企倍至。一以令弟次臣有信照會，一以弟等刻加鼓勵。并擬請次兄巡閲各分店，以觀技藝，庶漢事不至爲他人所惑，且不願讓義記獨著先鞭。弟等以未得尊命，尚未遽應允，容商再報。肅候大安，不一。再，款項確到日期，可先知一電，何如？林、植同叩。杰夥已渡武昌矣，即在此久病，不能書，可憐可痛。

楊雲龍致龍舞寰函

前删弟今特函付所。唐鳳崗先生在蕪，不知更多少辛苦，已到安徽竇山之廟中歇伏。今遊擊劉蔭廷已派鄧簿芝訪拿，唐君之事，不必言之。又李畔芹久已在寧國之書房觀書，不知何日能出書房。又葉芳廷兄已在蕪城書房觀書，又杜春林已在繁昌書房。其有廖東江、孫仁滿，已在繁昌三月十六日登仙。查匪黨隱語，羈押曰「書房觀書」，正法曰「登仙」。今康有爲、梁啟超二君，已在外國辦就軍火、糧餉，後洪各處碼頭紛紛即速來此。昨五月廿六日，康君已派三員之將領李開甲、陳雲鵠、秦力山，弟已在大通會議，酌商各碼頭、團堂多少後，定黄道吉日，各處一律通行所。康已造錢票爲口號，內號「日新其德」，外號「業精於勤」。不知兄台得知上付。弟今求老兄台即速來蕪，已商起兵之日，特此函知。紙長筆短，餘不多言。忙此。再者，弟今領口號票，暫發五百之譜。

搜獲唐逆身邊小篋内辦事規約

君臣佐使，彝倫攸分。官階職守，以明次序。舉立義號，歸順有名。傳示檄文，宣布德威。鑄造兵符，以昭信守。製造鈐記，以昭約束。令劍令旗，調遣行止。旗分五色，按色調度。鄂垣窵闊，不可輕視。運籌周備，庶無遺策。進退緩急，裹應外合。一鼓而下，功垂不朽。焚兩院及司道，刦水路行營，搶藥局，搬軍裝。焚戮三日，封刀安民。傳檄出示，鳴金警戒。富室樂捐，窮民安貿。派兵固守，再籌征進。如有違令，斬首示衆。

譯逆黨洋文告示

現因端王、榮禄、剛毅暨一概驕横舊黨，暗中主使勸助拳匪滋事，我等中國自立會諸人，現在已經持械起事，特此佈告男女洋人知悉：

我等謂滿洲政府不能治理中國，我等不肯再認爲國家。

變舊中國爲新中國，變舊苦境爲樂境，不特爲中國造福，且爲地球造福，係我等義士所應爲之責。

我等定議：合今日上等才識，易議國家制度，務使可爲天下之表式。本會之宗旨，係使百姓保有自主，任便議權。

我等與聯合各國之意相同，剿平昏迷狂邪之亂德，懲辦仇視洋人、凶惡僭位諸人。各口洋人、租界各教禮拜堂、中外耶教人之性命、物產，定必保護，不加擾害。特此佈告汝等：我等所爲，不必驚惶。

漢口中國自立分會啟

鄂中誅亂記十則

鄂中誅亂記

滬上某西字報謂：近有新黨中人，在漢口約期作亂，致被大吏所誅。本館意新黨者，即康逆餘孽之自謂。彼其人雖言之不怍，自稱保國、保皇，豈有效赤眉、銅馬之行爲，以致自罹法網者？是以未敢貿貿然譯列報端。迨昨日得漢口採訪友人手書，始恍然於此事之巔末。採訪友人之言曰：

漢口爲鄂中巨鎮，上通巴蜀，下達申江，臺榭雲連，瑰奇山積，萑蒲群盗，時嘯聚焉。自北省拳匪作亂，若輩即思乘機而起，分散票布，要結黨徒，期於七月二十八日晚間，縱火爲號，戕官吏，劫軍裝，佔踞城池，與王師抗拒。詎料事機偶泄，即爲邏者所知，細偵之，得其巢穴所在。乃白諸營縣，調兵至泉隆巷對門某宅及下街某洋房，一擁而入，擒獲匪黨二十餘名，内有一婦女，旋復搜出號衣、軍械、火藥、信函、名册之類，解交夏口廳。同知、署廳主陳少石司馬立即升堂推鞫，知爲首者一爲湖南辰州府人向連生，一爲湖北柏泉人鄧永才，皆在就獲之内，并稱羽黨約五千名，皆自願從逆犯順者。司馬乃星夜禀知漢黄德道岑馥莊觀察，觀察飛電督轅，禀陳一切。未炊許，即接督憲張香帥電札，飭將首逆就地正法。司馬委彭仁甫千戎，將向、鄧二逆犯，綁至四官殿前梟首。其餘二十餘犯，督解赴督轅，聽候裁奪。此二十七夜間事也。以下均庚子七月以後《申報》

鄂中誅亂記二

昨又接武昌訪事友來書，謂此事實由康、梁二逆主謀，爰再録之，以供衆覽。來函云：湖廣總督張香濤制軍，近接江督劉峴莊制軍密電，内開：「訪聞康、梁逆黨匿跡長江，潛圖不軌，請飭屬一體查拿。」等因。因即密諭漢黄德道兼江漢關監督岑馥莊觀察，督飭地方文武，嚴行查緝。上月二十七日，訪聞漢口洋街上有多人形蹤詭秘，出没無常，爰派漢口都司陳慶門都戎，率兵前往查拿。若輩知事機敗露，膽敢持鎗抗拒。都戎指揮士卒，奮勇争先，立將匪黨二十餘名全行拘獲，并起獲木質僞印、花名清册及軍械、旂幟等物，隨即押解省垣。制軍委營務處司道會同研究，據供：小人等皆受康有爲、梁啟超所指使，同黨有數千人之多，約期二十九日起事。同時都戎又在漢鎮九連庵緝獲會匪一起，供係紅教會，黨羽甚眾，定期二十八日武漢三鎮同時起事，云云。因將要犯向連生、鄧永才二名正法梟示，以寒匪膽。連日文武各官搜查餘黨，旰夕不遑，而居民風鶴驚心，争先遷徙，衙署中人，亦多有挈眷他適者。

鄂中誅亂記三

漢口采訪友人云：

當上月二十七日夜，漢口拘獲謀叛匪徒，時在箱内搜出僞印一顆，上刊「管領中國大士會」七字，並康有爲、梁啓超諸逆往來手札，嚴加刑訊，供稱：會中自頭目以下，分別五等，入會者由匪首給予憑條，月領薪水洋銀六元。窺其意旨，定係康逆餘孽，圖謀不軌，固非與尋常哥老、紅鐙諸會匪所可等量齊觀者也。幸天佑聖清，事機敗露，否則星星之火，可以燎原，後患尚堪設想乎？刻已將各匪首級盛以木匣，分懸漢口各碼頭矣。

鄂中誅亂記四

聞之官場中人云：

此次漢口康、梁諸逆黨之變，其首犯係湖南人，姓唐名才常，自去冬即匿蹟申江，與黨中人散播流言，結匪謀叛。甫於七月下澣，潛赴漢口，未幾即事發伏誅。至所獲匪黨中，尚有一張姓者，及出洋游歷而回之某書院學某甲、某乙。解至鄂垣之後，經張香帥批飭正法者，計共十一名。

「自作孽，不可活」，誠彼黨之謂歟？

鄂中誅亂記五

此次所獲逆黨，多係學堂中人。内有傅慈祥一名，係鄂省武備學堂卒業生，夙爲提調徐稺生觀察所賞識，派往東瀛肄業，不知何時私行回鄂，自蹈刑章。又唐才常一名，係湖南瀏陽縣拔貢，素負文名，昔年創設《湘學報》，主持之力爲多。又林錫圭一名，均自認邀集會匪、結黨謀逆等情不諱。

張香濤制軍以若輩糾眾爲亂，罪不容誅，當即恭請王命，將首要十一名綁赴市曹正法，首級分懸各城門，以昭炯戒。惟傅慈祥供詞異常狡展，現仍暫禁獄中，俟覆訊後始能定罪。至各犯供詞牽涉士大夫不少，香帥不欲株連，已諭飭承審各官毋庸深究。

連日又續獲會匪三起，均發交江夏縣暫行覊禁。想一經訊實，亦須明正典刑也。

鄂中誅亂記六

此項會匪，實係康逆所創保皇會之餘孽，特改名「大士會」，以免人疑。會中頭目分五等，一、二、三等月給洋銀百元或五十元，最下者亦有六元之數。所售富有票上，有「業精於勤」戳記，得此者可持往領取洋銀。內地城鎮、鄉村，皆有若輩蹤跡，被其惑者，多不勝記。上憲網開一面，予以自新，業經出示通衢，限本月初十日爲止，各將匪票繳呈，不復深究。旋更沿途設桶，准就近投票入內。有知其顛末者謂：會中人專以聯絡各項會匪、亂民爲主義，與新堤紅鐙會消息暗通，贈以軍械、火藥不少。

至是夜破案之處，一爲泉隆巷對面小弄中某宅，一爲辰州向寓。其總寓則在花樓街寶順里，門懸「李慎德堂」木牌。湖南匪目唐才常、林圭即樹堂，暨羽黨二十餘名，皆由此擒獲。搜出箱中書札及康、梁諸逆筆據甚多，立即解呈漢黄德道。署道憲岑馥莊觀察屏退左右，親自啟封，不知書中是何陰謀詭計也。此外尚有東洋刀數十柄，手槍、火藥不計其數。

連日嚴加訊鞫，各犯惟籲求斬首，然言外隱隱有爲康逆復讐之意。所斬鄧光才、向連生二犯，特莽夫耳，無足爲患。至唐才常、林圭等，均係功名中人，頗有軒昂氣宇，乃竟甘心從逆，以致駢首市曹，殊不值得。

二十八日，又在武昌斬決十二名。本月初七日，復斬七名。先一日，漢陽另斬黨羽一名。聞唐逆爲某學堂肄業生，曾赴日本東京游學，故得與康、梁連爲一氣，釀此禍胎。各處所派頭目中，以湘、鄂兩省人爲多。目下各憲防範周詳，每遇上下水輪船，必留心偵察。連日在漢陽鸚鵡洲及由申抵漢之某輪船上，各獲羽黨數名，故現在仍嚴密巡邏也。

鄂中誅亂記七

此事當大憲訊供時，異常嚴密，營務處左近各街巷一律攔阻行人，以故詳細供詞無從探悉。惟官場中人傳述，各犯中唐才常最爲狡猾，對簿之際供稱：事由康有爲、梁啟超指使，意在改換中國政府，以圖自强，祇因兵力過單，不得不借會匪之力。日前大通匪亂，亦係黨中人所爲。黨中首領，大半肄業日本之官學生，惟向連生、鄧永才二名爲紅教會匪首，由犯人勾結入夥者。犯人自知機事不密，貽誤大局，自願以一死以謝同人。嗣於唐行篋中，搜出逆信及僞檄文、富有匪票甚多。内有僞札二件，一委僞官林錫圭管帶中營，一委僞官沈克誠管帶右營。林逆已於當夜拿獲後立正典刑，沈逆知風遠颺，今尚無從蹤跡搜捕。聞沈逆久在鄂中候補，現充賑捐局委員，且曾在某憲轅襄辦文案。

察閲匪所定規約中，有「起事後，焚戮三日，然後封刀」等語，窮凶極惡，無殊明之獻、闖及本朝洪、楊諸逆之行爲，宜乎遠近聞之，無不髮指眦裂也。其僞印文爲「中國國會管領中營、右營關防」，僞札上書「中國國會南部自立軍」，並無名姓。

鄂中誅亂記八

唐逆係湖南瀏陽人，丁酉拔貢，與已正法之譚嗣同同里。當時譚曾偕之北上，力薦於朝，稱其才可大用。繼而譚因謀逆事發伏誅，唐遂遁跡日本，與康、梁諸逆遊。林逆係湖南湘陰人，先年入時務學堂，與唐逆諸人相友善，邇歲游學日本，與康、梁二逆及唐等深相結納，引爲同心。嗣康逆創設保皇匪會，煽惑愚人，集捐既成，遂有謀亂中國之意。以唐、林二逆有桀才，委以招集羽黨等事宜，許事成後封唐爲七省經略使。於是唐、林二逆同於去夏至漢皋，勾結匪黨。迨秋間，唐回湖南故里，湘人士惡其爲康逆羽黨，群起而攻。其父係歲貢生，頗有文名，因子之故，遂挈眷赴滬，假居租界中，唐則依舊逗留漢上。

上月二十三日，洋務局委員李鵬生明府，忽奉督憲張香帥密諭，至唐等寓所盤詰，時香帥祇知有康黨來漢，不料其驀起禍端也。詎料唐等不知斂跡，膽大如天，竟敢約期二十九日之夜起事。二十四、五、六等日，下游羽黨之附輪船至漢者，爲數甚衆，攜帶火藥頗多。唐匿蹟英租界一碼頭洋務局比鄰洋房内，外懸「李慎德堂」門牌。至花樓寶順里所獲者，餘黨也，被某剃髮匠看出破綻，赴關署禀報，故得一鼓成擒。湖北某縣生員王玉之等二十餘人，均先後誅戮。其確情由唐僕李一供出，並言另有樹義堂逆會。當拿獲唐逆時，在寓所搜出諸逆物併洋銀七千五百元。

鄂中誅亂記九

湖北派赴日本游學之武備學生傅慈祥，前因潛蹤回鄂，入會爲非，拘獲訊供，堅不吐實，迨經督轅營務處司道迭次推鞫，傅始供認不諱。本月某日禀知制軍，恭請王命，與各要犯一同綁赴武勝門外法場處決。當行刑時，護軍武、愷各營均擎槍環立，并將城門暫行扃閉。蓋因若輩羽黨衆多，恐有劫奪情事，故不得不格外慎重也。

鄂中誅亂記十

康、梁諸逆黨私售富有匪票，煽惑愚民，雖首要業已伏誅，猶恐死灰復然，後患難弭。張香濤制軍因委記名提督謝友鵠軍門，率領弁勇，馳往沿江一帶嚴密偵查，先後擒獲匪黨十餘名，復折而至崇陽、蒲圻，緝獲十餘名，一并押解至省。連日由營務處司道逐加研訊，內有九名確係會匪頭目，當即恭請王命，立正典刑。計此案自破獲以來，次第正法者已不下三四十名矣。

逆蹟瑣記

康、梁逆黨，陰謀不軌，設會售票，業經各省嚴密查拿，先後禽獲正法者，已不下數百人。近見逆黨身畔搜出各據，詳載會中名目，支離怪誕，殊駭聽聞。計自立會僞右軍統帥沈克諴、僞左軍統帥陳讜、正龍頭康有爲、副龍頭梁啟超，此外曰總堂、曰坐堂、曰陪堂、曰盟堂、曰禮堂、曰管事、曰值堂、曰刑堂、曰盟證、曰香長，後書「富有山天下水萬國香」九字。又有逆據，中書「會辦樹義堂」，右書「日新其德」，左書「業精於勤」，間以七言俚詩四句，曰：「萬象陰霾打不開，紅羊劫運日相催。頂天立地奇男子，要把乾坤扭轉來。」其執事有副印、新副、聖賢、當家、管事、巡風、順八、江口、十牌、大備、小么各名目。其中所派僞職，分文、武兩班，文係康逆所立自立會黨，武爲紅鐙、哥老各會匪黨。都二百餘人，姓名歷歷可數，一經嚴緝，不難次第伏誅也。

附録

續修四庫全書總目提要

《覺迷要録》四卷，光緒三十一年刻本。

清葉德輝撰。德輝字焕彬，湖南湘潭人，光緒壬辰進士，改吏部主事，入民國後爲共産黨所殺。著有《六書古微》《觀古堂詩》《古泉雜詠》《郋園藏書志》等。

此書著於辛丑，正富有票黨獄大興之後，故所紀始自戊戌政變，迄於唐才常之誅。書凡四卷。卷一爲諭旨，恭録自戊戌八月初五日至庚子正月二十一日所奉嚴捕康黨上諭，間附諸臣原奏，以示得罪之由。卷二爲奏摺類，皆各省緝捕康、梁及富有票會亂黨奏報，附以公文、批示。卷三爲公論類一，録《息邪説》及梁鼎芬等駁康有爲書；公論類二，皆報章論説。卷四爲逆跡類，分京師、廣東、湖南、海外、湖北四目[一]，録保國會章程、康有爲演説、信札，及湖南時務學堂批改課卷、康梁出國後紀事、鄂漢亂事、函件條規及誅亂始末。

德輝爲學，灼知別擇，故所輯極有條理，細注年月及根據所出，大約採之當時報紙爲多。

命名之義，本於《大義覺迷録》，自謂足爲「康、梁定讞」。及今觀之，定讞殊不必論。戊戌黨禍始末，别無專書。梁啟超所著《政變記》，多粉飾、標榜之詞，不足稱爲信史。唐才常事，更無述及之者。德輝此編，雖不能稱備，而大都出於諭摺、公牘，頗足知當時情事，惜志在「覺迷」，不及戊戌所變新政，致事之始末不具，不足以言史，而足供史料，則當之無媿。德輝與新黨志趣不投，當梁啟超入湘、立時務學堂時，曾輯《翼教叢編》以詆之，後復爲此書；入民國後，乃與啟超爲友，頗稱其政事。論者皆呰其操持不堅，則德輝此書，或當時有所迎合而作歟？

（齊魯書社一九九六年影印本《續修四庫全書總目·史部·雜史類》）

【校勘記】

〔一〕按，當爲五目。